流动性思维
与社会心态

MOBILITY MINDSET
AND SOCIAL MENTALITY

陈满琪 著

社会科学文献出版社
SOCIAL SCIENCES ACADEMIC PRESS (CHINA)

　　本书数据来源由中国社会科学院社会学研究所社会心理学研究中心承担中国社会科学院重大经济社会调查项目"中国社会心态调查（2024-2025）"（项目编号：2024ZDDC004）支持。

　　本书出版受中国社会科学院社会心理大数据与人工智能实验室（编号：2024SYZH009）资助。

以流动性思维解析社会心态

杨宜音

中国社会科学院社会学研究所社会心理学研究团队的社会心态研究已经进行了近 30 年。最初我们以"转型时期我国社会心态研究"为题，申请到国家社会科学基金项目和中国社会科学院基金项目，是在 1996 年。当时我的想法还是以社会心理学的几个基本概念通过全国大样本调查来对社会心态进行描述和记录，包括安全感、信任感、认同感、稳定感、公平感、社会支持感，并且关注到预期、价值观这些与心理机制有关的概念。当时的调查，因缺乏理论准备和成熟的测量工具，仅限于一般社会态度调查。到了 2006 年，我们团队进行了一次较为规范的社会心态问卷调查，为社会心态的研究建立了初步的整体框架和测量指标体系。当时，我意识到需要针对社会心态概念进行系统的理论讨论。于是 2006 年在《社会学研究》上发表了论文《个体与宏观社会的心理关系：社会心态概念的界定》，相对系统地讨论了社会心态的定义，重点论述了社会心态的心理机制，即个体社会心理与宏观社会心态之间的互构关系（杨宜音，2006）。限于当时的条件，以发展调查工具为目的的一些探索性研究陆续在全国 6~8 个社会心态观测基地进行。到 2015 年我退休前后，我们团队已经积累了不少经验和全国重点地区的调查数据，保证了自 2011 年起每年连续出版《中国社会心态研究报告》（社会心态蓝皮书）。尽管我们的团队只有五六位研究人员和很少的研究生、博士后，但还是发表了一批学术论文、调研报告，出版了相关著作，社会心态研究终于在学界崭露头角。

记得 2008 年北京地区 6 个社区的调查，我带领心理学系毕业的陈满琪、应小萍和北京师范大学心理学系的本科生一起入户进行问卷调查，也记得陈满琪连续几年接替我担任社会心态蓝皮书的副主编，参与大型社会心态调查，积累了不少经验，逐渐从实验室研究取向转向"社会学的社会心理学"研究取向。随后的将近 10 年，社会心态研究迈出了更为矫健的步伐：团队的首席研究员王俊秀十余年来致力于社会心态研究，成果丰硕，并且带领团队高歌猛进，完成了一系列重要研究项目，启动了社会心态数据库和实验室平台的基础建设。特别是以社会心理建设为切入点，从社会场域治理、社会心态培育的角度，对各个社会领域和社会群体的特殊心态进行深度分析，凸显出在社会心理学的社会视角下社会心态及其变迁的现状和机制，使得社会心态研究成为我们这个团队最有影响力的研究领域。陈满琪在这些研究中都承担了不少工作，是团队的重要成员。

然而，将近 30 年的研究工作，也反过来向研究者提出了新的问题：下一步社会心态研究向何处去？当陈满琪这本书稿《流动性思维与社会心态》出现在我的电脑屏幕时，令我特别欣喜地看到，一直在以积极的姿态回应挑战的年轻学者，现在又进了一步。

细读陈满琪的文字，让我回想到我们之间无数次针对社会心态研究的方向与问题的讨论，可贵的是，满琪的思考是有力度的，有开创性的。她抓住了社会心态研究的核心问题在于结构性和流变性之间的关系，并且找到了一个刻画社会变迁时代中国人社会心态的重要视角——流动性思维。她触及了社会心态研究的一些基本问题，也为回答它们做出了积极的尝试。我认为，她的这本专著反映出三个方面的贡献或创新。

第一个基本问题，社会心态的动态性与结构性关系如何处理？这是社会心态研究中的理论问题，也直接涉及数据的分析策略和判断的形成。我在讨论社会心态定义时指出，社会心态是"一段时间内弥散在整个社会或社会群体类别中的宏观社会心境状态，是整个社会的情绪基调、社会共识和社会价值观的总和"，"反映了个人与社会之间相互建构而形成的最为宏观的心理关系"（杨宜音，2006）。这一定义引起了一些讨论，例如时任社会学研究所所长的李培林研究员多次指出"mentality"一词在西方指较为稳定的社会心理特质，而不是变动不居的、敏感而活跃的社会心态。他的看法不无根据。然而，流变性和稳定性正是社会心态的一体两面。社会心态的流变性促成了它的活跃、异变、敏感，是一个社会变化的风向标和晴雨表；而社会心态的稳定性则以其文化社会价值观和习俗信仰的特异性，成为变异的定盘星和稳定器。我们观察社会心态的"变"，同时也探索社会心态的"不变"，从而理解社会心理的千姿百态以及它万变不离其宗的核心价值观和习俗信仰的规定性。陈满琪敏感地捕捉到了社会心态研究的这一核心问题，她不仅在本书第一章就提出了"流变与结构"这一问题，而且借用杜瓦斯社会心理学的解释水平理论，将流动性分为个体内、人际和阶层三个水平进行分析，试图在流动性问题上廓清社会心态的结构问题。

由于将社会心态界定为个体与宏观社会的心理联系，我在讨论社会心态结构性问题时，将社会心态分为宏观与微观两大层级，并且在二者之间增加了一个表达"联系"的结构层次，即社会认同、社会关联等群己关系层级，从而串联宏观与微观，借此揭示社会心态的本质在于个体心理与社会心理互构性（杨宜音，2015）。

陈满琪也关注到社会心态结构性这一关键问题，她以流动性为例，将个体空间的流动（居住流动性）、人际关系的流动（关系流动性）和社会结构的流动（阶层流动性）作为三个解释水平来构架对流动性的分析框架，这就是她本书中编的主要内容。这种安排的重点不在于解释微观与宏观之间的心理联系及其互构，而是在于全面描画流动性本身的结构性以及对社会心态的表达。其创新意义在于，以流动性的三个面向来理解社会心态的结构性。个体的空间流动，是身体在物理维度的移动，但其不仅是自然地理方面的变化，也是社会文化环境上的变化。这种从"离开"到"安顿"的"变化"逼迫个体携带着自身的社会心理资本去适应、生存和发展。无论是主动还是被动的空间流动，都会带来各方面的冲击和挑战。陈满琪抓住了"动"这个具有现代性意义的现象，挖掘出很多有意思的内容。例如，从居住流动频率与能动性的关系、居住流动类型与能动性的表达、早期流动经历具有的免疫机制、居住流动的主客观性、居住流动对社会心态层次结构的诠释几个方面探查居住流动的基本社会心态。之后又从身体健康、亲密关系、社会参与和居留意愿方面阐述了居住流动的社会心理效应。可以预想，假如在这一解释水平上，进一步探索个体的流动观、流动动机等个体心理因素与流动性思维的关系，将可以开辟更丰富的研究主题。

接着她从人际关系流动的角度进一步来看个体在新环境下的社会适应性，考察关系流动性这一适应生人社会的重要指标。在"树挪死，人挪活"的理念下，人们背井离乡，进入陌生人社会，一个可能是在"飞地"中生活，即将熟人社会镶嵌在生人社会中，就像移民创建的"唐人街""浙江村"那样仍然保留和构筑着原有的关系边界；另一个可能则是打破边界，融入异文化当中。在交通和通信技术快速发展的环境中，在两种类型的社会文化之间跳转和混搭也是流动者的新策略。陈满琪在这一部分就特别分析了社会认同与社会支持在融入过程中的作用。在这一人际解释水平上，反映出个体社会生活多样性和建构性，压力、挑战和选择、机会并存。

最后，她把流动性思维与社会结构认知结合起来看人们对个体在社会分层结构中所处地位、流动方向和流动程度的感受。这一分析角度将人们的流动经历、流动性思维与社会的地位结构关联起来，使得流动本身的动力性得以彰显，"水往低处流，人往高处走"的向上流动的动机，实际上是人们能够鼓起勇气，走入异乡，追求幸福感的动力源泉，也是克服文化社会中种种"水土不服"、应对各种挑战的动力来源。因此，对这一解释水平流动性思维的分析，也体现出三种水平的流动性思维是相互衔接和相互影响的。

第二个基本问题，社会心态是一个结构层次复杂、要素多元且相互关联的综合体，如何较为完整而不是碎片化地刻画社会心态的特征？将流动性作为反映社会心态整体特质的一个角度，也已经有过一些研究。例如，陈咏媛、谢天和杨宜音曾在主编《中国社会心理学评论》第 20 辑的代卷首语中，将流动性界定为"心理流动性"（psychological mobility），将流动性作为心理现代性或个人现代性的一种表达，并提出了流动性包括居所的、人际的、职业的、社会分层的、宏观文化的五层次核心研究要素（陈咏媛、谢天和杨宜音，2021）。

从社会心态角度综合系统地探讨流动性问题，当推陈满琪这本专著。她在本书中将流动性思维（mobility mindset）界定为个体对于自身当前所处或所居的状态是暂时而非永久、固定的一种信念或看法，与稳定性思维（stability mindset）相对应。她认为，持有流动性思维的个体倾向于以积极或开放的态度看待社会，在遇到自身或者社会变动时能以更快速度接纳变化，顺应变化甚至积极拥抱变化，从而体现出良好的社会心态。而持有稳定性思维的个体倾向于以消极或者抗拒的态度看待社会，在遇到自身或者社会变动时难以接受社会的变化，无法适应社会的变化甚至抵制社会变化，从而体现出消极的社会心态。在界定概念的基础上，她系统地探讨了流动性对社会心态在层次结构方面的诠释，特别是通过对目标追求和价值取向与流动性的关系研究，深入探讨了流动的内在动力和方向问题，这就深化了中编的第六章关于流动性思维及其心理效应的研究。

第三个基本问题，如何将社会心态数据资料与理论框架有机结合起来？也就是说，理论驱动与数据驱动如何在研究中被完美地结合起来，相辅相成？这是大型量化社会调查的难点。研究者限于条件，不一定能完全掌控调查工具的编制和数据收集的全过程，各种可能出现的因素使得数据"不理想"。这就要求研究者要具有扎实的理论积累和扎实的统计分析训练与经验。社会心态调查数据量庞大，结构复杂，论证一个概念如何被合理操作化和概念化，每一个步骤都需要有数据支持。好在这并没有难倒陈满琪，她驾驭数据的能力既是很高超的，也是很成功的。让数据说话不是一件容易的事情，特别是数据分析结果与理论概念的弥合需要经过反反复复的尝试和摸索，其中的艰辛是对个人意志力、理论扎实程度的挑战。

细读这本近 40 万字的专著，可以想见作者经历了多么艰苦的写作历程，但也体验到前所未有的成就感。社会心态研究正是需要很多研究者如此这般

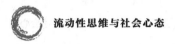

地耕耘和奉献。相信陈满琪的这本专著成为延伸社会心态研究大厦的新的砖石，启发更多的青年研究者的创新。

2024 年 2 月 26 日于北京

参考文献

陈咏媛、谢天、杨宜音：《流动社会的流动之心：社会心理学视角下的流动性研究（代卷首语）》，《中国社会心理学评论》第 20 辑，社会科学文献出版社，2021。

杨宜音：《个体与宏观社会的心理关系：社会心态概念的界定》，《社会学研究》2006 年第 4 期。

杨宜音：《社会心态：风险社会中共享心理现实的建构》，《哈尔滨工业大学学报》（社会科学版）2015 年第 6 期。

Contents

目　录

上编　问题、理论与方法

中编　流动性思维的解释水平与影响

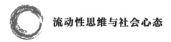

下编　讨论与结语

上　编
问题、理论与方法

第一章

导论：何为流动性思维

随着城镇化和现代化进程的加快，国内人口的流动和迁移越来越频繁，也越来越活跃，人口的流动和迁移或将成为常态。第七次全国人口普查数据显示，与 2010 年相比，城镇人口增加 23642 万人，占 63.89%；乡村人口减少 16436 万人，占 36.11%，城镇人口比重上升 14.21 个百分点，10 年来我国新型城镇化进程稳步推进，城镇化建设取得了历史性成就。与之相伴随的是，人口流动趋势更加明显，流动人口规模进一步扩大。人户分离人口为 49276 万人，市辖区内人户分离人口为 11694 万人，流动人口为 37582 万人，其中，跨省流动人口为 12484 万人。与 2010 年相比，人户分离人口增长 88.52%，市辖区内人户分离人口增长 192.66%，流动人口增长 69.73%。可以预见，在今后较长一段时间，大规模的人口流动迁移仍是我国人口发展及经济社会发展中的重要现象。①

传统社会居住地相对稳定，很多人终其一生都生活在同一个地方，不曾有过流动，对周边的人们了如指掌，知道他们来自哪个家庭、从事何种职业，甚至知道他们的喜好。现代社会居住地日益复杂，许多人有多处住所，这些住所可能跨区、跨市、跨省甚至跨国，有些人不断地搬迁住所，你或许

---

① 《国家卫计委：中国流动人口总量连续两年下降》，http：//www.xinhuanet.com/politics/2017-11/10/c_1121936052.htm，2017 年 11 月 10 日。

才刚和隔壁的邻居打了个照面，再过几天就又来了一位新邻居，或许你已习惯周边走马灯一样的邻居，又或许你也成为他人眼中走马灯一样的邻居。

世界范围内，流动日益成为普遍的现象，《世界移民报告2022》指出，2020年世界上约有2.81亿国际移民，相当于全球人口的3.6%，高于2019年的2.72亿，增长了3.5%，而1960年这一数字仅为7600万。[①] 联合国秘书处认为居住流动是全球化的关键潜在因素，随着居住流动成为大多数人的普遍经历，甚至成为全球某些人的生活方式，了解流动如何影响思想和行为变得至关重要。

不同国家的居住流动变化趋势意味着流动对每个国家的具体内涵不尽相同，流动在每个国家的文化传统里所代表的象征性意义也可能不尽相同。中国作为稻作文明的典型代表，其耕作方式决定了中国对于流动似乎存在天然的排斥，然而面对全球的流动趋势，再叠加汹涌而至的个体主义价值观取向和个体嵌入日常生活的流动实践，这种流动的全民化、常态化和日常化是否将流动演化为一种流动性思维（mobility mindset），进而对国民社会心态产生影响是值得探讨的问题。

第一节　流动性思维的界定

如前所述，流动性或已成为常态化的日常生活场景，它已然成为现代社会的一种重要特征，成为当代社会科学中最为重要的概念之一，不仅如此厄里（Urry）认为流动性是现代社会生活的核心。在鲍曼（Bauman）眼里流动的现代性到来已经是无须争辩的事实，甚至其将贝克（Beck）的"第二现代性"称为"流动的现代性"。贝克认为社会的流动、地理的流动和日常生活的各种流动正在改变人类生活的环境。流动性植根于社会变迁的土壤之中，是现代生活的核心。在"时空压缩"的现代社会中，"流动性"日益演化为一个饱含生活政治意蕴的关键词，然而当前关于流动性的研究一方面局

[①]　联合国移民署：《世界移民报告2022》。

限于某一部分或者某一人群的身上，这或许低估了流动性对现有社会生态、社会结构和社会价值观念的作用，另一方面流动性散落在各个领域中尚未整合出可综合概括各领域流动性的抽象上位概念，流动性思维的概念便是在此基础上应运而生的。

提到思维（mindset），最享誉全球的是德韦克（Dweck）提出的成长型思维（growth mindset），德韦克发现一个人的成功受其对自身能力信念或看法的影响最大，并将这种信念称为思维（mindset），思维代表着人们理解与回应世界的框架。她认为人们对于能力的看法有两种：一种是成长型思维，认为人们的能力是不固定、可随时间发展变化的信念；一种是固定型思维（fixed mindset），认为人们的能力是固定、不可增长的信念（Dweck & Yeager，2019）。两种不同的思维方式造成了迥然不同的影响。持有成长型思维的个体倾向于充分利用机遇、寻求挑战，而持有固定型思维的个体往往会避免风险、害怕挑战。她进一步指出两种思维并非固定不变的，认识到不同思维影响的个体可以从固定型思维转变为成长型思维。

德韦克曾说：你对自己的看法深刻影响着你的生活方式。个体对社会的看法又何尝不深刻影响着其社会心态？流动性思维（mobility mindset）正是受成长型思维的启发而提出的，在本书中将其界定为个体对于自身当前所处或所居的状态是暂时而非永久、固定的一种信念或看法。中国所处的社会转型时期，给予流动性思维生发、培育的土壤，并且提供了流动性思维实践的场域。在经济发展领域，改革开放让中国经济腾飞，经济增长全球瞩目，经过长时期的经济快速增长，进入高质量发展阶段，经济增长速度放缓；在婚姻家庭领域，夫妻之间"从一而终"观念开始松动，离婚率有所攀升；在科研体制中，终身制被非升即走取代，"铁饭碗"不复存在……这些都意味着个体或社会始终只是处于某种状态，这个状态并非固定不变的，而是可随时间发展发生变化，当前所处状态并非个体或社会的终极状态，在这样的社会里个体可能无法预料其终极状态是什么，从而始终处于"流动"的状态。流动性思维便是这种以始终变化的状态看待社会或自我，将社会或者自我所处的现有阶段视为一种暂时而非永久的状态。这或许就是现代性的特征之一。

与流动性思维相对的是稳定性思维（stability mindset），即个体认为自身当前所处或所居的状态是稳定不变的信念或看法。持有流动性思维抑或稳定性思维可能对个体社会心态产生深远的影响。持有流动性思维的个体倾向于以积极或开放的态度看待社会，在遇到自身或者社会变动时能以更快速度接纳变化，顺应变化甚至积极拥抱变化，从而体现出良好的社会心态。持有稳定性思维的个体倾向于以消极或者抗拒的态度看待社会，在遇到自身或者社会变动时难以接受变化，无法适应变化甚至抵制变化，从而体现出消极的社会心态。

第二节　流动性思维的三个解释水平：
空间、关系与阶层

当前人们对流动的探讨非常多样，也非常多元，涉及的学科包含但不限于人口学、教育学、社会学等，这些不同学科从多个视角探讨流动这一当今中国日益涌现并突出的现象。人口学对流动的关注集中于人口迁徙，教育学对流动的关注集中于教育内部的流动，社会学对流动的关注集中于地理流动与社会流动。社会心理学也关注流动，但集中于个体对流动的主观感受，这种主观感受可以是多方面的，可以是个体对居住流动的主观感受（主观居住流动感知），也可以是个体对周边环境中关系网络流动的主观感受（关系流动性），还可以是个体对阶层流动的主观感受（阶层流动感知）。可见，社会心理学关于流动的概念界定较为广泛，从狭义层面来说，人口流动指的是横向的空间流动，也就是从一个地方流动到另外一个地方。而从广义层面来说，人口流动既包括横向的空间流动，还包括纵向的阶层流动，也就是从一个阶层流动到另外一个阶层。事实上，在横向上除了空间流动之外，在心理学视角中，还有一种流动是由空间流动所带来的关系流动，然而这一流动通常被人们所忽视，却是日常生活中经常被触及的话题。在空间流动过程中通常人们会考虑的另一个要素是如何在流入地建立起自己的人际圈子，毕竟人作为社会性的动物，需要时时考虑在流入地如何维持人的社会性属性，这就涉及关系流动性。

将不同领域的流动性研究抽象概括为流动性思维，可以发现上述来自不同学科、不同视角的流动研究可视为流动性思维的不同解释水平。杜瓦斯（Doise）在《社会心理学的解释水平》一书中，以解释水平为核心重构了社会心理学的学科概念框架。他指出，社会心理学研究中包含四种解释水平，每种解释水平对应着不同的社会心理过程。第一种解释水平是个体内水平（intra-personal or intra-individual level），这是最微观的解释水平，关注个体如何组织其社会世界的经验。第二种解释水平是人际和情景水平（interpersonal and situational level），关注在给定情景中所发生的人际过程。第三种解释水平是社会位置水平（social positional level）或群体内水平，关注的是社会行动者在社会位置中的跨情景差异。第四种解释水平是意识形态水平（ideological level），它是最宏观的解释水平，关注的是精神表征和规范系统等。

从杜瓦斯的解释水平出发，因流动性思维尚未达到最宏观的意识形态维度，可从三个不同解释水平诠释流动性思维，它们分别是：个体内水平——空间流动；人际水平——关系流动；社会位置水平——阶层流动。本书以心理学视角看待流动性思维，强调的是个体对自身或社群在社会环境中的移动和变动的感受与看法。个体对物理空间流动形态的感受和看法，即主观居住流动感知，是从个体内水平解释流动性思维。个体对关系流动形态的感受和看法，即关系流动性，是从人际水平解释流动性思维。个体对社会空间流动形态的感受和看法，即阶层流动感知，是从社会位置水平解释流动性思维。

本书试图将空间—关系—阶层的维度作为流动性思维的个体内水平、人际水平和社会位置水平三个解释水平的实践场域，从社会心态的视角去诠释流动性思维在三个不同实践场域呈现的社会心态特征，其所展现的不同社会心理效应。

第三节　大变局下的社会心态研究——流变与结构

社会心态研究经过近 30 年的发展，社会心态的定义、指标体系、测量方式等已获得学界的广泛认可，社会心态研究已不仅仅是社会心理学的某一个研究领域，而是一种宏观的社会心理研究范式。在国内，社会心态研究范式已被多个顶级科研机构、大学的社会心理研究者所认可并采用，形成了蓬勃发展态势。当前对社会心态的理论探讨日臻多元，社会心态研究已走过了概念界定、指标体系建构、指标体系测量的初期发展阶段，开始进入从实践路径到深层理论探索的爬坡和提升阶段。

一 社会心态研究的现状及趋势

（一）共同富裕和中国式现代化的社会心态

社会心态的已有理论建构是以党的二十大以前，甚至是党的十八大、党的十九大以前的经验为来源，在实现第二个百年奋斗目标，以中国式现代化全面推进中华民族伟大复兴的使命任务面前，面对中国式现代化要实现高质量发展，发展全过程人民民主，丰富人民精神世界，实现全体人民共同富裕，促进人与自然和谐共生，推动构建人类命运共同体，创造人类文明新形态的使命，社会心态研究必须探索这一发展理念的两个着力点即共同富裕和中国式现代化与社会心态的关系，包括但不限于①共同富裕和中国式现代化对民众社会心态产生何种影响；②与共同富裕和中国式现代化发展理念相关的民众已具备的现实心态；③实现共同富裕和中国式现代化理念民众需具备的社会心态，以及这三者之间如何相互作用的社会心理机制。这一初期探索将提供未来中国社会转型时期社会心态的底色和基线，把握民众在实现共同富裕和中国式现代化过程中表现出来的社会心态特征和态势，为随后重大现实问题的社会心态研究提供经验积累和学术支持。

（二）重大现实问题的社会心态研究

重大现实问题的社会心态研究主要朝着以下三条路径推进。第一条路径是以重大现实问题为抓手，描述民众在重大现实问题上展现出来的社会心态，扎实推进社会心态研究朝纵深方向发展。将社会心态与中国社会的现实问题相结合，以社会心态视角解释中国在迈向共同富裕的新征程中涌现的社会现实问题。将社会心态的研究范式触角延伸至这些构成中国社会生活的具体领域，覆盖家庭、社区、学校、机构、网络的不同场域，涵盖婴幼儿、青少年、家长、子代、父代不同人群，以一般性与领域性、普遍性与特殊性、心理性与现实性、理论性与实践性四大原则，进一步拓宽社会心态的研究边界，使之成为解释中国社会现实问题的一种宏观社会心理学视角。

第二条路径是以这些社会现实问题为契机，发展出以社会心态视角解释重大现实问题的社会心理机制。以上述重大现实问题为研究对象，探究面向共同富裕、步入中国式现代化的过程中，这些重大现实问题潜存的社会心态机制。如何种分配方式才是民众心中的共同富裕，生育率下降背后的社会心理机制是什么，教育焦虑折射了何种心理诉求，养老面临的文化价值规范冲突，人工智能需要培育何种创新创造的心态土壤等，在这个过程中探讨个体现代性与国家现代性两者的冲突、交织与缠绕，最终如何实现个体现代性与国家现代性的互动与互嵌、互惠与互利，在两者的同构过程中实现中国式现代化。基于转型国家的实践，形成社会心理学视角的中国式现代化理论、中国社会心态发展理论和中国社会心态转型理论三足鼎立的发展理论新格局。

第三条路径是探索解决重大现实问题的社会心理建设路径。根据多年持续的研究，我国面临的重大现实问题除了政策因素外，还需要从社会心理建设的思路寻找解决途径，探索与个体发展相适应的社会发展途径，通过社会心理服务体系建设探索社会认同、社会共识并最终形成社会凝聚。社会心理建设的中观路径是社会心态培育和社会治理，宏观路径是健全共建共治共享的社会治理制度。

以社会心态介入社会心理建设为契机，将社会心态积累的理论研究与中国式现代化高质量发展的实践相结合，建构共同富裕的心理基础，在研究重大现实问题的政策、社会心态理论、社会心理学理论的基础上建构中国式现代化的社会心理建设路径，探讨中国社会转型时期不同领域的社会心态的特点和变化规律，以及如何通过社会心态调适和社会心理建设来解决实现共同富裕过程中需要直面的难题。

二 以现实为关照反思社会心态的构成

（一）社会心态构成的要素结构说

在社会心态的构成上，存在三要素说、四要素说和五要素说三种不同的观点。杨宜音（2006）提出了社会心态的三要素说。其认为社会心态是一段时间内弥散在整个社会或社会群体/类别中的宏观社会心境状态，是整个社会的情绪基调、社会共识和社会价值观的总和。社会心态透过整个社会的流行、时尚、舆论和社会成员的社会生活感受、对未来的信心、社会动机、社会情绪等得以表现；它与主流意识形态相互作用，通过社会认同、情绪感染等机制，对于社会行为者形成模糊的、潜在的和情绪性的影响。它来自社会个体心态的同质性，却不等同于个体心态的简单加总，而是新生成的、具有本身特质和功能的心理现象，反映了个人与社会之间相互建构而形成的最为宏观的心理关系。从这一概念出发，杨宜音提出了社会心态构成的三要素说，即社会心态由情绪基调、社会共识和社会价值观构成。在此基础上，从个体社会心理结构推定社会心态的结构，认为社会心态结构是党派信仰、宗教、意识形态—价值判断与选择—群体态度—社会共识、社会舆论、时尚流行的由表及里的构成关系。

马广海（2008）提出了社会心态的四要素说。他认为社会心态是与特定的社会运行状况或重大的社会变迁过程相联系的，在一定时期内广泛地存在于各类社会群体内的情绪、情感、社会认知、行为意向和价值取向的总和。从该概念出发，马广海确定了社会心态测量的基本维度，即社会情绪、社会认知、社会价值观和社会行为意向。

王俊秀（2014）提出了社会心态的五要素说。他认为社会心态是一定时期的社会环境和文化影响下形成并不断变化的，在一定的文化和亚文化下社会中多数成员或较大比例成员表现出的普遍的、一致的心理特点和行为模式，并构成一种氛围，成为影响每个个体成员行为的模板。在这一概念基础上，王俊秀指出社会心态由社会需要、社会认知、社会情绪、社会价值观和社会行动五个部分构成，明确了社会心态指标体系。

（二）社会心态构成的层次结构说

就笔者看来，社会心态的构成成分之间并非完全并行，它们之间存在层次结构。就社会心态的构成而言除了要素结构的进路，亦可采用层次结构的进路。要素结构和层次结构是在不同领域常用的两种组织方式。要素结构指的是一个整体被分解为各个基本元素或要素，每个要素具有相对独立的功能或特性。这些要素可以是系统的基本构件，它们通常是不可再分的单位。要素结构的特点是每个要素具有自己的功能或特性；要素之间相对独立，它们可以被单独处理或者替换；要素之间可能存在相互作用，但它们相对独立。

层次结构是指一个系统或组织被划分成多个层次，每个层次包含了相对较小的子系统或组件，而这些子系统又可以进一步划分成更小的层次，从而形成一个层次化的结构。层次结构的特点是系统被分解成多个层次，每个层次包含了更小的子系统或组件；每个层次都在整体系统中占据一定的位置和具备一定的功能，同时也是下一级层次的一部分。

要素结构与层次结构之间具有一些相似之处，但也存在一些明显的区别。两者都将整体系统分解成更小的单元，在实际应用中两者通常会互相嵌套，一个层次结构的某一层可以包含多个要素结构，而这些要素结构又可以进一步细分为更小的要素。两者也有较大的区别，其侧重点和目的略有不同。首先两者组织方式不同，要素结构强调每个要素的相对独立性，而层次结构强调整个系统的层次化组织。其次侧重点不同，要素结构更常用于描述物质或系统的基本构成单元，层次结构则更常用于描述系统或组织的层次化组织关系。

层次结构与要素结构虽然是两种不同的进路，但却可以相互补充。就现有社会心态要素结构说来看，存在如下几个方面尚待改进。

首先，社会心态的要素结构无法说明社会心态不同要素在社会层面的分布情况。社会心态的不同层面在社会中的分布是不均衡的，社会需要作为最初的基础，在社会层面的分布最为广泛，社会认知作为社会心态的底层结构，同样在社会层面分布很广泛，但是诸如幸福感和生活满意度等社会情感在社会中的分布却并不广泛，仅仅只是社会中部分人群体验到的社会情感

状态。

其次，要素结构无法揭示社会心态不同要素的权重大小。虽然通过构建社会心态指标体系的不同权重可以说明社会心态结构中的影响程度，但这是一种间接手段，无法从现有社会心态的要素结构上直接体现。社会需要的满足可能影响的是个体的安全感等最基本的需求，他们对个体的影响与幸福感、生活满意度的权重自是不同。

最后，要素结构无法说明不同要素之间存在的重叠或者交叉情况。以价值观为例，当社会层面价值观成为社会共识后，价值观可能演变为个体的需要，从而转化为社会需要中的个体需要。要素结构说无法凸显不同要素之间的相互转化。

为了尝试弥补社会心态要素结构说的不足，笔者提出了社会心态的层次结构说，以期对社会心态的构成提出一些自己的看法和见解。以中国式现代化的社会认知为例，中国式现代化的社会心态结构是有层次的。中国式现代化的社会认知是多维而立体的，民众对现代化的认知构成了最基础的社会认知，包括建立起对现代化为何物的确切观念和具体看法，意识到现代化本身也存在争议、面临发展与变迁的过程。民众对中国式现代化的认知是次一层级的社会认知。民众需要意识到中国式现代化是基于中国国情、符合中国文化传统的现代化，有别于西方的现代化。基于中国国情的中国式现代化实践的认知是最顶层的社会认知。作为一种全新的人类文明形态，中国式现代化的社会实践有别于现有人类文明的社会实践。

笔者认为社会心态包含了三个层次：第一个层次是社会心态的基本层次，这一层次用于反映个体对社会的看法和态度，以社会需要、社会认知为主，广泛存在于社会层面，是社会心态的发生基础，包含诸如安全感、稳定感、压力感、公平感、公正感等社会心态要素。第二个层次是社会心态的次级层次，这一层次用于反映个体与社会之间的关系性和联结性，其存在与发生建立在社会心态基本层次基础上，社会心态基本层次的状态在很大程度上决定了社会心态次级层次，在社会层面的存在广度低于社会心态基本层次，包含诸如信任感、认同感等社会心态要素。第三个层次是社会心态的高级层次，这一层次是产生于社会心态基本层次和次级层次的情感性反应，它是社会心态的综合性反映，是社会心态的凝练，在社会层面的存在广度最少，包含诸如幸福感、生活满意度等社会心态要素。

社会心态每个层次的体验和强度均受个体持有的价值观影响，价值观不仅影响社会心态各层次的体验程度，也影响从社会心态基本层次、次级层次到高级层次的上升可能性，也就是说因为持有不同的价值观，有些个体或者群体终其一生可能都到达不了社会心态的高级层次，体验不到幸福感和生活满意度。通过改变价值观念，这些个体可能会迅速改变当下所体验到的社会心态层次，从尚处于社会心态的基本层次上升至社会心态的高级层次。

行为倾向或者行动是社会心态的外显反映。个体或群体处于何种社会心态的层次结构决定了个体或群体的行为倾向或者行动。不同社会心态的层次对应着不同的行为倾向或者行动，当个体或群体处于社会心态基本层次时，其行为倾向或者行动将迥异于与那些处于社会心态高级层次的个体。社会心态的层次结构如图1-1所示。

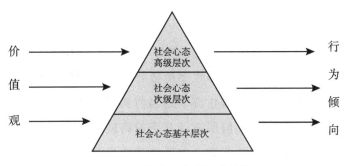

图1-1 社会心态的层次结构

第四节 流动性思维何为？——建构社会心态的层次结构

当前社会心态研究所呈现的描述性现象背后实则潜藏着思维的流变，这种流变既是社会的推动，也是个体实践的结果。以往关于社会心态的研究对于这种潜存的思维流变关注较少，思维流变不同于价值观念，价值观念是一种对于何种是值得或者不值得的等取向，但是思维流变是一种应对社会的框架和图式，这些思维流变不仅主导着当前民众社会心态的表现，而且影响着未来民众社会心态的走势。如何挖掘社会心态背后更为深层的思维流变可能是未来如何干预民众社会心态的措施之一。正如德韦克所指出的，不同思维状态之间具有可转化性，当个体从固定型思维转向成长型思维时，其心态和行为发生了系统性变化。如若可以探查到社会心态变动背后所共同指向的思维流变，便可有针对性地开展社会心态的干预，从而助力良好社会心态的培育。

本书试图以流动性思维这一概念为指引，以空间为流动性思维的个体内水平、以关系为流动性思维的人际水平、以阶层为流动性思维的社会位置水平，将流动性思维的三个解释水平还原为社会生活的不同实践领域，分析流动性思维在不同解释水平如何产生不同的社会心态，三个解释水平如何通过社会心态产生一系列社会心理效应，基于上述分析以流动性思维为例建构社会心态的层次结构，并以此佐证社会心态的层次结构，为社会心态层次结构的深入研究提供初级探索。

本书选择流动性思维检验社会心态的层级结构，理由有三。

一是流动性思维的三个解释水平所依托的实践领域与社会现象、心理现象和社会结构紧密关联。居住流动是当前典型的社会现象，而关系流动性是当前典型的心理现象，阶层流动是当前高度关注的结构现象，居住流动强调的是人与环境之间的互动，关系流动性强调了人际关系的灵活性和变化性，阶层流动强调的是人与社会的互动，三者构成了空间、人际和社会的结构，这三种流动性思维的实践领域涵盖了个体生活的方方面面，因此以三个实践领域的流动性思维说明社会心态层次结构具有较高的生态效度。

二是流动性思维的三个解释水平所依托的实践领域彼此之间存有结构，是说明社会心态层次结构的有力工具。一个人具有良好的关系流动性可能更容易适应新的居住地，建立新的社会关系。相反，一个人具有较高的居住流动程度可能需要具备较强的关系流动性，以适应新的社会环境和建立新的人际关系。同时，两者也可以在个人生活中相互作用，共同塑造一个人的社交网络和生活体。一个人具有良好的关系流动性可能更容易获取不同社会阶层的社会关系，从而影响到他们对于自身社会地位变动的认知和期待。同时，个体对于社会地位变动的认知也可能会影响其建立和维护不同层次的社会关系。

居住流动、关系流动性和阶层流动之间的相互关系意味着三者之间可以互相转换，个体如若某一流动性思维的场域受阻，可以采用另一个场域的流动性思维加以填补。如在户籍制度上农民工采用居住流动的物理空间转换以此换取阶层流动的社会空间提升，但可能损伤了关系流动的人际空间。因此当人们的社会心态不佳时，可以采用物理空间换社会空间，或人际空间换社会空间，或社会空间换物理空间等一系列流动性转换，从而达到流动性思维的流畅性。

三是流动性思维是现代性的一种典型表达方式，它与社会心态层次结构有着天然密切的关联。流动性思维是一种认知取向或心智框架，强调适应性、灵活性，并愿意接受变化和新体验，它具有如下几个关键特征。第一，流动性思维意味着较强的适应能力，拥有流动性思维的个体善于适应新的环境和情况，对变化持开放态度，并能在面对新的挑战或机会时迅速调整。第二，流动性思维意味着接受变化，持有流动性思维的个体将变化视为生活中自然且可能积极的一部分，他们愿意接受变化，并将其视为成长和学习的机会。第三，流动性思维意味着持续学习，拥有流动性思维的个体通常充满好奇心，渴望获取新的知识和技能。他们将学习视为终身过程，并愿意走出舒适区，获得新的经验。第四，拥有流动性思维的个体敢于冒险，愿意踏入陌生领域，承担新的责任，或者追求可能伴随不确定性的机会。第五，拥有流动性思维的个体具备全球视野，其带着一种全球视角，认识到世界是相互联系的，机会可能在各种地域和文化中出现。第六，拥有流动性思维的个体具备韧性，面对挫折或困难时往往具有韧性，他们将困难视为暂时的，并相信自己有能力克服。可见，流动性思维与现代性高度契合，也与社会心态层次结构高度相关，用流动性思维解析社会心态结构是可行的。

本书整体分析框架如图1-2所示。

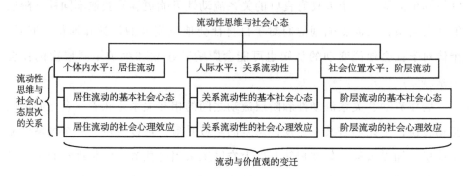

图 1-2 整体分析框架

本书分为三篇。上篇主要探讨问题、理论与方法，由第一章和第二章构成，第一章提出了流动性思维的概念、流动性思维的三个解释水平、社会心态的层次结构以及流动性思维与社会心态层次结构的关系。第二章流动性思维研究的意义与方法，用于说明流动性思维研究的意义和全书所使用的数据库样本情况、问卷的测量方法等。

中篇为流动性思维的解释水平与影响，由第三章至第八章构成，第三章阐述了流动性思维的个体内解释水平——居住流动，探讨居住流动如何影响社会心态，从居住流动频率与能动性的关系、居住流动类型与能动性的表达、早期流动经历具有的免疫机制、居住流动的主客观性、居住流动对社会心态层次结构的诠释探查居住流动的基本社会心态。第四章从身体健康、亲密关系、社会参与和居留意愿阐述了居住流动的社会心理效应，重点阐述了认同感在居住流动的社会心理效应中起着关键作用。第五章阐述了流动性思维的人际解释水平——关系流动性，探讨关系流动性如何影响社会心态，从关系流动性对社会心态的影响、关系流动性如何嵌入社会心态层次结构考察关系流动性的基本社会心态。第六章从亲密关系、居留意愿和应对策略三个角度探索关系流动性的社会心理效应，重点考察认同感和支持感在关系流动性的社会心态效应中所起的作用。第七章阐述了流动性思维的社会位置解释水平——阶层流动，探索阶层流动如何影响社会心态，阐释阶层流动的功能。第八章从心理效应、社会认知、提升心态层次角度阐述了阶层流动的社会心理效应。中篇的主要框架构成如图1-3所示。

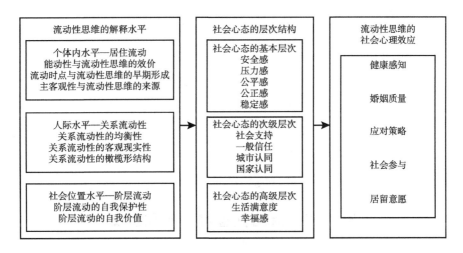

图1-3 中篇流动性思维的解释水平与影响分析框架

下篇为讨论与结语，由第九章和第十章构成，第九章综合讨论了流动性思维与社会心态层次结构之间呈现何种关系。第十章阐述了价值观在流动性思维与社会心态层次结构内在机制中的作用。

第二章

流动性思维研究的意义与方法

第一节　流动性思维的研究意义

一　流动性思维研究的重要性

从个人层面看，流动性思维影响了人们形成和维持的社会关系类型。在一个流动水平较高的社会，社会关系的建构与在一个流动水平较低的社会有着较大的区分，因此对于流动的探讨有助于了解人们在流动社会状态中的个体偏好如何影响人际交往，采用何种人际策略应对流动性社会，以及个体对于所居住的社区带着何种情感，采用何种行为。流动与个体如何定义自我、如何与他人互动以及如何做出决策有关，个体的成长经历各不相同，即便是同一流动在不同个体身上的影响也不同，由此导致个体在人际关系和人际关系策略使用的方式上存有差异。

从文化层面看，流动性思维能够敏锐地捕捉到文化变化，是社会文化变迁的有力指针之一，对流动的探讨可探索特定社会文化变迁如何随时间而变化，为随后不同流动程度条件下社会的变化提供一定的经验支持和行为模板。如居住流动增多可能会增加人们与陌生人互动的频率，改变人们相互联系的方式，这反过来可能会改变社会行为的规范和习俗。

　　从国家层面看，不同国家对于流动性思维所赋予的意义并不相同。如美国人可能对于流动持有积极、乐观的看法，认为流动是一个人能力的体现，而中国人作为水稻区的个体，自古以来可能更倾向于安稳、固定的生活，因此对于流动性的看法可能有其自身的特点，在中国文化语境下流动所具有的社会心理意蕴可能也异于其他文化。

　　从能动性角度看，流动性思维是人类能动性的一种体现。人类的自由有三种基本形式：行动自由、不服从命令的自由和重组社会关系的自由。这些自由使得人类能够冲破种种樊篱过上更好的生活。流动这种方式对于那些经历流动或没经历流动的个体，对于那些吸收流动的社会或者排斥流动的社会产生不同程度的影响。流动性研究有力诠释了个体在应对社会变迁过程中展现出何种程度的能动性和主动性。

二　流动性思维构架起社会心态的社会生态取向

　　社会生态心理学是对社会生态环境与个体或群体的思想、情感和行为如何相互建构或者相互影响的科学研究（Oishi & Tsang，2022），其基本假设是个体或群体的思维、感觉和行为会受所处的社会生态影响，而个体或群体所处的社会生态也在一定程度上由个体或群体的思维、感觉和行为所塑造，其主要目标在于描述个体的心理和行为如何与他们所处的环境和社会习俗相关联，分析客观社会现实（关系、群体和组织）和居住于此的人们的心理倾向和行为模式之间的关系。

　　社会生态取向在社会科学中有着长期的发展视角，事实上，社会生态心理学的上述假设和目标在心理学研究中由来已久，并在随后的心理学诸多领域均可见其踪影。早在 20 世纪 30 年代，勒温（Lewin，1939）就提出了"场论"。现在看来，勒温这一概念显然是社会生态的，它指出理解人类心理不能脱离直接、中间和远端环境。社会生态心理学拓展了社会心理学的外延，它的触角与心理学、社会学、生态学等不同学科相结合，形成如社区心理学、环境心理学等多门分支学科，关注诸如气候、人口密度和居住流动性等宏观的、明确的、实体的远端因素。社会生态心理学视角的介入势必引导着社会心理学从微观视角走向宏观视角，从近端因素走向远端因素，从心理因素走向实体因素。

社会心态研究与社会生态心理学取向有异曲同工之处，两者都关注社会环境与文化环境对个体或者群体心理的影响。社会生态心理学使用生态系统理论来解释个体与环境之间的相互作用，个体被视为处于多个层次的环境系统中，包括微系统（家庭、学校等）、介导系统（朋友、邻居等）、宏系统（文化、社会结构等）等。社会心态同样将个体放置于不同层级的环境系统中，包含着家庭、学校、社会结构、文化等不同场域。不同之处在于社会心态研究是以社会心态为桥梁构建起个体与社会的联结关系，通过社会心态这一切入点将微观心理纳入宏观社会场域，更为看重的是社会环境与文化环境如何对个体的社会心态产生影响。社会生态心理学意在将个体所处的环境与个体联结起来，这里所指的环境不仅是社会环境和文化环境，更包含个体所处的自然环境，更为注重的是自然环境、社会环境与文化环境与个体心理之间的相互作用。

从社会生态心理学的基本取向出发，当个体所处的自然环境、社会环境与文化环境不同时，个体的思想、情感和行为都会发生相应的变化。从横向维度来看，现代社会高速的流动使得个体所能接触到的自然环境、社会环境与文化环境远复杂于以往任何一个时代。从纵向维度来看，现代社会高速的运转也使得个体所能接触到的自然环境、社会环境与文化环境远复杂于以往任何一个时代。不管是横向维度还是纵向维度，个体所处的自然环境、社会环境与文化环境不同，但最终着力点都在于流动。流动提高了个体与环境之间相互作用的可能性，它提供了一个独特的视角，可以研究个体在不同社会和自然环境中的移动、适应和变化，个体如何在不同环境条件下调整其心理和行为，以适应新的生活环境，因此流动性成为社会生态心理学的一个重要研究主题。

现代社会的快速变迁和城市化进程使得流动成为一个普遍存在的现象。个体在迁居、职业变动、教育追求等方面面临着多样化的选择，流动性通常伴随个体社会支持系统的变化，从一个地方迁移到另一个地方时，可能会失去旧社会支持网络，同时也可能建立新的社会网络。流动性可能导致个体需要重新构建自己与特定环境的关联，逐渐形成对新环境的认同感，以及适应新文化、价值观和社会习惯，并最终可能演化为流动性的思维方式。

流动像是一个触发器，触发了个体的一系列心理与行为的反应，启动了个体与社会的一系列应对措施。伴随流动，个体的社会心态也呈现一种流动的状态，随流动摇摆与变动。面临流动性的社会，唯一不变的就是万事皆可变。正如鲍曼所说流动现代性是对变化就是恒久而不确定性就是确定性的更大确信（鲍曼，2002），这就形成了流动性思维。当个体面临万事皆可变的情境时，其应对社会的心理状态必然不同于固定化或者稳定化的社会，因而呈现一种流动的心理状态，这种流动的心理状态弥散在社会生活中的方方面面。

本书探讨的就是在流动这一触发器已然按动的情况下，个体的社会心态呈现怎样一种流动的状态。流动性所引发的身份转换与社会认同、社会支持与社会网络、文化适应与文化冲突如何导致个体社会认知、认同感、社会支持、价值观等一系列社会心态的变化，这种变化又会产生何种社会心理效应。借助流动性这一可统摄多学科的标识性概念，将社会生态心理学中较为远端的流动要素嵌入社会心态研究，以社会心态视角解读流动性，意在通过流动性的枢纽将社会生态心理学取向引入社会心态研究，推进社会心态研究的社会生态取向，扩展社会心态研究的边界。

第二节　流动性思维的研究方法

一　样本情况

本书使用的数据库是中国社会科学院—智媒云图联合发布的 2017 年社会心态调查（CASS-IntellVision Social Mentality Survey 2017）。该调查由中国社会科学院社会学研究所社会心理学研究中心编制，于 2016 年 8 月到 2017 年 4 月，通过数相科技研发的问卷调研 App "问卷宝"，向在线样本库的全国用户（共约 110 万人，覆盖全国 346 个地级城市）推送问卷，再通过用户分享问卷的方式进行滚雪球式发放。依托问卷宝在问卷质量控制方面实现定制化调查和精准的问卷推送，依照调查目的向特定的用户群推送问卷，参与调查者需要经过系统认证，系统能够检测用户在问卷填写过程中的特征，对乱填乱写的用户进行剔除并列入黑名单，从而确保数据的可靠性。问卷收回后，课题组进一步依据陷阱题、答题完成情况、逻辑检验等对问卷进行筛选。数据库覆盖全国 31 个省区市（不含港澳台），调查最初共收回全部作答问卷 24364 份，经筛选最终得到有效成人问卷 22669 份，问卷有效率为 93.04%。

根据本书的研究目的，依据被调查者在"居住流动意愿次数""家庭规模"上的作答情况做进一步筛选。根据以往研究将均值以外 3 个标准差作为依据剔除极端数据，个体居住流动意愿的最大值为 13，因此删除小学时期、小学到高中和高中至今这三个阶段搬迁次数大于 13 的数值（Lin et al.，2012）。根据逻辑检验，删除主动搬迁、被动搬迁或者主动与被动搬迁次数大于总居住流动频率的被调查者，同时删除家庭规模大于 8 人的，最终本研究所采用样本为 15999 人，平均年龄 27.73 岁，标准差为 8.06，具体的样本情况见表 2-1。本书部分章节针对已婚或同居人群，该群体的有效样本为 7017 人，年龄在 20~70 岁，平均年龄 33.28 岁，标准差为 8.31，具体的样本情况见表 2-2。

表 2-1　调查对象在人口学变量上的分布情况（N = 15999）

单位：人，%

变量	类别	人数	占比
性别	男	8821	55.1
	女	7178	44.9

续表

变量	类别	人数	占比
受教育程度	小学及以下	210	1.3
	初中	1225	7.7
	高中（技校、职高、中专）	3954	24.7
	大专	4177	26.1
	大学本科	5702	35.6
	研究生及以上	731	4.6
个人月收入	1000元及以下	3497	21.9
	1001~3000元	4037	25.2
	3001~5000元	4340	27.1
	5001~7000元	1950	12.2
	7001~10000元	1114	7.0
	1万~1.5万元	381	2.4
	1.5万~3万元	268	1.7
	3万~5万元	176	1.1
	5万~10万元	146	0.9
	10万元以上	90	0.6
户口	本地城市户口	5494	34.3
	本地农村户口	6369	39.8
	外地城市户口	1347	8.4
	外地农村户口	2789	17.4
住房	租房	8182	51.1
	自有房	7817	48.9

表 2-2 已婚或同居人群在人口学变量上的分布情况（N=7017）

单位：人，%

变量	类别	人数	占比
性别	男	3449	49.2
	女	3568	50.8

续表

变量	类别	人数	占比
受教育程度	小学及以下	142	2.0
	初中	799	11.4
	高中（技校、职高、中专）	1943	27.7
	大专	1615	23.0
	大学本科	2139	30.5
	研究生及以上	379	5.4
个人月收入	1000 元及以下	394	5.6
	1001～3000 元	1725	24.6
	3001～5000 元	2347	33.4
	5001～7000 元	1163	16.6
	7001～10000 元	731	10.4
	1 万～1.5 万元	246	3.5
	1.5 万～3 万元	158	2.3
	3 万～5 万元	107	1.5
	5 万～10 万元	96	1.4
	10 万元以上	50	0.7
户口	本地城市户口	2927	41.7
	本地农村户口	2467	35.2
	外地城市户口	643	9.2
	外地农村户口	980	14.0
住房	租房	2089	29.8
	自有房	4928	70.2

二　测量工具

（一）流动性思维

1. 个体内水平：居住流动

与居住流动相关的有几个指标。指标一是居住流动经历，询问被调查者从五岁开始生活过半年以上城市（或地区）的数量。指标二是居住流动次数，询问被调查者在小学毕业前、小学毕业后到高中毕业前、高中毕业后三个阶段搬过几次家，其中搬家是指不同地区或城市间的搬迁。三个阶段的搬家总和即居住流动频率。指标三是远距离搬迁次数，询问被调查者从五岁开始总共有多少次远距离搬迁住处（包括在同一个城市/乡镇内的搬迁）的经历。指标四是主动搬迁次数，主动搬迁由两个题项构成，一项是小学毕业前、小学毕业后到高中毕业前、高中毕业后三个阶段搬迁中有多少次是主动愿意搬迁住处，一项是从五岁开始远距离搬迁住处有多少次是主动愿意搬迁住处，两项的总和用于衡量被调查者主动搬迁频率。指标五是被动搬迁次数，被动搬迁由两个题项构成，一项是小学毕业前、小学毕业后到高中毕业前、高中毕业后三个阶段搬迁中有多少次是被动愿意搬迁住处，一项是从五岁开始远距离搬迁住处有多少次是被动愿意搬迁住处，两项的总和用于衡量被调查者被动搬迁频率。上述五个指标分别从城市流动次数、不同学业阶段的流动次数、远距离搬迁次数、主动或被动搬迁次数等方面衡量被调查者的客观居住流动情况。指标六是主观居住流动感知，询问被调查者结合以往的搬迁经历，总体而言觉得自己的搬迁频率如何，从"1"非常不频繁到"7"非常频繁进行评定，分数越高，居住流动感知越强，个体越倾向于认为自己一直处于居住流动状态。指标六反映的是个体对居住流动的主观知觉。面对相同次数的居住流动，对于本身偏好流动的个体而言，他们知觉到的居住流动频率会低于本身不偏好流动的个体。

2. 人际水平：关系流动性

关系流动性的测量采用 Yuki（2007）编制的关系流动性量表（relational mobility scale），用于评估被调查者感受到其周围人关系流动性水平的程度。Yuki 认为关系流动性包含两个维度，分别为遇到新伙伴和选择自己交往伙伴。该量表包含 12 个条目，其中 6 个条目为反向题，要求被调查者从"1"非常不同意至"7"非常同意就关系流动性条目做出评定，需要强调的是被调查者的判断是基于他们周围人的情况，而不是基于自身的情况。具体条目如"他们有很多机会结识新朋友"等。本研究中关系流动性的条目经反向计分后，计算 12 个条目的均值以此衡量被调查者所知觉到的关系流动性程度，均值越高表明被调查者知觉到其周围人的关系流动性水平越高，反之均值越低表明被调查者知觉到其周围人的关系流动性水平越低。

已有研究发现，该量表具有较好的信度，Cronbach's α = 0.80（赖洄慧，2013）。关系流动性包含结识新人和选择朋友两个维度。

3. 社会位置水平：阶层流动

阶层流动包含了五个指标。指标一是当前主观社会阶层。当前主观社会阶层的测量采用阶梯量表（见图 2-1），该量表被国内外研究广泛采用（Adler et al.，2000）。先给调查者呈现一个十级的阶梯图片，自下而上标记 1~10 十个数字。10 分代表最顶层，1 代表最底层。要求被调查者评定自己现在所处社会阶层，所选数字越大，表明主观社会阶层越高。当前主观社会阶层的测量由两个题项构成，"您认为您自己目前在哪个等级上"和"您认为您自己目前的生活水平在哪个等级上"，两题的平均分用以衡量个体当前主观社会阶层，得分越高，表示被调查者认为自己现在当前所处的主观社会阶层越高。信度分析表明两个题项具有较好的内部一致性（Cronbach's a = 0.82）。

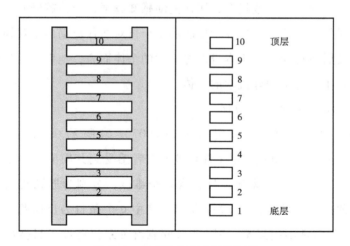

图 2-1　主观社会阶层测量题目

指标二是过去主观社会阶层。过去主观社会阶层的测量同样采用阶梯量表，询问被调查者"您刚参加工作时在哪个等级上"和"您认为您五年前在哪个等级上"，两题的平均分用以衡量个体过去主观社会阶层，得分越高，表示被调查者认为自己过去所处的主观社会阶层越高。信度分析表明两个题项具有较好的内部一致性（Cronbach's a = 0.70）。

指标三是将来主观社会阶层。将来主观社会阶层的测量同样采用阶梯量表，询问被调查者"您认为五年后您将会在哪个等级上"和"您认为您的下一代将会在哪个等级上"，两题的平均分用以衡量个体将来主观社会阶层，得分越高，表示被调查者认为自己将来所处的主观社会阶层越高。信度分析表明两个题项具有较好的内部一致性（Cronbach's a = 0.75）。

指标四是阶层流动感知。以当前主观社会阶层减去过去主观社会阶层由此获得最小值为-9、最大值为9的一列连续变量，该变量即阶层流动感知，负值代表向下流动感知，正值代表向上流动感知，0代表水平流动感知，绝对值越大表明被调查者流动感知的幅度越大。对阶层流动感知进行重新编码，-1代表向下流动感知，0代表水平流动感知，1代表向上流动感知。

指标五是阶层流动预期。以将来主观社会阶层减去当前主观社会阶层由此获得最小值为-9、最大值为9的一列连续变量，该变量即阶层流动预期，负值代表向下流动预期，正值代表向上流动预期，0代表水平流动预期，绝对值越大表明被调查者流动感知的幅度越大。对阶层流动预期进行重新编码，-1代表向下流动预期，0代表水平流动预期，1代表向上流动预期。

（二）社会心态的三个层次

1. 社会心态基本层次

社会心态的基本层次包含安全感、稳定感、压力感、公平感、公正感。社会心态基本层次将稳定感和压力感进行反向计分后纳入计算，取五个指标的均值衡量社会心态的基本层次。安全感由9个题项构成，分为总体安全感和不同方面的安全感，不同方面安全感涉及人身安全、个人和家庭财产安全、个人信息安全、医疗药品安全、食品安全、交通安全、环境安全和劳动安全8个方面，采用李克特1~7级量表，从非常不安全到非常安全进行评定。分数越高，表明个体安全感程度越高。信度分析表明安全感具有较好的内部一致性（Cronbach's α = 0.91）。

稳定感由3个题项构成，要求被调查者评定现有社会群体之间的利益冲突严重程度等，采用李克特 1~7 级量表，从非常不严重到非常严重进行评定。分数越高，表明被调查者认为社会越稳定。信度分析表明稳定感具有可接受的内部一致性（Cronbach's α = 0.64）。为了更好地衡量社会心态基本层次，将稳定感进行反向计分后纳入社会心态基本层次。

压力感由 13 个题项构成，涉及住房、交通、医疗、物价、收入、工作或学业、自己和家人健康、自己或家人就业、家庭成员关系、邻里同学同事关系、婚姻和恋爱的压力等方面，采用李克特 1~7 级量表，从非常不严重到非常严重进行评定。分数越高，表明个体面对社会生活中的需求，感知到自身所拥有的资源无法应对，而产生的压力和焦虑越严重。信度分析表明压力感具有较好的内部一致性（Cronbach's α = 0.90）。为了更好地衡量社会心态基本层次，将压力感进行反向计分后纳入社会心态基本层次。

公平感由 2 个题项构成，询问被调查者感知到当今社会公平感程度，具体询问"相对自身教育背景、工作能力、资历等人力资本水平"而言的收入公平感，"相对自身努力程度"而言的生活水平公平感，采用李克特 1~7 级量表，从非常不公平到非常公平进行评定。分数越高，表明被调查者的公平感越高。将收入公平感和生活水平公平感加总取均值衡量被调查者的整体公平感。信度分析表明公平感具有较好的内部一致性（Cronbach's α = 0.82）。

公正感由 3 个题项构成，询问被调查者感知到当今社会的公正感程度，询问"我这样的人时不时应该得到额外的好处"，采用李克特 1~7 级量表，从非常不同意到非常同意进行评定。分数越高，表明被调查者的公正感越高。信度分析表明公正感具有较好的内部一致性（Cronbach's α = 0.72）。

2. 社会心态次级层次

社会心态的次级层次包含信任感、支持感、认同感，其中认同感包含城市认同和国家认同。信任感采用的是一般信任，由 3 个题项构成，询问被调查者"社会上大多数人：A. 都可以信任；B. 要非常小心提防"等。选项从 1 代表非常同意 A，到 7 代表非常同意 B。为便于理解，对选项进行反向计分，分值越高，表明被调查者的一般信任水平越高。信度分析表明一般信任具有较好的内部一致性（Cronbach's a＝0.70）。

支持感即社会支持，由 14 个题项构成，询问被调查者感受到党组织、居委会或村委会、家庭等的支持程度，采用李克特 1~7 级量表，从非常不支持到非常支持进行评定。分数越高，表明被调查者感受到该题项的支持程度越高。信度分析表明支持感具有较好的内部一致性（Cronbach's a＝0.90）。

认同感由城市认同和国家认同两个层次构成。城市认同由 26 个题项构成，这些条目如"我熟悉所在的城市（地方）特有的风俗习惯""我喜欢所在的城市（地方）的生活方式"，采用李克特 1~7 级量表，从非常不同意到非常同意进行评定。信度分析表明城市认同具有较好的内部一致性（Cronbach's a＝0.90）。部分题项经反向计分后，以 26 个题项均值衡量被调查者的城市认同程度，均值越高，表明被调查者的城市认同水平越高。

国家认同由 4 个题项构成，这些题目如"当别人批评中国人的时候，我觉得像在批评自己"。采用李克特 1~7 级量表，从非常不同意到非常同意进行评定。分数越高，表明被调查者的国家认同程度越高。信度分析表明国家认同具有较好的内部一致性（Cronbach's a＝0.84）。

3. 社会心态高级层次

社会心态的高级层次由幸福感、生活满意度构成。将幸福感、生活满意度两个指标取均值衡量社会心态的高级层次。幸福感以幸福倾向进行衡量，采用 Peterson 等（2005）编制的幸福取向量表（Orientations to Happiness Scale，OHS），由 18 个题项构成，如"人生就要追求更高的目标""人生苦短，应及时行乐""不管我做什么，我都全心投入，感觉时间过得很快"。信度分析表明幸福感具有较好的内部一致性（Cronbach's a＝0.90）。

生活满意度采用 Diener 等（1985）编制的生活满意度量表（Satisfaction With Life Scale，SWLS），该量表采用 5 道题目来测量个体对其生活满意度的整体评价。测量采用李克特 7 点量表，要求被试根据自己的感受评价（1＝"非常不同意"，7＝"非常同意"），如"我的生活大致符合我的理想"和"我满意自己的生活"。信度分析表明生活满意度具有较好的内部一

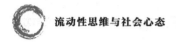

致性（Cronbach's a = 0. 86）。

（三）行为倾向

1. 身体健康测量

由 2 个题项构成，题项一为"您觉得您目前的身体状况如何"，采用 5 点计分评价自己的身体健康状况（1 = 非常不健康，5 = 非常健康）。题项二为"在过去的四周中，由于健康问题影响到您的工作或日常活动的频繁程度"，采用 5 点计分评价身体不良状况的频繁程度（1 = 非常不频繁，5 = 非常频繁）。

2. 居住流动意愿

询问被调查者结合以往的搬迁经历是否愿意从现在居住的城市（乡镇）搬到其他城市（乡镇），从"1"非常不愿意到"7"非常愿意进行评定，分数越高，越倾向于流动，居住流动意愿越强。

3. 本地居住时长

询问被调查者在本地居住了多长时间，从"1"不到半年到"6"10 年及以上进行评定，分数越高，表明本地居住时长越长。

4. 社会参与

使用 8 个题目测量被调查者过去一年的社会参与情况，题项如"过去一年，您是否参与绿色出行、节约用水、垃圾分类、减少使用塑料袋等活动""过去一年，您是否向政府机构、媒体等反映意见"，问卷题目采用 1 ~ 7 点的李克特评分方法，1 表示从来没有，7 表示总是，数字越大，表示社会参与程度越高。8 道题目的平均分为总体社会参与的得分，得分越高，代表被调查者的总体社会参与程度越高。8 道题目的内部一致性程度良好（Cronbach's α = 0. 78）。

5. 应对策略

改编自中国社会科学院社会学研究所开展的"中国社会状况综合调查"（CSS 2006）中的社会问题问卷题目，考察了人们如何应对以下 5 方面较为热点的社会问题，包括征地、拆迁及移民补偿问题，司法不公、执法粗暴问题，贪污腐败、侵占国家集体资产问题，拖欠或克扣工资问题，环境污染影响居民生活问题。分别询问作答者如果遇到上述问题会选取怎样的应对策略。每个问题后都提供了 10 种具体应对策略选项和 1 个"其他"选项，参照赵玉芳和张庆林（2005）的研究，10 个应对选项可以划分为 4 种应对类型，包括个人积极应对、社会积极应对、个人消极应对、社会消极应对。该组题为多选项设置，针对每个问题，可以选择 3 种应对方式。计算被调查者在社会问题上的积极应对策略比例和消极应对策略比例，两者的差值作为应对策略的值，分数越高，积极应对策略能力越强。

6. 婚姻质量

婚姻质量由婚姻满意度和婚姻压力感构成。婚姻满意度是婚姻质量的积极维度，包括 3 个题目，采用 7 点计分（1＝非常不同意，7＝非常同意）。题目如"您对您夫妻之间关系的满意程度有多少"，该量表具有良好的信度（李原，2020）。婚姻压力感是婚姻质量的消极维度，由 1 个题项来衡量，询问被调查者体验到婚姻压力的严重性程度，采用 7 点计分（1＝非常不严重，7＝非常严重）。本书将根据不同章节的安排使用婚姻满意度和婚姻压力感两个指标。

（四）价值观

1. 目标追求

采用 Kasser 和 Ryan（1996）编制的目标追求指数问卷，本书中内部目标选取了自我接纳，外部目标选取了形象出众与财富成功，考察自我接纳、形象出众与财富成功对个体的重要程度和可实现程度。量表采用 7 点计分（1＝非常不重要，7＝非常重要），得分越高，表明个体对此目标越看重。自我接纳由 4 个题目构成，题项如"成为掌控生活的人"，信度分析表明自我接纳具有较好的内部一致性（Cronbach's a＝0.85）。形象出众由 5 个题目构成，题项如"对自己的外在形象感到满意"，信度分析表明形象出众具有较好的内部一致性（Cronbach's a＝0.86）。财富成功由 4 个题目构成，题项如"在经济上获得成功"，信度分析表明财富成功具有可接受的内部一致性（Cronbach's a＝0.66）。将重要程度和可实现程度的差距视为目标追求的失调程度，本书只是探讨目标追求的失调程度，因此差距取绝对值。

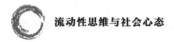

2. 社会文化价值

使用 GLOBE 文化量表（House et al.，2004）分别测量人们"应然"和"实然"的社会文化价值。该量表一方面是通过"应该怎样"（what should be）来测量人们所持有的价值观；另一方面是通过"是怎样"（what is/what are）来测量人们对于社会共享现实的感知，即社会中实际流行的社会价值。本书采用其中 2 个价值观分量表，分别是权力距离和未来取向。权力距离（power distance）是指权力分层和集中的程度，将该分量表 3 个题目的均值作为权力距离价值观得分，分数越高代表调查对象越赞同权力不平等，认可权力等级的存在。未来取向（future orientation）是指社会成员参与未来取向的行为的程度，这些行为包括为未来计划、投入，延迟个人或集体的满足，将该分量表 2 个题目的均值作为未来取向价值观的得分，分数越高代表调查对象认为计划未来越重要。用对应的 2 个现实感知分量表，测量人们对于自己所处社会的权力距离和未来取向的实际状况的感知。该量表已在全世界62 个国家中的 951 个组织机构中进行了测量，具有较高的信度和效度。以应然和实然的差距为价值观失调程度，本书只是探讨价值观失调的程度，因此差距取绝对值。

中 编

流动性思维的解释水平与影响

第三章

居住流动的基本社会心态

本章讨论流动性思维的个体内水平即居住流动，探讨居住流动如何对社会心态产生影响。第一节在阐述居住流动的相关概念界定后，回顾了社会心态视角下居住流动的积极与消极影响，在此基础上提出进一步探索居住流动基本社会心态的意义。第二节描述了居住流动在国内的基本情况，在不同人口学变量上的分布特点，第三节从居住流动频率层面探讨居住流动次数对社会心态各层次的影响，第四节从居住流动时点层面探讨居住流动次数对社会心态各层次的影响，第五节从居住流动类型层面探讨居住流动次数对社会心态各层次的影响，第六节从居住流动的主、客观性探讨居住流动次数对社会心态各层次的影响，综合讨论部分试图整合不同分析角度说明居住流动如何能够阐释社会心态各层次的关系。

第一节　社会心态视角下的居住流动

一　居住流动的概念界定

居住流动（residential mobility）是指人们改变其住所的频率，既指向个体在某一时段内感受到的居住流动次数，也指向个体预期未来的居住流动频率（Oishi, et al., 2010）。在我国人口流动专门指"人户分离"，从居住流动定义可知它包含人口流动，其范畴大于人口流动，只要个体搬迁过住所就属于居住流动的范畴。从广义上来说，居住流动有个人层面和社会层面两个部分。在社会层面，居住流动可视为特定社区、城市、地区或者国家在特定时间内搬家的居民比例（Oishi & Tsang，2022）。在个人层面，人们改变住所的次数就可用来衡量居住流动的次数。例如，Oishi 等（2007）评估了被试从 5 岁起居住在多少个不同的城市/城镇。本书所探讨的居住流动聚焦个人微观层面，不涉及宏观层面。

从心理学角度，居住流动可视为人们对住所是流动或稳定的一种适应（Oishi，2010），它是心理学的重要概念，它构造了个体的心理生活空间。勒温（Lewin）提出了一个行为公式，即行为等于个人和环境的函数，也就是说行为随着人与环境这两个因素的变化而发生改变。这就意味着，不同的人对同一个环境会产生不同的行为，同一个人对不同的环境也会产生不同行为。勒温（1939）在此处所指的环境并非客观的地理环境和社会环境，而是指心理环境（mental environment），在此基础上勒温进一步提出了心理生活空间（mental life space）的概念。其认为人的心理现象具有空间的属性，人的心理活动是在心理生活空间中发生的，一个人在某一时间内的行为都由心理生活空间所决定。它提供了个体生活、交往和工作的空间。居住流动便是勒温这个心理生活空间的关键因素，它导致个体所处的环境发生变化，而个体的情感、认知或者行为都随环境变化而发生相应的变化，个体的心理生活空间也随之产生变化。而这个环境变化对个体心理的影响取决于个体如何在个人心理生活空间中对这一环境进行阐释。

居住流动可通过检查居住地之间的实际流动直接衡量，它可通过客观指标进行评估，如要求被调查者列出他们居住过的所有城市/城镇，使用客观指标虽然可帮助消除方法效应，但却无法反映对流动机会的总体心理感知，因此本书在居住流动的客观指标之外引入了居住流动的主观指标，即个体对自身流动频率的主观感知，从主、客观两方面对居住流动进行较为全面的衡量。

二 居住流动的积极影响

（一）高居住流动性带来更为积极的社会心态

美国综合社会调查（General Social Survey，GSS）发现，1972～2018 年随着居住流动率的下降，美国人的信任感、公平感和幸福感有所下降（Buttrick et al.，2021），个体因无法搬家产生了挫败感，并由此加剧了对未来的担心。来自盖洛普世界民意调查和世界价值观调查大约 20 万名被调查者的回答发现，在控制移民和人均 GDP 条件下，居住流动性高的年份，人们更自由地选择自己的生活，体验到更少的压力，更满意自己交朋友的能力，更多地信任外部群体并自愿为某个组织投入时间，对未来更加乐观。当流动性下降或较低时，社会文化似乎处于停滞状态无法表现出活跃度，人们更加厌恶风险、怀疑外人，更加团体化、愤世嫉俗和更不快乐。操纵居住流动率和社区规模，对交易成本、机会成本和合作伙伴的回报进行建模发现，随着居住流动人口从 10% 上升到 30%，愿意与陌生人互动和对陌生人的信任依次显著单调增加（Macy & Sato，2002）。贫困社区中居住流动个体患抑郁症的概率低于居住稳定个体，流动性强的省份其居民所报告的生活满意度和幸福感高于居住稳定的省份，在宏观层面居住流动带来开放、积极向上的城市社会生态，居住流动的城市通常更为开放、活跃。

（二）居住流动导致更弱的内群偏爱

居住流动模糊了内、外群成员的界限，削弱了内群偏爱。居住流动促进了良好群际关系的建立，居住流动较强的个体较少内群偏爱，而居住稳定的个体较多内群偏爱，当诱发居住稳定状态时被调查者表现出更多内群偏爱，这一现象在诱发居住流动状态时相对不会出现（Li et al.，2019）。在独裁者博弈的研究中，居住稳定的被调查者向组内成员提供金额数量多于组外成员，居住流动的被调查者向组内和组外成员提供几乎相同数量的金钱。来自神经机制的分析对此提供了进一步的证据，居住稳定条件下被试面对种族内群体面孔时，早期选择性视觉注意的指标 N1 幅度增加，任务需求的指标 P3 下降幅度更大，居住流动条件下没有观察到这种差异，居住流动降低了疼痛

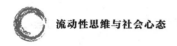

感知中的种族内群体偏见，模糊了疼痛感知中的种族群体界限，居住稳定加强了内、外群成员之间的界限（Li et al.，2019）。

三 居住流动的消极影响

（一）居住流动导致个体偏好短期的行为或关系

居住流动条件下，个体与他人能否建立长期关系具有较大不确定性，这就导致个体与合作者之间通常是短期关系，在短期关系中立即获得收益是合乎逻辑的。居住稳定条件下，个体与合作者之间很有可能建立长期的稳定关系，即使个体在双方合作中立即得到收益，但个体可通过其他机会或其他时间获得收益，快速得到收益是非必要的策略。研究发现，居住流动条件下个体更倾向于接受赔偿以恢复关系，而居住稳定条件下更倾向于接受道歉以恢复关系，在成长过程中搬过家比未搬家的个体更喜欢立即获得补偿，可见居住流动条件下补偿的功能性价值更高，而居住稳定条件下道歉的功能性价值更高。

（二）居住流动导致更低的承诺

与短期行为相关联的是，居住流动导致更低的承诺。在个体层面，具有较多搬家经历比较少搬家经历的个体更倾向加入低承诺的学生团体，在居住流动区的个体比居住稳定区的个体更倾向于低承诺而非高承诺的短期计划。在群体层面，以美国为样本的研究发现，居住流动的州拥有更多低承诺的宗教组织，居住稳定的州拥有更多高承诺的宗教组织（Oishi et al.，2015）。

与更低承诺相对应的是，Gillath 和 Keefer（2016）系列研究发现，居住流动不仅导致人们将物品视为一次性物品，而且导致人们将社会关系视为一次性物品，研究指出个体处理物品的倾向和社会关系是相关的，居住流动会增加处置物品的意愿，并通过这种意愿处置社会关系，增加居住流动意识也会增加处置物品的意愿，并通过这种方式处置社会关系，可见居住流动影响了社会关系的处置。这些结果支持了勒温关于流动性与处理社会关系难易程度的相关概念。高度流动的社会鼓励形成较浅的社会纽带，降低维持现有社会联系的投资（Lun et al.，2012；Oishi et al.，2013），他认为美国的社会关系虽然更容易建立，但是这些容易形成的关系相对肤浅，多年后也容易被遗忘，居住流动的上述系列结果支持了勒温的论断。

（三）居住流动提高了对社会规范偏差和道德偏差的容忍度

居住流动的个体更能容忍违反社会规范的行为，而居住稳定的个体对违反社会规范的行为较不能容忍。脑电数据分析发现，居住流动的被试较居住稳定的被试对检测违反社会规范的 N400 波幅更小，也就是说居住流动降低了大脑对违反社会规范的反应，导致个人在行为游戏中表现出更多的实际贿赂，更有可能在知识测试中作弊，增加了通过作弊以获得更多金钱奖励的可能性。

如果居住流动的个人不像居住稳定的人那样关心声誉损害，那么社会监控就不会对居住流动的人起到威慑犯罪的作用。将记者数量作为社会监测的指标，研究发现在居住稳定的城市中记者越多，犯罪率就越低，社会监控起到了阻止犯罪的作用，而在居住流动的城市中，记者数量与犯罪率无关，社会监控并未起作用。

居住流动降低了人们的亲社会行为倾向，种族内群体同理心偏见（Racial In-group Bias in Empathy，RIBE）是种族内群体和外群体成员之间移情反应的差异。Xu 等（2021）研究发现，想象拥有稳定生活方式的人比想象拥有流动生活方式的人具有更高的种族内群体同理心偏见，左侧的背外侧前额叶皮层可调节居住流动与种族内群体同理心偏见之间的关联。

（四）居住流动影响对关系起作用的信任类型

来自 28 个省份的中国大型研究发现，与居住稳定的省份相比，居住流动的省份对陌生人的信任与低程度抑郁症的关联度更大，与居住流动的省份相比，居住稳定的省份对邻居和同事等知名他人的信任与低程度抑郁症的关联度更大，也就是说，在居住流动的省份对陌生人的信任与更高的幸福感相关，而在居住稳定的省份对邻居和同事的信任与更高的幸福感相关（Wang & Li，2020）。这可能是因为在居住稳定的社区中，人们主要从亲近的人那里获得帮助，那些不能信任邻居和同事的人会在困难中遭受更多的痛苦。这些发现表明，无论是基于自尊和陌生人的信任，还是基于与群体内成员的联系、城市或宏观层面的居住流动都可以塑造幸福感。Zhao 等（2021）考察了居住流动与人际信任建立之间的联系，通过测量个人居住流动历史，揭示了居住流动与信任之间存在负相关，在信任游戏中那些暂时具备流动性的被试比对照组表现出更低的投资，认知闭合需求调节了居住流动和建立信任意图之间的联系，认知闭合需求低的人在居住流动组中的信任倾向明显低于居住稳定组。

（五）居住流动影响主观幸福感的建构和来源

高居住流动性的地区较之于低居住流动性的地区，人们更多将生活满意度建立在自尊之上（Yuki et al.，2013）。当朋友准确地感知到个体的私下自我时，处于居住流动状态的被试感到更为高兴，而当朋友准确地感知到个体的公开自我时，处于居住稳定状态的被试感到更为高兴（Oishi et al.，2007）。居住在居住稳定、中低收入地区的被试，当其有一个小而深的社交网络策略时，对自己的生活更满意，有着更多的积极体验和更少的消极体验。相比之下，居住在居住稳定、中高收入地区的被试，当其有一个浅而大的社交网络策略时，对自己的生活更满意，有着更多的积极体验和更少的消极体验。这些研究发现表明友谊网络策略的优势取决于社会生态，居住流动影响了人们建构主观幸福感的方式，也影响了个体主观幸福感的来源。

四　系统探讨居住流动的意义

综合上述分析可发现，居住流动对社会心态既有积极影响，也有消极影响。从个人层面看，居住流动增加了个体的信任感、公平感、幸福感、生活满意度，提高了个体的风险追求，但也导致个体更偏好短期的行为、更低的承诺，提高了人们对社会规范偏差和道德偏差的容忍度。从社会层面看，居住流动带来了更加开放、积极向上的城市社会生态，对信任类型、主观幸福感的构成造成了影响。居住流动的这些不一致结果凸显了系统探讨居住流动的基本社会心态具有重要的意义。

首先，不同文化对居住流动的偏好不同，系统探讨居住流动的基本社会心态有助于了解流动偏好的文化差异，从而挖掘流动性思维在个体内水平的文化差异。某些文化更鼓励居住流动，对居住流动的政策更为友好，容易实现家庭式流动，如居住流动过程中流动不受户籍限制，对不同户籍人口不存在政策性偏差，子女入园或入学不受户籍控制和流动影响，住房容易买卖等。但是某些文化并不鼓励居住流动，对居住流动的政策相对不友好，很难实现家庭式流动，如流动受到户籍限制，不同户籍人口享受的政策不同，子女入园或入学受户籍控制和流动影响，住房不容易买卖等。正是基于不同文化对居住流动的鼓励性不同，居住流动在不同文化下所体现的心理蕴含不同。在鼓励居住流动的文化中，居住流动被视为一种自然行为，这一行为本身并不潜藏附加意义，流动性思维在个体内水平业已形成。在不鼓励居住流动的文化中，居住流动被视为一种非自然行为，这一行为本身就包含着意义，促进了流动性思维在个体内水平的形成。中国作为东亚文化的代表之一，家庭在个体生活中占据着核心的位置，人们愿意为了保持家庭联结而主动放弃居住流动，也为了保持家庭联结而被动选择居住流动。不同文化对居住流动的偏好可能造就了居住流动对个体不同的社会心态，中国文化背景下居住流动如何对社会心态产生影响尚未有细致的梳理。

其次，居住流动本身所具有的变迁性问题，凸显居住流动的主观感受解释性，个体内水平的居住流动主观感受成为形成流动性思维的来源之一。居住流动这一行为本身随着社会变化而变化，它是社会变迁的一种外在表现，是社会变化的有力指标之一。人们对居住流动的偏好也是随着社会文化变迁而变迁的。在游牧时代，人类大多以狩猎和采集为生，逐水草而居，跟随动物迁徙或季节性资源分布而进行迁徙流动，居住流动是为了满足生存需要，与居住流动相伴随的是迁徙过程所带来的危险性增加和生活成本提高。在农耕时期，人类开始种植和畜牧，形成了最早的定居点，如村庄和农耕社区。农耕的出现使得人们不再需要频繁地迁徙以寻找食物。居住稳定提高了生存质量，人类生活的危险性降低，不确定性提高，生活成本随之下降。在城市化和文明兴起时，人类的居住流动向着城市化方向聚焦。这一趋势在工业革命后得到快速发展，大量人口从农村迁徙至城市，寻找工作。城市的扩张和工业化导致了大规模的居住流动，也带来了一系列社会、经济变革。从 20

世纪至今，随着工业化和经济发展，全球化趋势使得人们的居住流动更加频繁，国际移民越来越普遍，人类居住流动的距离越来越远。数字化时代更是加剧了这一趋势，人们可以灵活地选择住所，居住流动又呈现新的样态。随着时间的推移，人类对于居住环境的选择和需求也在不断变化，人们对居住流动的态度和偏好发生变化，不同群体展现出对居住流动的不同偏好，不同个体也展现出对居住流动的不同偏好。因此，单纯依靠客观居住流动可能很难解释居住流动对于社会心态的影响，反而是每个个体对居住流动的感受更能反映其社会心态。

最后，居住流动形式的多样性给予细致探讨居住流动类型对社会心态影响的可能性，不同居住类型成为个体内流动性思维的实践形式。居住流动具有多样化的特点。第一，从居住流动的频率来看，有些个体喜欢频繁流动从而保有对生活的新鲜感，但也有些个体厌恶离开熟悉的地方，喜欢待在熟悉的城市。如果个体具有丰富的居住流动经历，面对适宜的环境时可能想安定下来，面对不适宜的环境也不惧下一次流动，居住流动经历会影响个体社会心态，进而对决策行为产生影响。第二，从居住流动在生命过程的节点来看，有些居住流动发生在生命较早期，如小学阶段就随父母举家搬迁。正如当前许多居住在城市的农民工子弟，他们更是从小学开始便随父母四处搬迁。有些居住流动发生在个体成长的晚些时候，如高中毕业后，因升学原因有居住流动的必要性。第三，从居住流动的主、被动性来看，有些居住流动是个体主动做出的，比如个体随着职位提升而改变居住地，或者由于退休而选择另觅他处，有些居住流动却是个体被动而为，如因子代无法在城市获取教育而选择流出城市，或因城市生活成本高昂而选择另寻别处。第四，从居住流动的距离来看，不同个体选择偏好可能存在差异。有些个体不愿意进行远距离搬迁，始终在家乡周边进行流动，而有些个体却愿意远走他乡，离家乡越远越好。第五，从居住流动的主观感知来看，因不同个体对流动的频率偏好不同，因此不同个体对同一频率的居住流动，其主观感受存有差异。同一频率的居住流动，对于偏好流动的个体，其主观居住流动感知可能并没有那么频繁，出现主观居住流动感知比客观居住流动频率低的情况。而对于偏好稳定的个体，其主观居住流动感知却十分频繁，出现主观居住流动感知比客观居住流动频率高的情况。个人的主观居住流动感知可能更能反映个体对流动这一客观事实的主观看法，而它可能会比客观居住流动指标更能影响个体的心理与心态。

不管何种形式的居住流动都会对社会心态产生不同影响，然而已有居住流动对社会心态的影响研究并未对居住流动的基本社会心态做进一步细致、系统性的分析。在概览社会心态视角下的居住流动后，本章将尝试采用居住流动相关的几大指标系统性地分析居住流动如何对社会心态产生影响，以此阐释流动性思维的个体内水平如何与社会心态的层次结构发生关联。

第二节　居住流动频率与能动性的关系

居住流动是人类的一种基本体验，它是一种有利于个人调整住房偏好和福祉的机制，但离开熟悉的社区并搬迁到另一个区域往往会产生负面影响，造成很大的压力和焦虑。居住流动使得个体放弃已建立的家庭和社交网络，打破了个体原来的社会纽带，需要重新建立自己的社会网络，这种断裂纽带的过程迫使个体在陌生环境中重新创造自己，不能依靠他人而只能依靠自己重建生活，因此居住流动和重建生活的压力必须损耗一部分心理成本，耗费一部分心理资源，在搬迁过程中往往伴随失落感、疏离感和对不确定性的恐惧感。然而，对于部分居住流动者来说，居住流动可能是愉快的，因为他们期待一份更具挑战性或更有回报的职业，或者搬迁到一个新环境激发他们的斗志。

可见居住流动频率对于每个个体的心理意义存在差异，不能单纯以频率来考察居住流动的心理影响，而应侧重于考察个体在整个居住流动过程中所展现出来的能动性。这种能动性在居住流动频率上的表现可能是一种适度的居住流动频率，过于频繁或者过于安稳可能都预示着个体较低的能动性，如若该假设成立，那么居住流动多寡对社会心态的影响可能存有差异，频繁的居住流动可能会冲击社会心态的基本层次，甚至影响社会心态的高级层次。

一 频繁居住流动的影响

（一）频繁居住流动的生理影响

频繁流动是健康状况不佳和危险行为的决定因素。Brown 等（2012）对 850 名被调查者进行了长达 20 年的随访发现，20%的被调查者在童年时期没有居住流动，59%居住流动过 1~2 次，21%至少居住流动过 3 次，在控制人口学变量和更换学校频率后，研究稳健地发现更高频率的居住流动者身体健康状况更差。同样，过度居住流动的影响似乎会持续到青春期之后，因为频繁搬迁的人更有可能从高中辍学，经历过早生育，成年后收入较低，并且早期死亡的风险更高（Tønnessen et al., 2016）。公共卫生研究也表明，频繁搬家可能对健康产生影响，那些报告在过去六个月内拥有两个或两个以上住所的个体更有可能进行危险的无保护性交，并以性换取金钱或毒品。然而，采用横截面数据分析发现居住流动频率并不会影响人口健康状况，除非经历大规模快速人口增长或者下降，否则居住流动频率对人口健康的解释度并不超过居住流动者社会身份带来的压力感对健康产生的影响。

（二）频繁居住流动的心理影响

居住流动次数具有累积性，可能带来系列消极影响。首先，频繁居住流动导致压力感，并影响个体心理健康。频繁的居住流动构成了个体的一种压力事件，频繁居住流动者承受的压力大于不频繁居住流动者。与选择稳定居住的人相比，居住流动者往往更焦虑、更不快乐、更冲动、更孤独，教育和健康结果更差。Lin 等（2012）的一项纵向研究考察了青春期到成年期 29 年间不同生命阶段的活动能力及其与 32 岁、42 岁社会心理压力和生命衰竭的相关性，研究发现 1976~2006 年，总地理迁移的累计频率为 3.56±1.89（范围 0~13），在控制混杂因素后发现青少年和青年时期较高的居住变化累计频率与 32 岁、42 岁时的社会心理压力和生命衰竭显著相关，频繁搬迁的青少年出现情绪问题的风险可能会增加，这是因为他们必须同时处理失去老朋友、熟悉和适应新环境等问题。其次，居住流动频率提高了犯罪率，导致更多的问题行为。频繁的居住流动意味着个体与群体之间关系的频繁断裂与重建，因此频繁流动的个体把大量时间消耗在非主流的社交网络，容易受负面朋友影响，这就造成短时间内频繁进行居住流动的个体几乎没有能力形成任何关系，从而导致犯罪等问题行为。

居住流动频率对个体的消极影响需考虑目的地的效应，如搬到芝加哥市内的青少年暴力风险增加，而搬到城外的青少年犯罪风险降低，因此单纯依赖居住流动频率并不能完全解释个体主观幸福感，居住流动频率对个体幸福感的影响与居住环境之间有着交互作用，如若将居住流动频率分为高频和低频两组，研究发现，人口密度和建筑密度与主观幸福感呈负相关，但对于低频居住流动者，随着人口密度和建筑密度的增加，主观幸福感下降得更快。高受教育人口和绿地比例与主观幸福感呈正相关，但对于高频居住流动者，随着高受教育人口和绿地比例的增加，主观幸福感得到更有效提高。因此，居住流动频率可以影响居住环境暴露与主观幸福感之间的关系（Su & Zhou，2022）。

（三）频繁居住流动与社会阶层的关系

居住流动次数与社会阶层之间呈现复杂的关系。一种观点认为居住流动次数高是住房不稳定的一种形式，住房不稳定可以广义地定义为伴随住房问题和/或住房流动性薄弱的经济困境，如果不加以控制住房不稳定最终可能导致无家可归。在这个框架下，频繁搬家可能是低社会经济地位的一种现象，是以无法维持住房为特征的资源缺乏表现。另一种观点则认为居住流动可能是改变社会阶层的一种方式或手段，居住流动次数是大学入学率的函数，在社会经济地位较高的个体中，搬家可能与向上流动或中性生活事件有关，如入学、暑假、毕业和职业获得，有研究证实在向成年期过渡时频繁的居住流动是教育、事业和浪漫关系等系列生命历程的规范化结果，也有研究指出居住流动次数是个体在向成年期过渡时资金不足的表现，而非反映个体向上的社会经济地位流动。

二　居住流动频率的基本社会心态

（一）国内居住流动频率较适度

能动性的外在特征之一是适度的居住流动。数据发现，从五岁开始，在

1~3个城市（地区）生活过半年以上的被调查者比例高达88.0%，4次及以上的被调查者占比8.4%，也就是说96.4%的被调查者实际上拥有在不同城市之间居住流动的经历。从居住流动次数来看，居住流动0次的被调查者占比为43.2%，1~3次的被调查者占比为37.9%，4次及以上居住流动次数的被调查者占比为18.9%。主动搬迁次数0次的被调查者占比为57.4%，1~3次的被调查者占比为32.6%，4次及以上的被调查者占比为10.0%。被动搬迁次数0次的被调查者占比为72.4%，1~3次的被调查者占比为20.1%，4次及以上的被调查者占比为7.6%。远距离搬迁次数0次的被调查者占比为50.6%，1~3次的被调查者占比为41.7%，4次及以上的被调查者占比为7.7%。在本地居住时长中，不到1年的比例为8.1%，1~5年的比例为21.6%，5~10年的比例为9.9%，10年以上的比例最大为60.4%。

可见，在居住流动的特征中，个体实际在本地居住时长较长，其居住流动以主动搬迁为主，被动搬迁次数较少，远距离搬迁次数较多。不管是哪种居住流动，如果有居住流动，那么居住流动次数基本处于1~3次，也就是个体并没有频繁进行居住流动。个体对于自身的居住流动主观感知中，66.8%的个体认为自己居住流动不频繁，24.8%的个体认为自己居住流动适中，8.5%的个体认为自己居住流动频繁。个体未来不愿意搬迁的比例为45.0%，中立比例为34.2%，而愿意搬迁的比例仅为20.8%。相较于较高的客观居住流动频率，个体并不认为自己居住流动主观感知程度很高，未来搬迁的意愿也不强烈。

（二）居住流动频率是社会资本的反映

能动性的外在特征之二是社会资本，探查不同社会资本的个体居住流动频率可推知居住流动频率与能动性的关系。婚姻、住房、就业是个体社会资本的重要构成要素。

1. 已婚者居住流动频率较高

统计分析显示，未婚个体（N = 8845）的居住流动次数（M = 1.66，SD = 2.28）显著低于已婚个体（N = 7017）的居住流动次数（M = 1.95，SD = 2.36），t = −7.82，p < 0.001。未婚个体的主动搬迁次数（M = 0.94，

SD=1.58）显著低于已婚个体（M=1.30，SD=1.84），t=-12.96，p<0.001。未婚个体的被动搬迁次数（M=0.73，SD=1.62）显著低于已婚个体（M=0.84，SD=1.74），t=-4.35，p<0.001。未婚个体的远距离搬迁次数（M=1.02，SD=1.53）显著低于已婚个体（M=1.28，SD=1.71），t=-9.89，p<0.001。未婚个体的本地居住时长（M=4.78，SD=1.65）显著低于已婚个体（M=5.23，SD=1.23），t=-19.84，p<0.001。未婚个体的主观居住流动感知（M=2.60，SD=1.41）显著低于已婚个体（M=2.68，SD=1.40），t=-3.23，p<0.001。未婚个体的未来搬迁意愿（M=3.65，SD=1.29）显著高于已婚个体（M=3.52，SD=1.37），t=-6.15，p<0.001。

从上述分析可知，总体来看已婚个体具有更高的居住流动性，但未来的搬迁意愿却更低。因此，婚姻既是一种重要的个体居住流动的动因，也是稳定个体不再进行居住流动的动因。当然，在婚姻对居住流动性的分析中并未控制年龄在其中的干扰因素，毕竟已婚者较之于未婚者，可能因为年龄的增加从而提高了居住流动的频次。

2. 住房类型缓冲了个体居住流动

统计分析显示，那些租房住（包括租房住、住在公租房、住在单位宿舍或者借住父母或他人住房）的个体（N=8182）的居住流动次数（M=1.77，SD=2.34）与有房个体（包括自建房、经济适用房、商品房）（N=7817）的居住流动次数（M=1.82，SD=2.30）无显著差异，t=-1.14，p>0.001。租房个体的主动搬迁次数（M=1.05，SD=1.70）显著低于有房个体（M=1.16，SD=1.73），t=-3.97，p<0.001。租房个体的被动搬迁次数（M=0.83，SD=1.77）显著高于有房个体（M=0.72，SD=1.57），t=3.85，p<0.001。租房个体的本地居住时长（M=4.56，SD=1.67）显著低于有房个体（M=5.43，SD=1.21），t=-38.87，p<0.001。租房个体的主观居住流动感知（M=2.65，SD=1.40）与有房个体（M=2.63，SD=1.42）无显著差异，t=1.11，p>0.001。租房个体的未来搬迁意愿（M=3.63，SD=1.31）显著高于有房个体（M=3.54，SD=1.35），t=4.23，

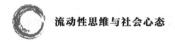

p<0.001。

租房还是有自己住房影响了个体的居住流动性，那些有自己住房的个体更多地主动搬迁，更少地被动搬迁，在本地居住时长更长且未来搬迁意愿更低，住房是缓冲个体居住流动的一个重要因素。

3. 在职者具有更高的居住流动频率

将以失业、无固定工作、一直无工作、非固定工作、下岗等为主要范畴的就业困难群体与在职者进行比较，探索就业状况如何影响居住流动性。分析发现，就业困难群体（N=2962）的居住流动次数（M=1.74，SD=2.34）显著低于在职者（N=8190）的居住流动次数（M=1.93，SD=2.32），t=-14.34，p<0.001。就业困难群体的主动搬迁次数（M=1.07，SD=1.76）显著低于在职者（M=1.24，SD=1.78），t=-20.33，p<0.001。就业困难群体的远距离搬迁次数（M=1.14，SD=1.68）显著低于在职者（M=1.23，SD=1.65），t=-5.44，p<0.05。就业困难群体的本地居住时长（M=5.09，SD=1.46）显著高于在职者（M=5.03，SD=1.41），t=4.07，p<0.05。就业困难群体的未来搬迁意愿（M=3.52，SD=1.38）显著低于在职者（M=3.58，SD=1.33），t=-3.86，p<0.05。

从就业困难群体与在职者的统计分析中发现，在职者的居住流动次数、主动搬迁次数和远距离搬迁次数更多，本地居住时长较短而未来搬迁意愿较高，可见居住流动可能是一种能力的展现，表明个体拥有改变当前居住状况的一种能力，是个体主观能动性的一种体现。

（三）适度居住流动更具良好的社会心态

以居住流动次数为自变量，社会心态基本层次、次级层次和高级层次各指标为因变量进行 ANOVA 分析，考察居住流动对社会心态基本层次的影响，结果见表 3-1。数据结果分析发现，居住流动次数对安全感、稳定感无显著的影响，居住流动次数对压力感、公平感、公正感有显著的影响，事后检验发现居住流动次数 0 次（N=6921）和 4 次及以上（N=3017）的被调查者其压力感显著高于 1~3 次（N=6061）。居住流动次数 1~3 次的被调查者其公平感显著高于 0 次。居住流动次数 4 次及以上的被调查者其公正感显著高于 1~3 次,居住流动次数 1~3 次的被调查者其公正感显著高于 0 次,呈现随着居住流动次数增多而公正感提升的趋势。与那些从未进行居住流动的个体相比,居住流动 1~3 次的个体呈现较低的压力感、较高的公平感和公正感,而那些居住流动 4 次及以上的个体压力感较高,但这部分群体也体现出最高的公正感。

表 3-1 不同居住流动次数对社会心态基本层次影响的 ANOVA 检验结果

变量	居住流动次数分类	平均数	标准差	F	事后检验
压力感	(1)0 次	3.81	1.05	5.66**	(1),(3)>(2)
	(2)1~3 次	3.76	1.06		
	(3)4 次及以上	3.83	1.03		
公平感	(1)0 次	3.95	1.07	7.02**	(2)>(1)
	(2)1~3 次	4.03	1.07		
	(3)4 次及以上	3.99	1.09		
公正感	(1)0 次	4.01	1.05	22.41***	(3)>(2)>(1)
	(2)1~3 次	4.09	1.05		
	(3)4 次及以上	4.16	1.07		

注:* 表示 $p<0.05$,** 表示 $p<0.01$,*** 表示 $p<0.001$,全书同。

考察居住流动次数对社会心态次级层次的影响,结果见表 3-2。数据结果分析发现,居住流动次数对信任感无显著的影响,居住流动次数对支持感、认同感有显著的影响,事后检验发现居住流动次数 1~3 次的被调查者支持感、城市认同显著高于 0 次和 4 次及以上,居住流动次数 4 次及以上的被调查者国家认同显著低于 0 次和 1~3 次。

表 3-2 不同居住流动次数对社会心态次级层次影响的 ANOVA 检验结果

变量	居住流动次数分类	平均数	标准差	F	事后检验
支持感	(1)0 次	4.66	0.81	10.197***	(2)>(1),(3)
	(2)1~3 次	4.72	0.81		
	(3)4 次及以上	4.66	0.85		

变量	居住流动次数分类	平均数	标准差	F	事后检验
城市认同	(1)0 次	4.84	0.99	11.059 ***	(2)>(1),(3)
	(2)1~3 次	4.90	0.97		
	(3)4 次及以上	4.81	0.97		
国家认同	(1)0 次	5.44	1.17	27.142 ***	(1),(2)>(3)
	(2)1~3 次	5.48	1.14		
	(3)4 次及以上	5.29	1.22		

考察居住流动次数对社会心态高级层次的影响，结果见表 3-3。数据结果分析发现，居住流动次数对幸福感无显著的影响，居住流动次数对生活满意度有显著的影响，事后检验发现居住流动次数 4 次及以上的被调查者生活满意度显著高于 0 次和 1~3 次，1~3 次的被调查者生活满意度显著高于 0 次。

表 3-3   不同居住流动次数对社会心态高级层次影响的 ANOVA 检验结果

变量	居住流动次数分类	平均数	标准差	F	事后检验
生活满意度	(1)0 次	3.99	1.20	7.608 ***	(3)>(2)>(1)
	(2)1~3 次	4.03	1.18		
	(3)4 次及以上	4.09	1.19		
幸福感	(1)0 次	4.79	0.78	2.888	
	(2)1~3 次	4.83	0.77		
	(3)4 次及以上	4.80	0.83		

（四）居住流动频率减弱社会心态次级层次

为了进一步了解居住流动频率对社会心态基本层次、次级层次和高级层次的影响哪个更强烈。对居住流动次数与社会心态各层次进行相关分析和回归分析，随后对居住流动次数在社会心态各层次的回归系数进行差异性检验，结果见表 3-4。相关分析发现，居住流动次数与社会心态基本层次显著正相关，与社会心态次级层次显著负相关，与社会心态高级层次显著正相关。可见居住流动次数对社会心态的影响并非单纯的积极或者消极，它对于社会心态不同层次的影响存有差异。

表 3-4　居住流动次数与社会心态各层次的相关关系

序号	变量	1	2	3
1	居住流动次数			
2	社会心态基本层次	0.019 *		
3	社会心态次级层次	− 0.038 **	0.447 **	
4	社会心态高级层次	0.019 *	0.500 **	0.508 **

控制性别、年龄、受教育程度和个人月收入等变量的影响，分析居住流动次数对社会心态三个层次各维度的独立作用，以居住流动次数为自变量，以社会心态基本层次、次级层次和高级层次为因变量，进行多重线性回归分析。自变量采用层次进入的方式，考察每层中增加的变量对回归方程解释力度的影响，从而判定增加的变量是否和因变量独立关联。具体而言，第一层进入性别、年龄、受教育程度和个人月收入等人口学变量，其中女性为参照组；第二层进入居住流动次数。每层变量采用全部进入方式，结果如表 3-5 所示。分析未发现居住流动次数对社会心态基本层次、高级层次的影响，因此在表中未列出具体数据。回归分析发现，居住流动次数与社会心态次级层次存在显著的负相关关系，居住流动次数越多，社会心态次级层次越差。

三　讨论与结论

（一）居住流动具有常态化的特征

居住流动已经成为一种常态化的个人行为。从居住流动的客观情况来看，96.4%的被调查者从五岁开始有过城市之间的流动经历，近半数个体有过 1 次及以上的居住流动，约四成是主动搬迁，近三成是被动搬迁，近五成是远距离搬迁，约六成在本地居住时长达 10 年以上。正是因为居住流动的常态化，其具有可研究的价值和可探讨的空间，与此相关的研究涉及人口流动常态化背景下城镇化对城乡居民消费升级的影响、常态化背景下流动人口管理的一些新构想等，建立居住流动的常态化思维有助于建构面向未来"人的城镇化"的社会管理与社会治理路径。

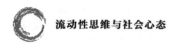

表3-5 居住流动次数对社会心态次级层次的回归分析

因变量	预测变量	B	95% CI for B		SE	β	R²	ΔR²	ΔF
			LL	UL					
社会心态次级层次	模型一						0.008	0.008	27.181***
	常数	-2.430	-5.429	0.569	1.530				
	性别	-0.041***	-0.064	-0.019	0.011	-0.028			
	年龄	0.004***	0.002	0.005	0.001	0.040			
	受教育程度	0.028***	0.018	0.039	0.005	0.043			
	个人月收入	0.000	-0.007	0.007	0.004	0.000			
	住房	0.112***	0.088	0.136	1.530	0.078			
	模型二						0.009	0.001	23.141***
	常数	-2.015	-5.017	0.987	1.531				
	性别	-0.041***	-0.064	-0.019	0.011	-0.028			
	年龄	0.003***	0.002	0.005	0.001	0.038			
	受教育程度	0.029***	0.019	0.040	0.005	0.045			
	个人月收入	0.001	-0.006	0.009	0.004	0.003			
	住房	0.110***	0.087	0.134	0.012	0.076			
	居住流动次数	-0.012***	-0.017	-0.007	0.002	-0.038			

在居住流动的个人特征中，就业与婚姻作为生命历程中两个重要的因素，对居住流动起着较为重要的作用。已婚者具有更多的居住流动经历，但是未来搬迁意愿更低，在职者未来的搬迁意愿更高。已婚者不愿意流动是基于生活的一种安定预期，而在职者的居住流动是基于对工作变动的一种预期，因此两者可能是完全不同动机的居住流动，需要透过居住流动这一现象看到其背后的不同动机。研究发现，流动经历会显著推迟流动人口的初婚年龄，婚前具有流动经历的个体比婚前没有流动经历的个体晚婚 1.893 年，且以流动时间和流动范围衡量的流动性越大，流动经历的婚姻推迟效应越强，研究进一步指出流入城市的规模越大，流动人口的初婚年龄也将越大，流入城市会通过改变流动人口的经济地位、婚姻观念和婚配概率这三个婚姻的重要决策因素来推迟其初婚年龄，因此一旦婚姻稳定后，其再流动的预期显著下降，倾向于安定生活。李朝婷（2023）发现，在不同受教育水平、不同行业和地区的样本中，灵活就业流动人口的就业质量均低于有固定雇主的标准就业流动人口，就业质量提升会显著增强流动居留意愿，但这种促进作用只对就业质量较高的灵活就业者显著，对就业质量较低的灵活就业者影响不明显。因此，较高的就业质量可提高个体的居留意愿，在职者既往的居住流动次数意味着其居住流动是一种相对良性的流动，其未来居住流动意愿更强也是源于其追求更高的就业质量。

拥有住房成为稳定个体生活的重要条件之一，起到了重要的缓冲作用。住房成本的变动成为影响居住流动意愿和决策的重要因素，当住房成本提高时，对流动人口产生"挤出效应"，随着住房支出收入比的提高，流动人口在城市的居住流动意愿呈倒 U 形趋势，若住房支出收入比高于某一门槛值就会阻碍流动人口的迁入与定居意愿。基于 2012 年和 2017 年全国流动人口卫生计生动态监测调查（China Migrants Dynamic Survey, CMDS）数据，以地级以上城市为空间单元，通过比较不同区域、不同等级城市、不同受教育程度及职业类型群体的收入和住房负担差异，发现东部沿海发达省份的房租和房租收入比均显著低于中西部和东北地区，高等级城市租房负担较重，东部发达地区和高等级城市依然是流动人口未来一个时期重点迁入地区，但逐渐超越其经济负担能力的房价，越来越成为流动人口永久定居城市的最大阻碍，导致其居留成本攀高，最终被迫回流或迁至相对低成本的城市（王捷凯等，2023）。在共同富裕的理念下，如何建设公共租赁住房等保障性住房可能是未来不同城市吸引人口的最为重要的举措。

（二）适度居住流动是高能动性的体现

总体来看，居住流动并非只有消极影响，实质上能够进行居住流动意味着个体至少具备了可以流动的能力，是可以流动起来的群体，但居住流动不宜过于频繁，与从未居住流动过的个体以及过度频繁居住流动的个体相比，那些适度居住流动的个体可能意味着具有更高能动性，而那些过度频繁流动的个体又可能意味着具有较低的自我掌控感，从而体现较低的能动性。

分析发现，居住流动次数1~3次的个体展现出更好的社会心态。从社会心态基本层次来看，居住流动次数1~3次的个体压力感更低、公平感更高，公正感也高于未居住流动过的个体。从社会心态次级层次来看，居住流动次数1~3次的个体支持感更高、城市认同感和国家认同感也较高。从社会心态高级层次来看，居住流动次数1~3次的个体体验到的生活满意度较高。虽然居住流动次数4次及以上的个体公正感和生活满意度更高，但是这些个体同时体验到更低的国家认同感。这可能是因为4次及以上居住流动的个体认为自己能够频繁改变住所，表明社会整体是公正的，这种无障碍式改变住所可能提高其生活满意度，但是居住流动可能并非其主动追求，因此其国家认同感稍低。可见，适度居住流动有助于形成良好的社会心态。适度居住流动所体现的个体掌控感和能动性可以从居住流动的不同类型对社会心态的影响加以佐证。

回归分析发现，频繁居住流动对个体的社会心态基本层次和高级层次并不存在显著的预测力，但是却与社会心态次级层次存在显著的负相关关系，居住流动次数越多，社会心态次级层次的体验越差。事实上，社会心态次级层次是社会心态的情感性成分，它充分体现了个体与社会的关系，过度频繁改变住所影响了个体的整体情感性体验，威胁了个体的支持感和认同感，让个体与社会之间的联结难以稳定地建立起来，损伤了个体与社会的归属感。

频繁居住流动对社会心态三个层次的影响差异表明社会心态三个层次之间各司其职，泾渭分明地发挥着不同的作用。

第三节　不同居住流动类型的能动性表达

上节分析表明，居住流动频率一定程度上反映了个体的能动性，而居住流动类型则是个体能动性差异的表达，不同居住流动类型展现了个体能动性的程度。与那些被动居住流动的个体相比，那些主动居住流动的个体具有更强的能动性。远距离搬迁较之于近距离搬迁，个体面临的困难和风险更高，远距离搬迁的个体其能动性也与近距离搬迁的个体有所差异。不同居住流动类型背后蕴含的能动性对流动性思维与社会心态均可能产生影响。那些表征高能动性的居住流动类型促进流动性思维朝着积极方向发展，而那些表征低能动性的居住流动类型有可能导致流动性思维朝着消极方向发展。如主动的居住流动形成积极看待居住流动的倾向，从而形成积极的流动性思维，而被动的居住流动形成消极看待居住流动的倾向，从而形成消极的流动性思维。不同居住流动类型导致居住流动对个体社会心态的影响可能存在差异，如主动的居住流动较之于被动的居住流动，前者可能持有更为积极的社会心态，这种差异可能进一步体现在社会心态的层次结构之中。

一　居住流动类型的心理影响

（一）主动与被动居住流动的心理影响

搬迁自愿性是影响个体心理的一个重要因素，然而搬迁自愿性的研究很少被系统探讨。主动搬迁者总是希望通过搬迁找到更好的、更适合自己的地方，以此满足他们对未来新生活的想象，他们更乐意使用新的产品，被动搬迁者更厌恶风险，更不愿意接受新体验。

那些主动居住流动的个体通常受到流入地的吸引，因此主动居住流动的个体还会因流入地效应而存有差异。一项研究发现，儿童时期的居住流动与较差的认知能力和自我调节能力有关，但这种影响因原籍和目的地社区的贫困率而有所缓和。具体来说，从高贫困社区搬出的流动儿童比留在高贫困社区的稳定儿童表现更好。相比之下，离开低贫困社区的流动儿童的表现比留在低贫困社区的儿童更差。目的地社区的贫困水平也很重要：搬到低贫困社区的流动儿童比留在低贫困社区的流动儿童表现更好，但搬到高贫困社区的流动儿童比高贫困社区的稳定儿童表现更差（Roy et al., 2014）。或许主动搬迁个体的流入地效应会调节居住流动对个体心理的影响，让个体的心理朝着积极的方向推进。

随着城镇化的发展，人们的居住流动并非完全出于主动意愿，有些甚至是不得已的被动居住流动。过去几十年来，中国特大城市经历了大规模的被动搬迁，老城区更新改造，拆除不合格住房让居民面临较多的非自然搬迁，成为非自愿搬迁的"拆迁户"。Guan 和 Xu（2018）对上海周边 5 个大型居住区进行调查，结果发现特大城市周边的发展和搬迁过程对被搬迁者的出行行为产生的负面影响比对其他人口的负面影响更大，增加了被搬迁者与其他人口出行行为的不公平程度。

虽然关于居住流动的主动与被动的研究甚少，但是相关研究得到了较为一致的结果，主动的居住流动对个体的积极影响大于被动，由此可以推测主动居住流动者的社会心态可能与被动居住流动者存有差异。

（二）居住流动距离的心理影响

在居住流动研究中，搬迁距离是常常被忽略的一个类型。远距离的居住流动似乎看起来应该更有害，因为与近距离迁移相比，远距离的居住流动对个体造成的破坏性更大。远距离迁移的个体在适应新的社会和物理环境方面更容易遇到困难，他们必须重新进入新的社交网络，重新构建他们在流出地中拥有的社会资本。事实上，远距离搬迁与近距离搬迁可能是两个独立互不重叠的群体。研究指出，人口统计学、社会心理健康指标和认知健康指标是预测长、短距离居住流动最重要的特征类别。长、短距离居住流动最重要的独立预测指标有所不同，婚姻状况、受教育程度、年龄和收入变化是预测短距离流动最重要的特征，最重要的预测长距离流动的因素是在社区居住的年限、受教育程度、学习中心、就业状况的变化和人际支持水平（Bennett et al., 2022）。

可能正是因为近距离与远距离流动群体间的差异，现有关于居住流动距离带来的心理影响结果存在诸多不一致甚至是相反结果。部分研究指出远距离的居住流动带来系列消极后果，长距离的居住流动导致更差的健康状况（Boyle et al., 1999）。对于健康青少年来说远距离的搬迁更容易产生问题行为，搬迁距离更远的健康青少年可能更容易受到同伴的负面影响，因为他们需要努力形成亲社会关系以防止不良适应行为的出现。亦有研究发现，远距离搬迁带来一系列积极结果。远距离搬迁者较之于短距离搬迁者具有更佳的自评健康状况，对已经表现出问题行为的青少年起着保护作用，有助于问题青少年切断与原有同伴网络的联系，为问题青少年提供了在地理与社会上与流出地相距甚远的新社区重新开始的机会，从而有效地将青少年与其先前社区的犯罪影响分开。与非搬迁者相比，短距离搬迁者自我报告的生活质量指标（如自评健康和收入）较低，长距离搬迁者在认知测试成绩、受教育程度和社区社会经济地位方面更有优势。

在居住流动对社会资本的影响研究中，部分研究指出远距离的居住流动引发了个体所能接触空间的高度分散，有利于形成以居住流动个体为中心的稀疏网络，这种远距离的稀疏网络往往比本地关系网络更容易成为传递性支持网络的一部分，从而给予居住流动个体更好的社会支持；另有研究认为长距离的居住流动会损伤社会资本，而短距离的居住流动对社会资本的影响微乎其微。两者之间的差异可能与远距离搬迁的时间有关系，Magdol 和 Bessel（2003）发现，短期内的远距离居住流动对个体社会资本形成产生了不利影响，因为他们在当前社区的时间还不够长，无法与邻居和其他本地网络成员建立关联以获得切实的好处，并且他们花费更多时间进行社交活动，短期内刚经历远距离居住流动的个体更不依赖社会网络中的亲属成员，反而会在流入地这种物理距离近的目的地中依赖非亲属关系，看来非亲属网络可作为缺乏近亲网络的远距离居住流动个体的功能性替代品。

总的来说，搬家距离远近很重要，但研究结果之间存在诸多不一致，而以往将所有居住流动距离视为等同可能会掩盖长、短距离迁移的影响，这也提示有必要对居住流动距离做进一步的细致分析，并对居住流动距离对个体社会心态的影响做进一步考察。本节根据能动性程度进一步细分为主、被动居住流动和长、短距离居住流动，考察能动性程度对社会心态产生何种影响。

二 居住流动类型的基本社会心态

（一）主、被动居住流动的累积效应

为进一步佐证适度居住流动有益于社会心态的培育，按个体居住流动的主动性将居住流动分为主动与被动的搬迁，以主动搬迁次数、被动搬迁次数为自变量，社会心态基本层次、次级层次和高级层次为因变量进行 ANOVA 分析，考察居住流动对社会心态基本层次、次级层次和高级层次的影响。

主动搬迁次数数据结果见表 3-6，分析发现从社会心态基本层次来看，主动搬迁次数 1~3 次（N＝5223）的被调查者安全感、稳定感、公正感、公平感显著高于未曾主动搬迁过的个体（N＝9195），未曾主动搬迁过的个体压力感高于 1~3 次和 4 次及以上（N＝1581）的个体，主动搬迁 4 次及以上的被调查者压力感最低，公平感也高于未曾主动搬迁过的个体。从社会心态的次级层次来看，主动搬迁次数 1~3 次的被调查者信任感、认同感和支持感最高，主动搬迁次数 4 次及以上的被调查者信任感、支持感显著高于未曾主动搬迁过的个体。从社会心态的高级层次来看，主动搬迁次数 1~3 次的被调查者生活满意度和幸福感显著高于未曾主动搬迁过的个体。

表 3-6　不同主动搬迁次数对社会心态各层次影响的 ANOVA 检验结果

变量		主动搬迁次数分类	平均数	标准差	F	事后检验
社会心态基本层次	安全感	（1）0 次	3.98	1.05	4.61*	（2）＞（1）
		（2）1~3 次	4.03	1.02		
		（3）4 次及以上	4.01	1.03		
	压力感	（1）0 次	3.84	1.04	24.69**	（1）＞（2）＞（3）
		（2）1~3 次	3.75	1.05		
		（3）4 次及以上	3.67	1.05		

续表

变量		主动搬迁次数分类	平均数	标准差	F	事后检验
社会心态基本层次	公平感	(1)0次	3.93	1.08	31.12***	(2),(3)>(1)
		(2)1~3次	4.06	1.06		
		(3)4次及以上	4.09	1.08		
	公正感	(1)0次	4.05	1.06	5.13**	(2)>(1)
		(2)1~3次	4.11	1.04		
		(3)4次及以上	4.06	1.05		
	稳定感	(1)0次	2.66	0.89	3.27*	(2)>(1)
		(2)1~3次	2.70	0.90		
		(3)4次及以上	2.68	0.90		
社会心态次级层次	信任感	(1)0次	4.41	1.13	15.216***	(2),(3)>(1)
		(2)1~3次	4.52	1.13		
		(3)4次及以上	4.48	1.11		
	国家认同	(1)0次	5.40	1.18	6.017**	(2)>(1)
		(2)1~3次	5.47	1.16		
		(3)4次及以上	5.44	1.18		
	城市认同	(1)0次	4.82	0.99	20.081***	(2)>(1),(3)
		(2)1~3次	4.93	0.96		
		(3)4次及以上	4.84	0.98		
	支持感	(1)0次	4.65	0.82	26.684***	(2),(3)>(1)
		(2)1~3次	4.75	0.81		
		(3)4次及以上	4.73	0.83		
社会心态高级层次	生活满意度	(1)0次	3.99	1.20	8.854***	(2)>(1)
		(2)1~3次	4.08	1.18		
		(3)4次及以上	4.04	1.18		
	幸福感	(1)0次	4.78	0.80	9.542***	(2)>(1)
		(2)1~3次	4.84	0.77		
		(3)4次及以上	4.82	0.79		

上述关于主动搬迁的分析结果表明，那些未曾主动搬迁的个体在社会心态的基本层次、次级层次和高级层次上均处于相对不佳的情况，他们实际上并未在社会心态基本层次上体验到较高的安全感、稳定感、公正感，在社会心态次级层次上体验到较高的信任感、认同感和支持感，在社会心态高级层

次上体现到较高的生活满意度和幸福感，反而体验着较高的压力感、较低的公平感。而那些主动搬迁4次及以上的被调查者体验着最低的压力感和较高的公平感。由此可见，主动搬迁次数具有一定的累积效应，从未主动搬迁过的个体整体不具有较佳的社会心态，但是过多的主动搬迁次数也不会对社会心态产生正向影响，而适度主动搬迁（1~3次）者其社会心态最为积极和正向。

以被动搬迁次数为自变量，社会心态基本层次、次级层次和高级层次为因变量进行 ANOVA 分析，考察被动居住流动对社会心态基本层次、次级层次和高级层次的影响。被动搬迁次数数据结果见表3-7。分析发现未曾被动搬迁过的被调查者（N=11600）安全感显著高于被动搬迁次数1~3次（N=3202）的被调查者，被动搬迁次数1~3次的被调查者安全感显著高于4次及以上（N=1197）的被调查者。未曾被动搬迁过的被调查者压力感显著低于被动搬迁次数1~3次的被调查者，被动搬迁次数1~3次的被调查者压力感显著低于4次及以上的被调查者。被动搬迁次数1~3次、未曾被动搬迁过的被调查者公平感、稳定感、信任感、国家认同、城市认同、支持感、生活满意度和幸福感显著高于被动搬迁4次及以上的被调查者。

表3-7　不同被动搬迁次数对社会心态各层次影响的 ANOVA 检验结果

变量		被动搬迁次数分类	平均数	标准差	F	事后检验
社会心态基本层次	安全感	（1）0次	4.03	1.04	27.156***	（1）>（2）>（3）
		（2）1~3次	3.97	1.03		
		（3）4次及以上	3.80	1.01		
	压力感	（1）0次	3.77	1.05	25.866***	（3）>（2）>（1）
		（2）1~3次	3.83	1.03		
		（3）4次及以上	3.98	1.00		
	公平感	（1）0次	4.00	1.07	12.881***	（1），（2）>（3）
		（2）1~3次	4.00	1.09		
		（3）4次及以上	3.84	1.07		
	公正感	（1）0次	4.04	1.06	12.810**	（2）>（1）
		（2）1~3次	4.15	1.05		
		（3）4次及以上	4.10	1.04		

变量		被动搬迁次数分类	平均数	标准差	F	事后检验
社会心态基本层次	稳定感	(1)0次	2.69	0.88	7.687**	(1),(2)>(3)
		(2)1~3次	2.66	0.93		
		(3)4次及以上	2.59	0.93		
社会心态次级层次	信任感	(1)0次	4.46	1.13	3.701*	(1),(2)>(3)
		(2)1~3次	4.45	1.15		
		(3)4次及以上	4.37	1.12		
	国家认同	(1)0次	5.45	1.16	13.102**	(1),(2)>(3)
		(2)1~3次	5.42	1.17		
		(3)4次及以上	5.26	1.23		
	城市认同	(1)0次	4.87	0.99	25.448***	(1),(2)>(3)
		(2)1~3次	4.88	0.95		
		(3)4次及以上	4.67	0.99		
	支持感	(1)0次	4.69	0.82	16.912***	(1),(2)>(3)
		(2)1~3次	4.71	0.81		
		(3)4次及以上	4.56	0.83		
社会心态高级层次	生活满意度	(1)0次	4.04	1.19	8.745***	(1),(2)>(3)
		(2)1~3次	4.01	1.18		
		(3)4次及以上	3.89	1.22		
	幸福感	(1)0次	4.81	0.79	4.098*	(1),(2)>(3)
		(2)1~3次	4.82	0.77		
		(3)4次及以上	4.75	0.80		

被动搬迁次数的分析结果亦佐证了居住流动的主、被动性对社会心态的影响存有差异，过于频繁的被动搬迁具有显著消极的社会心态影响，这种影响不仅体现在社会心态的基本层次、次级层次，也体现在社会心态的高级层次上。

（二）过频远距离居住流动的损耗效应

在个体居住流动的过程中，远距离搬迁通常都是一种更为重要的决策。远距离搬迁对个体社会心态的影响权重更大。为了更为细致地探究，以远距离搬迁次数为自变量，社会心态基本层次、次级层次和高级层次为因变量进行 ANOVA 分析，考察远距离搬迁对社会心态基本层次、次级层次和高级层次的影响，数据结果见表 3-8。

表 3-8 不同远距离搬迁次数对社会心态各层次影响的 ANOVA 检验结果

变量		远距离搬迁次数分类	平均值	标准差	F	事后检验
社会心态基本层次	安全感	(1)0 次	4.01	1.05	12.511***	(1),(2)>(3)
		(2)1~3 次	4.01	1.03		
		(3)4 次及以上	3.85	1.00		
	稳定感	(1)0 次	2.69	0.89	6.061**	(1),(2)>(3)
		(2)1~3 次	2.68	0.90		
		(3)4 次及以上	2.59	0.91		
	压力感	(1)0 次	3.81	1.04	11.884***	(3)>(1)>(2)
		(2)1~3 次	3.76	1.05		
		(3)4 次及以上	3.92	1.05		
	公平感	(1)0 次	3.96	1.07	15.633***	(2)>(1),(3)
		(2)1~3 次	4.04	1.07		
		(3)4 次及以上	3.90	1.06		
	公正感	(1)0 次	4.05	1.05	2.73	
		(2)1~3 次	4.08	1.05		
		(3)4 次及以上	4.11	1.09		
社会心态次级层次	信任感	(1)0 次	4.43	1.13	11.884***	(2)>(1),(3)
		(2)1~3 次	4.49	1.12		
		(3)4 次及以上	4.39	1.17		
	国家认同	(1)0 次	5.40	1.19	6.771**	(1),(2)>(3)
		(2)1~3 次	5.48	1.14		
		(3)4 次及以上	5.32	1.22		
	城市认同	(1)0 次	4.86	0.99	13.396***	(2)>(1)>(3)
		(2)1~3 次	4.89	0.96		
		(3)4 次及以上	4.71	0.99		
	支持感	(1)0 次	4.66	0.83	28.006***	(2)>(1)>(3)
		(2)1~3 次	4.74	0.80		
		(3)4 次及以上	4.60	0.82		
社会心态高级层次	生活满意度	(1)0 次	4.02	1.20	6.395**	(1),(2)>(3)
		(2)1~3 次	4.05	1.18		
		(3)4 次及以上	3.91	1.20		
	幸福感	(1)0 次	4.79	0.80	5.322**	(2)>(1)
		(2)1~3 次	4.83	0.76		
		(3)4 次及以上	4.78	0.80		

分析发现未曾远距离搬迁过（N＝8106）的被调查者、远距离搬迁次数1~3次（N＝6691）的被调查者安全感、稳定感、国家认同、生活满意度显著高于远距离搬迁次数4次及以上（N＝1202）的被调查者，远距离搬迁次数1~3次的被调查者公平感、信任感显著高于未曾远距离搬迁过的被调查者和远距离搬迁次数4次及以上的被调查者，远距离搬迁次数1~3次的被调查者其城市认同、支持感、幸福感显著高于未曾远距离搬迁过的被调查者，未曾远距离搬迁过的被调查者其城市认同、支持感显著高于远距离搬迁次数4次及以上的被调查者。远距离搬迁次数4次及以上的被调查者压力感显著高于未曾远距离搬迁过的被调查者，未曾远距离搬迁过的被调查者压力感显著高于远距离搬迁次数1~3次的被调查者。

上述分析可知，远距离搬迁次数1~3次的被调查者在社会心态基本层次、次级层次和高级层次上的状态最佳，而远距离搬迁次数4次及以上的被调查者在社会心态基本层次、次级层次和高级层次上的状态较差，由此可见适度的远距离搬迁有利于社会心态的整体建构，而过频的远距离搬迁会损耗社会心态。

居住流动次数、居住流动主动性和居住流动距离的分析揭示了居住流动并非一种简单的流动，其内部包含着复杂的心理因素。首先，与直觉不同的是，居住流动实质上是一种个体控制的外在表现，是个体高能动性的表现，而过于频繁的居住流动实质上又成为个体无法控制的外在表现，是个体低能动性的表现，因此居住流动这一现象背后还存在许多机制未解。低居住流动性可能与个体无法或者无能力搬家有关，因此个体只能困在原地而无法动弹。

为了对上述假设做进一步验证，采用能够衡量个体能力的指标，以受教育程度和个人月收入为自变量，以居住流动次数、主动搬迁次数、被动搬迁次数、远距离搬迁次数、主观居住流动感知为因变量做单因素方差分析。研究发现，受教育程度显著影响了个体的居住流动，总体而言受教育程度越高，居住流动次数、主动搬迁次数、被动搬迁次数和远距离搬迁次数都越多，具体结果见表3-9。

表 3-9 不同受教育程度对居住流动影响的 ANOVA 检验结果

变量	受教育程度分类	平均数	标准差	F	事后检验
居住流动次数	(1)初中及以下	1.51	2.31	20.43***	(2),(3),(4),(5)>(1);(5)>(1),(2),(3),(4)
	(2)高中(技校、职高、中专)	1.81	2.43		
	(3)大专	1.74	2.28		
	(4)大学本科	1.81	2.21		
	(5)研究生及以上	2.45	2.65		
主动搬迁次数	(1)初中及以下	0.91	1.72	21.00***	(5)>(4)>(3),(2)>(1)
	(2)高中(技校、职高、中专)	1.02	1.70		
	(3)大专	1.05	1.65		
	(4)大学本科	1.18	1.73		
	(5)研究生及以上	1.51	1.90		
被动搬迁次数	(1)初中及以下	0.59	1.59	20.68***	(2),(3),(4),(5)>(1);(5)>(1),(2),(3),(4);(4)>(3)
	(2)高中(技校、职高、中专)	0.77	1.75		
	(3)大专	0.71	1.59		
	(4)大学本科	0.81	1.61		
	(5)研究生及以上	1.24	2.25		
远距离搬迁次数	(1)初中及以下	1.00	1.71	20.80***	(2),(3),(4),(5)>(1);(5)>(1),(2),(3),(4);(4)>(2),(3)
	(2)高中(技校、职高、中专)	1.07	1.63		
	(3)大专	1.09	1.63		
	(4)大学本科	1.18	1.53		
	(5)研究生及以上	1.60	1.86		
主观居住流动感知	(1)初中及以下	2.64	1.47	9.56**	(5)>(1),(2),(3),(4)
	(2)高中(技校、职高、中专)	2.59	1.42		
	(3)大专	2.62	1.43		
	(4)大学本科	2.65	1.37		
	(5)研究生及以上	2.94	1.43		

个人月收入显著影响了个体的居住流动,总体而言从个人月收入 3000 元及以下开始,个人月收入越高,个体居住流动程度越高,直至个人月收入 7001~15000 元的个体居住流动程度最高,之后随着个人月收入提高居住流动程度有所下降,具体结果见表 3-10。

表 3-10 不同个人月收入对居住流动影响的 ANOVA 检验结果

变量	个人月收入分类	平均数	标准差	F	事后检验
居住流动次数	(1)3000 元及以下	1.53	2.14	53.99***	(4)>(1),(2),(3),(5);(3)>(2)>(1)
	(2)3001~7000 元	1.95	2.41		
	(3)7001~10000 元	2.24	2.45		
	(4)1 万~1.5 万元	2.30	2.45		
	(5)1.5 万元以上	2.24	2.62		
主动搬迁次数	(1)3000 元及以下	0.90	1.55	56.75***	(4)>(1),(2),(3),(5);(3)>(2)>(1)
	(2)3001~7000 元	1.24	1.80		
	(3)7001~10000 元	1.37	1.91		
	(4)1 万~1.5 万元	1.60	1.91		
	(5)1.5 万元以上	1.33	1.88		
被动搬迁次数	(1)3000 元及以下	0.65	1.55	23.33***	(4)>(1),(2),(3),(5);(2),(3)>(1)
	(2)3001~7000 元	0.86	1.73		
	(3)7001~10000 元	0.93	1.84		
	(4)1 万~1.5 万元	1.17	2.03		
	(5)1.5 万元以上	0.94	1.86		
远距离搬迁次数	(1)3000 元及以下	0.97	1.51	41.81***	(4)>(1),(2),(3),(5);(2),(3)>(1)
	(2)3001~7000 元	1.24	1.67		
	(3)7001~10000 元	1.32	1.71		
	(4)1 万~1.5 万元	1.64	1.88		
	(5)1.5 万元以上	1.35	1.72		
主观居住流动感知	(1)3000 元及以下	2.49	1.39	54.42**	(3~4)>(5)>(2)>(1);(3)>(1),(2),(5);(2)>(1)
	(2)3001~7000 元	2.71	1.39		
	(3)7001~10000 元	3.04	1.41		
	(4)1 万~1.5 万元	3.00	1.52		
	(5)1.5 万元以上	2.73	1.48		

三 不同居住流动类型对社会心态层次影响有别

为了了解居住流动类型对社会心态基本层次、次级层次和高级层次的影响哪个更强烈，对居住流动类型与社会心态各层次进行相关分析和回归分析，随后对居住流动类型在社会心态各层次的回归系进行差异性检验。相关分析发现（见表3-11），主动搬迁次数与社会心态基本层次、次级层次和高级层次显著正相关，被动搬迁次数与社会心态基本层次、次级层次和高级层次显著负相关，远距离搬迁次数只与社会心态基本层次显著负相关。

表 3-11　居住流动次数与社会心态各层次的相关关系

序号	变量	1	2	3	4	5
1	主动搬迁次数	—				
2	被动搬迁次数	0.163 **				
3	远距离搬迁次数	0.620 ***	0.602 **			
4	社会心态基本层次	0.050 **	-0.060 **	-0.020 **		
5	社会心态次级层次	0.034 **	-0.050 **	-0.014	0.447 **	
6	社会心态高级层次	0.026 **	-0.034 **	-0.008	0.500 **	0.508 **

　　为进一步检验居住流动类型对社会心态三个层次之间的影响差异，控制性别、年龄、受教育程度、个人月收入和住房等变量的影响，分析居住流动类型对社会心态三个层次各维度的独立作用，以居住流动类型为自变量，以社会心态基本层次、次级层次和高级层次为因变量，进行多重线性回归分析。自变量采用层次进入的方式，考察每层中增加的变量对回归方程解释力度的影响，从而判定增加的变量是否和因变量独立关联。具体而言，第一层进入性别、年龄、受教育程度、个人月收入和住房等人口学变量，其中女性为参照组；第二层进入居住流动类型。每层变量采用全部进入方式，结果如表 3-12 所示。主动搬迁次数对社会心态基本层次、次级层次和高级层次都有显著正向的影响，被动搬迁次数对社会心态基本层次、次级层次和高级层次都有显著负向的影响，远距离搬迁次数仅对社会心态基本层次有显著负向的影响，对社会心态次级层次与高级层次无显著的影响。

　　为了探讨当前主动与被动搬迁次数对于社会心态哪个层次的影响更大，对主动与被动搬迁次数在社会心态三个层次的回归系数进行差异检验。通过对差异检验的两两分析发现，主动搬迁次数对社会心态基本层次的影响程度显著大于社会心态次级层次（Z = 0.62，p < 0.05）和社会心态高级层次（Z = 2.91，p < 0.001）的影响程度，主动搬迁次数对社会心态次级层次的影

表 3-12 居住流动类型对社会心态各层次的回归分析

因变量	预测变量	B	95% CI for B		SE	β	R²	△R²	△F
			LL	UL					
社会心态基本层次	模型一						0.032	0.032	105.167***
	常数	-4.086**	-4.086	-4.086	1.272				
	性别	0.022*	0.022	0.022	0.010	0.018			
	年龄	0.004***	0.004	0.004	0.001	0.049			
	受教育程度	0.045***	0.045	0.045	0.004	0.082			
	个人月收入	0.033*	0.033	0.033	0.003	0.091			
	住房	0.136	0.136	0.136	0.010	0.112			
	模型二						0.038	0.007	39.544***
	常数	-4.320**	-4.320	-4.320	1.274				
	性别	0.023*	0.023	0.023	0.010	0.019			
	年龄	0.004***	0.004	0.004	0.001	0.050			
	受教育程度	0.045***	0.045	0.045	0.004	0.081			
	个人月收入	0.033***	0.033	0.033	0.003	0.092			
	住房	0.131***	0.131	0.131	0.010	0.108			
	主动搬迁次数	0.025***	0.025	0.025	0.004	0.070			
	被动搬迁次数	-0.019***	-0.019	-0.019	0.004	-0.053			
	远距离搬迁次数	-0.015**	-0.015	-0.015	0.005	-0.039			

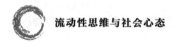

续表

因变量	预测变量	B	95% CI for B		SE	β	R²	△R²	△F
			LL	UL					
	模型一						0.008	0.008	27.181***
	常数	-2.430	-5.429	0.569	1.530				
	性别	-0.041***	-0.064	-0.019	0.011	-0.028			
	年龄	0.004***	0.002	0.005	0.001	0.040			
	受教育程度	0.028***	0.018	0.039	0.005	0.043			
	个人月收入	0.000	-0.007	0.007	0.004	0.000			
	住房	0.112***	0.088	0.136	0.012	0.078			
社会心态次级层次	模型二						0.012	0.004	21.83***
	常数	-2.742	-5.752	0.267	1.535				
	性别	-0.041***	-0.063	-0.018	0.011	-0.028			
	年龄	0.004***	0.002	0.005	0.001	0.042			
	受教育程度	0.028***	0.018	0.039	0.005	0.043			
	个人月收入	4.750E-05	-0.007	0.007	0.004	0.000			
	住房	0.108***	0.084	0.132	0.012	0.075			
	主动搬迁次数	0.021***	0.012	0.030	0.005	0.049			
	被动搬迁次数	-0.021***	-0.029	-0.012	0.005	-0.048			
	远距离搬迁次数	-0.006	-0.018	0.005	0.006	-0.014			

续表

因变量	预测变量	B	95% CI for B		SE	β	R^2	$\triangle R^2$	$\triangle F$
			LL	UL					
	模型一						0.008	0.008	27.181***
	常数	-5.344***	-8.796	-1.892	1.761				
	性别	-0.076***	-0.102	-0.050	0.013	-0.045			
	年龄	0.005***	0.003	0.006	0.001	0.046			
	受教育程度	0.028***	0.016	0.040	0.006	0.037			
	个人月收入	0.042***	0.034	0.051	0.004	0.086			
	住房	0.201***	0.173	0.228	0.014	0.120			
社会心态高级层次	模型二						0.009	0.001	23.141***
	常数	-5.396***	-8.863	-1.928	1.769				
	性别	-0.076***	-0.102	-0.050	0.013	-0.045			
	年龄	0.005***	0.003	0.007	0.001	0.046			
	受教育程度	0.029***	0.017	0.041	0.006	0.038			
	个人月收入	0.043***	0.035	0.051	0.004	0.087			
	住房	0.197***	0.170	0.224	0.014	0.118			
	主动搬迁次数	0.012*	0.002	0.023	0.005	0.025			
	被动搬迁次数	-0.018***	-0.028	-0.008	0.005	-0.035			
	远距离搬迁次数	-0.005	-0.018	0.009	0.007	-0.009			

响程度显著大于社会心态高级层次（$Z = 1.67$，$p < 0.05$）。被动搬迁次数对社会心态基本层次的负向影响程度显著小于社会心态次级层次（$Z = 0.31$，$p < 0.05$），显著大于社会心态高级层次（$Z = -0.16$，$p < 0.001$），被动搬迁次数对社会心态次级层次的负向影响程度显著大于社会心态高级层次（$Z = -0.42$，$p < 0.05$）。

综合上述分析，主动搬迁次数对社会心态三个层次的影响从高到低依次是社会心态基本层次、社会心态次级层次、社会心态高级层次。被动搬迁次数对社会心态三个层次的负向影响从高到低依次是社会心态次级层次、社会心态基本层次、社会心态高级层次。

四 讨论与结论

（一）不同居住流动类型是个体能动性的表达

从第二节居住流动频率的分析可知，适度的居住流动表明个体具有较强的掌控感和较高的能动性。本节研究从居住流动类型的角度对此做了进一步的探讨，研究结果再次印证了适度的居住流动会产生良好的社会心态效应，而过于频繁的居住流动将产生较差的社会心态效应，具体表现在如下几个方面。

首先，从主动居住流动频次来看，从未主动搬迁过的个体整体不具有较佳的社会心态，但是过多的主动搬迁次数也不会对社会心态产生正向影响，而适度的主动搬迁者其社会心态最为积极和正向。其次，从被动居住流动频次来看，过于频繁的被动搬迁具有显著消极的社会心态影响，这种影响不仅体现在社会心态的基本层次、次级层次，也体现在社会心态的高级层次上，未曾被动搬迁过的个体社会心态更为积极和正向。再次，从流动距离来看，远距离搬迁有利于社会心态的整体建构，而过频的远距离搬迁会损耗社会心态。最后，从体现个体居住流动能力的人口学变量分析其对不同居住流动类型的影响发现，受教育程度高的个体不同类型的居住流动频次更高，中等个人月收入的个体不同类型的居住流动频次更高。

可见，不同居住流动类型均强调"适度"，正是因为这种适度的存在才使得社会心态与居住流动之间不呈线性关系，如何让个体具有居住流动的能力而又不过度居住流动是值得关注的点，这或许提示我们纯粹客观的居住流动可能无法完全解释居住流动与社会心态之间的关系。也正是因为适度的存在，使得何谓"适度"在不同个体心理中的界定会有差异。居住流动确实受人格特质的影响，开放性人格特质的个体更倾向于并乐于接受新事物，那么对于开放性人格特质的个体而言其对于"适度"的频率界定可能会高于非开放性人格特质的个体，这也就意味着关于居住流动的认识具有主、客观性。这或者是社会心态与居住流动不呈线性关系的原因所在，因此有必要对居住流动的主观感受做进一步探讨，考察主观居住流动感知和客观居住流动感知与社会心态不同层次的关系。

（二）不同居住流动类型主要影响社会心态基本层次

不同类型居住流动的影响强度最高的是社会心态基本层次，其次是社会心态的次级层次，而对社会心态高级层次的影响强度较低，表现在主动搬迁次数对社会心态三个层次的影响从高到低依次是社会心态基本层次、社会心态次级层次、社会心态高级层次。被动搬迁次数对社会心态三个层次的负向影响从高到低依次是社会心态次级层次、社会心态基本层次、社会心态高级层次。远距离搬迁次数仅对社会心态基本层次有显著影响，对社会心态次级层次与高级层次无显著的影响。

从这个角度出发，与居住流动密切程度最高的是社会心态基本层次，当个体经历较多的主动搬迁过程时，其体验到较好的安全感、稳定感、公平感和公正感，体验到较低的压力感，反之当个体经历较多的被动搬迁过程或者较多远距离的搬迁过程时，其体验到较差的安全感、稳定感、公平感和公正感，体验到较高的压力感，而这些不同的居住流动类型对于个体的生活满意度和幸福感影响较弱。这意味着从物理空间的角度来看，居住流动首先保证了个体的社会心态基本层次，主动居住流动保护个体社会心态的基本层次，而被动居住流动损害的是个体社会心态的次级层次，物理空间的居住流动对于社会心态高级层次的作用并不明显。

第四节　早期流动的免疫作用

居住流动时点的研究多数集中于儿童时期，主要关注点是童年时期的居住流动如何对儿童产生影响，这些影响既有短期影响，也有长期影响。童年期的流动被普遍关注的原因在于儿童被视为嵌套在多个情境中，这些情境与儿童一起被系统地整合。因为每个发育阶段都有不同的任务，面临不同的挑战，当儿童发生居住流动时，不同时间节点的流动可能对儿童的发展产生不一样的影响，对流动性思维的早期形成产生不同影响，导致不同时点的适应模式不同。本节试图探讨童年和青少年时期的居住流动如何对个体当前的社会心态产生影响。

一　不同居住流动时点的心理影响

（一）居住流动对儿童的心理影响

居住流动影响儿童的成就。与居住稳定的同龄人相比，居住流动的儿童更可能辍学并且获得高中文凭的可能性会减少一半，学业成绩更低且语言或非语言能力存在认知缺陷的可能性更高，数学和识字能力更差，这种情况在低收入家庭的儿童中表现更为明显。Obradovicet 等（2009）将居住流动视为包括无家可归在内的更普遍风险指数的一部分，采集来自四所城市的公立学校二年级到五年级的学生数据，研究发现在三年中无家可归、频繁流动与所有年龄段的数学和阅读成绩显著下降有关。早期的居住流动与阅读成绩下降有关，数学成绩与近期流动相关度更高。早期的初等教育（K-2）流动性可能会让城市学生在最早的测试阶段（如三年级）在数学和阅读成绩方面落后，并且这一差距并不会随着时间的推移而得到弥补，进一步研究发现居住流动和中学生的教育结果之间呈负面关联，经历过居住流动的学生其缺课和休学的情况显著增加，与同龄人相比具有更多的问题行为（Voight et al.，2020）。

亦有研究获得与上述研究不一致的结果。Pribesh 和 Downey（1999）使用 1988 年和 1992 年的国家教育纵向研究（National Education Longitudinal Study，NELS）数据发现，与不流动的学生相比，虽然青少年居住流动与阅读和数学成绩较差有关，但是这种差异 90% 是由流动青少年和不流动青少年之间预先存在的差异造成的。Gasper 等（2010）使用固定/随机混合效应模型探讨居住流动对青少年犯罪的影响发现，搬家虽然更可能带来犯罪但这是由青少年的特点所决定的而非居住流动，系列研究在控制流动人口和滞留人口之间的各种差异后发现，居住流动带来的消极影响消失了，甚至有研究发现 8~10 年级学生的居住流动可以预测数学成绩的提高，而这是由于家庭为推进子女教育而做出的积极流动。

居住流动与社会情绪、行为和健康之间存在不利的关系。一项具有全国代表性的全国青少年健康纵向研究表明，居住流动的青少年较之于居住稳定的青少年拥有更少的朋友，受欢迎程度更低，更可能被孤立或遭遇同伴的排斥（Haynie et al.，2006），正是由于流动加剧了青少年过渡时期的挑战，如青春期发展、学校变化和同伴群体的变化，居住流动的青少年较之于居住稳定的青少年更可能经历焦虑和抑郁症状，表现出更多的问题行为，甚至可能导致更高的自杀率和药物使用率。探讨社会逆境（包括从出生到四岁的居住流动性）与儿童后期体重指数（BMI）变化联系的纵向研究发现，社会逆境的大多数方面（例如父母失业、经济困难）都预示着 BMI 的增加，但在考虑家庭社会经济地位后，只有居住流动影响仍然显著（Rachele et al.，2018）。

（二）不同居住流动时点对儿童的影响有差异

不同成长阶段的居住流动对个体的影响程度存有差异。Anderson 等（2014）以 1000 多名美国儿童为样本，追踪了从出生到青春期的家庭、居住流动情况，探索家庭、居住流动如何影响儿童成就、内化和外化行为，发现居住流动只与儿童中期和青春期的家庭结构有关，具体而言儿童早期居住流动与家庭中父母就业或婚姻状况的变化没有显著关联，儿童中期和青春期居住流动与家庭中父母就业或婚姻状况等家庭结构有显著关联，在任何时段都没有发现居住流动与儿童成就之间的直接联系但却存在显著的间接关联。在幼儿期，流动的儿童具有较低质量的家庭生活（较低的居住质量、较低的母亲照料和较高的母亲抑郁），这与较低的成就和较大的行为问题相关联。在青春期，居住流动与儿童的外化和内化行为直接相关，经历居住流动的青少年比居住稳定的同龄人表现出更多攻击行为、更多的焦虑和抑郁症状，这种关联无法由家庭背景解释。总的来说，该项研究发现居住流动、儿童行为和家庭环境之间的关联在不同的发展阶段有所不同。

在此基础上，Anderson 和 Leventhal（2017）通过测试由流动时点和流动频率组合的四种类型，即低儿童居住流动、高儿童居住流动、低儿童—青少年居住流动、高儿童—青少年居住流动，以此探讨居住流动在青春期的独特性。研究发现，在童年或青春期居住流动的青年与稳定的青年在成就或社会情感方面无显著差异，童年和青春期多次（4次及以上）居住流动的青少年在青春期表现出的退缩、抑郁和焦虑症状多于居住稳定的同龄人，儿童期的居住流动与青少年发展没有显著关系，但与高儿童—青少年居住流动有显著关系。这一结果表明居住流动的时点和频率对青少年的发展更为重要，研究也发现儿童和青少年时期高流动性与青少年的内化问题有关、与外化问题或学业成就无关，研究未发现童年期的居住流动在任何程度上与青少年的成就或外化问题相关。

青春期与其他时期不同，青春期的少年更乐意与同龄人群体在一起，发展了更具批判性的思维技能，因此搬家决定更容易产生终身影响。随着搬到新家、新的社区和新的学校，流动青少年往往很难在他们最需要帮助的时候建立新的友谊，同龄人网络的缺失可能会对青少年产生独特的影响。青春期和儿童期的居住流动可能导致风险因素的累积，从而使青少年在青春期处于较差的功能状态。此外，青春期本身是许多冲突产生的阶段，搬家额外增加的压力因素成为一种累积因素，导致流动群体难以冲破已有的青年稳定友谊，更容易缺少朋友支持，从而增加了青春期青少年的压力。

（三）居住流动与家庭结构密切关联

家庭解体会增加居住流动性，居住流动与家庭结构之间有着密切的关联，它能解释不同类型家庭孩子的成就差异。完整家庭的流动没有离异家庭的流动造成的伤害大，毕竟完整家庭中的孩子可以最大限度依赖其家庭内部的社会资本。如果儿童与父母双方居住在一起，任何形式或频率的流动都不会对儿童的学校生活造成重大损害，但如果儿童不与父母双方居住在一起，那么任何形式或频率的流动均有害，尤其是对于来自单亲家庭的贫困儿童来说，流动对儿童学习功能的负面影响尤其严重。Astone 和 McLanahan（1994）发现，非完整家庭高居住流动性是孩子高中辍学的重要原因之一，单亲家庭和重组家庭的孩子比双亲家庭的孩子更有可能在学年中搬家。来自重组家庭和完整家庭的儿童之间高达 30 个百分点的辍学率差异可以用居住流动差异来解释，高居住流动性可以用来解释非完整家庭、单亲家庭儿童学业失败。也有研究指出，家庭结构和青少年问题行为之间通过居住流动存在极小至中等程度的关联，家庭结构可能在居住流动与儿童成就之间的关联中发挥作用，但只在较小程度上影响他们的内化、外化行为（Fomby & Sennott，2013）。

不同流动时点对于个体的影响存在差异，相关研究得出的结论也较为不一致，这与当前流动时点研究的几个特征密切相关，这些特征涉及如下几个方面。一是研究对象相对窄化。流动时点的研究相对聚焦特殊群体，特殊群体的研究结果通常扩展至其他群体仍存在较大的不稳定性。二是研究通常延后性不强。流动时点的研究一般涉及的后期影响基本难以覆盖个体生命历程的较长过程。三是研究因变量较为特殊。流动时点的研究通常以某一些特定的变量为因变量，如学业成绩、犯罪等，而不是探查流动对个体常态社会心理的影响。本节试图针对当前流动时点研究存在的上述不足，借助常态化居住流动的背景以全人口的角度探查不同流动时点对个体社会心态有何种影响，主要影响的是社会心态的哪个层次。

二 不同居住流动时点对社会心态的影响

（一）不同居住流动时点对社会心态基本层次的影响

为控制性别、年龄、受教育程度和个人月收入等变量的影响，分析流动时点对社会心态基本层次各维度的独立作用，以小学毕业前搬家次数、小学毕业后到高中毕业前搬家次数、高中毕业后搬家次数三个流动时点为自变量，以安全感、稳定感、压力感、公平感和公正感为因变量，进行多重线性回归分析。自变量采用层次进入的方式，考察每层中增加的变量对回归方程解释力度的影响，从而判定增加的变量是否和因变量独立关联。具体而言，第一层进入性别、年龄、受教育程度和个人月收入等人口学变量，其中女性为参照组；第二层进入小学毕业前搬家次数；第三层进入小学毕业后到高中毕业前搬家次数；第四层进入高中毕业后搬家次数。每层变量采用全部进入方式，结果如表 3-13 和表 3-14 所示。流动时点对公平感的分析中，未发现不同流动时点对公平感的影响，因此在表中未列出具体数据。

表 3-13　居住流动时点对安全感、稳定感的回归分析结果

变量	安全感				稳定感			
	第一层标准化系数 β	第二层标准化系数 β	第三层标准化系数 β	第四层标准化系数 β	第一层标准化系数 β	第二层标准化系数 β	第三层标准化系数 β	第四层标准化系数 β
性别(女性=0)	0.070 ***	0.070 ***	0.070 ***	0.069 ***	0.029 ***	0.029 ***	0.029 ***	0.030 ***
年龄	0.056 ***	0.055 ***	0.055 ***	0.051 ***	0.001	0.001	0.001	0.004
受教育程度	0.021 *	0.020 *	0.020 *	0.021 **	-0.009	-0.009	-0.009	-0.010
个人月收入	0.071 ***	0.070 ***	0.070 ***	0.073 ***	-0.022 **	-0.022 **	-0.022 **	-0.023 **
小学毕业前搬家次数		0.016 *	0.027 **	0.030 **		-0.013	-0.015	-0.017
小学毕业后到高中毕业前搬家次数			-0.019 *	-0.012			0.003	-0.002
高中毕业后搬家次数				-0.031 ***				-0.017 *
R²		0.013	0.014	0.014		0.001	0.001	0.001
△R²	0.013	0.000	0.000	0.001	0.001	0.000	0.000	0.000
△F	52.67 ***	4.17	3.99	13.44 **	5.65 ***	2.86	0.07	4.19 *

在控制了人口学变量的影响之后，高中毕业后搬家次数显著增加了安全感、稳定感回归方程的解释力，高中毕业后搬家次数对安全感、稳定感有显著的负向预测作用，搬家次数越多，个体的安全感越低、稳定感越差，但是小学毕业前搬家次数对安全感有显著正向的预测作用，小学毕业前搬家次数越多，安全感越强；小学毕业前搬家次数显著增加压力感、公正感回归方程的解释力，小学毕业前搬家次数越多，压力感越强，公正感越高。

表 3-14　居住流动时点对压力感、公正感的回归分析结果

变量	压力感				公正感			
	第一层标准化系数β	第二层标准化系数β	第三层标准化系数β	第四层标准化系数β	第一层标准化系数β	第二层标准化系数β	第三层标准化系数β	第四层标准化系数β
性别(女性=0)	0.037 ***	0.036 ***	0.036 ***	0.036 ***	0.040 ***	0.039 ***	0.039 ***	0.039 ***
年龄	0.058 ***	0.058 ***	0.058 ***	0.059 ***	0.011	0.010	0.010	0.010
受教育程度	-0.077 ***	-0.077 ***	-0.077 ***	-0.078 ***	0.042 ***	0.041 ***	0.041 ***	0.040 ***
个人月收入	-0.069 ***	-0.070 ***	-0.070 ***	-0.071 ***	0.066 ***	0.063 ***	0.063 ***	0.063 ***
小学毕业前搬家次数		0.028 ***	0.025 ***	0.025 **		0.054 ***	0.053 ***	0.053 ***
小学毕业后到高中毕业前搬家次数			0.005	0.004			0.001	0.001
高中毕业后搬家次数				0.008				0.002
R^2		0.019	0.019	0.019		0.01	0.011	0.011
$\triangle R^2$	0.018	0.001	0.000	0.000	0.01	0.00	0.000	0.000
$\triangle F$	74.80 ***	13.09 ***	0.33	0.82	40.52 ***	74.25 ***	0.02	0.04

（二）不同居住流动时点对社会心态次级层次的影响

流动时点对社会心态次级层次的影响中，涉及的因变量为信任感、支持感和认同感，其余步骤与分析流动时点对社会心态基本层次的过程相同，结果如表 3-15 所示。流动时点对信任感的分析中，未发现不同流动时点对信任感有显著影响，因此在表中未列出具体数据。

在控制了人口学变量的影响之后，高中毕业后搬家次数显著增加了支持感回归方程的解释力，高中毕业后搬家次数对支持感有显著的负向预测作用，次数越多，支持感越弱；小学毕业后到高中毕业前、高中毕业后搬家次数显著增加了城市认同回归方程的解释力，但在最终回归方程中仅高中毕业后搬家次数对城市认同有显著的负向预测作用，高中毕业后搬家次数越多，城市认同越低；小学毕业前、小学毕业后到高中毕业前、高中毕业后搬家次数均显著增加了国家认同回归方程的解释力，但在最终的回归方程中只有高中毕业后搬家次数显著负向预测了国家认同，高中毕业后搬家次数越多，国家认同越低。

表3-15 居住流动时点对支持感、认同感的回归分析结果

变量	支持感				城市认同				国家认同			
	第一层 标准化系数β	第二层 标准化系数β	第三层 标准化系数β	第四层 标准化系数β	第一层 标准化系数β	第二层 标准化系数β	第三层 标准化系数β	第四层 标准化系数β	第一层 标准化系数β	第二层 标准化系数β	第三层 标准化系数β	第四层 标准化系数β
性别（女性=0）	0.010	0.010	0.010	0.010	-0.034***	-0.033***	-0.033***	-0.035***	-0.054***	-0.053***	-0.053***	-0.054***
年龄	0.053***	0.053***	0.053***	0.053***	-0.020*	-0.020*	-0.020*	-0.028**	0.068***	0.068***	0.068***	0.063***
受教育程度	0.089***	0.089***	0.089***	0.089***	-0.003	-0.003	-0.003	-0.001	-0.020*	-0.020*	-0.019*	-0.018*
个人月收入	0.040***	0.040***	0.040***	0.040***	0.056***	0.057***	0.058***	0.061***	-0.044***	-0.042***	-0.041***	-0.039***
小学毕业前搬家次数		-0.001	0.009	0.010		-0.009	0.002	0.007		-0.036***	-0.021	-0.018
小学毕业后到高中毕业前搬家次数			-0.018	-0.013			-0.020*	-0.009			-0.026**	-0.018
高中毕业后搬家次数				-0.019*				-0.049***				-0.033***
R²	0.013	0.013	0.013	0.014	0.005	0.005	0.005	0.007	0.011	0.013	0.013	0.014
△R²	0.013	0.000	0.000	0.000	0.005	0.000	0.000	0.002	0.011	0.001	0.000	0.001
△F	54.05***	0.03	3.53	4.87*	20.42***	1.30	4.52*	33.48***	47.18***	20.52***	7.53**	15.16***

（三）不同居住流动时点对社会心态高级层次的影响

流动时点对社会心态高级层次的影响中，涉及的因变量为生活满意度和幸福感，其余步骤与分析流动时点对社会心态基本层次的过程相同，结果如表 3-16 所示。在控制了人口学变量的影响之后，小学毕业前搬家次数、高中毕业后搬家次数显著增加了生活满意度回归方程的解释力，在最终的回归方程中，高中毕业后搬家次数对生活满意度有显著的负向预测作用，即高中毕业后搬家次数越多，生活满意度越低，小学毕业前搬家次数对生活满意度有显著的正向预测作用，即小学毕业前搬家次数越多，生活满意度越高；小学毕业后到高中毕业前搬家次数显著增加了幸福感回归方程的解释力，在最终的回归方程中，小学毕业前搬家次数对幸福感有显著的正向预测作用，即小学毕业前搬家次数越多，幸福感越强，小学毕业后到高中毕业前搬家次数对幸福感有显著的负向预测作用，即这一时点搬家次数越多，幸福感越低。

表 3-16 居住流动时点对生活满意度和幸福感的回归分析结果

变量	生活满意度				幸福感			
	第一层标准化系数β	第二层标准化系数β	第三层标准化系数β	第四层标准化系数β	第一层标准化系数β	第二层标准化系数β	第三层标准化系数β	第四层标准化系数β
性别（女性=0）	-0.063***	-0.064***	-0.064***	-0.064***	-0.005	-0.006	-0.006	-0.006
年龄	-0.018*	-0.018*	-0.018*	-0.021*	0.059***	0.059***	0.059***	0.058***
受教育程度	0.046***	0.045***	0.045***	0.046***	-0.001	-0.001	-0.001	-0.001
个人月收入	0.109***	0.108***	0.108***	0.109***	0.061***	0.060***	0.061***	0.061***
小学毕业前搬家次数		0.024**	0.030**	0.032**		0.014	0.027**	0.028**
小学毕业后到高中毕业前搬家次数			-0.010	-0.006			-0.024**	-0.022*
高中毕业后搬家次数				-0.019**				-0.008
R^2		0.020	0.020	0.020		0.005	0.005	0.005
△R^2	0.020	0.000	0.000	0.000	0.005	0.000	0.000	0.000
△F	81.25***	9.51**	1.31	4.98*	20.50***	3.00	6.45*	0.89

三　居住流动时点与社会心态各层次的关系

为了探明不同流动时点对于社会心态不同层次的影响，以不同流动时点为自变量，社会心态基本层次、次级层次和高级层次为因变量，分析不同流动时点对三个因变量的影响是否存在差异。具体结果如表 3-17 如示。从表中可见，社会心态基本层次与小学毕业前搬家次数呈显著正相关，而与高中毕业后搬家次数呈显著负相关，社会心态次级层次与小学毕业后到高中毕业前搬家次数呈显著负相关，与高中毕业后搬家次数呈显著负相关，社会心态高级层次与小学毕业前搬家次数呈显著正相关，而与高中毕业后搬家次数呈显著负相关。

表 3-17　居住流动时点对社会心态基本、次级和高级层次的回归分析结果

回归变量	预测变量	B	SE	β	t	R^2	F
社会心态基本层次	受教育程度	0.042	0.004	0.076	9.510 ***	0.022	70.399 **
	年龄	0.001	0.001	0.017	2.094 *		
	个人月收入	0.040	0.003	0.113	13.485 ***		
	小学毕业前搬家次数	0.014	0.004	0.027	3.372 ***		
	高中毕业后搬家次数	-0.017	0.005	-0.025	-3.063 *		
社会心态次级层次	性别	-0.041	0.011	-0.029	-3.618 ***	0.005	19.086 ***
	受教育程度	0.030	0.005	0.046	5.805 ***		
	小学毕业后到高中毕业前搬家次数	-0.015	0.006	-0.020	-2.443 *		
	高中毕业后搬家次数	-0.027	0.006	-0.035	-4.198 ***		
社会心态高级层次	性别	-0.080	0.013	-0.048	-6.057 ***	0.015	48.542 ***
	受教育程度	0.026	0.006	0.034	4.248 ***		
	个人月收入	0.051	0.004	0.103	12.719 ***		
	小学毕业前搬家次数	0.021	0.006	0.029	3.546 ***		
	高中毕业后搬家次数	-0.019	0.007	-0.021	-2.629 **		

四　讨论与结论

（一）早期流动经历对社会心态的影响具有免疫效应

由不同流动时点对社会心态基本层次、次级层次和高级层次的分析发

现，小学毕业前搬家次数这一流动时点对基本社会心态的影响是较为正向的。虽然小学毕业前搬迁次数较多会增加压力感，但是总体来看提高了个体的安全感、公正感、生活满意度和幸福感。因此，小学毕业前搬迁次数主要影响的是基本层次和高级层次的社会心态，并且这种影响是正面的，这种正面影响就像流动的免疫机制一样，早期流动经历给个体提供了免疫机制，使其能够在儿童时期接受并消化流动这一过程，将其内化为一种生活方式，这种对流动的内化过程成为个体应对未来社会心态的一种能力和能量。

儿童时期的流动也使得个体能够在生命早期对其进行合理化，并将随后的流动视为一种自然的过程，坦然接受与面对，因此早期流动经历对社会心态的长期效果其实是积极而正面的。反观高中毕业后的流动经历会发现，高中毕业后的流动经历对社会心态的基本层次、次级层次和高级层次均有较为消极的影响，表现在高中毕业后搬家次数越多，个体体验到的安全感和稳定感越差，支持感、认同感越低，个体感受到的生活满意度也越低。可见，相对晚期的流动对个体社会心态的影响更为负面。

总体上看，流动时点确实对社会心态不同层次造成了不同方向的影响。早期流动不仅有益于社会心态基本层次的形成，而且还具有长期的效应，对社会心态的高级层次产生长远的影响，晚期流动不利于社会心态基本层次、次级层次和高级层次的形成，由此可见不同流动时点对社会心态不同层次的影响存有差异，表明社会心态不同层次能够敏锐地反映不同流动时点的心态差异，不同层次之间的功能具有差异。

童年期搬家对社会心态的基本层次和高级层次具有更为积极的影响，这或许是早期流动经历给予个体流动的经验，这种经验启动其一生流动的思维状态，因而容易以流动思维模式或者心智看待世界，反而有利于形成成年期良好的社会心态。研究发现，虽然童年时期经常搬家的人生活满意度往往低于那些没有搬家的人，但目前居住在流动城市的人报告的生活满意度高于居住在稳定城市的人，这表明居住流动与主观幸福感的长期水平相关。童年期的搬家经历可能也具有这种长期效应。Tønnessen 等（2016）发现，对于只流动一次的孩子，上小学之前的流动几乎没有不利结果的证据，而高中期间的流动与不利结果的风险增加相关，研究者认为社会资本的丧失可能是所观察到的不利关联的一种解释，因为与其他重大关联的中断可能会产生持久的不利影响。社会资本理论区分"家庭间"和"家庭内"网络。搬迁对那些通常拥有大型外部关系网的家庭最有害，而对 6 岁以下的儿童危害不大，这可能表明居住搬迁并未严重影响家庭内部的联系。Ginsburg 等（2009）使用南非从出生到 20 岁队列的数据观察发现，儿童的居住流动与资源最低和资源最高的家庭都有关联，儿童的流动表明其要么具有社会优势，要么具有潜在的脆弱性。从理论角度来看，儿童重新安置与各种结果之间既有积极的联系，也有消极的联系，频繁流动的儿童可能会获得练习，并提高应对每一次流动的能力。

（二）不同居住流动时点对于社会心态的长期影响有分离的趋势

与童年期流动对社会心态可能具有积极影响相比，青春前期和青春期搬家带来的影响显然是负向的。青春期是身体和社会情感发展的关键时期，搬家会增加压力，这会阻碍甚至破坏身体和社会情感发展的关键过程。青春期频繁搬家还与更多的社交焦虑有关，并阻碍恐惧回路成熟和情感调节的发展，经常在 10～16 岁流动的年轻人，其脑源性神经营养因子（Brain Derived Neurotrophic Factor，BDNF）浓度较低，该因子在青少年时期的前额叶—杏仁核回路的发育中起着核心作用，而之后的杏仁核—眼窝—前额叶功能连接更加异常，增加了社交障碍的风险。Schmidt 等（2018）的研究将家庭随机分配到居住流动组（使用租金补贴券从公共住房搬到较低贫困社区）和居住稳定组。在这个超过 2800 名青少年的样本中，居住流动导致 13～16 岁男孩的犯罪率高于居住稳定组，但这种情况在 5～12 岁男孩或女孩（无论年龄）的身上并没有发现。可见，搬家时的年龄在搬家的潜在不利影响中扮演着重要角色，而年龄的影响可能被性别和其他最有可能影响社会关系的因素所缓和。

不同居住流动时点对于社会心态的影响存在显著的分离效应。小学毕业前搬家次数对社会心态基本层次与高级层次的正向影响，与高中毕业后搬家次数对于社会心态基本层次、次级层次和高级层次的负向影响是如此明显，这表明社会心态的不同体验在人生不同阶段和节点对其随后的长期影响并不一致，也意味着从个人社会心态的形成来看，个体社会心态的形成也有关键时期，每个关键时期奠定了其随后个人社会心态的走向。高中毕业后搬家次数可能预示着个人或者家庭面临高度混乱，Lin 等（2012）证实了该观点，该研究发现 22~32 岁和 33~42 岁这两个生命阶段的频繁地理迁移具有显著相关性，但是 13~21 岁与这两个时段的相关性并不显著，这表明青少年和青年时期对搬迁的暴露是独特的。青少年和青年时期的这种混乱体现在社会心态的基本层次、次级层次和高级层次上便是消极的影响。小学毕业前搬家次数可能意味着将流动视为刻入孩童时期的基因里，并因此用流动的视角训练自己适应不同环境，应对不同社群和不同朋友的关系能力，由此建立起流动性的思维方式，进而对长远的社会心态产生积极影响。

不同流动时点对社会心态的影响与不同流动时点对成年人收入和就业的影响结果较为不一致，以 2017 年中国乡城人口流动调查数据（Rural-Urban Migration in China，RUMiC）探究童年随迁经历对农村流动人口就业和收入的影响发现，童年的随迁经历会对流动人口当前的就业和收入产生负向影响，并且使其更可能成为自我雇佣者，童年的随迁经历通过对个体长期的认知能力和非认知能力产生负向影响从而影响其就业与收入表现，并且其子女仍然可能继续随迁从而产生潜在的代际流动问题（张雪凯等，2023）。以 2017 年全国流动人口卫生计生动态监测调查数据分析为基础，探讨童年迁移经历与农村流动人口成年时期收入的关系也对此提供了佐证，研究指出童年迁移经历会通过对个体的受教育年限、健康状况和原有社会资本产生消极影响降低农村流动人口成年时期收入，对个体的新增社会资本产生显著的积极影响从而提高农村流动人口成年时期收入，研究进一步指出 6~12 岁时迁移产生的消极影响最大，6 岁以前迁移产生的消极影响次之，13~15 岁时迁移产生的消极影响最小，市内跨县迁移的消极影响大于省内跨市迁移，而跨省迁移的影响则并不显著（路自愿等，2022）。

这些结果与本节的社会心态分析数据较不一致，可能与如下原因有关。首先，上述研究以收入和就业为关注点，而本文主要关注的是社会心态，前者是客观的指标而后者是主观的指标，因此出现了较为常见的主客观不一致，随后第五节将讨论居住流动主、客观性对社会心态影响的差异性。其次，上述分析的对象集中于农村流动人口，而本节的探讨对象集中于全人口，并不完全聚焦农村流动人口，农村流动人口在流动过程中确实长期处于较为劣势的地位，因此其流动经历可能天然带着一种被动性，而非主动性的流动，主动与被动居住流动对个体的影响可能存在较大差异。

第五节　居住流动的主、客观性

上述几节分析发现，"适度"的客观居住流动对社会心态有良好的促进作用，然而何谓"适度"有待进一步考证，"适度"带有典型的主观色彩，每个个体关于"适度"有自己的判断标准，具有典型的个体差异，多数研究在分析主观与客观时发现，主观往往比客观具有更大的解释性。在流动这一领域是否也存在这样的情况？个体对自身流动的感知或者知觉，是否比其本身拥有的流动经历更能解释其对社会心态的影响。本节关注个体流动的客观指标与主观指标之间在解释社会心态上的差异，以此对比分析主、客观性对社会心态的影响。

一　主、客观性的解释偏差

客观与主观在许多领域都存在解释偏差，这种偏差大有逐步被泛化的趋势。在社会阶层的研究中存在主客观的解释偏差，如在研究中国社会阶层变动下的社会秩序问题时，有观点认为中国民众对社会不平等的不满正在累积，如若爆发，可能最先爆发的群体是农民等社会弱势群体，中产阶层因处于成长过程不会有该动机，而上层社会则倾向于维持现状。怀默霆（2009）认为，民众的客观经济地位并不能代表其对社会不平等的主观感受，中国农民比中上层更能够接受当前的社会不平等，也就是说民众对社会的政治态度与社会阶层之间的关联存在客观阶层位置与主观态度之间的偏差，这种偏差可能是个体主观建构的结果，偏差既有可能是"向上的偏移",也有可能是"向下的偏移",不管是何种偏差,在社会阶层领域的研究中主观阶层较之于客观阶层更能解释政治态度等一系列社会态度(李升,2017)。

在社会心态领域,主客观的偏差依然存在,谭旭运(2016)采用对北京、上海、广州、郑州、重庆、西安、武汉 7 个地区城市居民信任状况的调查数据,从个体微观层面探究个体客观社会经济地位、主观社会地位与社会信任水平及其维度之一人际信任的关系。研究发现,客观社会经济地位与社会信任水平不存在相关性,与主观社会地位存在显著正相关性。主观社会地位与社会信任水平存在显著正相关性。客观社会经济地位与家庭月收入和文化程度两个指标均存在显著正相关性,客观社会经济地位和主观社会地位均与人际信任存在显著正相关性。这表明,就主客观社会地位与社会信任水平的关系而言,与客观社会经济地位相比,主观社会地位与社会信任的关系更敏感。主客观社会地位与人际信任的关系不同于社会信任水平。基于主、客观性的解释偏差,预期在居住流动领域也存在主、客观性的偏差问题。本节拟以客观的居住流动经历和主观的居住流动感知为指标,考察两者在社会心态不同层次的解释差异,以此探明居住流动的主、客观性对社会心态不同层次的影响程度。

二 流动主、客观性的社会心态差异

(一)流动主、客观性在社会心态基本层次的差异

为控制性别、年龄、受教育程度和个人月收入等变量的影响,分析流动主、客观性对社会心态基本层次的独立作用,以居住流动次数、主动搬迁次数、被动搬迁次数、远距离搬迁次数、主观居住流动感知为自变量,以安全感、稳定感、压力感、公平感和公正感为因变量,进行多重线性回归分析。自变量采用层次进入的方式,考察每层中增加的变量对回归方程解释力度的影响,从而判定增加的变量是否和因变量独立关联。具体而言,第一层进入性别、年龄、受教育程度和个人月收入等人口学变量,其中女性为参照组;第二层进入居住流动次数、主动搬迁次数、被动搬迁次数、远距离搬迁次数

等客观流动指标；第三层进入主观居住流动感知的主观流动指标。每层变量采用全部进入方式。

在控制了人口学变量的影响之后，第三步的主观流动感知并没有显著增加安全感、稳定感和公平感回归方程的解释力，因此在表中未报告这部分数据。在控制了人口学变量的影响之后，第三步的主观流动指标显著增加压力感和公正感回归方程的解释力，结果见表3-18。第二步的客观流动指标和第三步的主观流动指标显著增加压力感和公正感回归方程的解释力。在最终的回归方程中，被动搬迁次数、主观居住流动感知对压力感有显著的正向预测作用，主动搬迁次数对压力感有显著的负向预测作用。居住流动次数、主观居住流动感知对公正感有显著正向作用，主、被动搬迁次数对公正感有显著负向作用。

表 3-18　流动主、客观性对压力感、公正感的回归分析结果

变量	压力感			公正感		
	第一层 标准化 系数 β	第二层 标准化 系数 β	第三层 标准化 系数 β	第一层 标准化 系数 β	第二层 标准化 系数 β	第三层 标准化 系数 β
性别(女性=0)	0.037 ***	0.036 ***	0.033 ***	0.040 ***	0.039 ***	0.037 ***
年龄	0.058 ***	0.056 ***	0.053 ***	0.011	0.011	0.009
受教育程度	-0.077 ***	-0.077 ***	-0.076 ***	0.042 ***	0.042 ***	0.043 ***
个人月收入	-0.069 ***	-0.070 ***	-0.075 ***	0.066 ***	0.063 ***	0.059 ***
居住流动次数		0.018	-0.014		0.074 ***	0.053 ***
主动搬迁次数		-0.065 ***	-0.065 ***		-0.034 **	-0.034 **
被动搬迁次数		0.053	0.045 ***		-0.022	-0.028 **
远距离搬迁次数		0.027 *	0.011		0.005	-0.006
主观居住流动感知			0.107 ***			0.072 ***
R^2		0.025	0.034		0.011	0.015
$\triangle R^2$	0.018	0.007	0.009	0.009	0.003	0.004
$\triangle F$	74.80 ***	28.27 ***	149.30 ***	35.88 ***	11.69 ***	65.47 ***

从标准化回归系数的大小来看，主观居住流动感知的系数最大，表明其对压力感、公正感的影响程度最大。

（二）流动主、客观性在社会心态次级层次的差异

与分析流动主、客观性对社会心态基本层次影响的步骤相同，在该部分纳入社会心态次级层次的指标。在控制了人口学变量的影响之后，第三步的主观流动指标显著增加了信任感、支持感和认同感回归方程的解释力，结果见表 3-19 和表 3-20。在最终的回归方程中，主观居住流动感知对信任感、支持感、认同感有显著的负向预测作用。主观感知到流动越频繁，个体的信任感、支持感、认同感越低。主动搬迁次数对信任感、支持感、认同感显著的正向预测作用，主动搬迁次数越多，信任感、支持感、认同感越强。从标准化回归系数的大小来看，与客观流动指标相比，主观居住流动感知的系数最大，表明在居住流动上其对信任感、支持感、认同感的影响程度最大。

表 3-19 流动主、客观性对信任感、支持感的回归分析结果

变量	信任感			支持感		
	第一层标准化系数β	第二层标准化系数β	第三层标准化系数β	第一层标准化系数β	第二层标准化系数β	第三层标准化系数β
性别（女性=0）	0.002	0.002	0.004	0.010	0.011	0.014
年龄	-0.039 ***	-0.037 ***	-0.036 ***	0.053 ***	0.056 ***	0.058 ***
受教育程度	0.061 ***	0.060 ***	0.060 ***	0.089 ***	0.088 ***	0.087 ***
个人月收入	0.000	0.001	0.003	0.040 ***	0.040 ***	0.044 ***
居住流动次数		-0.020	-0.006		-0.025 *	0.002
主动搬迁次数		0.034 **	0.034 **		0.072 ***	0.072 ***
被动搬迁次数		-0.018	-0.014		-0.027 *	-0.019
远距离搬迁次数		-0.001	0.007		-0.022	-0.008
主观居住流动感知			-0.050 ***			-0.091 ***
R²		0.006	0.008		0.017	0.024
△R²	0.005	0.001	0.002	0.013	0.004	0.007
△F	19.28 ***	5.36 ***	31.54 ***	54.05 ***	18.24 ***	107.49 ***

表 3-20　流动主、客观性对认同感的回归分析结果

变量	城市认同			国家认同		
	第一层标准化系数β	第二层标准化系数β	第三层标准化系数β	第一层标准化系数β	第二层标准化系数β	第三层标准化系数β
性别(女性=0)	-0.034***	-0.034***	-0.029***	-0.054***	-0.051***	-0.046***
年龄	-0.020*	-0.021*	-0.017*	0.068***	0.071***	0.076***
受教育程度	-0.003	-0.002	-0.004	-0.020*	-0.022**	-0.024**
个人月收入	0.056***	0.059***	0.067***	-0.044***	-0.042***	-0.033***
居住流动次数		-0.017	0.034**		-0.098***	-0.042***
主动搬迁次数		0.046***	0.046***		0.076***	0.077***
被动搬迁次数		-0.024*	-0.010		0.010	0.025**
远距离搬迁次数		-0.048***	-0.023		0.004	0.032*
主观居住流动感知			-0.171***			-0.189***
R^2		0.009	0.032		0.018	0.046
$\triangle R^2$	0.005	0.004	0.023	0.12	0.007	0.028
$\triangle F$	20.42***	16.31***	378.80***	54.05***	27.12***	472.08***

（三）流动主、客观性在社会心态高级层次的差异

与分析流动主、客观性对社会心态基本层次影响的步骤相同，在该部分纳入社会心态高级层次的指标。在控制了人口学变量的影响之后，第三步的主观流动指标没有显著增加生活满意度回归方程的解释力，但显著增加了幸福感回归方程的解释力，因此在表 3-21 中只报告了幸福感回归分析的具体数值。在最终的回归方程中，居住流动次数、远距离搬迁次数对幸福感有显著的正向预测作用，居住流动次数越多、远距离搬迁次数越多，个体的幸福感越高。被动搬迁次数、主观居住流动感知对幸福感有显著的负向预测作用，被动搬迁次数越多，个体知觉到的居住流动越频繁，幸福感越低。从标准化回归系数的大小来看，主观居住流动感知的系数最大，表明在居住流动中主观感知对幸福感的影响程度最大。

表 3-21 流动主、客观性对幸福感的回归分析结果

变量	第一层标准化系数β	第二层标准化系数β	第三层标准化系数β
性别（女性＝0）	-0.005	-0.005	-0.002
年龄	0.059 ***	0.061 ***	0.064 ***
受教育程度	-0.001	-0.001	-0.002
个人月收入	0.061 ***	0.060 ***	0.064 ***
居住流动次数		-0.001	0.026 **
主动搬迁次数		0.020	0.020
被动搬迁次数		-0.032 **	-0.025 *
远距离搬迁次数		0.015	0.029 *
主观居住流动感知			-0.091 ***
R^2		0.006	0.012
$\triangle R^2$	0.005	0.001	0.007
$\triangle F$	20.50 ***	4.97 **	106.02 ***

三 流动主、客观性与社会心态各层次的关系

为进一步检验主、客观居住流动与社会心态三个层次之间的影响差异，控制性别、年龄、受教育程度、个人月收入和住房等变量的影响，分析主、客观居住流动对社会心态三个层次各维度的独立作用，以主、客观居住流动为自变量，以社会心态基本层次、次级层次和高级层次为因变量，进行多重线性回归分析。自变量采用层次进入的方式，考察每层中增加的变量对回归方程解释力度的影响，从而判定增加的变量是否和因变量独立关联。具体而言，第一层进入性别、年龄、受教育程度、个人月收入和住房等人口学变量，其中女性为参照组；第二层进入主、客观居住流动。每层变量采用全部进入方式，结果如表 3-22 所示。居住流动次数对社会心态基本层次和高级层次都有显著正向的影响，主动搬迁次数对社会心态基本层次和次级层次有显著正向的影响，被动搬迁次数对社会心态基本层次和高级层次有显著负向的影响，远距离搬迁次数仅对社会心态基本层次有显著负向的影响，主观居住流动感知对社会心态次级层次和高级层次有显著负向的影响。

表3-22 流动主、客观性对社会心态基本、次级和高级层次的回归分析结果

因变量	预测变量	B	95% CI for B LL	95% CI for B UL	SE	β	R²	ΔR²	ΔF
社会心态基本层次	**模型一**								
	常数	−6.886***	−9.378	−4.393	1.272		0.032	0.032	105.167***
	性别	0.022**	0.004	0.041	0.010	0.018			
	年龄	0.004***	0.002	0.005	0.001	0.049			
	受教育程度	0.045***	0.036	0.054	0.004	0.082			
	个人月收入	0.033***	0.027	0.039	0.003	0.091			
	住房	0.136***	0.116	0.156	0.010	0.112			
	模型二								
	常数	−7.086***	−9.583	−4.590	1.274		0.040	0.008	27.505***
	性别	0.022*	0.004	0.041	0.010	0.018			
	年龄	0.004**	0.003	0.005	0.001	0.050			
	受教育程度	0.045***	0.037	0.054	0.004	0.082			
	个人月收入	0.033***	0.027	0.039	0.003	0.092			
	住房	0.131***	0.111	0.150	0.010	0.108			
	居住流动次数	0.013***	0.007	0.019	0.003	0.048			
	主动搬迁次数	0.017***	0.009	0.025	0.004	0.048			
	被动搬迁次数	−0.027***	−0.036	−0.019	0.004	−0.075			
	远距离搬迁次数	−0.012*	−0.022	−0.003	0.005	−0.033			
	主观居住流动感知	−0.007	−0.014	0.000	0.004	−0.016			

续表

因变量	预测变量	B	95% CI for B		SE	β	R²	△R²	△F
			LL	UL					
社会心态次级层次	**模型一**						0.008	0.008	28.181***
	常数	-2.430	-5.429	0.569	1.530				
	性别	-0.041***	-0.064	-0.019	0.011	-0.028			
	年龄	0.004***	0.002	0.005	0.001	0.040			
	受教育程度	0.028***	0.018	0.039	0.005	0.043			
	个人月收入	0.000	-0.007	0.007	0.004	0.000			
	住房	0.112***	0.088	0.136	0.012	0.078			
	模型二						0.040	0.031	103.600***
	常数	-3.341	-6.309	-0.372	1.514				
	性别	-0.032	-0.054	-0.010	0.011	-0.022			
	年龄	0.004**	0.003	0.006	0.001	0.046			
	受教育程度	0.026*	0.016	0.037	0.005	0.040			
	个人月收入	0.005	-0.003	0.012	0.004	0.011			
	住房	0.105***	0.082	0.129	0.012	0.073			
	居住流动次数	-0.003	-0.009	0.004	0.004	-0.008			
	主动搬迁次数	0.034***	0.024	0.043	0.005	0.080			
	被动搬迁次数	-0.001	-0.011	0.009	0.005	-0.001			
	远距离搬迁次数	0.004	-0.008	0.015	0.006	0.008			
	主观居住流动感知	-0.092***	-0.100	-0.083	0.004	-0.179			

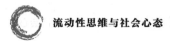

续表

因变量	预测变量	B	95% CI for B		SE	β	R²	ΔR²	ΔF
			LL	UL					
社会心态高级层次	**模型一**						0.027	0.026	88.063***
	常数	-5.344***	-8.796	-1.892	1.761				
	性别	-0.076***	-0.102	-0.050	0.013	-0.045			
	年龄	0.005***	0.003	0.006	0.001	0.046			
	受教育程度	0.028***	0.016	0.040	0.006	0.037			
	个人月收入	0.042***	0.034	0.051	0.004	0.086			
	住房	0.201***	0.173	0.228	0.014	0.120			
	模型二						0.030	0.003	11.357***
	常数	-5.397**	-8.863	-1.932	1.768				
	性别	-0.076***	-0.102	-0.050	0.013	-0.045			
	年龄	0.005***	0.003	0.007	0.001	0.046			
	受教育程度	0.029***	0.017	0.041	0.006	0.038			
	个人月收入	0.043***	0.035	0.051	0.004	0.087			
	住房	0.196***	0.169	0.223	0.014	0.117			
	居住流动次数	0.019***	0.011	0.027	0.004	0.052			
	主动搬迁次数	0.002	-0.010	0.013	0.006	0.004			
	被动搬迁次数	-0.028***	-0.039	-0.016	0.006	-0.056			
	远距离搬迁次数	0.000	-0.014	0.013	0.007	-0.001			
	主观居住流动感知	-0.018***	-0.029	-0.008	0.005	-0.031			

为了探讨当前主、客观居住流动对于社会心态哪个层次的影响更大，对主、客观居住流动类型在社会心态三个层次的回归系数进行差异检验。通过对差异检验的两两分析发现，居住流动次数对社会心态基本层次的影响程度显著小于社会心态高级层次（Z=-1.20，p<0.05），主动搬迁次数对社会心态基本层次的影响程度显著小于社会心态次级层次（Z=-2.66，p<0.001）。被动搬迁次数对社会心态基本层次的负向影响程度显著小于社会心态高级层次（Z=0.14，p<0.05），主观居住流动感知对社会心态次级层次的负向影响程度显著大于社会心态高级层次（Z=-11.56，p<0.05）。

四 讨论与结论

首先，从流动主、客观性何者对社会心态各层次的影响程度更大角度来看，主观的居住流动指标基本都能显著提高社会心态各层次指标的解释力度，主观的居住流动指标影响程度最大。如在社会心态基本层次中，主观居住流动感知对压力感和公正感的解释力度最大，在社会心态次级层次中，主观居住流动感知对信任感、支持感、认同感的影响程度最大，在社会心态高级层次中，主观居住流动感知对幸福感的影响程度最大。因此，从流动主、客观性来说，主观居住流动较之于客观居住流动具有更强的解释力度。

其次，从流动主、客观性对社会心态各层次的影响方向来看，主观居住流动感知与社会心态基本层次的压力感呈正相关，与公正感呈正相关。其对社会心态次级层次和高级层次的影响较为消极。分别做流动主、客观性对社会心态不同层次逐步回归分析，分析发现客观的居住流动次数对社会心态基本和高级层次有显著正向的影响，而客观的居住流动方式中主动搬迁对社会心态基本和高级层次有显著正向影响，而对社会心态高级层次无显著影响，被动搬迁对社会心态基本和次级层次有显著负向影响，主观居住流动感知则对社会心态次级和高级层次有显著负向影响。由此可以感受到主观居住流动感知虽能较为稳定地预测社会心态层次的指标，但是其并不如客观居住流动更具灵敏性和区分度。

最后，从流动主、客观性对社会心态各层次的影响程度来看，客观居住流动对社会心态的影响最强集中于次级和高级层次，主动居住流动与主观居住流动感知对社会心态次级层次影响最强，主动或者主观的居住流动感知都是个体主动发起的，发起者是个体本身，其对社会心态高级层次的影响被发起这一行为所解构，主动居住流动和主观居住流动感知对社会心态高级层次的影响反而被削弱了，但这一行为本身却带着一种个体与社会之间的关系属性，主动居住流动展现了个体与社会之间的关系，主观居住流动感知更是从个人的主观知觉角度认识到个体与社会的一种流动联结，由此研究中发现这两者对社会心态的次级层次影响更强。居住流动次数与被动居住流动对社会心态高级层次的影响最强，这是个体非完全自发的行为，非自愿或自发行为更多伤害了个体的幸福感和生活满意度，毕竟这一行为可能会对幸福感和生活满意度构成威胁。

第六节　居住流动对社会心态层次结构的诠释

本章从能动性与流动性思维的效价、流动时点与流动性思维的早期形成、主客观性与流动性思维的主体性三个方面阐述了流动性思维的个体内水平——居住流动的基本社会心态，基于上述几节的数据分析结论，针对流动性思维的个体内水平与社会心态的关系有如下几个发现。

一　适度居住流动预示着良好的社会心态

适度居住流动可能是个体主观能动性的集中反映，过于频繁的居住流动可能是个体失去能动性的反映。在中国文化语境下，居住流动确实与个体的能动性之间具有更强的关联。美国在 2020 年的居住流动与 20 世纪 70 年代相比减半，想搬家但不敢搬家的数量翻了一倍（Foster，2017），在过去四年的时间里，许多个体被困在他们不再希望继续居住的小区。居住流动有所减缓后，与高速流动时期相比，个体的社会心态可能会发生相应的变化。居住流动可能与文化停滞感有关，居住流动数量下降可能会导致个体越来越觉得自身陷入了某种困境。过于频繁的居住流动则提示着个体正陷入混乱的状态，不利于社会心态的培育。

正如本研究所发现的，居住流动实质上可能与个体的能力有关，进而可能与价值观的塑造密切相关。居住流动可能会培养一种有活力的、乐观的精神品质，居住流动也可能源于个体形成努力工作才能获得成功的信念。Buttrick 和 Oishi（2021）研究发现，与过去高速流动相比，今天的美国人比过去更少信任、更不快乐、更孤立、更愤世嫉俗、更怀疑和更悲观。该研究亦证实，当社会中流动性更高时，个人主义、信任、乐观、个人自由感程度也更高，个体会形成努力工作获得成功的感觉。与美国居住流动发展趋势不同，中国的居住流动呈相反的态势，从求安稳的文化转向流动性的文化。基于中国文化，个体的居住流动处于一个中间位置，最有利于社会心态的形成，这与中国人倾向的中庸文化不谋而合。

二　客观居住流动的不同类型有效地诠释了社会心态的层次结构

不同流动时点对社会心态不同层次造成了不同方向的影响。早期流动不仅有益于社会心态基本层次的形成，而且还具有长期的效应，对社会心态的高级层次产生长远的影响，晚期流动不利于社会心态基本层次、次级层次和高级层次的形成，表明社会心态不同层次能够敏锐地反映不同流动时点的心态差异，不同层次之间的功能具有差异。居住流动的时间维度一直尚未被广泛探讨。一般而言，随着时间的流逝，搬家所产生的心理困扰或应激会逐渐消失。Vernberg 等（2006）对七八年级学生的纵向研究表明，与最近没有搬家的人相比，刚搬家的人表现出较低的友谊质量，但到学年结束时在控制家庭和其他背景因素后，搬家和不搬家之间并没有显著的差异。居住搬迁的影响可能是短期的，因此描绘居住搬迁不同影响的时间过程至关重要。随着时间的流逝，心理困扰或应激会逐渐消失，一个人在一个地方生活的时间越长，他们搬家的可能性就越小。由此可见，搬家似乎是一种习得的行为，那些在年轻时候搬家的人更可能在以后的生活中进行更频繁的搬迁，而他们抚养的下一代可能也会视搬迁为一种更自然的行为，从而继

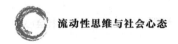

续搬迁。这似乎成为一种刻入流动者记忆中的行动方式，主导着个体对当下社会现实的反映。

相较于客观居住流动，主观居住流动更能预测社会心态各层次指标的解释力度。因此，在随后章节中探讨居住流动对社会心态层次结构的影响时将把主观居住流动感知当成一个重要的解释变量，甚至在有些章节用主观居住流动感知代替客观居住流动指标。但是，我们也必须意识到，主观居住流动虽然能够取代客观居住流动，但是它在社会心态不同层次的灵敏度上并不如客观居住流动，因此两者对社会心态层次结构的建构意义并不相同。首先，两者使用场景和解释目的存有差异。若想从总体上把握居住流动对社会心态层次结构的影响，那么主观居住流动是一个最为有效且便捷的方式，但是若想进一步了解居住流动会影响社会心态的哪一层次，或者对居住流动与社会心态各层次展开更细致的分析，那么只有客观居住流动才有可能实现。总的来说，主观居住流动发挥快速判断其对社会心态影响的作用，客观居住流动起着精细分析其对社会心态各层次影响的作用，两者的运用场景与解释目的不同，可根据研究目的选择使用。其次，从两者对社会心态的解释差异可说明社会心态层次结构的合理性。社会心态层次结构是一个主观的指标，而主观居住流动感知也是一种主观指标，因此用主观居住流动感知虽然能够很好地预测社会心态层次结构，但无法区分不同层次社会心态，毕竟主观居住流动感知的映射可能是宽泛的。居住流动的客观实际在社会心态不同层次的差异说明主观的社会心态层次能够有效地与客观现实建立某种映射关系。

三 居住流动双重属性与社会心态层次结构的关系

居住流动主要影响个体的社会心态基本层次，部分影响个体的社会心态次级层次，对于社会心态高级层次的影响较弱。频繁居住流动对个体的社会心态基本层次和高级层次并不存在显著的预测力，但是与社会心态次级层次存在显著的负相关关系，居住流动次数越多，社会心态次级层次的体验越差。不管是居住流动的主观指标，还是居住流动的客观指标，研究都发现居住流动与社会心态基本层次、次级层次有关联，而与社会心态高级层次关联较弱，从回归系数检验结果来看，对社会心态基本层次的关联度最高。

从流动视角来看，居住流动具有双重属性，双重属性的居住流动对应着社会心态的不同层次。第一重属性是居住流动的物理空间。物理空间并非单纯的物理概念，不是被动和空洞的容器而是具有社会属性的。哈维曾对时空概念做了三个层面的界定：绝对时空、相对时空、莱布尼兹式的关系性时空（Harvey，2005）。卡斯特（Castells）提出的流动空间理论即一种关系性空间，认为空间作为一种物质产物，本身没有特殊属性，只在与其他物质形态发生关系时才展现出来，也正是关系本身赋予空间以一定的功能、内容、形式以及社会意义，空间永远由社会关系界定，是"每个社会在其中被特定化的历史总体的具体表达"。居住流动需要的地方空间是形式、功能与意义都自我包容于物理临近性之界线内的地域，居住流动虽然承载于一定物理实体之上，但是其实质更倾向于第三个层面，也就是说居住流动赋予住房一定的功能、内容、形式以及社会意义，它并不是绝对的住所而是社会关系界定的。居住流动从物理属性或者地理空间属性层面界定了社会心态表达和形成所依赖的地理空间，正因为地理空间的这一形态使得居住流动主要影响个体社会心态的基本层次。当个体居住在一个发展停滞的城市，停滞的发展可能导致城市的不良治安，个体进而体验到更大的压力感、较低的安全感和稳定感，发展停滞的城市也可能让个体体验到较差的公平感和公正感。

第二重属性是居住流动的心理空间。处于不断变换中的个体居住流动本身也构成了一种流动，个体不断变换的地理空间导致社会心态的表达与形成随之产生变化，不断变换的地理空间形成了流动的心理空间，也就是说跟随个体不断改变的居住流动带来两个方面变化：一是个体的社会心态发生改变，二是个体社会心态的一种表达方式，成为社会心态在物理空间的表达手段。物理空间在社会心态的层次结构中只能影响社会心态的基本层次或次级层次，到不了社会心态高级层次，上述双重属性与社会心态的对应层次意味着以居住流动为例，社会心态层次结构能够很好地解释和适配该现象，提供了一种看待社会心态的理论视角。

最后，虽然居住流动是一个有用的概念，可以在多个分析层次上进行研究，但重要的是要注意，根据所选的分析层次可以得出不同的结论。例如，在个人层面，经常搬家的人往往对他们的生活不满意。然而，在城市层面，流动城市的居民对生活的满意度高于稳定城市的居民。这一相反的发现表明，不同的过程可能在不同的分析水平上起作用。在个人层面流动可能会带来压力并破坏社会关系，这反过来又会伤害幸福感。相比之下，社区层面的流动性可以预示更多的经济发展和人际交往机会。因此，在一个层面解释研究结果并将其推广到另一个层面（生态谬误）时应该谨慎。

第四章

居住流动的社会心理效应

　　日益增加的流动性对人们的生活产生了越来越大的影响，个人及其有意义的环境之间的纽带，将不可避免地被高度的流动性所冲击。在一个日益流动的世界中理解地点的依赖性挑战了传统的观点和对固定的、有限的地点概念的理解。居住流动对个体最大的影响来自归属感和认同感的变化，这种变化随着居住流动进行着天然而又实时的转换。通过搬迁，尤其是非自愿的搬迁，一个人与重要地方的联结被破坏，这些不仅可能会威胁个体的自我认同，而且会对那些已形成强烈地方归属感的个体产生巨大的压力。由居住流动所带来的认同感飘浮最终会对个体的行为或行为意向产生深远影响，而这些归根结底可视为居住流动所带来的社会心态变化在行为层面的体现，亦是居住流动产生的一系列心理效应。

　　个体的行为或行为意向是一个整体结构，从与社会嵌入程度来看，由浅到深包括个体层次、人际层次和社会层次。本章首先简要回顾了居住流动、认同感和行为倾向的研究现状，其次通过数据分析验证认同感在居住流动过程中起着独特的作用，最后在此基础上选择个体层次、人际层次和社会层次的行为意向指标探讨居住流动如何透过认同感影响个体的行为或行为意向。个体层次采用的指标是自评健康，人际层次采用的指标是亲密关系，社会层次的指标有社会参与和居留意愿。三个层次的行为或行为意向指标之间存在一定的逻辑关联，居住流动对个体身体健康状态的判断和感知是最为基础的行为倾向，在自评健康基础上讨论居住流动如何影响个体的亲密关系，在拥有健康与亲密关系基础上讨论居住流动如何影响个体的社会参与，随着个体社会参与的拓展，最终讨论居住流动过程中个体的居留意愿。通过居住流动、认同感与行为意向的讨论，本章期望以认同感为例剖析社会心态层次结构与行为倾向之间的关系。

第一节　居住流动的多种心理效应概述

在阐释居住流动的心理效应前，有必要对居住流动者与流动者两个概念做一定的辨析以明确本章的讨论对象。从居住流动的概念出发，居住流动者与流动者两者既有重叠又有区别。流动者在国内具有较强的特定性，它与我国户籍制度密切相关，具有鲜明的"中国特色"，它是指在一定时间跨度内，跨越一定空间范围且没有发生相应户籍变动的人口（段成荣等，2019），可见流动者既包含农民工，也包含具有城市户籍的流动者；既包含成年流动者，也包含流动儿童。从流动者的定义出发可知，流动者主要与"人户分离"密切相关，居住流动者则是一个宽泛的界定，只要对原住所进行了搬迁，那么流动者就属于居住流动者，因此从囊括范围来看，居住流动者包含流动者，但又不限于流动者。

一　居住流动对社会认知的影响

居住流动增强了人们对熟悉性的偏好。在成长过程中搬家较多的被试比不搬家的被试更喜欢全国连锁店（如星巴克）而不是当地商店。采用单纯曝光范式研究发现，想象自己在大学毕业后生活需要高居住流动性的被试比那些想象居住稳定的被试表现出对熟悉感更强的偏好（Oishi & Miao et al.，2012），前者更倾向选择传统设计的家居产品，后者更倾向选择新颖设计的家居产品。居住流动放大了熟悉感对个体的重要性，引发了在流入地建立关系的焦虑，增强了人们寻求熟悉的效果。

居住流动提高了个体信息搜索能力，进而对人际认知产生影响。在居住流动环境中，个人更关注并擅长编码他人的面部表情。居住流动的人比居住稳定的人更快地检测到微笑的消失，让被试想象未来居住流动与想象居住稳定，前者能更快地检测到微笑的消失，当人们被引导去思考流动生活方式时，他们比被引导去思考稳定的生活方式时更喜欢略带笑脸（Oishi & Miao，2013）。

二 居住流动对自我概念的影响

传统社会中居住地通常相对稳定，角色是个人自我概念的重要组成部分，通过个体身上所具有的社会角色通常就可了解他人，个体很在乎在公众面前的自我形象，公开自我（别人如何看待他/她）显得比私下自我（他/她如何看待自己）更为重要。流动使得以往主要基于角色形成的自我概念发生了变化，流动社会中角色的作用越来越弱，居住流动导致个体更在乎私下自我而较为忽视公开自我，童年期经历过居住流动的个体比那些没经历过的个体认为私下自我更重要，公开自我并不那么重要（Oishi et al.，2007）。每个个体身上的身份都是暂时的、可变的，他人关于个体是谁的概念也随之发生了很大变化，个人的自我概念形成受到了很多挑战。所属群体随着流动不断发生演化，个体的自我概念难以通过所属群体进行界定。

与所属群体不断变来变去不同的是，个人的秉性始终是不变的。流动使得个体越来越基于自身的属性形成自我概念（如"我是有能力的"）。研究发现，当要求被试用一些话来描述自己时，与那些未搬过家的人相比，那些在成长过程中搬过两次或以上的人更有可能根据个人属性（如聪明和运动）进行描述，18.48%的搬过两次或以上的人在自我描述中没有提及任何所属群体的概念，而在那些没有搬过家的人当中只有4.76%没有提及所属群体（Oishi et al.，2007）。与之相关的是，那些处于流动状态的个体认为履行自己角色职责的能力弱于那些处于稳定状态的人。居住流动似乎将个体的自我定义从集体属性和社会角色转变为个人属性，导致居住地区与个人身份认同之间的分离，从而弱化本地身份

认同感，将自我定位为上位概念的自我，如认为自己是某个国家人甚至是全球公民。

三 居住流动对情感表达的影响

在居住稳定的环境中，由于社会存在不言而喻的隐含行为准则，什么行为是可接受的，什么行为是不可接受的，因此往往不需要明确的沟通模式。在居住流动的环境中，社会共享的行为准则较少，因此需要更直接的沟通。研究发现，生活在人口流动国家的人比生活在人口稳定国家的人更倾向于认为在公共场合或私下场合表达愤怒、蔑视、厌恶、恐惧、快乐、悲伤和惊讶等情绪是合适的。与居住稳定国家的被试相比，居住流动国家的被试更有可能认为社会联系（如想成为朋友）是微笑的主要原因。生活在居住流动州的居民在 Facebook 页面上表达的积极情绪比生活在居住稳定州的居民更明确（Liu et al.，2018），这或许是因为当一个人与同一群人互动时，可以依靠如语气和手势等隐含的交流方式。相比之下，当一个人与来自不同背景的人互动时，他们的交流必须非常直接和明确。

四 居住流动与人格特质的关系

不同个体对居住流动的偏好程度不同，这与个体的人格特质密切相关。从大五人格理论的视角来看，研究发现外向性与更多的居住流动相关。在全球范围内，高度外向性和神经质增加了国际迁移的可能性，这种现象在澳大利亚、欧洲、日本和美国都存在，这种增加可能反映了外向性的个体希望通过流动获得更多的环境刺激（Jokela，2021）。大五人格理论中的宜人性与较少的居住流动有关。宜人性较高的个体与社区之间建立了更为牢固的联结，更不愿意离开，神经质与更高的居住流动有关，神经质较高的个体通常对周围的环境较不满意，驱使他们离开去寻找新居住场所（Jokela，2021），以留学生为研究对象的结果支持了这一结论，那些出国留学流动的个体更为外向，而出国留学结束时个体也倾向于更开放、随和及更少神经质（Zimmermann & Neyer，2013）。

五 居住流动对人际关系的影响

首先，居住流动影响人际交往的动机。在一个居住稳定的社会中，人际交往能够满足个体的社会需求时，个体并没有动机去扩展人际交往的圈子。在一个居住流动的社会中，人际交往圈子的难以维持导致个体需要更为广泛的人际网络，个体有动机去扩展现有的人际交往圈子。研究发现，那些被引导去想象大学毕业后必须每隔一年搬家的被试（居住流动条件）与那些被引导去想象毕业后必须在一个地方待 10 年的被试（居住稳定条件）以及那些被引导观看他们一天典型日子的被试（控制条件），前者具有更大的动力扩展社交网络（Oishi et al.，2013）。这种人际交往动机与两个因素密切相关。其一是孤独感，在流动条件上个体扩展社交网络的动机受制于其预料到的孤独程度。与处于稳定和控制条件的人相比，处于流动状态的人自发地提到了更多的孤独和悲伤，其预期的孤独和悲伤越多结交新朋友的动力就越大（Oishi et al.，2013）。其二是家庭式流动。当人们与家人、朋友或恋人一起搬到一个新地方时，他们扩展社交网络的动力不如搬到一个新地方但没有任何亲密的人时那样积极（Li et al.，2021）。

其次，居住流动影响人际交往的策略。在一个居住稳定的社会中，人们可能采用的是深度交往的策略，拥有一个稳定而小的社交网络就可以应对各种问题。在一个居住流动的社会中，稳定的社会交往关系难以维持，并具有较大的不确定性，流动加剧导致稳定的社会交往关系随时断裂，因此稳定而小的社交网络难以应对流动性的社会，此时需要的是一个大而弱的社交网络。研究对此提供了佐证，发现弱而泛的关系策略最适应居住流动的环境，强而窄的关系策略最适应居住稳定的环境（Oishi & Kesebir，2012）。弱而泛的关系策略导致个体在人际交往过程中保持着多样性，流动性强的个体倾向于在不同活动中结交不同类型的朋友，如在育儿时结交育儿朋友、在爬山时结交爬山朋友等，而流动性弱的个体倾向于与同一群体的朋友开展不同活动，如结交一群育儿伙伴，并与他们一起爬山。这是因为在居住稳定且贫穷的社区中个体只能指望从熟人那里得到认真的帮助，因为这种帮助需要付出较大的关系资本和金钱资本，这种看似昂贵的帮助只能从熟人那里获得。在这种生态中需要他人认真帮助的机会很大，并且大多数人都待在同一领域，少数人的深层次关系更适应这一生态。相比之下，在居住流动且富裕的社区中，拥有大量弱联系比拥有少量强联系更有优势。这是因为在居住流动环境中，失去少数密友的机会并不小，并且需要他人认真帮助的机会很小。因此，对于较富裕的人来说，将自己的社交网络限制在少数朋友范围内没有任何好处。

最后，居住流动影响人际交往对象的选择。在一系列研究中，要求被调查者在两个人中选择更喜欢的一位：一个会帮助同学和最好朋友的人（平等主义的助人者）；一个会拒绝帮助同学但花额外时间帮助最好朋友的人（忠诚的助人者）。研究发现，居住流动的个体更倾向于选择平等主义的助人者而不是忠诚的助人者。而居住稳定的个体倾向于同等程度地选择平等主义的助人者和忠诚的助人者（Lun et al.，2012）。让被试想象自己将暂时访问并停留在某个城市，此时被试更喜欢平等主义的助人者而不是忠诚的助人者，而让被试想象自己将永久居住在某个城市，此时被试在平等主义的助人者和忠诚的助人者之间的选择偏好相同（Lun et al.，2012）。

第二节　居住流动与认同感的瓦解

不同研究者对于认同感的看法不尽相同，它包含着多重层次。姚露和李洁（2022）基于城市融入视角认为个体的认同研究包含三类：以个体为中心，结合文化适应理论讨论个体与流入地的互动；以社会为中心，结合社会融合理论讨论个体融入城市的方式；结合社会融入与文化适应，根据各地区实际情况构建个体城市融入的模型。杨菊华（2016）将个体与本地人及老家人之间的心理距离、归属感及对自己是谁、从何处来、将去往何处的思考和认知，以及对流入地身份的认知界定为身份认同。Schwartz 等（2006）将身份认同与人格同一性、社会认同和文化认同相联结。周皓（2012）则认为身份认同是在与本地居民的社会交往与互动过程中，个体逐步对自己的身份取得新的认同，且在双向的交往过程中取得原居住地居民的认同，最终形成相互认可与接纳的状态，即能够彼此接受和尊重，形成和谐的社会关系，找到共同归属感。

在本书中，笔者试图从个体与社会、国家的层次剖析认同感，认为居住流动者身上存在多重认同，由内而外分别为身份认同、地方认同和国家认同。身份认同是从个人角度考察随着居住流动产生的个体身份变换时，个体对这些变换身份的看法和态度，如当个体从家乡福建流出，流入北京，个体在身份上是否认同新北京人的身份。地方认同则是个体对所居住地方的看法、态度和情感，如个体对于流入地北京持有何种看法与态度，在情感上是否对北京产生一定的依恋等。国家认同则是个体作为国家中的一员对国家的看法与态度，如个体对于自身为中国人而感受到的看法、态度和情感。上述分析可以发现，从身份认同、地方认同到国家认同是层层递进的关系，是由中心到边缘的格局。因本书所讨论的居住流动是偏社会生态的概念，属于中观水平，在讨论认同感时偏向于地方认同和国家认同。

一 居住流动、认同感与行为倾向的关系

（一）居住流动与认同感的关系

首先，居住流动导致群体认同边界的变化。居住流动条件下，群体隶属关系会发生变化，流入地的许多群体成员也是临时而非永久成员，这就导致个体对群体的认同变得更加短期、有条件或以自我为中心。当认同某一群体对个体有利时，他们才可能认同该群体，反之则可能脱离该群体。以美国职棒大联盟球队的上座率为研究对象发现，迈阿密人（高流动性城市的居住者）上座率与球队成绩呈显著正相关，当迈阿密队表现良好时，迈阿密人会出席观看比赛，但当迈阿密队表现不佳时，迈阿密人并不出席观看比赛，这种模式与匹兹堡、费城和波士顿等居住稳定城市的人们完全相反，居住在这些城市的居民在当地球队表现不佳时上座率更高（Oishi et al.，2007）。除了认同边界的变化，居住流动还会降低个体的认同感程度，他们一方面不愿意与群体形成强烈的认同感，

另一方面也不愿意无条件地认同某一群体，与稳定社区的常住者或居民相比，流动社区中经常搬家者在认同或支持群体时提出了更多的条件（Oishi et al.，2009）。

其次，城市特征影响个体的认同感。城市经济发展水平对个体的认同感不同层次造成的影响不同。东部大城市中个体认同呈现低"居留意愿"、低"融入于地"和低"本地人身份认同"的"三低"，以及高"入籍意愿"特点，这种特点源于大城市拥有发达的经济环境、完备的社会保障体系、较高水平的公共服务和较高的生活成本。城市规模是影响认同感的重要因素（杨菊华等，2016），城市规模每增加一个单位，可使个体身份认同概率提升 1.63%，采用工具变量法、处理效应模型以及非参数等方法克服内生性和选择性偏误等问题后，城市规模显示出对个体身份认同有更大的促进作用，城市规模每增加一个单位，可使个体身份认同概率提升 5.87%。该研究认为城市规模增大会弱化个体受歧视感，从而提高个体身份认同（王桂新、丁俊菘，2022）。

再次，居住流动类型影响个体的认同感。居住流动的距离对个体的认同感产生影响，那些只在省内流动的个体在认同感上具有更大优势，跨省的个体面临着更强的制度区隔、文化差异，认同感较低（杨菊华等，2016）。流动范围的跨度越小、流动时长越长，就业青年个体的本地人身份认同状况越好（宋全成、张露，2023）。除制度因素和经济因素外，个体的家庭团聚也是影响其流入地身份认同的关键因素，在使用倾向值匹配法消除样本选择性之后，家庭团聚对流入地身份认同的净效应依然存在，由此家庭式居住流动有助于个体认同感的提升（史毅，2016）。

最后，个体的特征影响其认同感。年龄、学历以及婚姻状况对就业青年个体的身份认同状况影响显著。随着年龄的增加、受教育程度的提高以及婚姻的建立，就业青年个体产生本地人身份认同的概率会显著提升。非农业户口的青年个体的本地人身份认同状况好于农业户口，没有办理居住证/暂住证的就业青年个体的本地人身份认同概率高于已经办理的就业青年个体，拥有自购自建房和在机关事业单位中工作，对于促进就业青年个体的本地人身份认同具有重要作用（宋全成、张露，2023），而不同队列、不同受教育程度、不同流动范围个体的身份认同对其居留意愿的影响均存在显著差异。通过代际比较研究发现，身份认同存在等级递进："融入于人"意愿最强、长期居留意愿次之、本地人身份认同度最低；青年群体的认同意愿和认同结果均弱于老生代，但差距在制度约束低、人文环境浓郁、发展机遇多的城市缩小，且代际差异在户籍的互动作用下消失，其原因在于青年群体身份认同建立在流入城市对自己的接纳基础上，外在环境的变化易导致其心理冲突甚至行为冲突，年长者的城市阅历使其对自我的身份认知更稳定（杨菊华等，2016）。

（二）认同感与行为倾向的关系

认同感影响了个体的行为倾向，这些行为倾向包含居留意愿、消费水平、就业意愿、社区参与等。城市认同能正向影响个体的定居意愿，并且城市认同在城市宜居性与定居意愿的关系间起部分中介作用（郭云贵、彭艳容，2022），个体的身份认同指数越高，居留意愿就越强，越倾向于定居流入地，当个体感知到流入地的社群隔离时，会对其身份认同和城市定居意愿产生显著负向影响，一旦个体感知到社群隔离，那么身份认同对于定居意愿的影响就变得不显著（钟涛，2019）。公共服务均等化水平的提高、流入地心理认同感的改善有利于提高个体的消费水平，并且公共服务均等化还能增强流动人群的心理认同感，提升其消费水平，个体对于城市居民身份的认同感越强，其消费水平也越高（张丽，2021），其原因可能在于个体总是选择与自身身份相符的消费方式，认同城市身份的个体更倾向于模仿本地人的消费行为，甚至采用炫耀性消费的方式以保持与本地人一致的消费特点。此外，个体对流入地较为强烈的城市认同可以提升他们对自身就业地位的认知，更好地融入劳动力市场获得更多的就业机会，提高劳动参与率和降低换工作的频率，促进文体类活动、公益类活动和管理类活动的社区参与。

综上所述，认同感在居住流动过程中起着重要的作用，是个体在融入流入地的重要指标，对个体与流入地均具有重要影响。较高的认同感会让个体形成"家"的感觉，积极融入当地的人际关系网络，积极参与当地的社会公共事务，从而提高在流入地形成定居意愿的程度，由此推动流入地政府在劳动就业、工资待遇、公共服务等方面进行相应的调整，而较低的认同感则会使个体感到自己是城市的过客，不主动想方设法融入城市，不争取个人在流入地的权利，如子女受教育权、居住权等，对流入地也缺乏责任感。

个体在居住流动过程中不可避免地会遭遇认同感的瓦解甚至是危机，这种处于不稳定状态的流动性认同感势必将对个体社会心态产生影响，并由此引发一系列社会心理效应。鉴于认同感在居住流动过程中的作用在学界已有较为深入的讨论且获得较为一致的结论，本章主要从行为倾向的角度探讨居住流动如何通过认同感对个体在流入地行为倾向产生系统性的影响偏差，这些系统性的偏差构成了居住流动的心理效应，其目的有二：一方面从认同结果的角度对居住流动与行为倾向关系做系统性梳理，另一方面以居住流动为例，透过认同感这一社会心态次级层次的重要组成部分，探讨社会心态层次结构与行为倾向之间的关联，希冀进一步推进社会心态层次结构的讨论。

二　认同感的基本概况

总体来看，民众的城市认同均值为 4.86，高于中间值 3.5，显示民众对于所居住城市的认同居于中等偏上水平。民众的国家认同均值为 5.43，高于中间值 3.5，表明民众对于国家的认同同样居于中等偏上水平。女性（N = 7178）的城市认同（M = 4.89，SD = 0.98）显著高于男性（N = 8821）的城市认同（M = 4.83，SD = 0.98），t = 3.76，p<0.001。女性的国家认同（M = 5.50，SD = 1.10）显著高于男性（M = 5.37，SD = 1.22），t = 6.98，p<0.001。未婚者（N = 8845）的城市认同（M = 4.82，SD = 0.98）显著低于已婚者（N = 7071）的城市认同（M = 4.92，SD = 0.98），t = - 6.65，p<0.001。未婚者的国家认同（M = 5.46，SD = 1.15）显著高于已婚者

（M＝5.38，SD＝1.19），t＝4.23，p＜0.001。租房者（N＝8182）的城市认同（M＝4.73，SD＝0.98）显著低于自有房者（N＝7817）的城市认同（M＝5.00，SD＝0.96），t＝－17.70，p＜0.001。租房者的国家认同（M＝5.44，SD＝1.15）与自有房者（M＝5.41，SD＝1.19）无显著差异，t＝1.72，p＞0.05。

不同个人月收入、年龄、受教育程度对认同感的单因素方差分析发现（见表4-1至表4-3），月收入3000元及以下的个体城市认同较低而国家认同较高，月收入7001~10000元的个体城市认同、国家认同显著低于其他收入个体，月收入1.5万元以上的个体城市认同、国家认同（除月收入3000元及以下的个体）显著高于其他收入个体。18~19岁年龄组城市认同最低但国家认同最高，20~29岁年龄组的国家认同也显著高于其他年龄组，40~49岁年龄组的城市认同显著高于39岁及以下群体。受教育程度为高中的个体其城市认同和国家认同都高于其他年龄组，受教育程度为研究生及以上的个体其城市认同和国家认同都较低。

表4-1　不同个人月收入对认同感的ANOVA检验结果

变量	个人月收入分类	N	平均数	标准差	F	事后检验
城市认同	（1）3000元及以下	7534	4.80	0.97	22.10***	（5）＞（1~4）；（2），（4）＞（3）；（2）＞（1）
	（2）3001~7000元	6290	4.92	0.98		
	（3）7001~10000元	1114	4.77	1.01		
	（4）1万~1.5万元	381	4.90	0.98		
	（5）1.5万元以上	680	5.08	1.02		
国家认同	（1）3000元及以下	7534	5.53	1.12	51.04***	（5）＞（2~4）；（1~2）＞（3~4）；（1）＞（2）
	（2）3001~7000元	6290	5.37	1.18		
	（3）7001~10000元	1114	5.06	1.27		
	（4）1万~1.5万元	381	5.17	1.27		
	（5）1.5万元以上	680	5.52	1.19		

表 4-2　不同年龄对认同感的 ANOVA 检验结果

变量	年龄分类	N	平均数	标准差	F	事后检验
城市认同	(1)18~19 岁	1285	4.80	0.93	4.56***	(4)>(1~3)；(2~3)>(1)；(5)>(1~2)
	(2)20~29 岁	9745	4.85	0.98		
	(3)30~39 岁	3608	4.87	1.00		
	(4)40~49 岁	996	4.97	0.94		
	(5)50~59 岁	263	4.98	0.95		
	(6)60 岁及以上	102	4.94	1.02		
国家认同	(1)18~19 岁	1285	5.57	1.13	16.93***	(4)>(6)；(1)>(2)>(3~6)
	(2)20~29 岁	9745	5.47	1.15		
	(3)30~39 岁	3608	5.30	1.20		
	(4)40~49 岁	996	5.38	1.20		
	(5)50~59 岁	263	5.27	1.26		
	(6)60 岁及以上	102	5.10	1.29		

表 4-3　不同受教育程度对认同感的 ANOVA 检验结果

变量	受教育程度分类	N	平均数	标准差	F	事后检验
城市认同	(1)小学及以下	210	4.48	1.14	12.62***	(3)>(4~5)>(1~2)；(2)>(1)；(3)>(6)
	(2)初中	1225	4.77	1.00		
	(3)高中（技校、职高、中专）	3954	4.92	0.97		
	(4)大专	4177	4.86	0.96		
	(5)大学本科	5702	4.85	0.98		
	(6)研究生及以上	731	4.79	1.01		
国家认同	(1)小学及以下	210	4.98	0.98	16.67***	(2~6)>(1)；(3)>(1~2)，(4~6)；(2~5)>(6)
	(2)初中	1225	5.43	1.47		
	(3)高中（技校、职高、中专）	3954	5.51	1.21		
	(4)大专	4177	5.42	1.17		
	(5)大学本科	5702	5.42	1.17		
	(6)研究生及以上	731	5.19	1.14		

上述分析发现，认同感在不同性别、年龄、受教育程度、个人月收入、婚姻状况和住房条件的群体中存在不同的特点。女性群体的认同感高

于男性群体，未婚者虽然城市认同较低但国家认同较高，与之相似的是，租房者的城市认同较低但国家认同较高。不同月收入、年龄和受教育程度的个体在城市认同、国家认同方面存在显著的组别差异，呈现峰值组和谷值组的特点，月收入 3000 元及以下、7001~10000 元、1.5 万元以上在认同感上是三个典型的组别，月收入 3000 元及以下人群有着较低的城市认同但却有着较高的国家认同，7001~10000 元人群拥有双低的城市认同和国家认同，1.5 万元以上人群拥有双高的城市认同和国家认同。年龄 29 岁及以下、40~49 岁是两个典型的组别，年龄 29 岁及以下人群拥有较低的城市认同和较高的国家认同，而 40~49 岁人群拥有较高的城市认同和较低的国家认同。受教育程度为小学及以下和高中是两个典型的组别，小学及以下学历人群拥有双低的城市认同和国家认同，高中学历人群拥有双高的城市认同和国家认同。

三 认同感在居住流动过程中的独特作用

以过往居住流动次数为过往流动经历的指标，以本地居住时长为当前居住流动状态的指标，以未来居住流动意愿为未来居住流动的指标。控制性别、年龄、受教育程度、个人月收入、婚姻状况、家庭规模和住房等变量的影响，分析过往居住流动次数对社会心态基本层次、次级层次和高级层次的独立作用。以过往居住流动次数为自变量，以社会心态基本层次、次级层次和高级层次为因变量，进行多重线性回归分析。自变量采用层次进入的方式，考察每层中增加的变量对回归方程解释力度的影响，从而判定增加的变量是否和因变量独立关联。具体而言，第一层进入性别、年龄、受教育程度、个人月收入、婚姻状况、家庭规模和住房等人口学变量，其中女性、未婚、无房为参照组；第二层进入过往居住流动次数。每层变量采用全部进入方式，分析发现过往居住流动次数只独立与社会心态的次级层次呈显著负相关，而对社会心态的基本层次和高级层次无显著的影响（表格从略）。这表明过往居住流动次数在社会心态次级层次中有着特殊的作用，结果如表 4-4 所示。

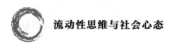

表4-4 过往居住流动次数对社会心态次级层次的回归分析结果

因变量	预测变量	B	95% CI for B		SE	β	R²	ΔR²	ΔF
			LL	UL					
社会心态次级层次	模型一						0.01	0.01	23.80***
	性别	-0.04***	-0.07	-0.02	0.01	-0.03			
	年龄	0.00**	0.00	0.00	0.00	0.03			
	受教育程度	0.03***	0.02	0.04	0.01	0.05			
	个人月收入	0.00	-0.01	0.01	0.00	0.00			
	婚姻状况	-0.02	-0.05	0.01	0.02	-0.01			
	家庭规模	0.03***	0.02	0.03	0.01	0.04			
	住房	0.11***	0.09	0.14	0.01	0.08			
	模型二						0.01	0.00	21.01***
	性别	-0.04***	-0.06	-0.02	0.01	-0.03			
	年龄	0.00**	0.00	0.00	0.00	0.03			
	受教育程度	0.03***	0.02	0.04	0.01	0.05			
	个人月收入	0.00	0.00	0.01	0.00	0.01			
	婚姻状况	-0.02	-0.05	0.01	0.02	-0.01			
	家庭规模	0.03***	0.02	0.03	0.00	0.04			
	住房	0.11***	0.09	0.14	0.01	0.08			
	过往居住流动次数	-0.01***	-0.02	-0.01	0.00	-0.04			

为了进一步明确过往居住流动次数影响的是社会心态次级层次中的哪个指标，参照上述流程以信任感、国家认同、城市认同和支持感为因变量，进行多重线性回归分析。自变量采用层次进入的方式，考察每层中增加的变量对回归方程解释力度的影响，从而判定增加的变量是否和因变量独立关联。具体而言，第一层进入性别、年龄、受教育程度、个人月收入、婚姻状况、家庭规模和住房等人口学变量，其中女性、未婚、无房为参照组；第二层进入过往居住流动次数。每层变量采用全部进入方式，分析发现，过往居住流动次数独立地与社会心态次级层次中的国家认同与城市认同呈显著负相关（见表4-5），而与社会心态次级层次中的信任感、支持感之间没有独立的关系（表格从略）。从上述两方面的分析中发现，过往居住流动次数主要与社会心态次级层次有关联，且主要与社会心态次级层次中的认同感有显著的负相关关系。

为进一步佐证认同感是居住流动过程中的关键变量，以当前居住流动状态和未来居住流动意愿为因变量，以认同感为自变量进行层次回归分析。自变量采用层次进入的方式，考察每层中增加的变量对回归方程解释力度的影响，从而判定增加的变量是否和因变量独立关联。具体而言，第一层进入性别、年龄、受教育程度、个人月收入、婚姻状况、家庭规模和住房等人口学变量，其中女性、未婚、无房为参照组；第二层进入国家认同；第三层进入城市认同。每层变量采用全部进入方式，结果如表4-6所示。从表中可知，在没有城市认同进入的情况下，国家认同与本地居住时长具有显著的正相关关系，即国家认同越强，本地居住时长越长。然而在加入城市认同这一因素后，国家认同与本地居住时长呈显著的负相关，即国家认同越强，本地居住时长越短，城市认同与本地居住时长显著正相关，即城市认同越强，本地居住时长越长。从标准化回归系数来看，城市认同对本地居住时长相关度最高。

在没有城市认同进入的情况下，国家认同与未来居住流动意愿呈显著的负相关，即国家认同越强，未来居住流动意愿越低。然而在加入城市认同这一因素后，国家认同与未来居住流动意愿呈显著的正相关，即国家认同越强，

表4-5 过往居住流动次数对认同感的回归分析结果

因变量	预测变量	B	95% CI for B		SE	β	R^2	ΔR^2	ΔF
			LL	UL					
国家认同	模型一						0.014	0.014	32.596***
	性别	-0.123***	-0.160	-0.086	0.019	-0.052			
	年龄	0.011***	0.008	0.014	0.001	0.075			
	受教育程度	-0.014	-0.031	0.003	0.009	-0.013			
	个人月收入	-0.033***	-0.045	-0.021	0.006	-0.048			
	婚姻状况	0.027	-0.022	0.076	0.025	0.011			
	家庭规模	0.040***	0.026	0.055	0.007	0.044			
	住房	0.034	-0.006	0.074	0.020	0.015			
	模型二						0.016	0.002	37.184***
	性别	-0.123***	-0.159	-0.086	0.019	-0.052			
	年龄	0.011***	0.008	0.013	0.001	0.073			
	受教育程度	-0.012	-0.029	0.005	0.009	-0.011			
	个人月收入	-0.030***	-0.042	-0.018	0.006	-0.044			
	婚姻状况	0.030	-0.020	0.079	0.025	0.013			
	家庭规模	0.040***	0.025	0.055	0.007	0.043			
	住房	0.030	-0.009	0.070	0.020	0.013			
	过往居住流动次数	-0.024***	-0.032	-0.017	0.004	-0.048			

续表

因变量	预测变量	B	95% CI for B LL	95% CI for B UL	SE	β	R^2	ΔR^2	ΔF
城市认同	模型一						0.022	0.022	50.941***
	性别	-0.064***	-0.095	-0.033	0.016	-0.032			
	年龄	0.001	-0.001	0.003	0.001	0.009			
	受教育程度	0.005	-0.010	0.019	0.007	0.005			
	个人月收入	0.021***	0.011	0.031	0.005	0.036			
	婚姻状况	-0.017	-0.058	0.024	0.021	-0.009			
	家庭规模	0.021***	0.009	0.033	0.006	0.027			
	住房	0.266***	0.233	0.299	0.017	0.136			
	模型二						0.023	0.001	11.492***
	性别	-0.064***	-0.094	-0.033	0.016	-0.032			
	年龄	0.001	-0.002	0.003	0.001	0.007			
	受教育程度	0.006	-0.009	0.020	0.007	0.006			
	个人月收入	0.022***	0.013	0.032	0.005	0.039			
	婚姻状况	-0.016	-0.057	0.025	0.021	-0.008			
	家庭规模	0.021***	0.009	0.033	0.006	0.027			
	住房	0.264***	0.231	0.297	0.017	0.135			
	过往居住流动次数	-0.011***	-0.018	-0.005	0.003	-0.027			

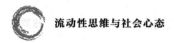
表4-6 本地居住时长、未来居住流动意愿对认同感的回归分析结果

因变量	预测变量	B	95% CI for B		SE	β	R²	ΔR²	ΔF
			LL	UL					
本地居住时长	模型一		29.063	43.222			0.094	0.094	237.124***
	性别	-0.098***	-0.143	-0.053	0.023	-0.033			
	年龄	-0.016***	-0.019	-0.012	0.002	-0.085			
	受教育程度	-0.058***	-0.079	-0.037	0.011	-0.043			
	个人月收入	-0.003	-0.018	0.011	0.007	-0.004			
	婚姻状况	-0.037	-0.097	0.023	0.031	-0.012			
	家庭规模	-0.006	-0.024	0.012	0.009	-0.005			
	住房	0.806***			0.025	0.270			
	模型二		30.268	44.414			0.098	0.003	58.111***
	性别	-0.089***	-0.134	-0.044	0.023	-0.030			
	年龄	-0.016***	-0.020	-0.013	0.002	-0.089			
	受教育程度	-0.057***	-0.078	-0.036	0.011	-0.042			
	个人月收入	-0.001	-0.015	0.013	0.007	-0.001			
	婚姻状况	-0.039	-0.098	0.021	0.031	-0.013			
	家庭规模	-0.009	-0.027	0.009	0.009	-0.008			
	住房	0.803***	0.755	0.852	0.025	0.269			
	国家认同	0.074***			0.010	0.058			
	模型三						0.155	0.058	1086.569***
	性别	-0.084***	-0.128	-0.040	0.022	-0.028			
	年龄	-0.015***	-0.018	-0.012	0.002	-0.081			

续表

| 因变量 | 预测变量 | B | 95% CI for B | | SE | β | R² | ΔR² | ΔF |
			LL	UL					
本地居住时长	受教育程度	-0.062***	-0.082	-0.042	0.010	-0.046			
	个人月收入	-0.016*	-0.030	-0.002	0.007	-0.018			
	婚姻状况	-0.026	-0.084	0.032	0.030	-0.009			
	家庭规模	-0.011	-0.028	0.006	0.009	-0.009			
	住房	0.695***	0.648	0.742	0.024	0.233			
	国家认同	-0.109***	-0.131	-0.088	0.011	-0.086			
	城市认同	0.430***	0.404	0.455	0.013	0.283			
	模型一						0.004	0.004	9.988***
未来居住流动意愿	性别	0.030	-0.012	0.072	0.021	0.011			
	年龄	0.001	-0.002	0.004	0.002	0.006			
	受教育程度	0.051***	0.031	0.070	0.010	0.042			
	个人月收入	-0.003	-0.016	0.010	0.007	-0.004			
	婚姻状况	-0.087***	-0.143	-0.031	0.029	-0.032			
	家庭规模	0.007	-0.010	0.024	0.008	0.007			
	住房	-0.040	-0.085	0.005	0.023	-0.015			
	模型二						0.007	0.003	42.852***
	性别	0.023	-0.019	0.065	0.021	0.008			
	年龄	0.002	-0.002	0.005	0.002	0.010			
	受教育程度	0.050***	0.030	0.070	0.010	0.041			
	个人月收入	-0.005	-0.018	0.008	0.007	-0.006			

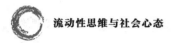

续表

因变量	预测变量	B	95% CI for B		SE	β	R²	ΔR²	ΔF
			LL	UL					
	婚姻状况	-0.085**	-0.141	-0.029	0.029	-0.032			
	家庭规模	0.009	-0.007	0.026	0.008	0.009			
	住房	-0.038	-0.083	0.007	0.023	-0.014			
	国家认同	-0.059***	-0.077	-0.041	0.009	-0.052	0.023	0.016	261.459***
	模型三								
未来居住流动意愿	性别	0.020	-0.021	0.062	0.021	0.008			
	年龄	0.001	-0.002	0.004	0.002	0.005			
	受教育程度	0.052***	0.033	0.072	0.010	0.043			
	个人月收入	0.002	-0.011	0.015	0.007	0.003			
	婚姻状况	-0.091**	-0.147	-0.035	0.028	-0.034			
	家庭规模	0.010	-0.006	0.027	0.008	0.010			
	住房	0.013	-0.032	0.058	0.023	0.005			
	国家认同	0.027*	0.006	0.047	0.010	0.024			
	城市认同	-0.202***	-0.227	-0.178	0.013	-0.149			

未来居住流动意愿越高，城市认同与未来居住流动意愿呈显著负相关，即城市认同越强，未来居住流动意愿越低。从标准化回归系数来看，城市认同对未来居住流动意愿相关度最高。

四 讨论与结论

（一）认同感较集中体现了个体居住流动过程中的获得

认同感实质上反映的是个体在当前场域中已获得资源或地位的总体反映，在认同感的基本概况中，女性认同感高于男性，已婚者高于未婚者，有房者高于无房者，高收入者高于低收入者，高年龄组高于低年龄组等，这些其实都反映了个体某一部分已获得或者已完成的经历或者体验对其认同感存在较大的影响。

认同感在不同群体中的分布状态随着群体的特征不同而产生异质性差异，城市认同与国家认同在不同群体的分布状态也意味着认同感确实存在不同的层次，个体对城市的认同与其对国家的认同之间存在明显的分离现象，两者之间在同一群体身上存在形态各异的表象，既可能是双高的城市认同和国家认同，也可能是双低的城市认同和国家认同，还可能是一高一低的城市认同和国家认同，因而探讨认同感对个体行为倾向的影响时不可避免需要探讨这两种认同感对个体行为倾向有何差异，作用方式有何不同，以此说明社会心态层次结构内部不同维度之间有其存在的必要性。

（二）认同感是居住流动影响社会心态的关键桥梁

在当前居住流动状态和未来居住流动意愿方面，认同感均起着最为重要的预测作用。然而，认同感的两个维度国家认同与城市认同却具有不同的作用，尤其当不考虑城市认同时，国家认同能正向地预测个体在本地的居住时长，负向地预测个体未来的居住流动意愿。而当考虑城市认同时，城市认同成为最强的预测因素，城市认同越强，个体的居住时长越长、居住流动意愿越低，而国家认同则起着相反的作用。从相关分析的结果来看，城市认同与国家认同相关系数是 0.50，呈现中等程度相关。那么为何会在城市认同介入后，国家认同起着完全相反的作用是值得思考的问题，这也意味着社会心态层次结构中不同的维度发挥着不同的作用，具有互相不可替代的作用。总之，上述分析表明认同感在居住流动中具有独特的作用，是居住流动与社会心态之间的关键桥梁。

在认同研究中，双重认同一直具有较强的普遍性，对于流动人口而言，其双重认同表现在他们是认同流入地的身份，还是认同流出地的身份，抑或他们不再认同流入地或者流出地，而是认同其作为国家某一成员的身份。双重认同的研究指出认同为城市人的农村流动人口的心理功能、社会功能和生活满意度总分显著高于认同为农村人和身份认同不明确的农村流动人口；认同为农村人的流动人口的物质生活满意度显著低于其他两类身份认同者；认同为城市人的流动人口除物质生活满意度显著低于城市户籍者外，在生活满意度各维度及总分上与城市户籍者没有差异；身份认同对农村流动人口的社会功能、物质生活和生活满意度总分有显著的负向预测作用。因此，身份认同对农村流动人口的幸福感有重要的影响作用（旃嘉悦，2018）。可见，认同何种身份对于个体而言会影响社会心态高级层次的幸福感。

从已有研究以及本章分析中发现，认同感是流动人口社会心态的关键桥梁，而流动人口身上具有的双重认同对其社会心态亦起着重要的作用，认同哪一个身份影响着社会心态的体验程度。个体启动与流入地相同身份的认同有助于提升其社会心态，而个体启动与流出地相同的身份认同不利于其社会心态的提升。在加入城市认同后，国家认同起着相反的作用可能意味着双重身份认同在个体身上独立发挥作用。当城市认同比较强烈时，可能会挤占其国家认同的程度，而当国家认同比较强烈时，可能会挤占其城市认同的程度，因此表现出两者对于本地居住时长和未来居住流动意愿的不同作用。另外，亦有可能是城市认同与国家认同在居住流动中独立发挥不同的作用，城市认同虽然提升了个体的本地居住时长和降低未来居住流动意愿，但是如若城市认同过高可能使其起固着作用，想继续留在本地，如若无法留在本地就可能影响其国家认同，也就是说高城市认同让个体的居住流动意愿降低了，但是如若高城市认同无法继续待在流入地，那么可能就会威胁其国家认同。

第三节　居住流动的健康损耗

一　居住流动、认同感与自评健康的关系

针对居住流动对个体身体健康的影响是受损还是受益存在两种观点。其一是"健康移民效应"，该效应从国际移民角度出发，发现移民存在自选择效应，那些具备必要健康条件的个体更易迁移，并且健康状况较好的个体更倾向于长期留在流入地。该效应存在可能与"健康迁移选择"和"疾病回迁机制"有关，"健康迁移选择"认为健康状况在一定程度上直接关联了人口流动的动机与决策，那些明确要进行流动的个体，更倾向于认为自己处于健康状态，因此也更容易处于流动状态（Chiswick & Miller，2008）。"疾病回迁机制"强调健康不良的个体更可能迁回流出地（Abraídolanza et al.，1999）。其二是"流行病学悖论"，该悖论指出移民虽社会经济地位较低，但其健康状况却优于当地居民，只是随着时间推移，移民健康状况不断恶化，渐渐地与当地居民趋同。国内关于流动者的研究基本佐证了上述两种观点。如李建民等（2018）利用2014年CLDS数据分析发现，流动具有内生于流动过程的健康损耗效应，存在"流行病学悖论"。流动初期，乡城个体的健康状况优于城镇居民，随着时间推移，此优势逐渐消损，直至差于城镇居民，"健康维持因素"和"健康损耗因素"是造成个体与城镇居民之间健康差距的重要原因，其中"健康损耗因素"更为显著，"收入剥夺指数"、"夫妻同住"、"居住环境"及"工作强度"对健康差距的贡献率位居前四。

"健康移民效应"和"流行病学悖论"背后可能源于居住流动类型与健康之间的密切关联。城市内部多次迁居和城市间频繁流动对个体健康具有显著负面影响，但长距离迁移却可能对健康具有促进作用，长距离迁移降低了居留时间和工作时长对健康的损害作用，降低适应性风险和提高健康生产资本从而提升总体健康水平。那些低龄、男性和高学历的群体从乡

村向城镇流动时其自评的健康状况更好（石郑，2020），与非家庭式迁移相比，实现半家庭式迁移和完整式家庭迁移对个体的自评健康均有积极影响，家庭式迁移的完整程度与个体自评健康密切相关，收入水平、社会融入对跨省个体健康有显著正面影响，收入水平是跨省流动影响个体健康状况的中介变量之一（任国强、胡梦雪，2021），居住隔离影响自评健康状况，居住条件和住房类型显著影响患病状况，较差的居住质量对个体身体健康产生了负面影响（易龙飞、朱浩，2015）。

从居住流动与自评健康的研究结果来看，文化资本、社会融入在其中起着越来越重要的作用。人口流动的文化功能论认为文化对个体健康发挥着保护和适应双重作用，文化通过塑造个人行为和个人观念对个体起保护作用，影响着个体的社会网络、社会支持和自我选择。虽然文化冲突的适应压力会对个体的健康产生消极影响，但文化功能论认为随着时间推移，流入者逐渐融入流入地，其生活方式、文化观念逐渐被流入地居民所同化，而与流入地居民趋同。社会资本理论认为个体通过在流入地的社会网络，利用其在社会结构中的身份从而获取流入地的资源，高社会资本的个体可通过社会适应、身份认同等获得其在流入地社会网络和社会结构中的良好地位，从而影响其健康状况，而低社会资本的个体常常被流入地排斥，这种社会排斥和社会隔离对个体的健康产生负面影响。国内流动研究对上述观点提供了实证支持。跨文化迁移对乡城个体健康状况分析发现，方言和观念距离对乡城个体健康状况有显著负面影响，收入水平和社会网络在其中起到中介作用（王婷、李建民，2014），接近一半的个体存在居住隔离问题，居住隔离显著降低了个体的健康水平，但这一情况随着流入者在城市居留时间的延长，居住隔离对个体健康的影响显著降低，其中居住隔离、社会歧视、社会交往内倾化和自我隔离对个体健康的影响更为突出（俞林伟、朱宇，2018）。

综上所述，居住流动与自评健康之间存在密切的关系，而这种关系可能与文化适应、社会资本密切相关。对于个体来说，认同感是凝聚文化适应与社会资本的最终表达，对于流入地的高度认同感势必依赖个体对流入地的良好文化适应，在流入地建立起有效且有用的社会资本。流动个体健康的理论主要来自西方迁移理论，由于西方人口研究中只有迁移现象，而无所谓流动，中国的居住流动本身也是国家治理的一个缩影，居住流动所捆绑的是系列的社会治理，它与公共服务、医疗卫生、住房制度等因素息息相关，个体在居住流动中所体验的社会治理与其国家认同密切有关。本节拟从中国社会实际出发，以认同感为切入点，一方面探讨居住流动对于自评健康的影响，另一方面探讨城市认同和国家认同这两个认同感层次在自评健康中的作用。

二　认同感在居住流动与自评健康中的作用

以自评健康为因变量，以认同感、居住流动为自变量进行回归分析，同时回归方程中纳入性别、年龄、受教育程度、个人月收入、家庭规模和住房等人口学变量，剔除其对研究结果的影响。自变量采用层次进入的方式，考察每层中增加的变量对回归方程解释力度的影响，从而判定增加的变量是否与因变量独立关联。第一层纳入人口学变量，第二层纳入认同感、过往居住流动次数、主动搬迁次数、被动搬迁次数、主观居住流动感知，每层变量采用全部进入方式，结果见表4-7。在控制了人口学变量之后，国家认同、城市认同、主动搬迁次数和主观居住流动感知均显著地预测自评健康。国家认同和城市认同越高，个体自感越健康。主观居住流动感知、主动搬迁次数越高，个体自感越健康。

为了进一步了解认同感在居住流动与自评健康中所起的作用，以主观居住流动感知为自变量，将国家认同和城市认同分别作为中介变量，以自评健康为因变量。采用海斯于2016年开发的PROCESS for SPSS v3.0版本进行中介效应分析。该版本采用偏差校正的非参数百分位Bootstrap法进行中介效应检验。选择模型4，设定"Bootstrap samples"样本量为5000，选择95%的置信区间，进行Bootstrap中介变量检验。将被调查者的性别、年龄、婚姻状况、受教育程度、个人月收入、家庭规模和住房作为控制变量以排除人口学因素产生的影响。中介检验结果表明，国家认同的中介检验没有包含

表 4-7　认同感、居住流动对自评健康的回归模型

因变量	预测变量	B	95% CI for B		SE	β	R²	ΔR²	ΔF
			LL	UL					
	模型一						0.011	0.011	27.022
	性别	-0.022*	-0.042	-0.003	0.010	-0.018			
	年龄	0.006***	0.004	0.007	0.001	0.078			
	受教育程度	0.031***	0.022	0.040	0.005	0.056			
	个人月收入	0.016***	0.010	0.022	0.003	0.044			
	婚姻状况	0.023	-0.003	0.049	0.013	0.018			
	家庭规模	0.008	0.000	0.015	0.004	0.016			
	住房	0.064***	0.043	0.085	0.011	0.052			
自评健康	模型二						0.093	0.082	204.043
	性别	-0.004	-0.023	0.015	0.009	-0.003			
	年龄	0.005***	0.004	0.007	0.001	0.069			
	受教育程度	0.032***	0.023	0.040	0.004	0.057			
	个人月收入	0.022***	0.016	0.028	0.003	0.061			
	婚姻状况	0.022	-0.003	0.047	0.013	0.018			
	家庭规模	0.004	-0.003	0.011	0.004	0.008			
	住房	0.037***	0.017	0.057	0.010	0.030			
	国家认同	0.063***	0.054	0.072	0.005	0.120			
	城市认同	0.063***	0.052	0.074	0.006	0.101			
	过往居住流动次数	-0.003	-0.009	0.002	0.003	-0.013			
	主动搬迁次数	0.019***	0.011	0.027	0.004	0.053			
	被动搬迁次数	-0.007	-0.015	0.001	0.004	-0.019			
	主观居住流动感知	-0.076***	-0.084	-0.069	0.004	-0.176			

0（LLCI=-0.014，ULCI=-0.011），表明国家认同的中介效应显著。控制中介变量国家认同之后，主观居住流动感知对自评健康的影响依然显著，t=-23.198，p<0.001，置信区间（LLCI=-0.085，ULCI=-0.072）不包含0，表明主观居住流动感知对自评健康存在直接效应，直接效应值为-0.078。由此可见，国家认同在主观居住流动感知与自评健康中起着部分中介的作用，部分中介效应值为-0.012，国家认同和主观居住流动感知在自评健康中的总效应值为-0.091，中介效应占总效应的比例为13.2%。具体的中介模型和未标准化路径系数见图4-1。

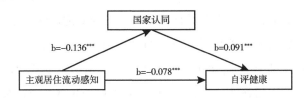

图4-1 国家认同在主观居住流动感知与自评健康中的中介路径

中介检验结果表明，城市认同的中介检验没有包含0（LLCI=-0.012，ULCI=-0.009），表明城市认同的中介效应显著。控制中介变量城市认同之后，主观居住流动感知对自评健康的影响依然显著，t=-23.695，p<0.001，置信区间（LLCI=-0.087，ULCI=-0.073）不包含0，表明主观居住流动感知对自评健康存在直接效应，直接效应值为-0.080。由此可见，城市认同在主观居住流动感知与自评健康中起着部分中介的作用，部分中介效应值为-0.011，城市认同和主观居住流动感知在自评健康中的总效应值为-0.091，中介效应占总效应的比例为12.1%。具体的中介模型和未标准化路径系数见图4-2。

三 讨论与结论

本节分析发现，主观居住流动感知会通过认同感的中介作用对自评健康产生影响，国家认同与城市认同在自评健康上的作用很接近，两个不同层次认同感的系数与效应值也接近，可见认同感较为稳定地中介了主观居住流动感知与自评健康之间的关系。个体对居住流动的主观评价蕴含着各种复杂要

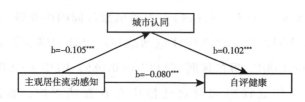

图 4-2　城市认同在主观居住流动感知与自评健康中的中介路径

素，不管是国家认同还是城市认同都是个体在居住流动后对外在环境进行主观评价的一种判断，可能使得认同感各层次具有共通性。

当个体感知到自身居住流动频率较高时，也感知到自己的健康处于较不良状态。这一结果表明社会融入在居住流动与自评健康之间起着中介作用，居住流动感知会通过社会融入部分影响个体的自评健康。本节分析结果发现，自感处于高频率居住流动的个体，健康状态更加不良，基本不支持"健康迁移选择"假说，该假说认为要明确进行流动的个体通常会倾向于认为自己处于健康状态，这一结果可能与"流行病学悖论"有关，即流动初期流动者健康状态较好，但是流动过程本身会产生健康损耗，导致流动个体的健康优势逐渐消失，而在这个过程中作为文化适应和社会资本最终表达的认同感起着重要的作用。

如何改变流动过程产生的健康损耗是未来在"人的城镇化"过程中需要注意的，从认同感在主观居住流动感知与自评健康中的作用可发现，可能让个体融入社会是一个较好的方式方法，让始终处于流动状态的个体在内心深处有个可停靠的地方，或许能够起到延缓健康损耗的作用，让流动个体暂时有个"家"的感觉，从而缓解始终处于"漂泊"状态所带来的不安定感，在心理层面助力身体健康。

第四节　居住流动与亲密关系的脆弱化

一　居住流动、认同感和亲密关系

（一）居住流动与亲密关系

居住流动改变了传统意义上的家庭结构和家庭关系，大量个体出于各种原因无法实现夫妻共同流动，可能导致居住流动过程中婚姻质量降低，流动又增加了婚姻可接触的资源，由此影响了个体的婚姻稳定性。婚姻稳定性是指婚姻中当事人对于婚姻持续的态度、离婚倾向或实际发生的离婚行为等（Booth et al.，1985）。居住流动可能会增加个体婚姻状态的不稳定性，随着流动范围扩大，个体晚婚、同居和不婚相对风险均有增加，流动群体中受教育程度较高者晚婚的可能性最大，但婚后婚姻质量更高，离婚的可能性最小，流动群体中受教育程度为高中者其晚婚可能性较小，但受婚姻质量和搜寻成本影响，离婚可能性最大。流动群体中受教育程度低者尤其是农村男性离婚可能性较小，但不婚、同居的可能性最大，存在从未婚状态向已婚状态转化的困难（彭姣等，2022）。

关于居住流动与亲密关系有三个基本的理论解释：家庭经济学、婚姻质量和搜寻成本。婚姻与个人的自我实现之间存在一定程度的对抗，尤其在女性身上表现特别明显，居住流动导致婚姻对个体的拖累增加。居住流动能够满足个人的自我实现但也会扩大婚姻状态的不稳定性，若个体不愿意为家庭利益最大化而做出牺牲或让步，婚姻对个体流动的拖累大于个体在婚姻中所获得利益时，那么这种婚姻关系将面临维系的困难甚至解体（Mincer，1978），这种情况随受教育程度的提高和性别平等意识的增强，日趋凸显。居住流动强化了缔结稳定婚姻关系的不易，而个体因居住流动带来的情感联系、对爱与归属感的重视可能导致他们在流动过程中更在意情感慰藉，由此导致居住流动过程中非婚同居、非婚生育的增多，降低了婚姻质量。此外，居住流动提高了建构亲密关系的成本。居住流动一方面导致社交圈的扩大，搜寻成本变小；另一方面也意味着竞争的激烈程度增加，尤其是当适婚女性向相对优势地区流动时，势必造成婚姻挤压，流出地部分适婚男性面临婚配困难。

（二）居住流动背景下亲密关系和认同感的建构

居住流动对个体的亲密关系构成的挑战可能会威胁个体的认同感，而以亲密关系为主要表现形式的家庭团聚是个体认同感的内在微动力，正是这种亲密关系的内在微动力成为个体认同感的另一股潜在源泉。在居住流动背景下，亲密关系对认同感的影响存在两种不同的观点。一种观点认为，以亲密关系为主要表现形式的家庭团聚助力个体认同感的建立。在流入地亲密关系的拥有可能增强个体融入流入地的意愿，而在流入地能够构建起亲密关系或者实现家庭团聚意味着个体具有较高的社会资本或者经济资本，这就增加了他们的选择主动性，增加了他们融入流入地的可能性。在流入地亲密关系的建构满足了个体归属感的需求，使得流动者的情感需求得到满足，因此在流入地构建起亲密关系的个体具有更好的融入心态和定居意愿，容易实现对流入地的认同感。

另一种观点认为，以亲密关系为核心的家庭团聚会阻碍个体对流入地形成认同感。亲密关系的构建在帮助个体适应流入地的同时，也加强了其对于亲密关系的依赖，可能减少他们对于流入地的认同感和归属感，给予个体情感支持以对抗来自流入地的偏见、冲突或者歧视，从而固化个体对流入地的消极印象。再者，在流入地构建起亲密关系的个体增加了了解流入地的窗口，其对流入地的探索触角更可能涉及户籍、教育、医疗等当前更倾向于保护本地人的一系列社会治理政策，因此更可能强化了其外地人的身份（郭星华，2011）。可见，关于亲密关系的建构对个体在流入地的认同感产生积极或者消极的影响尚未有定论。

综上所述，现有研究虽然探讨了居住流动对婚姻的影响，也探讨了亲密关系对于个体认同感的影响，但是并未将三者联合起来进行系统探讨。本节试图探讨居住流动、认同感如何影响婚姻，认同感在其中起着怎样的作用。其研究目的有二：一是探明认同感在居住流动与婚姻关系中的作用，在婚姻关系中受研究数据的限制，选择婚姻质量作为指标，从婚姻质量的积极影响和消极影响两个方面探讨认同感的作用，婚姻质量的积极影响指标是婚姻满意度，婚姻质量的消极影响指标是婚姻压力感。二是以认同感的不同层次探讨社会心态不同层次结构对于个体行为意向的解释力度，以此探明社会心态同一层次内部不同指标之间的相互关系。

二 认同感在居住流动与亲密关系中的作用

（一）认同感、居住流动对婚姻满意度、婚姻压力感的影响

以婚姻满意度和婚姻压力感为因变量，以认同感、居住流动为自变量进

行回归分析，同时回归方程中纳入性别、年龄、受教育程度、个人月收入、家庭规模和住房等人口学变量，剔除其对研究结果的影响。自变量采用层次进入的方式，考察每层中增加的变量对回归方程解释力度的影响，从而判定增加的变量是否与因变量独立关联。第一层纳入人口学变量，第二层纳入国家认同、城市认同、过往居住流动次数、主动搬迁次数、被动搬迁次数、远距离搬迁次数、主观居住流动感知，每层变量采用全部进入方式，结果见表4-8。在控制了人口学变量之后，国家认同、城市认同、主动搬迁次数、远距离搬迁次数和主观居住流动感知均显著地预测婚姻满意度，国家认同、城市认同、主动搬迁次数和主观居住流动感知均显著地预测婚姻压力感。国家认同和城市认同越高，婚姻满意度越高，婚姻压力感越低。主动搬迁次数越高，婚姻满意度越高，婚姻压力感越低。远距离搬迁次数越高，婚姻满意度越低。主观居住流动感知越高，婚姻满意度越低，婚姻压力感越高。

（二）认同感在居住流动与婚姻满意度、婚姻压力感中的作用

为了进一步了解认同感在居住流动与婚姻关系中所起的作用，以主动搬迁次数、远距离搬迁次数和主观居住流动感知为自变量，以国家认同和城市认同为中介变量，以婚姻满意度和婚姻压力感为因变量。采用海斯于2016年开发的 PROCESS for SPSS v3.0 版本进行中介效应分析。该版本采用偏差校正的非参数百分位 Bootstrap 法进行中介效应检验。选择模型4，设定"Bootstrap samples"样本量为5000，选择95%的置信区间，进行 Bootstrap 中介变量检验。将被调查者的性别、年龄、受教育程度、个人月收入、家庭规模和住房作为控制变量以排除人口学因素产生的影响。

中介检验结果表明，国家认同的中介检验没有包含0（LLCI＝0.002，ULCI＝0.013），表明国家认同的中介效应显著。控制中介变量国家认同之后，主动搬迁次数对婚姻满意度的影响不显著，t＝0.082，p>0.05，置信区间（LLCI＝0.935，ULCI＝−0.015）包含0，表明主动搬迁次数对婚姻满意度不存在直接效应。由此可见，国家认同在主动搬迁次数与婚姻满意度中起着完全中介的作用，完全中介效应值为0.007，国家认同和主动搬迁次数在婚姻满意度中的总效应值为0.008，中介效应占总效应的比例为87.5%。具

表 4-8 认同感、居住流动对婚姻质量的回归模型

因变量	预测变量	B	95% CI for B		SE	β	R²	ΔR²	ΔF
			LL	UL					
	模型一						0.019	0.019	23.192***
	性别	0.178***	0.117	0.238	0.031	0.070			
	年龄	0.005*	0.001	0.008	0.002	0.030			
	受教育程度	0.058***	0.031	0.086	0.014	0.054			
	个人月收入	0.012	-0.007	0.032	0.010	0.016			
	家庭规模	0.019	-0.004	0.042	0.012	0.020			
	住房	0.248***	0.182	0.314	0.034	0.089			
婚姻满意度	模型二						0.152	0.134	158.745***
	性别	0.255***	0.198	0.312	0.029	0.100			
	年龄	0.004*	0.000	0.007	0.002	0.025			
	受教育程度	0.067***	0.041	0.092	0.013	0.062			
	个人月收入	0.015	-0.003	0.034	0.009	0.020			
	家庭规模	0.002	-0.019	0.023	0.011	0.002			
	住房	0.128***	0.067	0.190	0.032	0.046			
	国家认同	0.188***	0.159	0.216	0.014	0.176			
	城市认同	0.280***	0.246	0.315	0.018	0.216			
	过往居住流动次数	-0.001	-0.018	0.017	0.009	-0.001			
	主动搬迁次数	0.033*	0.009	0.058	0.012	0.048			
	被动搬迁次数	-0.005	-0.030	0.020	0.013	-0.007			
	远距离搬迁次数	-0.031*	-0.059	-0.003	0.014	-0.041			
	主观居住流动感知	-0.060***	-0.083	-0.038	0.012	-0.066			

续表

因变量	预测变量	B	95% CI for B		SE	β	R²	ΔR²	ΔF
			LL	UL					
	模型一						0.013	0.013	15.816***
	性别	0.004	-0.078	0.086	0.042	0.001			
	年龄	0.007**	0.002	0.012	0.003	0.033			
	受教育程度	-0.102***	-0.139	-0.065	0.019	-0.071			
	个人月收入	-0.013	-0.040	0.013	0.013	-0.013			
	家庭规模	0.011	-0.020	0.042	0.016	0.008			
	住房	-0.262***	-0.351	-0.173	0.045	-0.070			
婚姻压力感	模型二						0.048	0.036	38.367***
	性别	-0.051	-0.132	0.030	0.041	-0.015			
	年龄	0.007***	0.002	0.012	0.003	0.035			
	受教育程度	-0.109***	-0.146	-0.073	0.019	-0.076			
	个人月收入	-0.022	-0.048	0.004	0.013	-0.021			
	家庭规模	0.018	-0.013	0.048	0.016	0.014			
	住房	-0.195***	-0.283	-0.107	0.045	-0.052			
	国家认同	-0.154***	-0.194	-0.113	0.021	-0.107			
	城市认同	-0.094***	-0.143	-0.045	0.025	-0.054			
	过往居住流动次数	0.015	-0.010	0.040	0.013	0.021			
	主动搬迁次数	-0.066***	-0.101	-0.032	0.018	-0.071			
	被动搬迁次数	-0.021	-0.057	0.015	0.018	-0.021			
	远距离搬迁次数	0.036	-0.004	0.076	0.020	0.036			
	主观居住流动感知	0.116***	0.084	0.148	0.016	0.095			

体的中介模型和未标准化路径系数见图4-3。中介检验结果表明，主动搬迁次数并不会通过城市认同的中介作用对婚姻满意度产生影响。

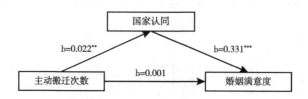

图4-3　国家认同在主动搬迁次数与婚姻满意度中的中介路径

中介检验结果表明，国家认同的中介检验没有包含0（LLCI=-0.009，ULCI=-0.001），表明国家认同的中介效应显著。控制中介变量国家认同之后，主动搬迁次数对婚姻压力感的影响不显著，t=-1.294，p>0.05，置信区间（LLCI=0.196，ULCI=-0.036）包含0，表明主动搬迁次数对婚姻压力感不存在直接效应。由此可见，国家认同在主动搬迁次数与婚姻压力感中起着完全中介的作用，完全中介效应值为-0.005，国家认同和主动搬迁次数在婚姻压力感中的总效应值为-0.019，中介效应占总效应的比例为26.3%。具体的中介模型和未标准化路径系数见图4-4。中介检验结果表明，主动搬迁次数并不会通过城市认同的中介作用对婚姻压力感产生影响。

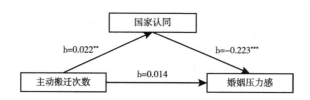

图4-4　国家认同在主动搬迁次数与婚姻压力感中的中介路径

中介检验结果表明，城市认同的中介检验没有包含0（LLCI=0.003，ULCI=0.010），表明城市认同的中介效应显著。控制中介变量城市认同之后，被动搬迁次数对婚姻压力感的影响依然显著，t=2.678，p<0.01，置信区间（LLCI=0.008，ULCI=0.054）不包含0，表明被动搬迁次数对婚姻压力感存在直接效应，直接效应值为0.031。由此可见，城市认同在被动搬迁

次数与婚姻压力感中起着部分中介的作用，部分中介效应值为0.006，城市认同和被动搬迁次数在婚姻压力感中的总效应值为0.037，中介效应占总效应的比例为16.2%。具体的中介模型和未标准化路径系数见图4-5。中介检验结果表明，被动搬迁次数并不会通过国家认同的中介作用对婚姻压力感产生影响。

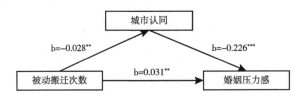

图4-5 城市认同在被动搬迁次数与婚姻压力感中的中介路径

中介检验结果表明，城市认同的中介检验没有包含0（LLCI=-0.017，ULCI=-0.006），表明城市认同的中介效应显著。控制中介变量城市认同之后，被动搬迁次数对婚姻满意度的影响依然显著，t=-4.019，p<0.01，置信区间（LLCI=-0.049，ULCI=-0.017）不包含0，表明被动搬迁次数对婚姻满意度存在直接效应，直接效应值为-0.033。由此可见，城市认同在被动搬迁次数与婚姻满意度中起着部分中介的作用，部分中介效应值为-0.012，城市认同和被动搬迁次数在婚姻满意度中的总效应值为-0.045，中介效应占总效应的比例为26.7%。具体的中介模型和未标准化路径系数见图4-6。中介检验结果表明，被动搬迁次数并不会通过国家认同的中介作用对婚姻满意度产生影响。

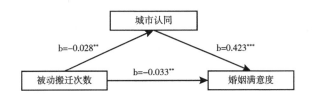

图4-6 城市认同在被动搬迁次数与婚姻满意度中的中介路径

中介检验结果表明，城市认同的中介检验没有包含 0（LLCI = -0.015，ULCI = -0.004），表明城市认同的中介效应显著。控制中介变量城市认同之后，远距离搬迁次数对婚姻满意度的影响依然显著，t = -2.816，p<0.01，置信区间（LLCI = -0.040，ULCI = -0.007）不包含 0，表明远距离搬迁次数对婚姻满意度存在直接效应，直接效应值为-0.024。由此可见，城市认同在远距离搬迁次数与婚姻满意度中起着部分中介的作用，部分中介效应值为-0.009，城市认同和远距离搬迁次数在婚姻满意度中的总效应值为-0.033，中介效应占总效应的比例为 27.3%。具体的中介模型和未标准化路径系数见图 4-7。中介检验结果表明，远距离搬迁次数并不会通过国家认同的中介作用对婚姻满意度产生影响。

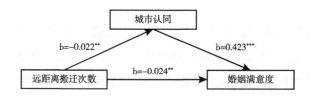

图 4-7　城市认同在远距离搬迁次数与婚姻满意度中的中介路径

中介检验结果表明，城市认同的中介检验没有包含 0（LLCI = 0.002，ULCI = 0.008），表明城市认同的中介效应显著。控制中介变量城市认同之后，远距离搬迁次数对婚姻压力感的影响并不显著，t = 1.523，p>0.05，置信区间（LLCI = -0.005，ULCI = 0.041）包含 0，表明远距离搬迁次数对婚姻压力感不存在直接效应。由此可见，城市认同在远距离搬迁次数与婚姻压力感中起着完全中介的作用，完全中介效应值为 0.005，城市认同和远距离搬迁次数在婚姻压力感中的总效应值为 0.023，中介效应占总效应的比例为 21.7%。具体的中介模型和未标准化路径系数见图 4-8。中介检验结果表明，远距离搬迁次数并不会通过国家认同的中介作用对婚姻压力感产生影响。

中介检验结果表明，国家认同的中介检验没有包含 0（LLCI = -0.054，ULCI = -0.039），表明国家认同的中介效应显著。控制中介变量国家认同之

图4-8 城市认同在远距离搬迁次数与婚姻压力感中的中介路径

后，主观居住流动感知对婚姻满意度的影响依然显著，t = －7.634，p <
0.001，置信区间（LLCI = －0.100，ULCI = －0.059）不包含0，表明主观居
住流动感知对婚姻满意度存在直接效应，直接效应值为－0.080。由此可见，
国家认同在主观居住流动感知与婚姻满意度中起着部分中介的作用，部分中
介效应值为－0.046，国家认同和主观居住流动感知在婚姻满意度中的总效
应值为－0.126，中介效应占总效应的比例为36.5%。具体的中介模型和未
标准化路径系数见图4-9。

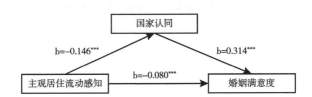

图4-9 国家认同在主观居住流动感知与婚姻满意度中的中介路径

中介检验结果表明，城市认同的中介检验没有包含0（LLCI = －0.056，
ULCI = －0.040），表明城市认同的中介效应显著。控制中介变量城市认同之
后，主观居住流动感知对婚姻满意度的影响依然显著，t = －7.486，p <
0.001，置信区间（LLCI = －0.098，ULCI = －0.057）不包含0，表明主观居
住流动感知对婚姻满意度存在直接效应，直接效应值为－0.080。由此可见，
城市认同在主观居住流动感知与婚姻满意度中起着部分中介的作用，部分中
介效应值为－0.048，城市认同和主观居住流动感知在婚姻满意度中的总效
应值为－0.126，中介效应占总效应的比例为38.1%。具体的中介模型和未
标准化路径系数见图4-10。

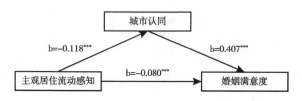

图 4-10　城市认同在主观居住流动感知与婚姻满意度中的中介路径

中介检验结果表明，国家认同的中介检验没有包含 0 （LLCI = 0.013，ULCI = 0.021），表明国家认同的中介效应显著。控制中介变量国家认同之后，主观居住流动感知对婚姻压力感的影响依然显著，t = 7.897，p<0.001，置信区间 （LLCI = 0.087，ULCI = 0.144） 不包含 0，表明主观居住流动感知对婚姻压力感存在直接效应，直接效应值为 0.115。由此可见，国家认同在主观居住流动感知与婚姻压力感中起着部分中介的作用，部分中介效应值为 0.029，国家认同和主观居住流动感知在婚姻压力感中的总效应值为 0.145，中介效应占总效应的比例为 20.0%。具体的中介模型和未标准化路径系数见图 4-11。

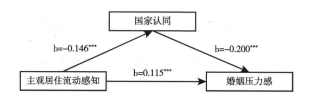

图 4-11　国家认同在主观居住流动感知与婚姻压力感中的中介路径

中介检验结果表明，城市认同的中介检验没有包含 0 （LLCI = 0.017，ULCI = 0.030），表明城市认同的中介效应显著。控制中介变量城市认同之后，主观居住流动感知对婚姻压力感的影响依然显著，t = 8.267，p<0.001，置信区间 （LLCI = 0.092，ULCI = 0.150） 不包含 0，表明主观居住流动感知对婚姻压力感存在直接效应，直接效应值为 0.121。由此可见，城市认同在主观居住流动感知与婚姻压力感中起着部分中介的作用，部分中介效应值为 0.024，城市认同和主观居住流动感知在婚姻压力感中的总效应值为 0.145，

中介效应占总效应的比例为 16.6%。具体的中介模型和未标准化路径系数见图 4-12。

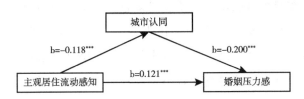

图 4-12 城市认同在主观居住流动感知与婚姻压力感中的中介路径

三 讨论与结论

研究发现，认同感在居住流动与亲密关系过程中的作用受不同居住流动类型影响，并且不同居住流动类型对亲密关系产生不同方向的影响。主动搬迁次数虽然影响了认同感，但主要是影响国家认同而非城市认同，从而对婚姻满意度和婚姻压力感产生影响，国家认同在主动搬迁次数和婚姻质量中起完全中介作用，即主动搬迁次数越多，国家认同越强，婚姻满意度越高，婚姻压力感越低。这一结果有如下几点意义：一是主动搬迁次数越多，表明个体在当前环境中展现了更大的主动性和能动性，主动搬迁次数通常是一种向上的流动，能够主动搬迁一方面意味着个体可以主动且愉悦地脱离当前城市，前往一个更好的城市发展，因此其城市认同将因其向上的流动而被消散殆尽，另一方面表明国家在机制体制上存在可以流动的可能性，个体由此有着更为强烈的国家认同，因此个体因城市认同的主动消解和国家认同的主动提升，从而导致国家认同这一远端因素在主动居住流动与婚姻质量中起完全中介作用。

被动搬迁次数、远距离搬迁次数实质上也影响了认同感，但是主要影响了城市认同而非国家认同，从而对婚姻满意度和婚姻压力感产生影响，被动搬迁和远距离搬迁只会损害近端的城市认同未损害到远端的国家认同，城市认同在被动搬迁次数、远距离搬迁次数与婚姻质量中多数起部分中介作用。被动搬迁次数与远距离搬迁次数的提高在个体看来是能动性低的表现，个体对其可能更倾向于个体的能力和努力等内归因，或者是对于当前城市无法融入的外归因，两方面作用导致其尚未威胁到国家认同。正是被动搬迁次数、远距离搬迁次数与个体能动性、主动性之间的关系显示出个体的低掌控感，由此可能导致其在婚姻过程中处于较为劣势地位，无法处于婚姻的主动地位，在流动过程中表现出婚姻搜寻成本的提高，婚姻维系难度的加大和婚姻变动可能性的增强，可能最终导致婚姻满意度的下降和婚姻压力感的提升。

主观居住流动感知作为主观变量，确实表现出比客观变量更能够预测认同感与婚姻满意度、婚姻压力感之间的关联。主观居住流动感知既可以通过国家认同，也可以通过城市认同对婚姻满意度和婚姻压力感产生影响。主观居住流动感知作为一个综合性、整体性的主观判断，反映的是个体对居住流动的整体感受，这种整体感受实际上与国家认同和城市认同较为接近。从亲密关系的内在微动力与认同感之间的关系来看，本研究发现认同感实际上强化了亲密关系这一微动力的影响，虽然主观居住流动感知越强，其婚姻满意度越低，婚姻压力感越高，显示出居住流动对婚姻质量的挤压，然而，如若个体的认同感是一个提升趋势，意味着居住流动可能是一种正向的流动，而非负向的流动，因此正向的流动提升了个体的认同感，从而提升了婚姻质量。从上述分析结果来看，以亲密关系为主要表现形式的家庭团聚有助于个体认同感的建立，通过婚姻质量反推个体具有较高的社会资本或经济资本，增强了个体选择的主动性，从而增加了其融入流入地的可能性。

第五节　居住流动激发社会参与

一　居住流动、认同感和社会参与的关系

社会参与（social participation）是指社会成员在社会互动过程中，以某种方式参与、介入国家的政治、经济、社会、文化以及社区的公共事务从而影响社会发展的过程，包括人际交往、劳动参与、闲暇活动和社会互动等多

种形式的活动（杨宜音、王俊秀，2013）。社会参与的形式多样，既可以是社会层面的事件或活动，还可以是与他人的社会互动，是一个较为宽泛的概念。就居住流动而言，社会参与可以是个体在流入地参与社区等活动，还可以是个体在流入地遇到社会问题时采用的应对方式和应对策略。前者是一种主动状态的参与，后者则是一种被动的卷入参与。然而，后者体现了参与的本质，即公民权利，通过遇到问题后的应对策略这一抗争方式实现公民权利，是一种深度社会参与。

如若将一个运作良好的社会界定为居民积极参与亲社会、亲社区的活动，而不是反社会的犯罪，那么居住流动可能会导致个人有条件而不是无条件地建构他们与社区、社会之间的关系，居住流动可能会阻止居民为社区或社会而采取行动。个体在一个地方生活时间越长，其居住更倾向于稳定，一方面表明其融入流入地的可能性增加，另一方面表明其有足够的能力持续留在流入地，基于上述两个原因，居住稳定者在流入地的社会参与会增多。这与居住稳定者高集体效能有关。研究发现，居住流动者比居住稳定者所报告的公民参与意愿更低，居住流动个体更不愿意谈论社区的需求，也不会为了社区的改变做出相应的努力（Kang & Kwak，2003）

居住稳定促进提升了个体的认同感，它是个体对所在地产生认同感的前提条件之一，居住稳定增加了他们身份转化的可能性，而这也推动他们更多的社会参与。Oishi 等（2007）在操纵居住稳定条件下考察居住稳定性对亲社区行为的影响。在居住稳定条件下，被试在最后的关键任务之前与相同的成员完成了三个不同的小组任务。在居住流动条件下，被试与三组不同的成员完成了三项不同的小组任务。结果表明居住稳定条件相比于居住流动条件下，被试更频繁地帮助同盟者和其他小组成员，而这种助人行为是由个体的群体认同程度中介的。青年群体的研究发现，居住流动性与青年社会参与意愿呈显著负相关，地方认同在居住流动性对社会参与意愿的影响中起部分中介作用，流动自主性在居住流动性和社会参与意愿之间具有调节作用，居住流动性对青年社会参与意愿的消极影响仅在低流动自主性条件下显著（豆

雪姣等，2019）。

综合居住流动、认同感和社会参与，本节拟探讨居住流动和认同感对社会参与的作用，社会参与采用的指标是民众对于参与网络讨论、参与志愿服务等的态度，考察居住流动与认同感对社会行为倾向的作用，通过居住流动与认同感在其中所起的作用考察社会心态的层次结构。

二　认同感在居住流动和社会参与中的作用

以社会参与为因变量，以认同感、居住流动为自变量进行回归分析，同时回归方程中纳入性别、年龄、受教育程度、个人月收入、婚姻状况、家庭规模和住房等人口学变量，剔除其对研究结果的影响。自变量采用层次进入的方式，考察每层中增加的变量对回归方程解释力度的影响，从而判定增加的变量是否与因变量独立关联。第一层纳入人口学变量，第二层纳入认同感、过往居住流动次数、主动搬迁次数、被动搬迁次数、远距离搬迁次数、主观居住流动感知，每层变量采用全部进入方式，结果见表4-9。在控制了人口学变量之后，国家认同、城市认同、过往居住流动次数和主观居住流动感知均显著地预测社会参与。国家认同和城市认同越高，个体社会参与程度越高。过往居住流动次数越高，个体社会参与程度越高。主观居住流动感知越频繁，个体社会参与程度越高。

为了进一步了解认同感在居住流动与社会参与中所起的作用，将过往居住流动次数、主观居住流动感知分别作为自变量，将国家认同和城市认同分别作为中介变量，以社会参与为因变量，采用海斯于2016年开发的PROCESS for SPSS v3.0版本进行中介效应分析。该版本采用偏差校正的非参数百分位Bootstrap法进行中介效应检验。选择模型4，设定"Bootstrap samples"样本量为5000，选择95%的置信区间，进行Bootstrap中介变量检验。将被调查者的性别、年龄、婚姻状况、受教育程度、个人月收入、家庭规模和住房作为控制变量以排除人口学因素产生的影响。

表4-9 认同感、居住流动对社会参与的回归模型

因变量	预测变量	B	95% CI for B		SE	β	R²	ΔR²	ΔF
			LL	UL					
	模型一						0.030	0.030	70.624***
	性别	0.095***	0.068	0.122	0.014	0.054			
	年龄	0.006***	0.004	0.009	0.001	0.059			
	受教育程度	0.063***	0.050	0.075	0.006	0.079			
	个人月收入	0.045***	0.036	0.054	0.004	0.087			
	婚姻状况	-0.051**	-0.087	-0.014	0.019	-0.029			
	家庭规模	0.044***	0.033	0.055	0.006	0.064			
	住房	0.134***	0.105	0.164	0.015	0.077			
社会参与	模型二						0.121	0.092	236.087***
	性别	0.111***	0.085	0.137	0.013	0.063			
	年龄	0.005***	0.003	0.007	0.001	0.050			
	受教育程度	0.062***	0.050	0.075	0.006	0.079			
	个人月收入	0.037***	0.029	0.046	0.004	0.072			
	婚姻状况	-0.049**	-0.084	-0.014	0.018	-0.028			
	家庭规模	0.036***	0.026	0.046	0.005	0.052			
	住房	0.080***	0.052	0.108	0.014	0.046			
	国家认同	0.071***	0.058	0.084	0.007	0.095			
	城市认同	0.217***	0.202	0.233	0.008	0.244			
	过往居住流动次数	0.014**	0.006	0.022	0.004	0.036			
	主动搬迁次数	-0.008	-0.019	0.003	0.006	-0.016			
	被动搬迁次数	-0.003	-0.015	0.009	0.006	-0.006			
	远距离搬迁次数	-0.010	-0.024	0.003	0.007	-0.019			
	主观居住流动感知	0.067***	0.057	0.077	0.005	0.110			

中介检验结果表明，国家认同的中介检验没有包含 0（LLCI = -0.005，ULCI = -0.002），表明国家认同的中介效应显著。控制中介变量国家认同之后，过往居住流动次数对社会参与的影响依然显著，t = 7.637，p<0.001，置信区间（LLCI = 0.017，ULCI = 0.028）不包含 0，表明过往居住流动次数对社会参与存在直接效应，直接效应值为 0.022。由此可见，国家认同在过往居住流动次数与社会参与中起着部分中介的作用，部分中介效应值为 -0.004，国家认同和过往居住流动次数在社会参与中的总效应值为 0.019，中介效应占总效应的比例为 21.1%。具体的中介模型和未标准化路径系数见图 4-13。

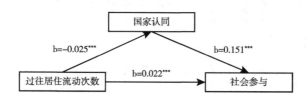

图 4-13　国家认同在过往居住流动次数与社会参与中的中介路径

中介检验结果表明，城市认同的中介检验没有包含 0（LLCI = -0.004，ULCI = -0.001），表明城市认同的中介效应显著。控制中介变量城市认同之后，过往居住流动次数对社会参与的影响依然显著，t = 7.486，p<0.001，置信区间（LLCI = 0.016，ULCI = 0.027）不包含 0，表明过往居住流动次数对社会参与存在直接效应，直接效应值为 0.021。由此可见，城市认同在过往居住流动次数与社会参与中起着部分中介的作用，部分中介效应值为 -0.003，城市认同和过往居住流动次数在社会参与中的总效应值为 0.019，中介效应占总效应的比例为 15.8%。具体的中介模型和未标准化路径系数见图 4-14。

中介检验结果表明，国家认同的中介检验没有包含 0（LLCI = -0.025，ULCI = -0.019），表明国家认同的中介效应显著。控制中介变量国家认同之后，主观居住流动感知对社会参与的影响依然显著，t = 12.015，p<0.001，置信区间（LLCI = 0.049，ULCI = 0.067）不包含 0，表明主观居住流动感知对社会参与存在直接效应，直接效应值为 0.058。由此可见，国家认同在主

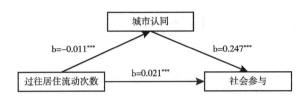

图4-14 城市认同在过往居住流动次数与社会参与中的中介路径

观居住流动感知与社会参与中起着部分中介的作用，部分中介效应值为
-0.022，国家认同和主观居住流动感知在社会参与中的总效应值为0.036，
中介效应占总效应的比例为61.1%。具体的中介模型和未标准化路径系数
见图4-15。

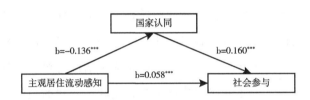

图4-15 国家认同在主观居住流动感知与社会参与中的中介路径

中介检验结果表明，城市认同的中介检验没有包含0（LLCI=-0.031，
ULCI=-0.024），表明城市认同的中介效应显著。控制中介变量城市认同之
后，主观居住流动感知对社会参与的影响依然显著，t=13.444，p<0.001，置
信区间（LLCI=0.054，ULCI=0.073）不包含0，表明主观居住流动感知对社
会参与存在直接效应，直接效应值为0.063。由此可见，城市认同在主观居住
流动感知与社会参与中起着部分中介的作用，部分中介效应值为-0.031，城
市认同和主观居住流动感知在社会参与中的总效应值为0.036，中介效应占总
效应的比例为86.1%。具体的中介模型和未标准化路径系数见图4-16。

三 讨论与结论

（一）社会参与是居住流动所展现出来的能动性在社会领域的实践

在社会参与这一指标上，过往居住流动次数与主观居住流动感知的作用

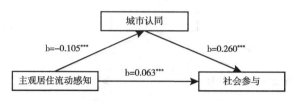

图 4-16　城市认同在主观居住流动感知与社会参与中的中介路径

大抵相似。两者对社会参与均有直接显著的正向预测作用，但是对国家认同、城市认同均有显著的负向预测作用，同时两者亦可通过国家认同、城市认同的中介作用对社会参与产生影响。

与以往关于居住流动会降低社会参与水平的研究结果不一致的是，数据分析发现，不管是客观的居住流动次数还是主观的居住流动感知都对社会参与有正向的预测作用。这意味着居住流动除了是一种能力体现外，作为一种嵌入个体生命中的经历体现，通过个体的实际生活经历对个体的社会参与起着推动和促进作用。个体的居住流动成为其能动性实践的领域，体现个体以个人能动性参与社会层面的整体互动，这种能动性产生了泛化的结果，由居住流动延伸至社会生活的参与，在这些活动过程中体现了个体的自我效能感和流动群体的集体自我效能感。

（二）认同感提升社会参与水平

不管是国家认同还是城市认同，本书均发现认同感是提升个体社会参与水平的重要桥梁。不管是过往居住流动次数还是主观居住流动感知，二者或者通过国家认同对社会参与起作用，或者通过城市认同对社会参与起作用。社会参与是在所有行为倾向中最深度地介入国家、城市的一种行为倾向，高社会参与水平意味着个体与国家、城市深度捆绑，低社会参与水平意味着个体与国家、城市的浅层捆绑，而高社会参与水平的深度捆绑源于高认同感，低社会参与水平的浅层捆绑源于低认同感。由此也提示，当前民众低水平的社会参与背后潜存认同感的缺失，这种缺失可能导致无法在社会中进行流动性实践，进一步引发个体与国家、城市的脱嵌，加速个体的原子化倾向。

第六节　居住越流动，越想留下来？

个体如果感觉当前所处的居住环境适宜，可能就倾向于安定下来，而不做再一次的搬迁，但是如果个体感觉当前所处的居住环境仍不适宜，可能就引发进一步的搬迁。因此，居留意愿体现了个体对于当前所处环境的满意程度。居住流动意愿是个体综合衡量自身与流入地关系后，针对"是否愿意搬迁到其他地方居住"做出的一种主观判断和决策，它与居住流动不同。与居住流动相比，居住流动意愿更能体现个体与流入地之间的联结。已有研究表明，个体居住流动意愿受到了经济因素、社会因素、制度因素和个人因素等客观条件的影响。托达罗认为在发展中国家，流动的发生取决于城乡的实际收入差和流动人口在城市找到工作的概率（Todaro，1969）。然而，有研究指出社会因素比经济因素对流动人口居留意愿的影响更加显著，如生活方式偏好的作用越来越重要。户籍制度作为中国最主要的制度因素，改变了劳动力流动的通常规律，对人口居留意愿有一定的影响（孟兆敏、吴瑞君，2011），年龄、职业、婚姻状态、文化程度等个人因素也对个体的居住流动产生影响。本节从本地居住时长与未来搬迁意愿两个角度探讨居住流动如何通过认同感对居留意愿产生影响，其中本地居住时长是居留意愿的当前指标，未来搬迁意愿是居留意愿的未来指标。

一　居住流动、认同感和居留意愿

在居住流动中被广泛探讨的主题之一就是居留意愿，它是个体结束流动状态的一个起点。现有关于居留意愿的探讨主要从推拉理论、二元经济结构理论、劳动力市场分割理论、社会融合理论等方面进行阐释，基本上包含居住特征和个体特征两个层面。

首先是居住特征对居留意愿的影响，主要基于推拉理论探讨流出地的哪些特征推动了个体外出，流入地的哪些特征吸引了个体流入。流出地与流入地的特征中包含着从微观到宏观层面的因素，依次有邻里特征、居住类型、城市特征等。从邻里特征来看，个体的融入程度既受邻里建成环境、住房等客观物理因素的影响，也与社区活动参与、邻居类型等社会资本条件密不可分，邻里效应可能会放大个体所遭遇的社会隔离，对个体的生活态度、社会行为产生重要影响，良好的邻里效应可以促进个体与本地居民的联系和交往，提升融合程度。从居住类型来看，居住类型代表着个体的生活环境和依附在居住类型之上的相关物质利益，而这决定着个体的居留意愿，居住面积、住房来源甚至是房租对个体的居留意愿影响明显，居住在城镇社区、商品房社区、别墅区、以本地人为主的社区，或者拥有自购或自建住房对个体长期居留意愿有着较强影响，居住在农村社区、单位社区、免费住房和不清楚邻里状况的个体其长期居留意愿较弱（宋全成、王昕，2019）。从城市特征来看，城市的经济发展、公共服务、包容度、多样性等对居留意愿均有影响。胡映洁和安顿（2020）将城市多样性作为城市特征的切入点，构建包含个体家庭特征和流动地城市多样性特征的模型框架。研究发现在控制其他因素的条件下，城市餐饮业人均消费的价格分散度（峰度系数）越高，个体在此地长期定居的意愿越弱；城市餐饮业品类多样性越高，则个体在此地长期定居的意愿越强。在不同类别群体中，受过高等教育和经商的两类个体对城市多样性特征更为敏感。

其次是个体特征对居住意愿的影响，涉及个人特征（如年龄、性别、受教育水平等）、经济特征（如收入水平、职业类型）、家庭特征（如婚姻状况）、流动特征（如流动时间、流动距离等）、个人能力水平（如主观市民化能力）。唐杰和张斐（2011）研究发现个人特征和家庭特征对于个体在京居留时间有着重要的影响作用，经济特征的影响则相对较弱，在社会分层中处于优势地位的个体更具有长久居留倾向，但仍然面临较大的社会融入困境。任远（2006）发现个体在城市中"不断沉淀"，居留时间越长继续长期居留的概率越高，居留时间越长继续预期居留时间越长。汪然和李挺（2020）研究发现，主观市民化能力显著提升了个体的城市居留意愿，这种影响在不同代际个体中存在差异，其对第一代个体城市居留意愿的影响大于第二代个体，主观市民化能力通过作用于个体的居住证办理行为显著提高了其在城市长期居留的意愿。研究结论有助于理解我国大城市个体市民化的路径机制，对大城市居住证制度乃至户籍制度改革具有一定的启示意义。

最后在居留意愿的心理机制中，认同感起着重要的作用。黄敦平和王雨（2022）研究发现身份认同对小镇青年城市居留意愿有正向显著影响，身份认同水平越高的小镇青年其城市居留意愿越强。在考虑了内生性问题的影响后，模型结果依然稳健。进一步机制分析表明，身份认同通过社会参与和职业效应影响小镇青年城市居留意愿，个体的身份认同指数越高，其居留意愿就越强，越倾向于居留流入地，不同队列、不同受教育程度、不同流动范围个体的身份认同对其居留意愿的影响均存在显著差异性。

综上所述，居住流动与居留意愿之间存在密切而又复杂的关联，抛开这些复杂的居住特征、城市特征或个人特征，两者之间存在的作用机理还涉及认同感。正是认同感串联起居住流动与居留意愿之间的关系。实际上居留意愿在个体身上存在两个方面的表现，如果个体愿意继续居住在当前区域，那么在排除其流动初期的特殊因素后，其在本地的居住时长亦可能越来越长，若愿意继续居住在当前区域，那么未来搬迁的意愿将会大大降低。因此本节选择居留意愿的两个指标：本地居住时长和未来搬迁意愿，以此衡量个体的居留意愿，在此基础上讨论认同感对于居留意愿的影响，同时以社会心态次级层次中认同感的两个维度分析考察社会心态次级层次与居住流动的关联性。

二　认同感在居住流动和居留意愿中的作用

（一）认同感、居住流动对本地居住时长的影响

以本地居住时长为因变量，以认同感、居住流动为自变量进行回归分析，同时回归方程中纳入性别、年龄、受教育程度、个人月收入、婚姻状况、家庭规模和住房等人口学变量，剔除其对研究结果的影响。自变量采用层次进入的方式，考察每层中增加的变量对回归方程解释力度的影响，从而判定增加的变量是否与因变量独立关联。第一层纳入人口学变量，第二层纳入认同感、过往居住流动次数、主动搬迁次数、被动搬迁次数、远距离搬迁次数、主观居住流动感知，每层变量采用全部进入方式，结果见表4-10。

表4-10 认同感、居住流动对本地居住时长的回归模型

因变量	预测变量	B	95% CI for B		SE	β	R²	ΔR²	ΔF
			LL	UL					
	模型一						0.094	0.094	237.124***
	性别	-0.098***	-0.143	-0.053	0.023	-0.033			
	年龄	-0.016***	-0.019	-0.012	0.002	-0.085			
	受教育程度	-0.058***	-0.079	-0.037	0.011	-0.043			
	个人月收入	-0.003	-0.018	0.011	0.007	-0.004			
	婚姻状况	-0.037	-0.097	0.023	0.031	-0.012			
	家庭规模	-0.006	-0.024	0.012	0.009	-0.005			
本地居住时长	住房	0.806***	0.757	0.854	0.025	0.270			
	模型二						0.167	0.073	199.589***
	性别	-0.082***	-0.125	-0.038	0.022	-0.027			
	年龄	-0.015***	-0.019	-0.012	0.002	-0.083			
	受教育程度	-0.058***	-0.078	-0.037	0.010	-0.042			
	个人月收入	-0.006	-0.020	0.008	0.007	-0.007			
	婚姻状况	-0.017	-0.074	0.041	0.029	-0.006			
	家庭规模	-0.011	-0.029	0.006	0.009	-0.010			
	住房	0.682***	0.635	0.729	0.024	0.229			
	国家认同	-0.122***	-0.143	-0.101	0.011	-0.096			
	城市认同	0.415***	0.390	0.441	0.013	0.273			
	过往居住流动次数	-0.011	-0.025	0.002	0.007	-0.018			
	主动搬迁次数	-0.003	-0.022	0.016	0.010	-0.003			
	被动搬迁次数	-0.004	-0.024	0.015	0.010	-0.005			
	远距离搬迁次数	-0.025*	-0.047	-0.003	0.011	-0.027			
	主观居住流动感知	-0.091***	-0.108	-0.073	0.009	-0.086			

在控制了人口学变量之后，国家认同、城市认同、远距离搬迁次数和主观居住流动感知均显著地预测本地居住时长。城市认同越高，个体的本地居住时长越长。国家认同越低、远距离搬迁次数越少、主观居住流动感知越低，个体的本地居住时长越长。

为了进一步了解认同感在居住流动与本地居住时长中所起的作用，分别以远距离搬迁次数、主观居住流动感知为自变量，以国家认同和城市认同为中介变量，以本地居住时长为因变量，采用海斯于 2016 年开发的 PROCESS for SPSS v3.0 版本进行中介效应分析。该版本采用偏差校正的非参数百分位 Bootstrap 法进行中介效应检验。选择模型 4，设定"Bootstrap samples"样本量为 5000，选择 95% 的置信区间，进行 Bootstrap 中介变量检验。将被调查者的性别、年龄、婚姻状况、受教育程度、个人月收入、家庭规模和住房作为控制变量以排除人口学因素产生的影响。

中介检验结果表明，城市认同的中介检验没有包含 0（LLCI = -0.008，ULCI = -0.003），表明城市认同的中介效应显著。控制中介变量城市认同之后，远距离搬迁次数对本地居住时长的影响依然显著，t = -9.981，p < 0.001，置信区间（LLCI = -0.081，ULCI = -0.055）不包含 0，表明远距离搬迁次数对本地居住时长存在直接效应，直接效应值为 -0.068。由此可见，城市认同在远距离搬迁次数与本地居住时长中起着部分中介的作用，部分中介效应值为 -0.008，城市认同和远距离搬迁次数在本地居住时长中的总效应值为 -0.076，中介效应占总效应的比例为 10.5%。具体的中介模型和未标准化路径系数见图 4-17。中介检验结果表明，国家认同的中介检验包含 0（LLCI = -0.001，ULCI = 0.001），表明国家认同的中介效应不显著。

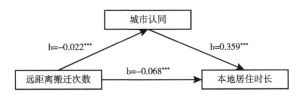

图 4-17 城市认同在远距离搬迁次数与本地居住时长中的中介路径

中介检验结果表明，国家认同的中介检验没有包含 0（LLCI = -0.009，ULCI = -0.004），表明国家认同的中介效应显著。控制中介变量国家认同之后，主观居住流动感知对本地居住时长的影响依然显著，t = -16.287，p < 0.001，置信区间（LLCI = -0.147，ULCI = -0.116）不包含 0，表明主观居住流动感知对本地居住时长存在直接效应，直接效应值为 -0.132。由此可见，国家认同在主观居住流动感知与本地居住时长中起着部分中介的作用，部分中介效应值为 -0.007，国家认同和主观居住流动感知在本地居住时长中的总效应值为 -0.138，中介效应占总效应的比例为 5.1%。具体的中介模型和未标准化路径系数见图 4-18。

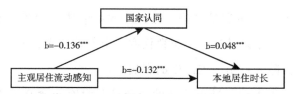

图 4-18　国家认同在主观居住流动感知与本地居住时长中的中介路径

中介检验结果表明，城市认同的中介检验没有包含 0（LLCI = -0.040，ULCI = -0.031），表明城市认同的中介效应显著。控制中介变量城市认同之后，主观居住流动感知对本地居住时长的影响依然显著，t = -13.054，p < 0.001，置信区间（LLCI = -0.118，ULCI = -0.087）不包含 0，表明主观居住流动感知对本地居住时长存在直接效应，直接效应值为 -0.102。由此可见，城市认同在主观居住流动感知与本地居住时长中起着部分中介的作用，部分中介效应值为 -0.036，城市认同和主观居住流动感知在本地居住时长中的总效应值为 -0.138，中介效应占总效应的比例为 26.1%。具体的中介模型和未标准化路径系数见图 4-19。

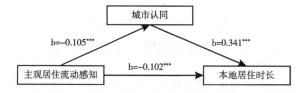

图 4-19　城市认同在主观居住流动感知与本地居住时长中的中介路径

（二）认同感、居住流动对未来搬迁意愿的影响

以未来搬迁意愿为因变量，以认同感、居住流动为自变量进行回归分析，同时回归方程中纳入性别、年龄、受教育程度、个人月收入、婚姻状况、家庭规模和住房等人口学变量，剔除其对研究结果的影响。自变量采用层次进入的方式，考察每层中增加的变量对回归方程解释力度的影响，从而判定增加的变量是否与因变量独立关联。第一层纳入人口学变量，第二层纳入认同感、过往居住流动次数、主动搬迁次数、被动搬迁次数、远距离搬迁次数、主观居住流动感知，每层变量采用全部进入方式，结果见表4-11。在控制了人口学变量之后，国家认同、城市认同、主动搬迁次数、被动搬迁次数和主观居住流动感知均显著地预测未来搬迁意愿。国家认同越高，个体未来搬迁意愿越强。城市认同越高，个体未来搬迁意愿越弱。主动搬迁次数越高，个体未来搬迁意愿越强。被动搬迁次数越高，个体未来搬迁意愿越弱。主观居住流动感知越频繁，个体未来搬迁意愿越强。

为了进一步了解认同感在居住流动与未来搬迁意愿中所起的作用，以主动搬迁次数、被动搬迁次数、主观居住流动感知为自变量，以国家认同和城市认同为中介变量，以未来搬迁意愿为因变量，采用海斯于2016年开发的PROCESS for SPSS v3.0版本进行中介效应分析。该版本采用偏差校正的非参数百分位Bootstrap法进行中介效应检验。选择模型4，设定"Bootstrap samples"样本量为5000，选择95%的置信区间，进行Bootstrap中介变量检验。将被调查者的性别、年龄、婚姻状况、受教育程度、个人月收入、家庭规模和住房作为控制变量以排除人口学因素产生的影响。

中介检验结果表明，国家认同的中介检验没有包含0（LLCI＝0.002，ULCI＝0.001），表明国家认同的中介效应显著。控制中介变量国家认同之后，主动搬迁次数对未来搬迁意愿的影响依然显著，t＝14.755，p<0.001，置信区间（LLCI＝0.079，ULCI＝0.104）不包含0，表明主动搬迁次数对未来搬迁意愿存在直接效应，直接效应值为0.091。由此可见，国家认同在主动搬迁次数与未来搬迁意愿中起着部分中介的作用，部分中介效应值为－0.001，国家认同和主动搬迁次数在未来搬迁意愿中的总效应值为0.090，

流动性思维与社会心态

表4-11 认同感、居住流动对未来搬迁意愿的回归模型

因变量	预测变量	B	95% CI for B		SE	β	R²	△R²	△F
			LL	UL					
	模型一						0.004	0.004	9.988***
	性别	0.030	-0.012	0.072	0.021	0.011			
	年龄	0.001	-0.002	0.004	0.002	0.006			
	受教育程度	0.051***	0.031	0.070	0.010	0.042			
	个人月收入	-0.003	-0.016	0.010	0.007	-0.004			
	婚姻状况	-0.087**	-0.143	-0.031	0.029	-0.032			
	家庭规模	0.007	-0.010	0.024	0.008	0.007			
	住房	-0.040	-0.085	0.005	0.023	-0.015			
	模型二						0.069	0.065	158.293***
	性别	0.013	-0.028	0.053	0.021	0.005			
	年龄	0.001	-0.002	0.005	0.002	0.008			
	受教育程度	0.049***	0.030	0.068	0.010	0.041			
未来搬迁意愿	个人月收入	-0.011	-0.024	0.002	0.007	-0.014			
	婚姻状况	-0.101**	-0.156	-0.047	0.028	-0.038			
	家庭规模	0.009	-0.007	0.025	0.008	0.008			
	住房	0.014	-0.030	0.059	0.023	0.005			
	国家认同	0.049***	0.029	0.069	0.010	0.043			
	城市认同	-0.184***	-0.208	-0.160	0.012	-0.136			
	过往居住流动次数	0.008	-0.005	0.021	0.006	0.014			
	主动搬迁次数	0.050***	0.032	0.068	0.009	0.064			
	被动搬迁次数	-0.099***	-0.117	-0.080	0.009	-0.125			
	远距离搬迁次数	0.017	-0.004	0.038	0.011	0.021			
	主观居住流动感知	0.180***	0.164	0.196	0.008	0.191			

中介效应占总效应的比例为1.11%。具体的中介模型和未标准化路径系数见图4-20。中介检验结果表明，城市认同的中介检验包含0（LLCI=-0.003，ULCI=0.001），表明城市认同的中介效应不显著。

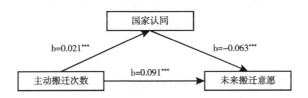

图4-20 国家认同在主动搬迁次数与未来搬迁意愿中的中介路径

中介检验结果表明，国家认同的中介检验没有包含0（LLCI=0.0004，ULCI=0.0021），表明国家认同的中介效应显著。控制中介变量国家认同之后，被动搬迁次数对未来搬迁意愿的影响依然显著，$t=-3.484$，$p<0.01$，置信区间（LLCI=-0.034，ULCI=-0.010）不包含0，表明被动搬迁次数对未来搬迁意愿存在直接效应，直接效应值为-0.022。由此可见，国家认同在被动搬迁次数与未来搬迁意愿中起着部分中介的作用，部分中介效应值为0.001，国家认同和被动搬迁次数在未来搬迁意愿中的总效应值为-0.021，中介效应占总效应的比例为4.76%。具体的中介模型和未标准化路径系数见图4-21。

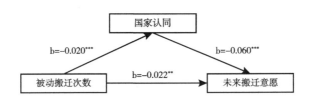

图4-21 国家认同在被动搬迁次数与未来搬迁意愿中的中介路径

中介检验结果表明，城市认同的中介检验没有包含0（LLCI=0.003，ULCI=0.007），表明城市认同的中介效应显著。控制中介变量城市认同之后，被动搬迁次数对未来搬迁意愿的影响依然显著，$t=-4.141$，$p<0.001$，置信区间（LLCI=-0.038，ULCI=-0.014）不包含0，表明被动搬迁次数对

未来搬迁意愿存在直接效应，直接效应值为-0.026。由此可见，城市认同在被动搬迁次数与未来搬迁意愿中起着部分中介的作用，部分中介效应值为0.005，城市认同和被动搬迁次数在未来搬迁意愿中的总效应值为-0.021，中介效应占总效应的比例为23.8%。具体的中介模型和未标准化路径系数见图4-22。

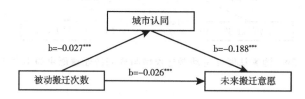

图4-22　城市认同在被动搬迁次数与未来搬迁意愿中的中介路径

中介检验结果表明，国家认同的中介检验没有包含0（LLCI=0.001，ULCI=0.006），表明国家认同的中介效应显著。控制中介变量国家认同之后，主观居住流动感知对未来搬迁意愿的影响依然显著，t=23.831，p<0.001，置信区间（LLCI=0.164，ULCI=0.193）不包含0，表明主观居住流动感知对未来搬迁意愿存在直接效应，直接效应值为0.178。由此可见，国家认同在主观居住流动感知与未来搬迁意愿中起着部分中介的作用，部分中介效应值为0.003，国家认同和主观居住流动感知在未来搬迁意愿中的总效应值为0.182，中介效应占总效应的比例为1.65%。具体的中介模型和未标准化路径系数见图4-23。

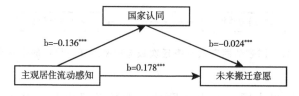

图4-23　国家认同在主观居住流动感知与未来搬迁意愿中的中介路径

中介检验结果表明，城市认同的中介检验没有包含0（LLCI=0.013，ULCI=0.019），表明城市认同的中介效应显著。控制中介变量城市认同之后，主观居住流动感知对未来搬迁意愿的影响依然显著，t = 22.354，p<0.001，置信区间（LLCI = 0.151，ULCI = 0.181）不包含 0，表明主观居住流动感知对未来搬迁意愿存在直接效应，直接效应值为 0.166。由此可见，城市认同在主观居住流动感知与未来搬迁意愿中起着部分中介的作用，部分中介效应值为 0.016，城市认同和主观居住流动感知在未来搬迁意愿中的总效应值为 0.182，中介效应占总效应的比例为 8.8%。具体的中介模型和未标准化路径系数见图 4-24。

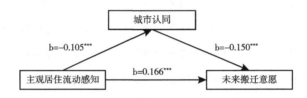

图 4-24 城市认同在主观居住流动感知与未来搬迁意愿中的中介路径

三 讨论与结论

（一）本地居住时长、未来搬迁意愿是个体与流入地联结的行为表达

本地居住时长和未来搬迁意愿这两个指标是个体与流入地联结的行为表达，是个体过往居住流动经历的阶段性总结在行为上的表达。本节分析结果发现：远距离搬迁次数越多，本地居住时长越短；主动搬迁次数越多，未来搬迁意愿越强；被动搬迁次数越多，未来搬迁意愿越弱；主观居住流动感知越高，本地居住时长越短，未来搬迁意愿越强，这些结果提示居住流动的不同类型所带有的能量是个体当前与未来居住流动的主要内在动力。以主动搬迁次数与被动搬迁次数为例，主动搬迁是个体主动发起的流动行为，这种流动行为意味着个体通过流动实现了自身的目标或者价值，代表着积极的结果，流动产生了正向的反馈，形成了一个正向的流动循环，个体据此对流动形成了积极的心态，此时未来搬迁对于主动搬迁者意味着下一个目标的实现或者下一个积极反馈或循环的开始。被动搬迁则相反，是个体消极应对外在环境的流动行为，消极应对行为意味着个体企

图通过流动实现自身目标或价值的失败，代表着消极的结果，流动产生了负向的反馈，形成负向的流动循环，个体据此对流动形成了消极的心态，此时未来搬迁对于被动搬迁者意味着当前目标的失败，可能是下一个消极反馈或循环的开始。

（二）认同感提升了本地居住时长，降低了未来搬迁意愿

本节分析结果以本地居住时长、未来搬迁意愿为因变量再次印证了第三节和第四节的结果。首先，远距离搬迁次数对认同感的影响主要集中于城市认同而非国家认同，印证了远距离搬迁只会损害近端的城市认同而未损害远端的国家认同，本节分析具体表现为远距离搬迁次数只会通过城市认同对本地居住时长起中介作用，远距离搬迁次数越多，本地居住时长越短，城市认同越低，且远距离搬迁次数通过城市认同的中介作用正向预测了本地居住时长。其次，主动搬迁次数只会通过国家认同对未来搬迁意愿起中介作用，主动搬迁次数越多，未来搬迁意愿越强，国家认同越高，且主动搬迁次数通过国家认同的中介作用负向预测了未来搬迁意愿。最后，主观居住流动感知既会通过城市认同，也会通过国家认同对本地居住时长、未来搬迁意愿产生中介作用。主观居住流动感知越频繁，本地居住时长越短，国家认同和城市认同越低，国家认同和城市认同正向预测了本地居住时长，负向预测了未来搬迁意愿。

以本地居住时长、未来搬迁意愿为行为指标所获得的结果与以亲密关系、社会参与为行为指标所获得的结果较为一致，再次印证了居住流动类型对认同感的影响具有一定的稳定性，即远距离搬迁次数影响的关键点是城市认同，主动搬迁次数影响的关键点是国家认同，主动居住流动感知既可影响城市认同，也可影响国家认同。与亲密关系、社会参与作为行为指标的影响方向一致，认同感提升了个体的本地居住时长，降低了个体的未来搬迁意愿。结合搬迁的主、被动性来看，主动搬迁次数会提高国家认同和未来搬迁意愿，并通过国家认同的中介作用降低未来搬迁意愿，被动搬迁次数会降低国家认同、城市认同和未来搬迁意愿，并通过国家认同、城市认同的中介作用降低未来搬迁意愿。

第七节　居住流动的作用机制：认同感的折射

一　居住流动的社会心理效应

通过本章的分析发现，认同感较为集中地体现了个体居住流动过程中的获得。无论是以亲密关系为指标的人际关系，还是以参与网络讨论、参与志愿服务等为指标的社会参与，抑或是以本地居住时长、未来搬迁意愿为指标的行为层面，一系列研究都一致表明认同感对个体产生了系列稳健的社会心理效应，意味着认同感具有较强的溢出效应，成为居住流动对社会心态产生影响的桥梁。

居住流动有着一系列社会心理效应，这些效应大部分依托社会心态次级层次中的认同感。这些社会心理效应具体有如下几个表现：其一，频繁的居住流动损伤了自评健康状况，主观居住流动感知透过城市认同、国家认同影响了自评健康，那些感知到居住流动越频繁的个体，城市认同和国家认同越低，自评健康也越差。其二，居住流动的不同类型降低了婚姻质量，当个体主动搬迁时，他们的国家认同越高，婚姻质量越佳。当个体被动搬迁时，城市认同越低，婚姻质量越不佳，主观居住流动感知越频繁，个体的婚姻质量越不佳。其三，社会参与是个体通过居住流动展现出来的能动性在社会领域的实践，居住流动激发了社会参与，居住流动频率越高，主观居住流动感知越频繁，个体的城市认同和国家认同越低，但是社会参与度反而提升了。其四，本地居住时长、未来搬迁意愿是个体与流入地联结的行为表达，居住流动减少了本地居住时长，提升了未来搬迁意愿。远距离搬迁次数和主观居住流动感知通过城市认同对本地居住时长有负向预测作用。

居住流动可以产生上述效应意味着个体已习惯并乐于接受流动，它成为一种被广泛接受的生活方式，当个体对其越来越习惯化后，这种习惯化的行为倾向逐步演化为一种思维方式、行动准则甚至成为一种社会共识。居住流动成为一种常态后，个体在某一地方无法实现自己的理想，或者无法达成自己的目标时，基于现有地方经济发展与个体个人发展之间越来越密切的关联，那么他们可能会自然而然且主动地启动换一个地方的尝试，由此触发居住流动的潜在可能性，造成居住流动的事实，展现出个体的主动性、能动性和自主性，这种能动性与健康状况、婚姻质量、社会参与、本地居住时长息息相关，个体以这种能动性体现了其在社会中具有可进可退的空间，代表着个体能够以自身实践改变个人的命运，并在社会不利处境中获得转圜空间。

反之，个体在某一地方无法实现自己的理想，或者无法达成自己的目标时，无法另寻他处只能固守一城，其与他人都可能或主动或被动地贴上低能动性的标签，导致低自评健康状况、低婚姻质量。低能动性除了无法实现居住流动之外，还有一种变体，就是过度频繁的居住流动。过度频繁的居住流动与过低的居住流动似孪生兄弟，虽处在居住流动的两个极端，却同样揭示了低能动性。正是这种低能动性造成一种弥散的心境状态，透过认同感这个棱镜，折射出一系列社会心理效应。

居住流动的社会心理效应也成为社会变迁的有力注脚。传统社会中居住流动通常是个体低能动性的体现，居住稳定的个体才是传统社会中的人生赢家，只有失败者才需要背井离乡地外出讨生活。当今适度居住流动才是现代社会中的成功者，只有失败者才原地不动或者四处漂泊。适度居住流动带来的良好社会心态效应体现了社会变迁的力量，预示着那些体现人的能动性的外在表征正在发生深刻变化，这种变化反过来驱策个体检视当前的个人行为，融入社会变迁的潮流中，甘当其中的一分子。

居住流动的社会心理效应体现了流动性所具有的现代性。流动性应当同个体性、理性、平等和全球性一样，被视为现代性的一般原则。现代性本身已经从第一现代性转变为第二现代性（或称反思性现代性），反思性现代性认为社会的现代化程度越高，主体所获得的对生存社会状态的反思能力越强，主体改变社会状况的能力便越强（贝克等，2014）。在反思性现代性的框架下，流动性成为一个多维概念，多重的流动性越来越重要，它将流动性与持续的转型结合在一起，导致流动性发生了结构性变化，从定向性转变为非定向性。流动能力成为个体在社会中存活的能力，掌握流动能力成为一种权力，直接关系到个体、社群、社区和城市的发展与生存，流动能力越高在社会各种关系中越占据有利的位置，拥有流动能力就像个体掌握了社会权力一样，是否具备一定的流动能力，成为个体能否获得相应社会地位的关键因素，流动能力既成为个体参与社会过程的条件，也是个体社会权力的表现。

此外，居住流动的社会心理效应还与生命历程紧密联动。作为现代社会人人都会面对的情景，通过居住流动个体实现了生命历程的一个个转换，这种转换影响了社会心态，并产生了一系列社会心理效应。生命历程积累假说表明，不同生命历程阶段经验的长期积累与晚年健康结局存在关联（Gustafsson et al.，2017）。生命过程视角考虑了随着时间推移而运行的多个重叠因素的累积影响，以产生具有梯度的生命状态的差异分布。当一个人从A地搬到B地时，不仅涉及家庭结构的调整，生活环境和社会网络的适应和重建都会影响其生活。随着时间的推移，这种效应可能会累积成一种独特的情境影响配置，涉及生命史个体水平要素的持续动态。生命过程的敏感期假说表明，晚年生活独立地受生命过程中某一时期的影响，称为敏感期。与积累假说相反，它假设体验的时间是以后生活幸福的中心（Gustafsson et al.，2017），可能有一个或几个敏感期，其影响独立于其他生命阶段。换句话说，居住流动的不同生命过程阶段可能对以后的生活产生不同的影响。总体来看，积累假说认为，居住流动在一生中的积累与晚年的主观幸福感有关。敏感期假说关注居住流动的时间，认为特定生命过程阶段的居住流动与晚年的主观幸福感独立相关。考虑到居住流动与生活特定阶段的事件之间存在内在联系，生命历程方法可以更全面地了解居住流动情况。在本书中，没有更为细致地探讨个体在生命历程不同阶段的流动情况，因此无法对不同生命历程的居住流动对社会心态的影响做更多探讨。

二　居住流动的社会心理效应与社会心态层次结构

居住流动的社会心理效应主要通过认同感而产生，认同感属于社会心态次级层次中的要素之一，它分为城市认同和国家认同两个维度。居住流动的不同类型通过认同感的不同维度发生变化，个体灵活地在认同界限上进行转换影响其行动的倾向。认同感确实发挥了它在社会心态层次结构中的作用，居住流动透过认同感对个体的行动倾向产生了系列影响。以居住流动的社会心理效应为例探讨社会心态的层次结构有几点有意义的启示。首先，某一社会现象对社会心态的影响需要依托社会心态结构中的关键心理发生器。居住流动对社会心态的影响有一个关键点，这个关键点是居住流动产生系列社会心理效应的心理机制所在。在本章节讨论中，认同感成为这个关键点，是居住流动产生系列社会心理效应的心理发生器。可见，某一社会现象对社会心态产生影响需要找到其着力的心理发生器，由此反观社会心态的治理也需要找到这个关键点，由此才可事半功倍地进行社会治理。

其次，某一社会现象对社会心态的影响未必会发生系统性风险，只发生于社会心态基本层次和次级层次的社会现象，并不一定构成社会心态的风险。居住流动主要影响社会心态的次级层次，其对社会心态的影响难以上升至高级层次，也未泛化至社会心态的基本层次，看来社会心态层次结构之间的打通并非那么容易，互相存在较为明显的边界，这种明显边界强化了社会心态的层次结构。社会心态次级层次以情感性成分为主，居住流动主要影响个体的情感性体验，这也意味着可以通过社会心态的层次结构来标定当前的社会现象或社会事件，对社会事件进行分类与整理产生相应的社会治理策略。

最后，社会心态同一层次内部的不同要素有着密切的关联，彼此独立且功能各异。认同感边界的伸缩产生了国家认同与城市认同两种水平，两种水平的认同感与不同居住流动类型和行动倾向之间的联结各有差异。如何选择社会心态各层次内部的要素，以及社会心态同一层次要素之间的相关性与相异度是将来研究需要进一步讨论的范畴。

第五章

关系流动性的基本社会心态

人与社会之间的距离其实质是个体与所处的环境和文化之间的距离，许多学者早已意识到环境对个体这种距离感的影响，社会生态方法探索了自然和社会栖息地与个人思想和行为之间的双向影响，通过将心理和行为过程中的文化差异与个人所处的宏观社会和环境联系起来，社会生态方法可以为观察到的跨文化差异提供更坚实的机制解释。社会生态方法考虑了人与环境之间的相互构成，其特征是政治、地理、社会、宗教和经济特征，重要的是，社会生态框架还涉及个人如何使其心理倾向和行为适应社会环境，以获得理想的结果。当个体表现出明显的行为模式时，来自社会中其他人的反馈会影响个体如何适应环境，或者采取某些行为为他们带来优势，基于这种反馈，个体对未来的反馈和他人的预期行为持有期望和信念，这些模式构成了社会"环境"。个人在这些环境中面临的激励结构，以及其他人在社会中面临的激励结构，共同指导适应性行为模式，加强社会环境的动态构建。关系流动性是一种非常重要的反馈，是个体通过观察社会给自身构建起来的"个人心理环境"。

传统的中国社会是由关系网络建立的关系型社会，关系的建立和维护较为稳固，关系的破裂和重新寻求较为不易。人口迁移和流动的日益频繁打破了关系较为固定和静止的传统熟人社会，人们越来越多地离开自己建立起来的稳固关系，流入非熟人社会，生活于"生人社会"。如何在"生人社会"

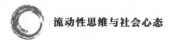

中建立起关系网络是流动或迁移个体迫切需要解决的问题，也是影响人口流动或迁移的驱动机制。

流动或迁移个体所从属的群体或组织影响他们建立新友谊的机会和数量，人们对于寻找新伙伴和建立新的伙伴关系机会的看法，势必影响他们在流入地的适应与融入，并进一步影响他们在当地的居住时长和搬迁意愿。个体对其所属群体中成员寻找新伙伴和建立新伙伴关系机会的看法就是关系流动性（relational mobility）概念的蕴含所在（Yuki et al. , 2007）。

第一节　社会心态视角下的关系流动性

一　关系流动性的概念

（一）概念界定

关系流动性是指个体对其所属群体中成员寻找新伙伴或建立新伙伴关系机会的看法（Yuki et al. , 2007；Yuki & Schug, 2012）。需要注意的是，这种感知是指周围的人自愿地移入和移出社会关系的难易程度，而不是个人改变关系的能力或愿望。当个体感知到周围的人易于建立起新的人际关系或容易摆脱旧的伙伴关系，那么其感知到的关系流动性程度就高，反之则低。它是与社会支持的获得和社会认同的建构密切相关的社会生态因素（陈咏媛、康萤仪，2015），是个体对周围社会生态的一种评估，其本质是个体推人由己感知自己在这个所处环境中人际关系建立与摆脱难易，成为衡量社会关系网络可获得性程度的指标（陈满琪，2018）。个体感知到周边人的关系流动性程度高，意味着自身也容易建立新的人际关系和社会支持网络（Schug et al. , 2010），个体感知到周边人的关系流动性程度低，意味着自身较难建立新的人际关系和社会支持网络。关系流动性是一个客观的社会生态心理学指标。社会生态心理学关注个体与环境之间如何相互影响和相互塑造，社会生态既包含自然环境也包含社会环境，社会生态心理学的指标涉及经济系统、政治系统、宗教系统、地理、气候、社会人口结构等宏观结构对个体心理和行为的影响。流动性是一个较为宏观的概念，而关系流动性则是相对微观的个体心理层面。

关系流动的社会生态为个人提供了许多机会来寻找新的熟人、形成新的关系，以及离开他们认为无益的现有群体和关系。在这些关系高度流动的社会中，关系往往是通过个人选择而不是外部约束来形成的，也就是说一个人与谁建立关系通常取决于这个人的偏好以及其是否可能被其他人接受。相比之下，关系稳定的社会生态中，人们形成的关系可能由环境和结构因素决定，如预先存在的社交网络和群体成员资格，而不是个人选择决定的。关系稳定的社会生态系统中，个人通过强制性的社会网络和群体彼此紧密联系（Yuki，2003）。各种研究表明，文化区域之间的关系流动水平存在差异：北美国家（美国和加拿大）普遍高于世界许多其他地区，例如东亚（Schug et al.，2010；Yuki et al.，2007）和西非。关系流动性程度在文化区域或国家之间也会有所不同，例如在一个国家内的区域之间，甚至在不同社会背景的人中都有差异（Yuki et al.，2013）。

由高关系流动性驱动的运动不是随机的或强迫的，就像一个孩子因为父母搬到一个新城市而结束与其最好朋友的关系一样。相反，关系流动性关注的是个人在发现这样做有益时，建立新关系的可能性，如在离开（或被逐出）当前的团体或关系之后一个人会遇到比当前伴侣更理想的伴侣或能够找到新关系的可能性。此外，关系流动性并不要求给定社会背景下的个人必须在关系之间流动，而只是要求个人可以获得新关系的选择或机会。也就是说，关系流动性并不一定意味着人们经常改变他们的关系。如果个人对他们的关系感到满意，其可能会留在这些关系中，而不管社会中的流动性水平如何。此外，重要的是要澄清关系流动性在概念上不是个体层面的因素（特定的人是否有更多或更少的机会选择有益的关系），而是生态层面的因素（特定的社会生态是否提供机会让一群人选择更好的关系）（Yuki & Schug，2012）。然而，这两种流动性——个人和社会生态——可能会相互作用。例如，在高关系流动性的社会生态系统中，任何个人形成的关系取决于该人在他人眼中的社会吸引力（个人关系流动性）以及新事物的可用性中的关系社会环境（社会关系流动性）。在关系流动的人际关系市场中，具有社交吸引力的个人在建立关系方面有更多选择，因为愿意与其交往的人并不缺乏。相反，没有社交吸引力的人只有有限的人际关系选择，仅仅是因为他们在别人眼中不那么受欢迎。这种作为社交吸引力函数的个人选择可用性的差异在关系流动性低的社会环境中应该不那么明显。社会生态中的关系流动性水平在我们如何看待自己和他人方面起着关键作用。

（二）测量方式

关系流动性通常通过自我报告或被试对在其直接环境中形成新关系和切断现有关系的难易程度的主观感知来评估。而关系流动性关注的是形成新关系和离开旧关系的机会，而不是关系之间的实际流动。通过自我报告来评估关系流动性的范围，那么关系流动性比迄今为止研究的居住流动更能捕捉流动性的主观方面。关系流动性量表旨在评估被试对其环境的关系流动性的看法，而不是自己的个人流动性，原因如下。首先，从理论角度看，关系流动性本质上是一种生态层面的建构，而非个体差异变量。尽管特定社会环境中的人可能会报告不同程度的关系流动性，但这种差异应该是由不同的社会网络和群体成员资格造成的，而不是心理特征本身的个体差异。利用被试对环境的感知来衡量关系流动性，可以帮助研究人员避免在财富、吸引力和外向性等特征上的个体差异。其次，将关系流动性作为被试对社会的感知来衡量，也可能有助于缓解人们的担忧，即自我提升中的文化差异可能会混淆被试对关系流动性的报告。先前的研究发现，北美人和东亚人在看待和展示自己的积极性方面存在显著差异，如自我提升或积极看待自己的动机和倾向存在于美国人身上，但不存在于东亚人身上，因此测量被试对其社会中关系流动性的感知限制了自我提升可能对测量的影响。

重要的是，这种衡量关系流动性的方法依赖于对社会中流动性潜力的感知（进入和退出关系的机会），而不是量化人们实际形成和终止关系的程度。虽然客观流动性的生态或国家维度指标，如离婚率、工作更替率或居住流动性与社会层面的关系流动性相关，但它们对预测个人层面的行为没有用处。也许更重要的是，这种关系之间实际运动的标记可能无法反映选择的作用，因为进入和退出关系的机会可能与进入或退出关系的决定不直接对应。在许多情况下，工作更替率和居住流动性等宏观指标并不反映个体更换新工作或新地点的个人选择，但可能反映外部力量。出于这个原因，居住流动性较高的社区关系流动性不一定较高（Oishi & Talhelm，2012）。同样，尽管离婚率等宏观指标应该与社会层面的关系流动性相一致，但在关系中感到快乐的人可能会和他们的伴侣待在一起，即使是在关系流动性高的情况下，有很多机会找到其他伴侣。因此，离婚率等宏观指标并不能很好地预测个人层面的行为。

通过感知他人的关系选择而非社会层面的流动标记来量化环境中的关系流动性，也会增加对社会内部微妙变化的敏锐性。在一个国家中，每个人周围都有更好的微观社会，因为没有两个人与完全相同的熟人网络互动。关系流动性可能因地理维度、学校规模甚至社会文化适应而异（Bahns et al.，2012），代表着更精细的微观社会，因此在预测行为结果方面做得更好。

关系流动性量表能够捕捉不同社会中关系流动性的有意义变化。Thomson 等（2018）调查了 39 个国家的 16939 名成人，发现关系流动性量表衡量的关系流动性潜力的认知与历史前因（农耕与放牧以及病原体流行）相关，并且它在预测亲密关系或普遍信任等关系投资行为方面也优于宏观指标（离婚率）和个人层面的流动性（过去一个月中遇到的新熟人数量）。Jordan（2020）通过系列研究指出，个人流动性与关系流动性是不可相互替代的，社会生态结构只能采用关系流动性而不是个人流动性来衡量，只有关系流动性才能衡量个体周边环境的社会生态特征，而不是两者的总和文化之间的个人差异或其他差异。研究支持将关系流动性概念化为一种衡量环境特征的结构，而不仅仅是个体差异。

（三）关系流动性与居住流动的区别和关系

从两者的定义出发可知，关系流动性与居住流动有着本质的差异。首先，两者对流动的关注点不同。关系流动性关注的是社会网络的流动性，而居住流动关注的是个人或社区的物理空间的流动性。其次，两者的主客观性不同。关系流动性是个体的一种主观感受，而居住流动则是一种客观的物理空间的流动。再次，两者心理结果的影响因素不同。关系流动性的心理结果是基于个体对周边社会网络的主观感受而产生的心理结果，而居住流动的心理结果是基于个体对客观物理环境变化而产生的心理结果。最后，两者与人口规模的关系不同。居住流动与人口规模之间具有较低的相关度，小城市居住流动性可能非常高，而大城市居住流动性可能非常低。相较于居住流动，关系流动性与人口规模相关度更高，在相同居住流动的情况下，人口规模巨大的大城市关系流动性程度高于人口规模较小的小城市。

关系流动性与居住流动之间也有着密切关联，两者是互相交织和缠绕在一起的，有些研究者甚至将居住流动重新概念化为关系实践，是人们在结构条件下通过时间与空间将生活联结起来所进行的一种关系实践（Coulter et al.，2015）。一般而言，居住流动的地区比起居住稳定的地区更容易建立新的关系或者切断不想要的关系，也就是说高居住流动性与高关系流动性通常关系更为紧密。然而，值得注意的是，在某些情况下，高居住流动性并不一定会产生高关系流动性。高居住流动性的地区也有可能拥有相对稳定的社交网络。如在一些富人区，尽管居民的居住流动频繁，但是由于富人群体相对封闭，因此很难建立新的关系和切断现有的关系。相反，居住稳定社区中的部分人口（如农村地区）在现代科技下可能已经获得比过去更多的关系流动，比如通过互联网结识新朋友。关系流动性与居住流动可能与社会流动之间也存在共变关系，在居住流动性高的地区其社会流动性往往也较高，居住流动性下降往往与社会流动性下降密切相关。居住在同一街区且居住流动率相同的两个人可能会会对其流动性的感知完全不同，而这种"感知"差异在预测人类心理方面可能更为重要。

关系流动性与居住流动在社会交往网络、动机、有效性和策略上彼此相互作用。从社会交往网络的大小来看，Oishi 等（2013）的研究指出，当引导被试去思考自己处于居住流动的状态时，被试预计未来会感到孤独和悲伤，并且社交网络会更小。从社会交往的动机来看，当引导被试去思考自己处于居住流动状态时，相对于居住稳定状态，被试具有更强的扩展其社会交往网络的动机，而被试扩展其社会交往网络的动机是由其预期自己感受到的孤独程度或者未来的悲伤程度所决定的，而不是由其预期社交网络规模的缩小所决定的。这就意味着居住流动会激发人们扩展自己的社会交往网络，进而影响其知觉到的关系流动性程度。从社会交往的有效性来看，人际关系需要在时间、资源和精力方面进行巨额投资，因此，培养未来会有回报的社交网络很重要。拥有广泛弱关系比没有这种关系的人更有可能找到工作，而居住流动强化了弱关系的优势，也就是在一个居住流动的社会中拥有一个大的社交网络更有益，而在一个居住稳定的社会中则不然。研究指出，在居住流动性更高的地区，社会资本是成功的更强有力的预测因素，在居住流动地区扩大社交网络的动机可能是社会资本在更具流动性的社会中具有更大的积极影响，当地支持网络规模比一般信任更受居住流动的影响，其原因可能是社会资本的两个组成部分的性质不同。从社会交往的策略来看，尽管社交网络可以以多种方式构建，但人类社交网络往往属于两类：与其中的许多人联系薄弱的广泛网络；与内部少数人有着深厚联系的狭窄网络。在又宽又浅的人际关系网中，人们会把少量资源投到许多人身上，从而建立起许多肤浅的关系，而很少建立起深厚的关系。相反，在狭窄而深厚的关系网中，人们会将大量资源投到少数人身上，从而建立起少数深厚的关系和少数浅薄的关系，以低关系流动性和低环境稳定性为特征的社会将选择形成由深联系组成的窄网络，而以高关系流动性和高环境稳定性为特征的社会则选择形成由弱联系组成的宽网络，"弱联系强度假说"认为在所有的社会和经济变量组合中，联系广泛而弱的社会网络将是最有利的（Oishi & Kesebir, 2012）。

二 关系流动性与社会心态的概述

关系流动性程度对居住在其中的个体心理和行为倾向产生重大影响。在不同关系流动性程度下，个人会采用不同策略以应对、适应环境并生存下来。关系流动性的社会生态给个体带来了不同类型的适应性问题，引发了个体不同的心理和行为倾向，从而帮助个体在不同类型的社会生态中生存与发展。正是因为适应性问题，关系流动性对个体的基本心理过程和社会心态产生影响。

（一）关系流动性对社会认知的影响

关系流动性导致更高的内控点和思维风格。流动性的增加使得个体倾向于将行为与个人的内部属性而非外部属性联结起来。持有关系流动观念的个体认为周围个体很容易形成新的关系以及退出不良关系，因此倾向于将他人的行为视为个人意志的结果，而持有关系稳定观念的个体倾向于将他人的行为归结为情境因素的限制，因此关系流动性与更大的内部控制点相关，关系稳定性与更大的外部控制点相关（San Martin et al.，2019）。关系流动性在控制点上的差异实则与思维差异有关，关系流动性与内部控制点的关联实际上与分析思维相关，而关系稳定性和外部控制点的关联实际上与整体思维相关，研究发现关系流动的人往往擅长需要关注中心人物而忽略背景的认知任务，而关系稳定的人往往擅长需要了解中心人物与背景之间关系的认知任务（San Martin et al.，2019）。

关系流动性也会影响人们思考和感知世界的方式。分析性思维模式和整体性思维模式是文化心理学中广泛研究的一个话题。流行于西方社会的分析性思维风格是指人们将注意力集中在焦点人物和物体上，而较少关注上下文。整体性思维风格在东亚社会更为普遍，整体性思维风格的个体倾向于同时关注焦点人物/对象和背景。研究认为这两种不同的思维可能实际上是为不同关系流动性水平的社会背景量身定制的认知策略。处于关系稳定环境中的个体，因嵌入在更紧密的社会网络和社会约束中，有着强烈的动机去监控社会线索和社会规范，以便让自身的行为符合社会网络中的规范要求，因此对周围更广阔的社会网络有更宽广的视觉关注。生活在关系流动环境中的个体无需过多关注背景，有更多精力聚焦在目标对象上，也不用考虑目标对象如何受环境影响，因为有更多机会选择关系，经历更少的关系约束，实质上他们对环境施加了更多个人控制。上述假设通过六项研究得到了验证。特别要指出的是，当研究者操纵关系流动性的情境时，想象自己处于关系稳定情境中的美国被试与来自关系稳定国家的被试采用相似的整体性思维模式，想象自己处于关系流动情境中的被试表现出更多的分析性思维模式。在对照组中观察到的美国人认知倾向变换表明关系流动性程度需要不同的思维方式，不同关系流动性程度似乎有一种"默认思维策略",个体面临不同的关系流动性程度会在策略之间进行转换（San Martin et al.，2019）。

关系流动性导致更多的自我表达和更强的信息搜索能力。从个体自身角度来看，在关系流动的环境中，个体需要快速结识那些可以帮助他们的人。这就意味着个体需要与新环境中的人们进行更多的沟通，毕竟对陌生人的自我表露越多，建立亲密关系就越容易（Yamada et al.，2015）。研究证实，那些认为他们的环境是关系流动的人比那些认为他们的环境是关系稳定的人更愿意分享他们的想法和意见（Schug et al.，2010）。从个体判断他人的角度来看，为了在关系流动的环境中生存或者适应下来，个体需要具有更强的信息搜索和判断能力，筛选出环境中那些容易结识的个体，快速与他们建立起关系。

关系流动性导致个体更在意利他属性。研究发现，关系流动比关系稳定的个体对诚实这一品质更为敏感，在奖励分配任务中关系流动比关系稳定条件下的个体给予诚实陌生人更多的金钱奖励，更倾向于惩罚不诚实的人（Wang et al.，2011），认为自己职业流动的个体比那些认为自己职业稳定的个体更积极地排除不诚实的合作伙伴，更不关注敌人的存在（Li et al.，2018）。总体来看，与关系稳定的个体相比，关系流动的个体更在意他人身上的利他属性，主动与敌人、无助或不诚实的个体保持距离。

关系流动性改变了社会交换策略。首先，关系流动性对合作策略产生影响。在囚徒困境中确保个人与他人合作的一种方法是不管时间如何推移始终与同一个伙伴重复互动，并且只有在其他玩家背叛时才背叛。使用经济博弈和社会困境框架研究证实，在代理人频繁更换合作伙伴的高流动性环境中，合作往往会减少。但是当玩家可以选择与谁互动或有能力离开不合作的群体时，合作却可以在高度流动的环境中蓬勃发展，合作者比背叛者更有可能被选为社会交换伙伴，可见有条件的或潜在的流动可增加合作，随机或强制流动使互惠性无法维持而减少合作可能性（Baumard et al.，2013）。其次，关系流动性增加了对背叛者的检测。关系流动性往往与高风险、低信任相联系。然而高信任伴随对潜在背叛者更高的警觉性和敏感性，Carter 和

Weber（2010）亦指出高信任的个体更善于发现谎言，看来高信任并非让人们更容易上当受骗，而实际上帮助人们培养了发现背叛的能力。因此，在关系流动的社会中采取预设立场信任陌生人以及发现值得信任和不值得信任的人的能力可能具有适应性，而在关系稳定的社会中，这些技能并非必需品。最后，关系流动性影响了奖惩。培养积极社会关系的一种方法是奖励那些以值得信赖的方式行事的个人从而激励个人之间开展合作，关系流动性的程度会影响个人使用奖励和惩罚的程度。Wang 等（2009）发现美国人更倾向于奖励而不是惩罚，而东亚人倾向于同时使用这两种策略，美国人的这种方式可以用关系流动性来解释，毕竟在关系流动的社会，如若某人行为不端，个体可以轻而易举地避免接触。东亚等关系稳定的社会需要更紧密结合的社交网络，具有更多的义务和责任。在东亚，负面行为的责任似乎会"波及"与这些负面事件没有直接关系的个体。例如，在一项研究中日本和美国被试在阅读了发生在学校环境中的食物中毒案例后，尽管在归咎于厨师的责任方面没有文化差异，但日本被试比美国被试更可能认为学校和校长应对此事负责（Zemba et al.，2006）。关系流动社会中的个体一方面必须警惕在紧密网络中相互关联的人群中那些会产生后果的恶意行为，另一方面还需要通过惩罚将麻烦制造者控制在内群体，否则群体成员恐将面临集体惩罚的风险。因此，有理由认为惩罚在关系稳定社会中是一种明智而又合法的威慑，因此东亚人可能比美国人更愿意使用惩罚来帮助维持社会秩序。Roos 等（2013）指出，强大的社会联系和关系稳定是第三方惩罚发展的必要条件。与东亚人相比，居住在紧密、关系稳定范围之外的美国人更容易避开社交圈中不诚实的个体，也觉得没有义务密切监视彼此，反过来也减少了对不诚实行为的惩罚。美国人更容易接近诚实的人，更信任诚实的陌生人，更有动力维持与关系疏远的诚实行为者之间的积极关系，更多地奖励诚实。

（二）关系流动性对自我概念的影响

Sato 等（2007）提出，自我提升动机的跨文化差异可用关系流动性解释，关系流动的社会中自我提升有助于个人追求和获得更理想的关系和团体成员资格。鉴于人际关系像是一个"开放市场"，关系流动的社会中人们需要投入精力努力寻找更理想的合作伙伴建立关系，其他人同样在追求理想的合作伙伴和团体，实现这一目标显得更具挑战性。在这一社会生态环境下，自我提升因将自己视为具有社会价值特征增加了被接触方接受的主观可能性，从而具备较强的适应性。自我提升所具备的社会价值特征以自我广告的方式对接近的一方展现出吸引力和可信度，从而增加被接受的实际可能性。在关系稳定的社会中，关系通常是预先确定且稳定的，个体获得理想人际关系的成功并不受市场价值影响，自我提升不会增加个体的关系机会。相反，如果个体在自我提升动机中展现出相对于其他人较不相同的特质可能不利于维持稳定和谐的人际关系，导致当前关系伙伴的不满和紧张。

（三）关系流动性与一般信任

一般信任，或信任他人普遍善意的倾向，是一种在流动环境中具有高度适应性的心理倾向。多项跨文化调查发现美国人的普遍信任度往往高于日本人。文化心理学认为美国强调的是个人主义文化，突出个体之间的分离和自主，日本强调的是集体主义文化，突出群体内的团结和凝聚力，这一发现看起来颇令人费解。然而，Yamagishi 等（1994）认为考察两国不同社会生态结构的性质，就可以解释这种反常现象。他们认为，普遍信任是一种心理机制，可以让个人摆脱承诺关系的限制。人类长期以来一直生活在关系稳定的环境中，大多数社会交流都是与认识的人或通过稳定的社交网络联系他人，在这种情况下很容易判断谁的行为值得信赖同时惩罚那些利用他人的人，这种"相互监督和制裁"的规范最小化盛行背叛的风险，给人一种安全感或"保证"感，否定了信任人们普遍善意的必要性。在关系流动的社会中，现有关系之外还有大量的关系机会。关系流动环境为人们提供了轻松退出有问题关系的选择和充足机会选择接近谁，默认信任陌生人有助于推动人们形成新的和有益的关系，特别适应关系流动社会。普遍信任将人们从不太有用的关系和群体的约束中"解放"出来。由于更多的流动个体倾向于与他们知之甚少的陌生人互动，因此培养识别、形成和与这些陌生人保持积极关系的能力对他们来说很重要（Macy & Sato，2002）。特别是，在关系流动性更高的社会中，个人更倾向于与可信赖的被试建立积极的关系，因为与可信赖的人一起工作可以帮助他们发展壮大并最大限度地减少被欺骗的机会。相比之下，在流动性较差的文化中，个人不会经常遇到陌生人，并且可能倾向于避免与不相关且可能不值得信任的外人进行交易。相反，他们可能更愿意与逐渐信任的近亲、邻居和朋友互动（Macy & Sato，2002；Schug et al.，2010）。

因此，与来自东亚文化等关系稳定社会的个人相比，来自关系流动社会的个人可能更容易识别和信任陌生人的诚实行为，更容易识别值得信赖的行为，并依据信任行为采取行动，培养与直系亲属或亲属网络之外的社会关系（Macy & Sato，2002；Schug et al.，2010），可见关系流动性调节了一般信任的文化差异（Yuki et al.，2007），生活在关系流动社会（如巴西和加拿大）的被试一般信任高于关系稳定的社会（如匈牙利和香港）（Thomson et al.，2018）。

（四）关系流动性与主观幸福感

关系流动性的文化差异解释了主观幸福感来源的差异。与集体主义国家相比，个人主义国家的自尊与生活满意度的相关性更强，这种联系受到关系流动性的调节。自尊是个体一般社会价值的心理指标，在关系流动背景下高自尊的人往往与那些对潜在互动具有更高期望的人成为合作伙伴，更可能成功地与低自尊的个体建立和维持关系。在关系流动社会中，大多数人都希望与理想的人交往，关系是由选择决定的，具有"竞争性"，这意味着反过来某一关系也必须是好的或者可取的选择。在竞争激烈的关系市场中，拥有高自尊或高期望会导致与有价值的他人建立更多联系，从而带来更大的幸福感。在关系稳定社会中关系市场竞争性弱，自尊在主观幸福感中发挥的作用有限。Yuki 等（2013）发现美国人认为他们的环境比日本人更具关系流动性，而且美国人对生活满意度的判断也比日本人更多地基于自尊。即使在日本国内，居住在关系流动县城的居民也比生活在关系稳定县城的居民更多地基于自尊判断生活满意度，当被试在关系流动背景下（即回忆起与陌生人交谈的情况），自尊与主观幸福感的关联强于在关系稳定背景下（即回忆起与家人交谈的时间）。

三　关系流动性研究的意义

生活在一个流动的世界意味着社会处于动荡之中。流动打破了无数的社会纽带，包括亲属、社区、工作纽带。在这些纽带断裂的过程中，个体需要在陌生环境或者情境中重新建构自己，如快速扩大名声以结交朋友，不依靠亲人或者已有朋友，凭借自己处理新环境或者情境中的各种问题。在流动程度高的世界里，个体的身份角色模糊不定。如若努力建立数量有限的深厚友谊，可深厚友谊对象流动之后，个体可能失去了大部分的友谊关系，因此建立更多不那么深厚的友谊可能更具有意义且让自我更强大。这样其中一个搬迁或者流动至少不会让自己的关系网络陷入缺陷，也会使自己的关系网络变得更为稳定。如果一个人有更多潜在的关系伙伴，在更深次的"友谊市场"中经营关系所面临的竞争压力可能会改变他们与他人的互动方式。在这样一个丰富的市场中，一个人必须积极争取朋友，因此第一印象变得非常重要。

流动意味着可以从这一端到另一端，两端之间存在距离。如果这一端为个体，另一端为社会，那么流动意味着个体与社会之间存在距离，这种距离可称为社会距离。在《模仿律》中，法国社会学家加布里埃尔·塔尔德首次使用"社会距离"的概念来表示阶级间的差异，指出社会距离存在于不同阶级间，反映了不同阶级间的亲密程度。在社会距离的主观意义上，帕克指出社会距离描述的是一种主观思想状态，是人们与他人亲密关系的尺度，它既可分为空间距离和心理距离，也可分为水平距离和垂直距离。其中水平距离指的是一种距离扩张和缩小的态势，垂直距离是具有地位差别的优越和自卑。在本书中，空间距离表现为居住流动，水平距离表现为关系流动，而垂直距离表现为阶层流动。从主观意义上对社会距离这一概念进行界定的是德国社会学家齐美尔，将距离感引入分析个人在现代化大都市中的日常生活，认为随着现代性的发展和货币经济的增长，工具理性逐渐成了广泛被接受的社会思维主导模式。个体在享受物质财富、科技进步带来的巨大便利的同时，在精神生活上却缺少了意义感和亲近感，人与人之间似乎都是城市生活中的"陌生人"。社会距离的亲近与疏远构成了自我与外在客体内容间的一种具有内在倾向性的精神联系和多样性的张力存在，成为人与人之间"内的屏障"（周晓虹，2007）。基于流动不同形态对于个体的心理意义，本章试图探讨水平距离的关系流动如何影响个体的社会心态，它又如何与社会心态的不同层次结构建立关联。

第二节　关系流动性与社会心态

在探索关系流动性的社会心态表现之前，有必要从宏观大环境与微观人口学变量方面把握关系流动性的整体概况。在宏观层面中，选取了个体居住的地域、省份、城市类型、居住地区以及居住社区类型这些较远端的因素，探讨其对个体知觉到的关系流动性程度的影响，微观层面则选择人口学变量这类较近端的因素探讨其对个体知觉到的关系流动性程度的影响。

一　关系流动性概况

关系流动性在不同区域的程度分布较为均衡。依据华东、华南、华中、华北、西北、西南和东北共7个区域的划分标准考察关系流动性在不同区域的程度分布，结果见表5-1。从均值看，不同区域的关系流动性程度均高于中间值4，维持在4.28左右，表明不同区域的关系流动性处于中等偏上的程度。方差分析显示，不同区域的关系流动性并没有显著差异（$F=1.19$，$p>0.05$），表明全国范围内的关系流动性程度比较均衡。

表 5-1　不同区域的关系流动性程度

区　域	N	均值	标准差
华东地区	4967	4.29	0.53
华南地区	3055	4.29	0.51
华中地区	2360	4.27	0.51
华北地区	2629	4.28	0.51
西北地区	576	4.32	0.53
西南地区	1383	4.29	0.52
东北地区	898	4.25	0.50
总　计	15868	4.28	0.52

注：缺失数值未标出，下同。

调查中西藏样本量较小，故在省份分析中未将西藏列入。考察关系流动性在不同省份的程度分布发现，不同省份的关系流动性程度没有显著的差异（F=0.93，p>0.05）。从均值来看，关系流动性程度最高的省份为青海、新疆、甘肃、重庆和北京，关系流动性程度最低的省份依次为海南、辽宁、湖北、天津和山西。

以一线城市（北京、上海、广州、深圳）、直辖市（重庆、天津）和省会城市为标准，考察关系流动性在不同城市的程度分布是否有显著差异。调查中拉萨样本量较小，故在城市分析中未将拉萨列入。方差分析显示，关系流动性在不同城市中不存在显著差异（F=0.94，p>0.05）。从均值来看，关系流动性程度最高的城市为西宁、兰州、乌鲁木齐、济南和杭州，关系流动性程度最低的城市为海口、武汉、南昌、天津和银川。

选取性别、年龄、受教育程度、户口、个人月收入、家庭月收入、就业状况、单位性质、居住地区类型和居住社区类型对关系流动性的影响做进一步检验，以此考察关系流动性的人口学特征。通过方差分析发现，年龄、个人月收入对关系流动性程度的影响不具有显著差异，性别、受教育程度、户口、家庭月收入、就业性质、单位性质、居住类型、社区类型对关系流动性程度具有显著影响，部分具体均值见表5-2至表5-4。

表5-2 不同受教育程度和单位性质的关系流动性程度

受教育程度	均值	标准差	单位性质	均值	标准差
小学及以下	4.23	0.49	党政机关	4.17	0.50
初中	4.25	0.50	事业单位	4.25	0.51
高中（技校、职高、中专）	4.28	0.50	国有企业	4.24	0.50
大专	4.28	0.50	外资企业	4.26	0.51
大学本科	4.30	0.54	合资企业	4.24	0.49
研究生及以上	4.26	0.56	私营企业	4.31	0.52

表 5-3 不同户口、居住类型和家庭月收入的关系流动性程度

户口	均值	标准差	居住类型	均值	标准差	家庭月收入	均值	标准差
本地城市户口	4.29	0.53	市/县城的中心城区	4.33	0.53	2000 元及以下	4.21	0.47
						2001~6000 元	4.28	0.50
本地农村户口	4.30	0.51	市/县城的边缘城区	4.30	0.54	6001~10000 元	4.29	0.54
						1 万~1.5 万元	4.29	0.52
外地城市户口	4.20	0.51	市/县城的城乡结合部	4.24	0.50	1.5 万~3 万元	4.30	0.55
						3 万~4.5 万元	4.32	0.53
外地农村户口	4.29	0.50	市/县城以外的镇	4.24	0.49	4.5 万~6 万元	4.31	0.52
						6 万~10 万元	4.32	0.53
			农村	4.27	0.49	10 万元以上	4.31	0.51

表 5-4 不同就业性质和社区类型的关系流动性程度

就业性质	均值	标准差	社区类型	均值	标准差
全日制学生	4.29	0.50	未经改造的老城区(街坊型社区)	4.30	0.54
一直无工作	4.22	0.47	单一或混合的单位社区	4.30	0.54
在职工作	4.29	0.53	保障性住房社区	4.23	0.51
离退在家	4.25	0.45	普通商品房小区	4.29	0.52
离退后重新应聘	4.33	0.63	别墅区或高级住宅区	4.18	0.50
辞职、内退或下岗	4.21	0.49	新近由农村社区转变过来的城市社区(村改居、村居合并或"城中村")	4.30	0.52
非固定工作	4.26	0.51			
失业	4.24	0.51	农村	4.29	0.50

女性关系流动性程度（M = 4.33，SD = 0.53）显著高于男性（M = 4.25，SD = 0.50），F = 100.14，p < 0.001。受教育程度对关系流动性程度具有显著影响（F = 4.02，p < 0.001），多重比较发现，大学本科学历的被调查者关系

流动性程度显著高于其他学历的被调查者，初中学历的被调查者关系流动性程度显著低于大专学历的被调查者。单位性质对关系流动性程度具有显著影响（F = 14.53，p <0.001），多重比较发现，单位性质是私营企业的被调查者关系流动性程度显著高于单位性质是合资企业、外资企业、国有企业、事业单位和党政机关的被调查者，而单位性质是党政机关的被调查者关系流动性程度显著低于单位性质是合资企业、外资企业、国有企业和事业单位的被调查者。

户口对于关系流动性程度具有显著影响（F = 13.77，p <0.001），多重比较发现，外地城市户口的关系流动性程度显著低于本地城市户口、本地农村户口和外地农村户口。居住类型对关系流动性程度具有显著影响（F = 18.15，p < 0.001），多重比较分析发现，居住在市/县城的中心城区的被调查者关系流动性程度显著高于居住在市/县城的边缘城区、市/县城的城乡结合部、市/县城以外的镇和农村的被调查者，居住在市/县城的边缘城区的被调查者关系流动性程度显著高于居住在市/县城的城乡结合部、市/县城以外的镇和农村的被调查者，居住在市/县城的城乡结合部的被调查者关系流动性程度显著低于居住在农村的被调查者，居住在市/县城以外的镇的被调查者关系流动性程度与居住在市/县城的城乡结合部和农村的被调查者之间无显著差异。

家庭月收入对关系流动性程度具有显著影响（F = 6.91，p <0.001），多重比较分析发现，家庭月收入 2000 元及以下的被调查者关系流动性程度显著低于其他组别的被调查者，家庭月收入 2001~6000 元的被调查者关系流动性程度显著低于家庭月收入 3 万~4.5 万元和 6 万~10 万元的被调查者。就业性质对关系流动性程度具有显著影响（F = 3.89，p <0.001），多重比较分析发现，学生群体的关系流动性程度显著高于无工作、辞职和非固定工作者，而在职工作者的关系流动性程度显著高于无工作、辞职、非固定工作和失业者。

社区类型对关系流动性程度具有显著影响（F = 6.23，p <0.001），多重比较分析发现，社区类型是保障性住房社区的被调查者关系流动性程度显著低于居住在未经改造的老城区（街坊型社区）、单一或混合的单位社区、普

通商品房小区、新近由农村社区转变过来的城市社区（村改居、村居合并或"城中村"）和农村的被调查者。社区类型是别墅区或高级住宅区的被调查者关系流动性程度显著低于居住在未经改造的老城区（街坊型社区）、单一或混合的单位社区、普通商品房小区、新近由农村社区转变过来的城市社区（村改居、村居合并或"城中村"）和农村的被调查者。

二 关系流动性与社会心态各层次的关系

（一）关系流动性对社会心态各层次的影响

从表5-5、表5-6和表5-7中可知，关系流动性与社会心态基本层次的安全感、公平感呈显著正相关，与稳定感、压力感和公正感呈显著负相关。关系流动性与社会心态次级层次的信任感、国家认同、城市认同和支持感呈显著正相关。关系流动性与社会心态高级层次的生活满意度和幸福感呈显著正相关。

表5-5　关系流动性与社会心态基本层次的相关关系

序号	变量	1	2	3	4	5
1	关系流动性					
2	安全感	0.114**				
3	稳定感	−0.083**	−0.273**			
4	压力感	−0.170**	−0.218**	0.288**		
5	公平感	0.186**	0.520**	−0.285**	−0.265**	
6	公正感	−0.077**	0.135**	0.073**	0.051**	0.042**

表5-6　关系流动性与社会心态次级层次的相关关系

序号	变量	1	2	3	4
1	关系流动性				
2	信任感	0.146**			
3	国家认同	0.295**	0.191**		
4	城市认同	0.282**	0.176**	0.501**	
5	支持感	0.232**	0.250**	0.416**	0.460**

表 5-7　关系流动性与社会心态高级层次的相关关系

序号	变量	1	2
1	关系流动性		
2	生活满意度	0.110**	
3	幸福感	0.190**	0.414**

为控制性别、年龄、受教育程度、个人月收入、婚姻状况、家庭规模和住房等变量的影响，分析关系流动性与社会心态基本层次、次级层次和高级层次的关系，首先以关系流动性为自变量，以社会心态基本层次、次级层次和高级层次为因变量，进行多重线性回归分析。自变量采用层次进入的方式，考察每层中增加的变量对回归方程解释力度的影响，从而判定增加的变量是否和因变量独立关联。具体而言，第一层进入性别、年龄、受教育程度、个人月收入、婚姻状况、家庭规模和住房等人口学变量，其中女性、未婚、无房为参照组；第二层进入关系流动性。每层变量采用全部进入方式，结果如表 5-8 所示。从表中可知，关系流动性对社会心态基本层次、次级层次和高级层次均有显著正向影响，从标准回归系数来看关系流动性的回归系数最大，意味着关系流动性在社会心态基本层次、次级层次和高级层次中具有最高的相关度，其中在社会心态基本层次和高级层次的标准回归系数小于在社会心态次级层次的标准回归系数。

为了探讨关系流动性对于社会心态哪个层次的影响更大，对关系流动性在社会心态三个层次的回归系数进行差异检验。分析发现，关系流动性对社会心态基本层次的影响程度显著小于社会心态次级层次（Z=-20.366，p<0.001），显著小于社会心态高级层次（Z=-4.933，p<0.001），关系流动性对社会心态次级层次的影响程度显著大于社会心态高级层次（Z=12.804，p<0.001），由此可见，关系流动性对社会心态三个层次的影响程度从高到低依次为社会心态次级层次、社会心态高级层次和社会心态基本层次。

（二）关系流动性两维度对社会心态各层次的影响

为了进一步明确关系流动性的两个维度对社会心态不同层次的影响，参

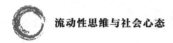

表 5-8 关系流动性对社会心态基本层次、次级层次和高级层次的回归分析结果

| 因变量 | 预测变量 | B | 95%CI for B | | SE | β | R² | △R² | △F |
			LL	UL					
	模型一						0.033	0.033	78.040***
	性别	0.018	−0.001	0.037	0.010	0.014			
	年龄	0.002*	0.000	0.003	0.001	0.023			
	受教育程度	0.043***	0.034	0.051	0.005	0.077			
	个人月收入	0.035***	0.029	0.041	0.003	0.098			
	婚姻状况	−0.063***	−0.088	−0.038	0.013	−0.052			
	家庭规模	0.005	−0.003	0.012	0.004	0.010			
	住房	0.148***	0.128	0.169	0.010	0.122			
社会心态基本层次	**模型二**						0.060	0.027	454.475***
	性别	0.034***	0.015	0.053	0.010	0.028			
	年龄	0.001*	0.000	0.003	0.001	0.020			
	受教育程度	0.042***	0.033	0.050	0.004	0.075			
	个人月收入	0.036***	0.030	0.041	0.003	0.099			
	婚姻状况	−0.064***	−0.089	−0.039	0.013	−0.052			
	家庭规模	0.003	−0.004	0.010	0.004	0.006			
	住房	0.147***	0.127	0.167	0.010	0.121			
	关系流动性	0.190***	0.173	0.208	0.009	0.165			

续表

因变量	预测变量	B	95%CI for B LL	95%CI for B UL	SE	β	R^2	$\triangle R^2$	$\triangle F$
	模型一						0.010	0.010	23.796***
	性别	-0.042***	-0.065	-0.019	0.012	-0.029			
	年龄	0.003**	0.001	0.005	0.001	0.030			
	受教育程度	0.031***	0.021	0.042	0.005	0.048			
	个人月收入	0.001	-0.006	0.008	0.004	0.002			
	婚姻状况	-0.018	-0.048	0.012	0.015	-0.012			
	家庭规模	0.025***	0.016	0.034	0.005	0.044			
	住房	0.113***	0.089	0.138	0.013	0.078			
社会心态次级层次	模型二						0.123	0.113	2048.298***
	性别	-0.003	-0.024	0.019	0.011	-0.002			
	年龄	0.002*	0.000	0.004	0.001	0.024			
	受教育程度	0.029***	0.019	0.039	0.005	0.044			
	个人月收入	0.002	-0.005	0.009	0.003	0.004			
	婚姻状况	-0.020	-0.048	0.009	0.015	-0.014			
	家庭规模	0.021***	0.013	0.030	0.004	0.038			
	住房	0.110***	0.087	0.133	0.012	0.076			
	关系流动性	0.464***	0.444	0.484	0.010	0.338			

181

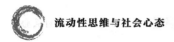

续表

因变量	预测变量	B	95%CI for B		SE	β	R²	ΔR²	ΔF
			LL	UL					
社会心态高级层次	**模型一**						0.028	0.028	65.922***
	性别	-0.073***	-0.099	-0.047	0.013	-0.043			
	年龄	0.005***	0.003	0.007	0.001	0.047			
	受教育程度	0.033***	0.021	0.045	0.006	0.043			
	个人月收入	0.042***	0.034	0.050	0.004	0.085			
	婚姻状况	0.014	-0.021	0.049	0.018	0.008			
	家庭规模	0.025***	0.014	0.035	0.005	0.037			
	住房	0.197***	0.168	0.225	0.014	0.117			
	模型二						0.055	0.027	456.135***
	性别	-0.050***	-0.076	-0.024	0.013	-0.030			
	年龄	0.005***	0.003	0.007	0.001	0.045			
	受教育程度	0.031***	0.019	0.043	0.006	0.041			
	个人月收入	0.043***	0.034	0.051	0.004	0.086			
	婚姻状况	0.013	-0.022	0.047	0.018	0.008			
	家庭规模	0.022***	0.012	0.033	0.005	0.034			
	住房	0.195***	0.167	0.223	0.014	0.116			
	关系流动性	0.264***	0.239	0.288	0.012	0.165			

照上述流程以社会心态各层次的指标为因变量，进行多重线性回归分析。从表5-9中发现，关系流动性的两个维度与社会心态基本层次的关联有所差异。个体感知到周围的人容易结识新人影响了个体感知到的安全感、压力感和公平感，结识新人程度越高，个体体验到越高的安全感和公平感、越低的压力感。个体感知到周围的人容易选择自己交往伙伴或者容易退出伙伴关系影响了个体感知到的安全感、稳定感、压力感、公平感和公正感，这种选择朋友程度越高，个体体验到越高的安全感和公平感，越低的稳定感、压力感和公正感。

关系流动性的两个维度在社会心态基本层次的心理意义有所不同，周围个体容易结识新人总体具有较为正向的效应，给个体带来积极影响，而周围个体容易摆脱旧关系的束缚则具有两面影响，虽然带来了安全感、公平感，但也体验到较低的稳定感、压力感和公正感。这种不同可能与摆脱旧关系的角色地位有关，当个体想摆脱旧关系时，知觉周边人容易摆脱旧关系给个体带来了积极的体验，但如果个体处于被摆脱的地位时，这种容易摆脱旧关系则带来了消极体验，感受到人际关系的压力感和被摆脱的不公正感。

从表5-10中发现，关系流动性的两个维度与社会心态次级层次的关联有所差异。个体感知到周围的人容易结识新人的程度越高，个体感知到的信任感、认同感和支持感越高。个体感知到周围的人容易选择自己交往伙伴或者容易退出伙伴关系的程度越高，个体感知到的信任感和国家认同越高，但这种体验对个体知觉到的城市认同和支持感没有影响。周围个体容易结识新人总体具有较为正向的效应，给个体带来积极影响。尤其是对于城市认同与支持感，结识新人给个体提供了更多的城市认同和支持感，但周围个体容易摆脱旧关系的束缚却无法给个体提供城市认同和支持感。

从表5-11中发现，关系流动性的两个维度与社会心态高级层次的关联有所差异。个体感知到周围的人容易结识新人的程度越高，个体感知到的生活满意度和幸福感越高。个体感知到周围的人容易选择自己交往伙伴或者容易退出伙伴关系的程度对个体的生活满意度和幸福感没有影响，结识新人较之于选择朋友更能预测个体的社会心态高级层次。

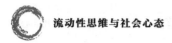

表 5-9　关系流动性对社会心态初级层次各维度的回归分析结果

因变量	预测变量	B	95%CI for B LL	95%CI for B UL	SE	β	R^2	$\triangle R^2$	$\triangle F$
	模型一								
	性别	0.139***	0.106	0.172	0.017	0.067	0.019	0.019	44.230**
	年龄	0.005***	0.002	0.007	0.001	0.036			
	受教育程度	0.017*	0.002	0.033	0.008	0.019			
	个人月收入	0.043***	0.032	0.053	0.005	0.069			
	婚姻状况	-0.142***	-0.185	-0.098	0.022	-0.068			
	家庭规模	0.017*	0.004	0.030	0.007	0.020			
	住房	0.151***	0.116	0.186	0.018	0.073			
安全感	模型二								
	性别	0.160***	0.127	0.192	0.017	0.076	0.037	0.019	152.510**
	年龄	0.004**	0.001	0.007	0.001	0.031			
	受教育程度	0.015	0.000	0.030	0.008	0.016			
	个人月收入	0.043***	0.033	0.054	0.005	0.071			
	婚姻状况	-0.141***	-0.184	-0.098	0.022	-0.067			
	家庭规模	0.015*	0.002	0.027	0.007	0.018			
	住房	0.150***	0.115	0.185	0.018	0.072			
	结识新人	0.190***	0.165	0.215	0.013	0.128			
	选择朋友	0.033*	0.002	0.063	0.016	0.018			

续表

因变量	预测变量	B	95%CI for B LL	95%CI for B UL	SE	β	R²	△R²	△F
	模型一						0.006	0.006	14.295**
	性别	0.055***	0.026	0.083	0.015	0.030			
	年龄	5.62E-05	-0.002	0.002	0.001	0.001			
	受教育程度	-0.008	-0.021	0.005	0.007	-0.010			
	个人月收入	-0.008	-0.018	0.001	0.005	-0.016			
	婚姻状况	0.062**	0.024	0.100	0.019	0.034			
	家庭规模	-0.002	-0.014	0.009	0.006	-0.003			
	住房	-0.136***	-0.166	-0.105	0.016	-0.076			
稳定感	模型二						0.014	0.008	65.092**
	性别	0.043**	0.015	0.071	0.015	0.024			
	年龄	0.000	-0.002	0.002	0.001	0.001			
	受教育程度	-0.008	-0.021	0.005	0.007	-0.010			
	个人月收入	-0.009	-0.018	0.000	0.005	-0.016			
	婚姻状况	0.064**	0.026	0.101	0.019	0.035			
	家庭规模	-0.001	-0.013	0.010	0.006	-0.002			
	住房	-0.135***	-0.165	-0.104	0.016	-0.075			
	结识新人	-0.014	-0.036	0.008	0.011	-0.011			
	选择朋友	-0.134***	-0.161	-0.107	0.014	-0.085			

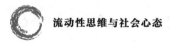

续表

因变量	预测变量	B	95% CI for B		SE	β	R²	ΔR²	ΔF
			LL	UL					
	模型一						0.031	0.031	73.107**
	性别	0.071***	0.038	0.104	0.017	0.034			
	年龄	0.003*	0.000	0.005	0.001	0.020			
	受教育程度	-0.078***	-0.094	-0.063	0.008	-0.082			
	个人月收入	-0.028***	-0.039	-0.018	0.005	-0.046			
	婚姻状况	-0.024	-0.068	0.019	0.022	-0.011			
	家庭规模	0.009	-0.004	0.022	0.007	0.011			
	住房	-0.250***	-0.285	-0.215	0.018	-0.119			
压力感	模型二						0.060	0.029	243.125**
	性别	0.042*	0.010	0.074	0.016	0.020			
	年龄	0.003*	0.001	0.006	0.001	0.024			
	受教育程度	-0.076***	-0.091	-0.061	0.008	-0.080			
	个人月收入	-0.029***	-0.039	-0.019	0.005	-0.047			
	婚姻状况	-0.023	-0.066	0.020	0.022	-0.011			
	家庭规模	0.012	-0.001	0.024	0.006	0.014			
	住房	-0.248***	-0.282	-0.213	0.018	-0.118			
	结识新人	-0.162***	-0.187	-0.137	0.013	-0.108			
	选择朋友	-0.172***	-0.203	-0.142	0.016	-0.094			

续表

因变量	预测变量	B	95%CI for B		SE	β	R²	△R²	△F
			LL	UL					
	模型一						0.021	0.021	50.564 **
	性别	-0.007	-0.040	0.027	0.017	-0.003			
	年龄	0.006 ***	0.003	0.009	0.001	0.046			
	受教育程度	0.073 ***	0.057	0.088	0.008	0.074			
	个人月收入	0.054 ***	0.043	0.065	0.005	0.085			
	婚姻状况	-0.086 ***	-0.131	-0.041	0.023	-0.040			
	家庭规模	0.022 **	0.009	0.035	0.007	0.026			
	住房	0.162 ***	0.125	0.198	0.018	0.075			
公平感	模型二						0.063	0.041	350.403 **
	性别	0.027	-0.007	0.060	0.017	0.012			
	年龄	0.005 ***	0.003	0.008	0.001	0.040			
	受教育程度	0.069 ***	0.053	0.084	0.008	0.070			
	个人月收入	0.055 ***	0.045	0.066	0.005	0.087			
	婚姻状况	-0.085 ***	-0.129	-0.041	0.022	-0.039			
	家庭规模	0.019 **	0.006	0.032	0.007	0.022			
	住房	0.160 ***	0.124	0.195	0.018	0.074			
	结识新人	0.278 ***	0.253	0.304	0.013	0.182			
	选择朋友	0.084 ***	0.053	0.115	0.016	0.044			

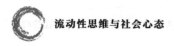

续表

因变量	预测变量	B	95% CI for B		SE	β	R²	ΔR²	ΔF
			LL	UL					
公正感	模型一						0.009	0.010	22.242**
	性别	0.081***	0.048	0.114	0.017	0.038			
	年龄	0.000	-0.002	0.003	0.001	0.004			
	受教育程度	0.036***	0.021	0.052	0.008	0.038			
	个人月收入	0.042***	0.032	0.053	0.005	0.068			
	婚姻状况	-0.050*	-0.094	-0.006	0.023	-0.024			
	家庭规模	-0.009	-0.022	0.004	0.007	-0.011			
	住房	0.042*	0.007	0.078	0.018	0.020			
	模型二						0.018	0.009	71.315**
	性别	0.069***	0.036	0.102	0.017	0.032			
	年龄	0.000	-0.002	0.003	0.001	0.003			
	受教育程度	0.036***	0.020	0.051	0.008	0.037			
	个人月收入	0.042***	0.032	0.053	0.005	0.068			
	婚姻状况	-0.048*	-0.092	-0.004	0.023	-0.023			
	家庭规模	-0.008	-0.021	0.005	0.007	-0.010			
	住房	0.044*	0.008	0.079	0.018	0.021			
	结识新人	0.023	-0.003	0.048	0.013	0.015			
	选择朋友	-0.184***	-0.216	-0.153	0.016	-0.099			

表 5-10　关系流动性对社会心态级层次各维度的回归分析结果

因变量	预测变量	B	95%CI for B		SE	β	R^2	ΔR^2	ΔF
			LL	UL					
	模型一						0.006	0.006	13.648 ***
	性别	0.005	-0.031	0.041	0.018	0.002			
	年龄	-0.005 ***	-0.008	-0.003	0.001	-0.038			
	受教育程度	0.065 ***	0.048	0.082	0.009	0.063			
	个人月收入	-0.002	-0.014	0.009	0.006	-0.004			
	婚姻状况	-0.025	-0.073	0.022	0.024	-0.011			
	家庭规模	0.012	-0.002	0.027	0.007	0.014			
	住房	0.076 ***	0.038	0.115	0.020	0.034			
信任感	模型二						0.029	0.024	193.968 ***
	性别	0.033	-0.003	0.068	0.018	0.014			
	年龄	-0.006 ***	-0.009	-0.003	0.001	-0.042			
	受教育程度	0.062 ***	0.046	0.079	0.008	0.061			
	个人月收入	-0.002	-0.013	0.010	0.006	-0.002			
	婚姻状况	-0.025	-0.072	0.022	0.024	-0.011			
	家庭规模	0.010	-0.004	0.024	0.007	0.011			
	住房	0.074 ***	0.036	0.112	0.019	0.033			
	结识新人	0.200 ***	0.172	0.227	0.014	0.124			
	选择朋友	0.108 ***	0.075	0.142	0.017	0.055			

续表

因变量	预测变量	B	95%CI for B		SE	β	R²	ΔR²	ΔF
			LL	UL					
	模型一						0.014	0.014	32.596***
	性别	-0.123***	-0.160	-0.086	0.019	-0.052			
	年龄	0.11***	0.008	0.014	0.001	0.075			
	受教育程度	-0.014	-0.031	0.003	0.009	-0.013			
	个人月收入	-0.033***	-0.045	-0.021	0.006	-0.048			
	婚姻状况	0.027	-0.022	0.076	0.025	0.011			
	家庭规模	0.04***	0.026	0.055	0.007	0.044			
	住房	0.034	-0.006	0.074	0.020	0.015			
国家认同	模型二						0.121	0.108	971.000***
	性别	-0.067***	-0.102	-0.032	0.018	-0.028			
	年龄	0.009***	0.007	0.012	0.001	0.065			
	受教育程度	-0.021**	-0.038	-0.005	0.008	-0.020			
	个人月收入	-0.031***	-0.042	-0.020	0.006	-0.044			
	婚姻状况	0.029	-0.017	0.075	0.024	0.012			
	家庭规模	0.035***	0.021	0.048	0.007	0.037			
	住房	0.031	-0.006	0.068	0.019	0.013			
	结识新人	0.515***	0.488	0.541	0.014	0.308			
	选择朋友	0.092***	0.059	0.125	0.017	0.045			

续表

因变量	预测变量	B	95%CI for B LL	95%CI for B UL	SE	β	R²	△R²	△F
	模型一						0.022	0.022	50.941***
	性别	-0.064***	-0.095	-0.033	0.016	-0.032			
	年龄	0.001	-0.001	0.003	0.001	0.009			
	受教育程度	0.005	-0.010	0.019	0.007	0.005			
	个人月收入	0.021***	0.011	0.031	0.005	0.036			
	婚姻状况	-0.017	-0.058	0.024	0.021	-0.009			
	家庭规模	0.021**	0.009	0.033	0.006	0.027			
	住房	0.266***	0.233	0.299	0.017	0.136			
城市认同	模型二						0.140	0.119	1096.975***
	性别	-0.018	-0.047	0.011	0.015	-0.009			
	年龄	0.000	-0.003	0.002	0.001	-0.003			
	受教育程度	-0.002	-0.016	0.011	0.007	-0.003			
	个人月收入	0.023***	0.014	0.032	0.005	0.040			
	婚姻状况	-0.014	-0.052	0.025	0.020	-0.007			
	家庭规模	0.016**	0.005	0.028	0.006	0.021			
	住房	0.264***	0.233	0.295	0.016	0.134			
	结识新人	0.486***	0.464	0.508	0.011	0.347			
	选择朋友	-0.005	-0.033	0.022	0.014	-0.003			

191

续表

因变量	预测变量	B	95%CI for B LL	95%CI for B UL	SE	β	R²	ΔR²	ΔF
	模型一						0.016	0.017	38.676***
	性别	0.013	-0.013	0.039	0.013	0.008			
	年龄	0.004***	0.002	0.006	0.001	0.042			
	受教育程度	0.069***	0.057	0.081	0.006	0.092			
	个人月收入	0.018***	0.010	0.026	0.004	0.038			
	婚姻状况	-0.056**	-0.090	-0.021	0.018	-0.034			
	家庭规模	0.027***	0.017	0.037	0.005	0.042			
	住房	0.076***	0.049	0.104	0.014	0.047			
支持感	模型二						0.093	0.076	667.385***
	性别	0.045***	0.020	0.070	0.013	0.027			
	年龄	0.003**	0.001	0.005	0.001	0.033			
	受教育程度	0.064***	0.053	0.076	0.006	0.086			
	个人月收入	0.020***	0.012	0.028	0.004	0.041			
	婚姻状况	-0.054**	-0.087	-0.021	0.017	-0.033			
	家庭规模	0.024***	0.014	0.034	0.005	0.037			
	住房	0.075***	0.048	0.101	0.014	0.046			
	结识新人	0.319***	0.300	0.338	0.010	0.273			
	选择朋友	0.014	-0.009	0.038	0.012	0.010			

表 5-11 关系流动性对社会心态高级层次各维度的回归分析结果

因变量	预测变量	B	95%CI for B		SE	β	R²	△R²	△F
			LL	UL					
	模型一						0.040	0.040	94.906***
	性别	-0.136***	-0.173	-0.099	0.019	-0.057			
	年龄	0.005**	0.002	0.008	0.001	0.032			
	受教育程度	0.064***	0.047	0.082	0.009	0.059			
	个人月收入	0.056***	0.045	0.068	0.006	0.080			
	婚姻状况	0.074**	0.024	0.123	0.025	0.031			
	家庭规模	0.029***	0.014	0.044	0.007	0.031			
	住房	0.331***	0.292	0.371	0.020	0.139			
生活满意度	模型二						0.055	0.016	130.143***
	性别	-0.115***	-0.151	-0.078	0.019	-0.048			
	年龄	0.004**	0.001	0.007	0.001	0.029			
	受教育程度	0.061***	0.044	0.078	0.009	0.057			
	个人月收入	0.057***	0.046	0.069	0.006	0.081			
	婚姻状况	0.075**	0.026	0.124	0.025	0.031			
	家庭规模	0.027***	0.012	0.041	0.007	0.029			
	住房	0.330***	0.291	0.370	0.020	0.139			
	结识新人	0.204***	0.176	0.233	0.014	0.120			
	选择朋友	0.022	-0.013	0.057	0.018	0.010			

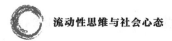

续表

因变量	预测变量	B	95%CI for B		SE	β	R²	ΔR²	ΔF
			LL	UL					
	模型一						0.007	0.008	17.630***
	性别	-0.01	0.013	-0.006	-0.035	0.015			
	年龄	0.005***	0.001	0.052	0.003	0.007			
	受教育程度	0.001	0.006	0.002	-0.010	0.013			
	个人月收入	0.028***	0.004	0.060	0.020	0.036			
	婚姻状况	-0.046**	0.017	-0.029	-0.079	-0.013			
	家庭规模	0.02***	0.005	0.032	0.010	0.030			
	住房	0.062***	0.014	0.039	0.035	0.088			
幸福感	模型二						0.064	0.057	481.332***
	性别	0.015	-0.009	0.039	0.012	0.009			
	年龄	0.004***	0.002	0.006	0.001	0.044			
	受教育程度	-0.003	-0.014	0.008	0.006	-0.004			
	个人月收入	0.029***	0.021	0.037	0.004	0.062			
	婚姻状况	-0.044**	-0.076	-0.012	0.016	-0.028			
	家庭规模	0.017***	0.008	0.027	0.005	0.028			
	住房	0.061***	0.035	0.087	0.013	0.039			
	结识新人	0.273***	0.254	0.291	0.010	0.243			
	选择朋友	-0.015	-0.038	0.008	0.012	-0.011			

第三节　关系流动性嵌入社会心态层次结构

一　嵌入社会心态层次结构的前提：关系流动性的特性

人口数据分析揭示了关系流动性在宏观层面具有稳定性、均衡性，在微观层面具有客观对应性，其中宏观层面的稳定性和均衡性是其能够嵌入社会心态层次结构的前提，这一稳定性与均衡性意味着关系流动性这一概念具备可探讨的基础，它成为一种较为普遍的社会现象。微观层面的客观对应性是关系流动性能够嵌入社会心态层次结构的核心，关系流动性能够与客观对应预示着关系流动性对客观现实的敏感性，灵敏反映客观现实是关系流动性这一概念探讨的价值。

（一）宏观层面关系流动性具有稳定性与均衡性

关系流动性的稳定性和均衡性是其能够嵌入社会心态层次结构的前提。关系流动性的稳定性和均衡性表现在，关系流动性在华东、华南、华中、华北、西北、西南和东北七大区域，在不同省份、不同城市之间不存在显著的差异，呈现跨区域、跨省份、跨城市的稳定性和均衡性。关系流动性在不同分析视角均为中等程度，与已有研究结果相一致。关系流动性在东亚的程度并不高，对国内新生代农民工关系流动性的调查发现，新生代农民工的关系流动性处于中等偏下程度（胡晓艳，2015）。这些结果从侧面反映面对与以往相比越来越频繁的居住流动和工作流动，在心理层面人们认为周围的人遇到新伙伴和选择自己交往伙伴的情况较为良好。

关系流动性的稳定性和均衡性在不同文化中也有体现。Milfont 等（2020）首次采用大规模的调查研究考察关系流动性在一个国家内的变化程度，通过两项研究探索了巴西 27 个州和 5 个地理社会政治区域之间关系流动性的相似性或可变性，结果证实了关系流动性量表在巴西各州受访者中的测量等效性，巴西各地区和各州的关系流动性得分趋于一致，表明巴西人在选择新伙伴的机会数量方面有着共同的民族文化。

（二）微观层面关系流动性具客观对应性

客观对应性是关系流动性能够嵌入社会心态层次结构的核心。人口学的分析结果揭示了关系流动性的客观现实性，它有效地反映了当前个体人际关系网络建构的可能性，与客观人际关系网络建构呈较强的对应关系，表现在如下几个方面。

一是女性的关系流动性程度显著高于男性，反映了男女两性对周围人是否能够遇到新伙伴以及可否自由选择自己交往伙伴的判断存在差异，女性倾向认为周围人容易遇到新伙伴和选择新关系，男性则认为周围人并不容易遇到新伙伴和建立新关系。

二是如果以流动性的视角考察不同单位性质会发现，党政机关、事业单位属于流动性较低的单位，人们想要进入或者离开这些单位本身也较难。相比之下，国有企业、外资企业和合资企业内部的人员流动相对自由，而私营企业较之于其他性质的单位则属于流动自由度更高的单位。与之相匹配的是，处于这些单位的被调查者知觉到的周围人的关系流动性程度与该单位的流动性程度呈现一一对应的关系。属于体制内且流动性较低的党政机关的被调查者知觉到的关系流动性程度较低，而属于体制外且流动性较高的私营企业的被调查者知觉到较高的关系流动性。

三是在就业类型上，学生群体作为未来参与流动的主力军其关系流动性特征较为明显。他们与无工作的被调查者相比持有更高的关系流动性。他们对于关系流动性的看法将影响今后其在职场上的适应性。在职工作者的关系流动性显著高于无工作、辞职、非固定工作和失业者，也说明关系流动性从侧面反映了个体的适应性，这种易于找到新朋友和摆脱旧关系的感知使得在职者在职场上具有更大的自由度和灵活性。

二 嵌入社会心态层次结构的相通点：关系流动性的橄榄形结构

与社会心态层次结构相通之处在于关系流动性呈橄榄形结构。这种橄榄形结构表现在不同受教育程度、不同户口、不同居住类型、不同社区类型上。

大学本科学历者知觉到周围人关系流动性的程度显著高于其他受教育程度者。从均值来看，随着受教育程度的提高，个体知觉到的关系流动性程度有所提高，大学本科达到个体关系流动性的最高值后，研究生及以上学历者知觉到的关系流动性程度有所回落，表现出一种倒 U 形的曲线关系。

户口对于关系流动性的影响非常显著，持有外地城市户口的被调查者明显知觉到周围人更低的关系流动性，而持有外地农村户口的被调查者却体验到周围人较高程度的关系流动性。这说明外地城市户口的被调查者认为其所在的群体想要融入当地并非易事，他们一方面可能无法摆脱原所在城市的人际关系，另一方面无法在新流入城市维持其原有的关系网络，更无法在新流入地建立起新关系网络，这将导致他们的融入更加困难。外地农村户口的被调查者因其离开农村进入他乡，这种流动可视为一种向上流动，这部分人群试图冲破城乡二元体制的羁绊，以合理迁移的方式试图实现向上流动，这种主动选择的方式促使他们对周围人的关系流动性持有较积极的看法。

与户口相伴的是人们居住的地区类型。居住在市/县城的中心城区、边缘城区的被调查者较之于居住在城乡结合部和市/县城以外的镇的被调查者持有更高的关系流动性，居住在农村的被调查者知觉到的关系流动性也高于居住在城乡结合部的被调查者。城乡结合部和市/县城以外的镇不仅远离流动性程度较高的城区，而且远离流动性程度较低的农村，这些区域的居住者不仅难以向上流入城区而且排斥向下流入农村，由此可能导致他们一方面无法建立与城区相关联的新关系网络，另一方面无法摆脱与农村相关联的旧关系网络，从而知觉到较低的关系流动性。居住在农村地区的个体因农村的迁出人口较多而迁入人口也较少，关系网络相对比较稳定，他们反而认为其所在的农村建立新的伙伴关系并非易事。

与居住地区相配套的是社区类型，研究发现居住在保障性住房社区的被调查者知觉到的关系流动性小于街坊型社区、单位社区、普通商品房小区、村改居（村居合并或"城中村"）以及农村的被调查者。保障性住房是政府为解决中低收入住房困难家庭而提供的限定标准、限定价格或租金的住房，包含廉租房、经济适用房、政策性租赁住房和定向安置房。保障性住房的性质决定它与家庭收入水平具有密切关系。家庭月收入的分析发现，随着家庭月收入增加关系流动性水平有所提升，当家庭月收入3万~4.5万元时，个体知觉到的关系流动性达到最高值，随后家庭月收入水平增高，关系流动性维持在一个相对较高的水平。可见，保障性住房社区的个体知觉到其所属群体难以建立新的关系网络。居住在别墅或高级住宅区的个体知觉到最低的关系流动性。别墅区或高级住宅区一般都有较强的小区管理系统，这种社区性质自身具有过滤功能，将底层人员排除在外，居住在此社区的个体相对同质，高级住宅区的住户相互较少往来，社区内部关系流动性相对较低。

三　关系流动性与社会心态的层次结构

关系流动性所具有的稳定性、均衡性和客观对应性，以及关系流动性的橄榄形结构意味着关系流动性与社会心态不同层次之间存在紧密的关联，从标准回归系数来看，关联度最高的是社会心态次级层次。社会心态次级层次是从关系角度入手，界定了个体与一般他人的关系（信任感）、个体与重要他人的关系（支持感）、个体与所处城市的联结（城市认同）以及个体与国家之间的联结（国家认同），正是这种关系型认知使其与社会心态基本层次、社会心态高级层次之间的距离更远。

关系流动性的两个维度对于社会心态各个层次的影响差异较大，感知到周围个体结识新人的可能性带来了一系列社会心态的积极影响，而选择自己交往伙伴或者容易退出伙伴关系的程度却在不同层次社会心态上产生不同影响，选择朋友的可能性降低了稳定感和公正感，对于城市认同、支持感、生活满意度和幸福感均不具有显著的预测作用，这也意味着关系流动性的两个维度在中国人身上具有不同的蕴含。

虽然结识新人与社会心态的关联稳定性强于选择朋友，但是关系流动性的两个维度与社会心态基本层次的关联稳定性一般，结识新人在安全感、公平感中的标准回归系数最大，在压力感中的标准回归系数仅次于住房和选择朋友。选择朋友在稳定感、公正感中的标准回归系数较大。这可能与社会心态基本层次囊括层面较广有较大的关系。在社会心态的基本层次中，安全感主要基于个体在社会生活中感受到的方方面面，稳定感可能更多反映的是对社会中不同群体之间关系的判断，压力感则是与基本生活需要相关而个体能否承载的感受，公平感则是对付出与所得之间的平衡，公正感反映社会是否遵循公平正义之间的关系。因此，个体单纯感知到周围人构建或者摆脱人际关系的难易与社会心态基本层次的弱关联是较为合理的。

在社会心态次级层次中，结识新人在信任感、国家认同、城市认同和支持感中的标准回归系数最大，且较为稳定，选择朋友只在信任感和国家认同中有显著的预测作用，起更为稳定且有效的作用。这与社会心态次级层次较为集中有关，次级层次展示的是社会心态中与关系性有关的成分，支持感是从人与家人、朋友的角度谈社会心态，信任感是从人与陌生人的角度谈社会心态，城市认同是从人与城市的角度谈社会心态，而国家认同则是从人与国家的角度谈社会心态。从理论上说，社会心态次级层次与关系流动性之间有着更为紧密的结合，实证数据对此提供了支持。

在社会心态高级层次中，选择朋友在生活满意度和幸福感中都不具有显著的预测作用，只有结识新人在生活满意度和幸福感中有着预测作用。这似乎意味着能否选择朋友或者能否摆脱不良的交往关系不是中国人在人际关系重建中的聚焦点，也不是中国人生活满意度或幸福感等社会心态高级层次的来源，相反，能够扩展社会交往的圈子和社会交往的规模才是影响民众幸福感的所在，这似乎也体现了中国人对人际交往的重视度，展现了流动性社会中拓展人际交往圈子对于个体流动生活的价值凸显。

基于无论是从学理上还是从实证上，关系流动性与社会心态基本层次之间的关联度都较低，在随后关系流动性与行为意向的研究部分，将着重点分析关系流动性如何通过社会心态的次级层次影响行为意向。

第六章

关系流动性的社会心理效应

正如第五章关系流动性与社会心态的论述，关系流动性影响了社会认知、自我概念、人际交流等，本章试图在第五章探讨关系流动性对社会心态的影响基础上，从亲密关系和居留意愿两个角度探索关系流动性的社会心理效应。第一节从客观人力资本角度探索其在关系流动性对婚姻满意度的影响中有何作用，第二节从主观社会阶层角度探讨关系流动性在价值观对婚姻质量的影响中起何作用，第三节探讨关系流动性在流动人口的居住流动意愿中的作用，以此判断流动人口的心理融入，第四节进一步探讨在关系流动性对居留意愿的影响中认同感起何种作用。

第一节　关系流动性、人力资本与婚姻满意度

一　文献综述

近年来，离婚率逐年攀升成为人们讨论和热议的话题。《2019 年民政事业发展统计公报》显示，2019 年全国办理离婚手续 470.1 万对，比上年增长 5.4%。2019 年离婚率为 3.4‰，比上年增加 0.2 个千分点。与此同时，我国的结婚率逐年下降。数据显示，2019 年我国的结婚率为 6.6‰，比上年降低 0.7 个千分点。有研究者指出，2019 年我国的离婚率超过韩国和新加

坡，这标志着我国成为离婚率较高的国家之一（杨菊华、孙超，2021），离婚现象的增多，是我国婚姻稳定性减弱的反映。那么，如何降低我国的离婚率，提高婚姻稳定性？本质上需要依赖婚姻质量的提升。

婚姻满意度（marital satisfaction）是指已婚个体对于配偶和婚姻关系的主观看法和感受（徐安琪、叶文振，1998）。在婚姻满意度的影响因素研究中，个体的婚姻满意度会受到性别、人力资本、沟通模式、婚龄以及孩子数量等客观因素的影响。在这些客观因素中，人力资本和性别两因素受到了学者的普遍关注。经济学家加里·贝克尔（Garys Becker）最早主张将婚姻关系看作市场关系，并将人力资本概念引入婚姻关系研究之中，婚配双方基于人力资本因素（如学历、收入等）选择的不同婚配模式对婚姻满意度产生影响，夫妻双方拥有较多人力资本（双方高学历、高收入）且双方平等分担养家糊口责任的家庭，婚姻满意度相对来说也较高（Helms et al.，2010）。部分研究者指出婚姻满意度存在显著的性别差异，男性的婚姻满意度显著高于女性，然亦有学者认为男女婚姻满意度之间的差距较小（王存同、余姣，2013）。

现有关于婚姻满意度影响因素的研究存在以下几个方面不足。一是研究较少讨论客观因素之间如何相互作用从而对婚姻满意度产生影响。同样的学历层次（如本科），就女性而言其所带来的机会成本（如更大的人际关系网络）可能高于男性，因此对女性婚姻满意度的影响程度可能显著高于男性。二是研究鲜少关注同一种客观因素在不同社会生态环境下对性别影响婚姻满意度的程度可能有差异。如同样的学历层次（如本科），就女性而言其所带来的机会成本（如更大的人际关系网络）在一个高流动性的社会可能显著低于低流动性的社会，因此其对女性婚姻满意度的影响可能在不同社会心态环境下程度不同。三是研究未深入挖掘客观因素所蕴含的心理属性对婚姻满意度的影响。个体主观心理因素对婚姻满意度具有重要影响（李原，2020），婚姻中个体的目标追求以及遇到矛盾时个体的归因方式选择等均影响婚姻满意度。人力资本，尤其是学历和收入，天然带有心理属性。高人力资本较之于低人力资本的个体可能更容易建立稳固的人际关系，更容易建立更大的人际关系网络。如若将婚姻作为一种特殊的人际关系，那么人力资本的这一心理属性可能对婚姻满意度产生影响。社会生态心理学认为，个体的心理和行为作用于其所处社会环境的同时，其所处的社会环境也在一定程度上塑造个体的心理和行为模式。婚姻满意度作为个体评价其对婚姻关系满意程度的一个指标，作为个体的主观感受，也会受到其所处生态环境中人际关系的影响。而关系流动性作为反映社会生态因素的一个重要指标，与个体所处特定社会情境下的人际关系有关（陈咏媛、康萤仪，2015）。

本节旨在基于性别视角，对关系流动性与婚姻满意度的关系进行考察。同时，考虑到人力资本是影响婚姻满意度的重要因素，本节还将在性别视角下，对人力资本与关系流动性和婚姻满意度的关系进行进一步研究。

（一）关系流动性与婚姻满意度

关系流动性作为一种社会生态因素会诱发生态压力，因此，催生了不同的环境适应性规则（Oishi et al.，2015）。在亲密关系中，当个体处于高关系流动性情境中，为了与拥有迷人特质的伴侣保持亲密关系，个体在心理上和行为上都会倾向于在这段关系中投入更多。例如，在心理上会对对方产生更强烈的亲密感和爱意。在行为上给对方更多的社会支持，并且更倾向于选择在亲密伴侣面前自我揭露，将此作为与对方建立亲密关系的承诺（Oishi et al.，2015；Yuki & Schug，2012）。现有研究表明，亲密关系中拥有更多的亲密行为、激情和承诺能够给青年人的关系满意度提升带来积极影响。此外，从关系流动性的定义出发，较高的关系流动性意味着个体感知到自己也可能拥有较多的社交机会。因此，个体本身会拥有更强烈的建立新的社交关系的动机（Oishi et al.，2013）。在这种情况下，当婚姻关系出现问题时，高关系流动性环境下的个体更容易摆脱现有的婚姻关系，建立并展开下一段关系。

（二）人力资本对关系流动性与婚姻满意度的调节作用

人力资本主要通过学历和收入两个指标来衡量。学历变量是影响个体婚姻满意度的重要因素。学历层次较小程度的提升，能够给个体的婚姻稳定带来积极影响。针对不同年龄层次的群体，学历对于婚姻满意度的影响也存在差异。国外学者对已婚的青年人和老年人的婚姻满意度进行考察，其结果发现，青年群体和老年群体的婚姻满意度都存在学历差异，具体表现为青年人或老年人的学历层次越高，对于婚姻的满意程度越高（Anahita et al.，2016）。在婚姻满意度的影响因素研究中，马超等对人力资本的另一个变量收入进行了研究。结果表明，在议价能力的作用下，个人收入的提升显著促进了我国中老年群体婚姻满意度的提升（马超等，2019）。还有国外学者同时考察了学历变量和收入变量对婚姻满意度的影响。结果发现，与学历层次和收入水平都较低的夫妻相比，受过良好教育且收入水平更高的夫妇，其对于婚姻的满意程度也更高（Dakin & Wampler，2008）。这一研究结果与国内研究结果一致。申顺芬和林明鲜对山东地区已婚夫妇婚姻满意度的研究结果也表明，学历层次和个人年收入越高的个体，对于婚姻的满意程度也越高（申顺芬、林明鲜，2013）。

因此，人力资本可能在关系流动性对婚姻满意度的影响中起调节作用。首先，学历能够正向预测个体所获得的社会支持。与高学历人群相比，低学历人群更容易缺少知心朋友和亲密关系伴侣，从而也更容易缺乏这些机构和人群提供的工具性支持和情绪性支持（Weyers et al.，2008）。针对不同群体，社会支持在学历方面的差异也依然存在。有学者对新生代流动人口社会支持在学历方面的差异进行了研究。结果表明，学历越高，新生代流动人口从关系密切朋友处得到的支持和帮助越多（和红、智欣，2012）。此外，还有学者对在职高校教师和高校离退休老人的社会支持进行了研究，结果也表明，学历越高的个体获得的社会支持越多（李相承等，2019）。因此，学历较高的个体，更能够从现有的社会网络中得到较高程度的社会支持。那么可推测，当关系流动性作为一种反映人际关系的生态压力出现时，从现有的包括婚姻关系在内的人际关系中得到更多工具性支持、情感性支持的高学历个体更容易受到这种压力的影响，即关系流动性对于高学历个体婚姻满意度的影响可能更强。而低学历个体从现有社会网络中得到的社会支持较少，因此关系流动性对其婚姻关系满意度的影响可能更弱。

其次，收入变量也会影响个体所获得的社会支持。与高收入群体相比，低收入群体更有可能面临社会隔离，即低收入群体面临更高的知心朋友和亲密关系伴侣缺失的风险，在公共机构中进行社会参与的比例更低，从而也更容易缺乏这些人群和机构所提供的工具性支持和情绪性支持（Weyers et al.，2008）。也有国内学者对新生代流动人口的社会支持进行了研究。其结果发现，新生代流动人口得到的总体社会支持和社会支持利用度存在显著的收入差异，具体表现为，伴随收入的增加，新生代流动人口获得的总体社会支持以及对于社会支持的利用度有所增加（和红、智欣，2012）。此外，针对失业人群社会支持的研究结果也表明，与未失业人群相比，失业人群得到的社会支持更少（Rözer et al.，2020）。因此，与低收入个体相比，收入较高的个体从现有的社会网络中得到的社会支持更多。那么可推测，当关系流动性作为一种反映人际关系的生态压力出现时，从现有的包括婚姻关系在内的人际关系中得到更多支持的高收入个体更容易受到这种压力的影响，即关系流动性对于高收入个体婚姻关系满意度的影响可能更强。而收入较低的个体，从现有社会网络中得到的社会支持较少，因此关系流动性对其婚姻关系满意度的影响可能更弱。

（三）性别视角下收入对关系流动性和婚姻满意度的调节作用

现有研究结果表明，就男性而言，学历变量对其婚姻满意度的影响并不明显，只有初中及以下学历的男性对于婚姻的满意程度存在显著差异。但学历对于女性的婚姻满意度有显著影响。针对收入变量，男性收入的提升会给其婚姻满意度带来正向影响。但对于女性而言，收入变量对于婚姻满意度的影响较为复杂，妻子相对收入的提升会对其婚姻满意度造成负向影响（Zhang et al.，2012）。还有学者指出，女性相对收入提高对于其家庭满意度的影响存在倒 U 形特点，在相对收入增长初期，相对收入会对女性的家庭满意度产生正向影响，但当相对收入提升至将近 1/2 时，女性的家庭满意度会随收入增加而下降（于若蓉、陈婉琪，2020）。因此，人力资本与关系流动性和婚姻满意度的关系可能存在性别差异，其原因有二。

一是已有研究发现，不同学历层次个体的社会支持和社会支持利用度均存在性别差异。女大学生所获得的社会支持以及对社会支持的利用度均高于男大学生，新生代农民工对于社会支持的利用度也存在性别差异，与男性相比，女性新生代农民工对于社会支持的利用度更高（贺伟婕、曹成刚，2014）。可见，学历变量与关系流动性和婚姻满意度的关系可能存在性别差异。

二是现有的实证研究结果表明，女性高中生家庭收入对于其获得的社会支持具有正向预测作用。但家庭收入对于社会支持的影响机制在男性中并不存在，国外学者针对失业人群社会支持的研究也发现，在失业的影响下，尽管总体上个体得到的社会支持都在减少，但女性从邻居处得到的社会支持减少最多，男性从熟人处得到的社会支持减少最多（Rözer et al.，2020）。可见，收入变量与关系流动性和婚姻满意度的关系也可能存在性别差异。

二　研究结果

（一）关系流动性、婚姻满意度的基本情况

由表6-1可知，关系流动性程度均值为4.28，高于中间值，表明被调查者对周边关系流动性的知觉程度为中等偏上。婚姻满意度均值为5.10，表明被调查者对于婚姻的满意程度处于中等偏上水平。

表6-1　关系流动性和婚姻满意度的描述性统计分析

研究变量	均值	标准差
关系流动性	4.28	0.52
婚姻满意度	5.10	1.29

对关系流动性和婚姻满意度分别进行独立样本t检验，以考察关系流动性和婚姻满意度在性别上是否存在差异。由表6-2可知，关系流动性均值在性别上存在显著差异（$p<0.05$），女性对于关系流动性的感知程度显著高于男性，婚姻满意度均值在性别上存在显著差异（$p<0.05$），男性对于婚姻的满意度显著高于女性。

表6-2 关系流动性和婚姻满意度的性别比较

研究变量	男（M±SD）	女（M±SD）	t
关系流动性	4.24±0.50	4.32±0.53	−11.027
婚姻满意度	5.19±1.26	5.03±1.31	6.175

对关系流动性和婚姻满意度进行单因素方差分析，以考察关系流动性和婚姻满意度在不同学历阶段是否存在显著差异，同时分别考察不同性别下关系流动性和婚姻满意度是否受到学历差异的影响。由表6-3可知，在全样本情况下，关系流动性（p<0.05）和婚姻满意度（p<0.05）在不同学历上存在显著差异。多重比较分析发现，学历为研究生及以上的个体对于关系流动性的感知程度显著低于其他学历层次的个体。学历为初中及以下的个体对于婚姻的满意程度显著低于其他学历层次的个体。男性对于关系流动性的感知程度存在显著的学历差异（p<0.05），多重比较分析发现，学历为研究生及以上的男性对关系流动性的感知程度显著低于其他学历层次的男性。男性的婚姻满意度不存在显著的学历差异。女性对于婚姻的满意程度存在显著的学历差异（p<0.05），学历为初中及以下的女性对于婚姻的满意程度显著低于其他学历层次的女性，女性对于关系流动性的感知程度不存在学历差异。

表6-3 关系流动性和婚姻满意度的学历比较

变量		初中及以下（M±SD）	高中和大专（M±SD）	大学本科（M±SD）	研究生及以上（M±SD）	F
关系流动性	全样本	4.32±0.52	4.29±0.52	4.27±0.56	4.20±0.52	6.833
	男性	4.29±0.53	4.26±0.53	4.24±0.55	4.17±0.53	3.413
	女性	4.33±0.51	4.32±0.51	4.30±0.57	4.27±0.52	1.472
婚姻满意度	全样本	5.03±1.24	5.17±1.26	5.28±1.20	5.21±1.20	10.383
	男性	5.16±1.21	5.31±1.22	5.33±1.18	5.22±1.23	2.267
	女性	4.96±1.24	5.08±1.27	5.23±1.22	5.20±1.16	8.744

对关系流动性和婚姻满意度进行单因素方差分析，以考察关系流动性和婚姻满意度在不同收入组是否存在显著差异，同时考察不同性别下关系流动性和婚姻满意度是否存在收入差异。由表 6-4 可知，在全样本情况下，关系流动性（$p<0.05$）和婚姻满意度（$p<0.001$）皆存在显著的收入差异，多重比较分析发现，个人月收入 3000 元及以下的个体对于关系流动性的感知程度显著高于个人月收入 3001~7000 元和 7001~10000 元的个体，个人月收入 10000 元及以上的个体对于婚姻的满意度显著高于个人月收入 3000 元及以下和 7001~10000 元的个体。

表 6-4 关系流动性和婚姻满意度的收入比较

变量		3000 元及以下（M±SD）	3001~7000 元（M±SD）	7001~10000 元（M±SD）	10000 元及以上（M±SD）	F	p
关系流动性	全样本	4.31±0.51	4.28±0.53	4.25±0.57	4.29±0.57	3.391	0.017
	男性	4.25±0.51	4.25±0.53	4.22±0.55	4.26±0.59	0.877	0.452
	女性	4.23±0.51	4.30±0.53	4.31±0.60	4.32±0.54	0.771	0.510
婚姻满意度	全样本	5.09±1.27	5.24±1.23	5.17±1.18	5.34±1.24	11.365	0.000
	男性	5.23±1.25	5.36±1.18	5.14±1.20	5.37±1.25	7.230	0.000
	女性	5.04±1.27	5.14±1.25	5.23±1.13	5.31±1.24	5.305	0.001

不同收入群体的男性对婚姻的满意程度存在显著差异（$p<0.001$），但对关系流动性的感知程度不存在显著的收入差异（$p>0.05$），多重比较分析发现，个人月收入 3001~7000 元的男性对于婚姻的满意程度显著高于 3000 元及以下和 7001~10000 元的男性。

不同收入群体的女性对婚姻的满意程度存在显著差异（$p<0.05$），但对关系流动性的感知程度不存在显著的收入差异（$p>0.05$）。多重比较分析发现，个人月收入 3000 元及以下的女性对于婚姻的满意程度显著低于 3001~7000 元、7001~10000 元和 10000 元及以上的女性。

（二）性别视角下，收入和学历在关系流动性对婚姻满意度影响中的调节作用

通过相关性分析，由表6-5可知，关系流动性和婚姻满意度呈显著正相关。个人月收入与关系流动性呈显著负相关，与婚姻满意度呈显著正相关。学历与关系流动性呈显著负相关，与婚姻满意度呈显著正相关。

表6-5　关键变量的相关关系

序号	变量	1	2	3
1	关系流动性	—		
2	婚姻满意度	0.183 ***	—	
3	个人月收入	-0.029 **	0.046 ***	—
4	学历	-0.044 ***	0.049 ***	0.495 ***

通过回归分析，由表6-6可知，在全样本下，控制了个人月收入和学历的情况下，关系流动性对婚姻满意度产生正向影响。个体感知到的关系流动性越高，对于婚姻的满意程度越高。针对男性样本，在控制了个人月收入和学历的情况下，关系流动性也会对婚姻满意度产生正向影响。男性感知到的关系流动性越高，对于婚姻的满意程度越高。针对女性样本，在控制了个人月收入和学历的情况下，关系流动性会对婚姻满意度产生正向影响。女性感知到的关系流动性越高，对于婚姻的满意程度越高。

表6-6　关系流动性对婚姻满意度的回归模型

控制变量	全样本		男性样本		女性样本	
	模型 1	模型 2	模型 1	模型 2	模型 1	模型 2
常数项	4.971 ***	3.098 ***	5.294 ***	3.173 ***	4.813 ***	3.079 ***
个人月收入	0.043 *	0.044 *	-0.024	-0.029	0.051	0.049
学历	0.060 **	0.073 ***	0.022	0.040	0.094 **	0.104 ***
关系流动性		0.429 ***		0.492 ***		0.398 ***
R^2	0.003	0.037	0.000	0.048	0.005	0.033
$\triangle R^2$	0.003	0.034	0.000	0.048	0.005	0.028
F	13.497	118.045	0.445	66.824	13.558	59.610

为研究在关系流动性对婚姻满意度的影响过程中，学历要素、收入要素所起到的调节作用，以关系流动性为自变量，婚姻满意度为因变量，将学历、收入作为调节变量。采用 PROCESS for SPSS v3.0 分别进行调节效应分析。再针对男性样本和女性样本，考察不同性别下，学历和收入在关系流动性对婚姻满意度影响中的调节作用。根据相应的使用手册可知模型 1 可用于调节效应分析，故选择模型 1，即"model number"为 1，设定样本量为5000，即"Bootstrap Sample"为 5000，选择 95% 的置信区间，进行 Bootstrap调节变量检验。

通过分析发现，在控制了个人月收入的情况下，关系流动性对于婚姻满意度的影响受到了学历的显著调节，置信区间为（LLCI = 0.026，ULCI =0.153），不包含 0。同时，通过均值、均值加减一个标准差区分低、中、高三种学历层次，考察针对不同学历层次的个体，关系流动性对于婚姻满意度的影响是否有差异。结果发现，针对不同学历层次的个体，关系流动性均显著影响了婚姻满意度，关系流动性越高则婚姻满意度越高，且这种效应伴随学历的提高而增强，其调节效应值分别为 0.360、0.426 和 0.492，Bootstrap检验的置信区间分别为（LLCI = 0.293，ULCI = 0.428；LLCI = 0.379，ULCI= 0.473；LLCI = 0.428，ULCI = 0.556）。

针对女性样本，关系流动性对于婚姻满意度的影响也受到学历的显著调节，置信区间为（LLCI = 0.015，ULCI = 0.181），不包含 0。同时，通过均值、均值加减一个标准差区分低、中、高三种学历层次，考察针对不同学历层次的个体，关系流动性对于婚姻满意度的影响是否有差异。结果发现，针对不同学历层次的女性，关系流动性均显著影响了婚姻满意度，关系流动性越高则婚姻满意度越高，且这种效应伴随学历的提高而增强，其调节效应值分别为 0.316、0.389 和 0.463，Bootstrap 检验的置信区间分别为（LLCI =0.224，ULCI = 0.408；LLCI = 0.326，ULCI = 0.453；LLCI = 0.377，ULCI =0.549）。而针对男性样本，关系流动性对于婚姻满意度的影响并未受到学历的调节。关系流动性对于婚姻满意度的影响，在不同学历群体之间存在差异，学历越高的群体，关系流动性对于婚姻满意度的影响越明显。这种差异也存在性别区分，与男性相比，女性高学历者的婚姻满意度，更容易受到关系流动性的影响。具体见图 6-1、图 6-2 和图 6-3。

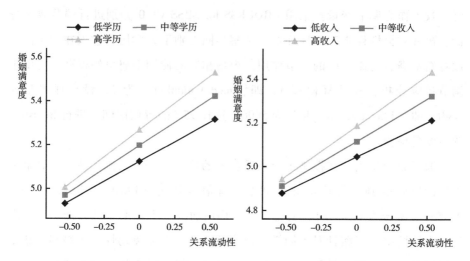

图 6-1　全样本下学历对关系流动性　　图 6-2　女性样本下学历对关系流动性
　　　　　和婚姻满意度的调节作用　　　　　　　　和婚姻满意度的调节作用

在控制了学历的情况下，关系流动性对于婚姻满意度的影响受到收入的显著调节，置信区间为（LLCI = 0.045，ULCI = 0.161），不包含 0。同时，通过均值、均值加减一个标准差区分低、中、高三种收入水平，考察针对不同收入水平的个体，关系流动性对于其婚姻满意度的影响是否有差异。结果发现，针对不同收入水平的个体，关系流动性均显著影响了婚姻满意度，关系流动性越高则婚姻满意度越高，且这种效应伴随收入水平的提高而增强，其调节效应值分别为 0.340、0.421 和 0.502，Bootstrap 检验的置信区间分别为（LLCI = 0.272，ULCI = 0.407；LLCI = 0.374，ULCI = 0.467；LLCI = 0.439，ULCI = 0.565）。

针对女性样本，关系流动性对于婚姻满意度的影响也受到收入的显著调节，置信区间为（LLCI = 0.015，ULCI = 0.181），不包含 0。同时，通过均值、均值加减一个标准差区分低、中、高三种收入水平，考察不同收入水平的女性，关系流动性对于其婚姻满意度的影响是否有差异。结果发现，针对不同收入水平的女性，关系流动性均显著影响了婚姻满意度，关系流动性越高则婚姻满意度越高，且这种效应伴随着收入水平的提高而增强，其调节效应值分别为 0.316、0.389 和 0.463，Bootstrap 检验的置信区间分别为（LLCI = 0.224，ULCI = 0.408；LLCI = 0.326，ULCI = 0.453；LLCI = 0.377，ULCI = 0.549）。而针对男性样本，关系流动性对于婚姻满意度的影响并未受到收入的调节。关系流动性对于婚姻满意度的影响，在不同收入群体之间存在差异，收入水平越高的群体，关系流动性对于婚姻满意度的影响越明显。这种差异也存在性别区分，与男性相比，女性高收入群体的婚姻满意度，更容易受到关系流动性的影响。具体结果见图 6-4、图 6-5 和图 6-6。

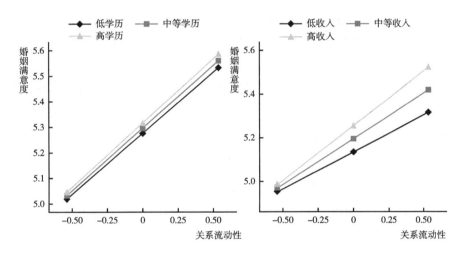

图 6-3　男性样本下学历与关系流动性　　图 6-4　全样本下收入对关系流动性
和婚姻满意度的关系　　　　　　　和婚姻满意度的调节作用

三　讨论与结论

（一）较高人力资本强化了关系流动性和婚姻满意度的关系

本节通过分析发现，关系流动性与个体的婚姻满意度正相关。其原因在于，关系流动性程度对于婚姻中个体和伴侣的情绪表达有不同影响。已有的研究结果表明，处于高关系流动性情境下的个体，有更为积极的自我感知，

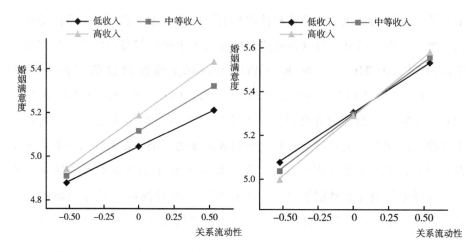

图6-5 女性样本下收入对关系
流动性和婚姻满意度的调节作用

图6-6 男性样本下收入与关系
流动性和婚姻满意度的关系

如有更高的自尊水平和更高的幸福感（Oishi et al., 2015）。而高自尊有利于婚姻中冲突性情绪表达的减少，从而有利于伴侣的情绪表达和整体婚姻满意度的提升。因此，较高的关系流动性能够减少婚姻中由情绪表达不当导致的冲突事件的发生频率，从而实现婚姻满意度的提升。

同时，人力资本的两个指标可以显著调节关系流动性与婚姻满意度的关系，尽管高学历、高收入的个体对于关系流动性的感知程度要比低学历、低收入个体的感知程度低，但关系流动性对于高学历、高收入个体婚姻满意度的影响更强；同时，尽管低学历、低收入个体对于关系流动性的感知程度更高，但关系流动性对低学历、低收入个体婚姻满意度的影响更弱。

首先，针对关系流动性感知程度在人力资本上的差异，其可能的原因在于：在社会关系网络中，向上的社会比较似乎比向下的社会比较更为重要。也就是人们在社会关系网络中进行社会比较时更倾向于向上比较。因此，当高学历、高收入群体对于现有婚姻关系较为满意时，其可选择的潜在关系伙伴仅限于比现有伴侣更好的人群。然而，在婚姻市场中，人力资本拥有量越高的人群所占比例越低。所以，与低学历、低收入人群相比，高学历、高收入人群可选择的潜在关系机会更少，从而高学历、高收入人群对于关系流动性的感知程度更低。

其次，关系流动性既是个体对于新关系机会的感知，也是个体对于现有关系心理不安全的反映。受教育程度和收入水平较低的个体，在人际关系中拥有更高程度的心理不安全感，对于人际关系也有更低程度的信任。所以，拥有较多人力资本的个体，即高学历、高收入的个体，对于现有人际关系有着更高程度的安全感和信任，从而对于关系流动性的感知程度比拥有较少人力资本的个体要低。

最后，针对关系流动性对于婚姻满意度的影响在不同人力资本拥有量上的差异，其可能的原因在于：关系流动性在个体层次是个人对于自身建立新的人际关系难易程度的感知（Ong，2015），因此感知到的关系流动性程度低意味着个体建立新的人际关系需要承担更高程度的风险。与低学历人群相比，高学历人群拥有更高程度的冒险倾向。尽管目前不同人群针对离婚的态度日益开放，但与低学历人群相比，拥有较多人力资本的高学历人群对于离婚的态度更加包容。因此，尽管拥有高人力资本的个体建立新的关系机会需要承担更高程度的心理风险，但是当婚姻关系出现问题时，拥有较多人力资本的个体更倾向于选择摆脱旧有的婚姻关系，寻找伙伴建立新的符合自身心意的婚姻关系。相反，与拥有较多人力资本的个体相比，当低学历、低收入个体婚姻关系出现问题时，在我国传统婚姻观念和低冒险倾向的制约下，拥有较低人力资本的个体更不容易摆脱旧有的婚姻关系。

（二）人力资本对关系流动性和婚姻满意度的影响受性别因素调节

本节发现，与男性相比，女性在婚姻中感知到的关系流动性程度更高。其可能的原因在于：与男性相比，女性在婚姻中有更高的婚姻倦怠水平。因此，女性更容易对现有婚姻关系产生倦怠情绪，从而更容易感知到所处环境中新的关系机会的存在。

同时，本节还发现人力资本两个指标的调节作用还存在显著的性别差异，具体表现为：关系流动性对于男性群体婚姻满意度的正向影响不存在人力资本拥有量上的差异。然而，关系流动性对于女性群体婚姻满意度的提升受到女性人力资本拥有量的调节，即高学历、高收入的女性，关系流动性对于其婚姻满意度的正向影响更强，低学历、低收入的女性，关系流动性对于其婚姻满意度的正向影响更弱。

这可能是由于：首先，较高的关系流动性会导致伴侣之间产生更强烈的爱意，同时伴侣之间会提供更高程度的社会支持（Yuki & Schug, 2012）。在性别视角下，女性群体在婚姻中实际得到的情感支持比其期望的情感支持要低。而男性群体从配偶处得到的实际情感支持比其期望的情感支持要高。此外，与女性相比，尽管男性对于情感支持的需求更低，但男性从配偶处得到的实际情感支持比女性从配偶处得到的更高（Xu & Burleson, 2001）。因此，即使不考虑关系流动性这一因素的影响，不管是高人力资本的男性还是低人力资本的男性，对于情感支持的需求都能从妻子处得到较高程度的满足。所以，尽管男性对于关系流动性的感知与其人力资本拥有量呈负相关，但当关系流动性对于男性婚姻满意度的正向影响达到一定程度以后，关系流动性的提升并不会给男性婚姻满意度带来更高程度的影响。

就女性而言，关系流动性带来的情感支持极大地满足了婚姻关系中女性的需求。如今，伴随女性受教育水平和收入水平的提升，我国女性群体的婚恋观念发生了深刻变化。女性在婚姻中更加坚持独立，希望与配偶共同分担责任，既不再愿意成为婚姻的附属品，也不再希冀于扮演传统"贤妻良母"的角色。因此，在婚姻关系中，女性群体开始更加注重婚姻关系带给自身的感受和体验。此外，独立女性崛起的同时，男性曾经在社会生活领域的普遍优势逐渐弱化。例如，国家统计局数据显示，2009~2019 年，我国大专及以上学历女性在全体大专及以上学历人口中的占比由 44.50% 提升至 47.91%，而我国大专及以上学历男性的占比由 55.50% 下降至 52.09%。此外，伴随普遍优势的弱化，曾经占据主导地位的传统男性气质逐渐走向衰落，取而代之的是新型男性气质。具有新型男性气质的男性会更加关注伴侣的需要，认真倾听伴侣的需求并给予回应。在这一背景下，女性开始更加关注自身在婚姻关系中的体验和需求满足。同时，女性的配偶也更容易感受到较高关系流动性带来的婚姻关系压力，并对伴侣的需求进行回应，从而实现女性婚姻满意度的提升。

其次，在感知到建立新的伙伴关系机会时，与低学历女性相比，高学历女性更容易摆脱出现问题的旧婚姻关系，她们更倾向于冒险，中国发展研究基金会数据显示，2013 年我国创业成功的女性中有 87.3% 的女性学历在大专及以上。与低学历女性相比，高学历女性看待婚姻的态度更加独立和多元。因此，当婚姻关系出现问题，感知到建立新的伙伴关系的机会出现时，高学历女性更容易结束旧有的婚姻关系，建立新的符合自身心意的婚姻关系。

第二节　关系流动性、相貌价值观与婚姻质量

一　文献综述

身体不仅具有自然属性，还具有社会属性。社会在给身体提供资源的同时也在规范和形塑身体，并将社会意义和社会符号加诸其上，使之成为社会实践的运载工具。相貌作为身体的最重要组成部分，是沟通身体与社会的桥梁之一。它是人的外在特征的总体概览，包括容貌、形象以及体态等多个维度（黄玖立、田媛，2019）。相貌所具有的符号性、意义性和实践性等特性使其具备可溢价的空间，这种溢价在诸多领域均有体现。在经济学界，"美貌经济学"（economics of beauty）已获得一致认可（Hamermesh，2011），高相貌通常能够兑现高收入，并在个人求职和晋升中起着重要作用，在人际领域相貌对个体社会网络规模也具有显著的影响，在婚姻领域长相评分越高的人婚姻满意度越高（胡文馨、曾湘泉，2019）。传统熟人社会人际关系流动性程度低，相貌通常只在第一印象形成过程中起一定的作用。随着人际关系日益稳定，相貌的重要性逐渐消退，受制于相貌的特性上述溢价在传统熟人社会上涨空间有限。

现代高流动性社会人际关系流动性程度高，人们在充分运用相貌特性的基础上，放大了相貌特性的功能，拓展了相貌特性的外延，逐步将相貌特性往价值观属性推演。首先，高流动性突出相貌的资本性。随着网红与直播兴起，以"相貌"为标签吸引大众已成为网红经济的经营模式之一，相貌成

为可交易的资源。与之相应的是医疗美容产业规模不断壮大。据成都医疗美容产业协会等的数据，作为全国领先的"医美之都"，成都市 2015 年医疗美容产业规模是 213 亿元，2018 年增长至 487 亿元，预期到 2030 年将增长至 2000 亿元，美容机构从 2016 年的 159 家增长至 2018 年的 407 家。其次，高流动性赋予相貌工具性。日益快速变化与流动的社会凸显了相貌的符号性和社会性，第一印象变得越发重要，它成为个体筛选和判断他人的启发式工具箱之一。再次，高流动性催生相貌价值观化。个体会根据他人的相貌判断这个人持有的价值观念，例如若社会达成了"减肥有益健康"的共识，个体仍严重超重或与两个方面有关。一是个体可能不认同该观点，此时相貌成为个体是否认可的社会意识形态在身体上的反映，个体透过相貌向他人直观地展现对该价值观念的认可与否。二是个体可能不愿意或无法坚持减肥，此时相貌又与个体的人格特质建立了联结，他人通过相貌可推测个体可能具有怎样的意志品质。这两个方面综合起来，相貌成为外在价值（如社会价值观念）与内在价值（如个人意志品质或个人的价值观念）的沟通渠道和桥梁。最后，高流动性激发相貌的自我决定性。相貌不仅体现了个体的责任性，而且反映了个体的自控能力。实现相貌出众成为个体强调自律、为身体健康负责而忍受艰辛，以及为追求理想化个体坚持不懈地自我实现的过程，增强了个体企图通过相貌进行自我印象管理的动力。

以往关于相貌特性功能的发挥一般都聚焦公共领域，高流动性在扩展相貌外延的同时是否会促使这些特性功能的发挥从公共领域扩展至私人领域，从浅层交往渗入深层交往，从不稳定关系扩散至稳定关系？婚姻是社会时代发展的一面镜子，价值观变迁对社会的影响使得婚姻不能独善其身，必然与社会变迁同频共振，成为社会变迁的有力注脚。高流动性打破了传统熟人社会的静态封闭状态，人口流动成为社会的常态，在一定程度上带来了婚姻变动，打破婚后异性交往的单一性，带来了婚后新的活动空间和新的人际关系，造成已婚人口潜在的可替代资源较传统社会更为丰富（付翠莲，2010）。高流动性社会中个体摆脱旧关系的难度降低，构成新关系的机会上升，构建关系的流动性程度随之提升，婚姻稳定面临着更大的挑战，婚变成为另一种关系流动的体现。

婚姻本是学习自我牺牲和自我克制精神的课堂（涂尔干，2000），随着指向家庭核心价值的经济理性的入侵，原本被责任、义务和禁律所笼罩的家庭逐渐被"自我中心式个人主义"所侵蚀（孟宪范，2008），市场化进程发展出一种不平衡的个人主义，即权利义务失衡的自我中心主义价值取向（阎云翔，2006），导致婚姻中个体出现抛弃责任、抛夫弃子等现象（陈讯，2014），家庭责任感和社会责任感逐渐淡化，婚姻中的个体越来越倾向于不愿继承传统婚姻所承载的义务，却更加强调婚姻中个体的感觉，"家庭本位"的价值观逐渐让位于"个体本位"的价值观（阎云翔，2006）。婚姻成为传统与现代的角力场所，现代婚姻家庭价值观意图在融合传统与现代观念的基础上，以"个体本位"为主，同时兼顾家庭，强调对家庭的责任感和义务感（丁文，2001）。

在高流动性和家庭价值观变迁两者的折叠、引领和互动中，责任感和义务感在婚姻缔结和续存中起着越来越重要的纽带作用。高流动性赋予相貌工具性、资本性和价值观化等特性，可能让相貌发生了质变，在日益高速流动的社会中褪去美貌的外衣，成为融合内在价值与外在价值的有机统一体。婚姻因其综合了生人社会的筛选过程和熟人社会的品德重要性，成为阐释相貌如何整合内、外在价值的绝佳场域。本节基于2017年中国社会心态调查数据从认知基础、作用途径和强弱程度三个方面探究相貌价值观对婚姻质量的影响。

（一）相貌价值观与婚姻质量

卡塞尔等以人生目标的内、外部追求划分不同类型价值观，其中外部目标追求以获得外部奖赏或社会赞许、通过获得外部的价值给别人留下良好和深刻的印象为目标（Kasser & Ryan，1996），相貌出众是外在目标追求的一个方面，代表着人们对相貌在自身生命中的价值重要性的一种认知。它包含相貌出众重要性和相貌出众可实现性两个维度。借鉴这一界定，本书整合这两个维度将其统称为相貌价值观，它是指人们追求那些能让自己相貌出众、外表动人的目标，从而让自身在人群中凸显出来，给别人留下深刻印象，其中相貌出众重要性是指相貌出众对于个体而言的重要程度，它是人们对相貌认知的浓缩反映。相貌出众可实现性是指个体认为自身实现相貌出众的可能性程度，表明了人们为实现姣好相貌所愿意付出的努力。

婚姻质量的概念界定与测量有主观与客观之争，主观派别认为婚姻质量是个体的内在层面对婚姻关系的整体感觉，是一个主观、单一维度的概念，等同于主观的婚姻满意度（胡荣，2022）。主观派别认为主观感受测量比客观测量更容易，因此在实际应用中婚姻满意度使用频率较高，甚至有些研究仅用婚姻满意度来反映婚姻质量，这一派别当前呈现以积极、消极维度测量婚姻质量的整合取向（袁莉敏等，2007），本节顺应这一方向采用婚姻满意度和婚姻压力感作为婚姻质量的积极维度和消极维度。现有研究表明，相貌对婚姻满意度、幸福感、生活满意度有正向影响（胡文馨、曾湘泉，2019；黄玖立、田媛，2019），在这些研究中相貌或被界定为身高、体重等客观相貌，或是他人对个体客观相貌的主观评价，却未有研究讨论相貌为何能起作用？本书认为原因可能在于人们对相貌在人生目标中重要性的认知（即相貌价值观），这是相貌能够起作用的心理机制。

研究发现，不同的目标追求显著影响人们的幸福感，看重内在目标的个体幸福感和婚姻满意度更高，看重外在目标的个体幸福感和婚姻满意度更低（李原，2020），过于强调相貌在人生目标中的重要性可能导致个体择偶过程中难以抵挡配偶相貌的吸引力，随着年龄与结婚时长的增加相貌吸引力在婚姻中逐步衰减，个体面临着相貌价值观的重建，可能导致个体体验到较低的婚姻质量。择偶模式的转型研究指出，年轻一代对身材、容貌等外貌的追求大大高于上一代，对异性美的欣赏、仰慕作为人的自然属性而重新得到认同（田晓虹，2001），与此相伴的是，年轻一代的离婚率呈上升趋势。据《中国民政统计年鉴2019》的1978~2018年数据和《2019年民政事业发展统计公报》的2019年数据，以2002年为界，1978~2002年我国离婚率的升速较缓，年均增幅为0.03‰，此后2002~2019年年均增幅超过0.15‰，增速平均提高了0.11个千分点（杨菊华、孙超，2021）。综上，过于强调相貌在婚姻过程中的重要性会导致个体在婚姻中更倾向于注重婚姻的外在目标，从而降低婚姻质量。

随着社会的进步和技术的发展，相貌出众不再是遥不可及的梦想，普罗大众实现相貌出众的可能性增加，相貌出众可实现性提高的背后意味着，若个体想要有出众的相貌，就必须承担起相应的义务和责任，在日复一日、年复一年的自我控制、自我管理与自我监督中超越自我，相貌出众不只是天生的，也是后天自我规训的结果。它不只是一个单纯的外表问题，一方面体现了个体具有高度的责任感，另一方面意味着个体具有高超的自我控制、自我监督的能力，成为功能性社会的一个象征性符号，用以衡量个体自我监控、自我管理的能力（Cockerham et al. ，1986）。在婚姻领域如果个体本身相貌就出众，那么其相貌出众的可实现程度就高，基于客观相貌出众对于婚姻满意度具有正向影响，可推测相貌出众的可实现程度越高，婚姻质量越高。如果个体本身相貌平平，那么其认为相貌出众的可实现程度高，便是持有愿意为改变相貌而付出努力的观念，这种努力体现了自律、责任感和义务感。责任是构成现代婚姻幸福的三要素之一，道德责任是确保婚姻美满的两大支柱之一，责任缺席是当代中国离婚的伦理道德之一。无论是择偶、婚姻幸福还是离婚过程，都能体现出责任在婚姻生活中的重要性，因此个体的努力有助于维持婚姻关系和提升婚姻质量。可见，无论是相貌出众者还是相貌平平者，他们持有的相貌出众可实现性均可能提升婚姻质量。

价值观理论的提出者普遍意识到价值观不同层面存在不一致，如豪斯（House）采用应然与实然两个层面来衡量人们所持有的价值观与社会中实际流行的社会价值之间的差距，卡塞尔采用重要性和可能性来体现个体追求目标过程中产生的价值冲突，然而当前价值观实证研究鲜少探讨价值观不同层面不一致带来的系统影响，这些不一致的实质是价值观失调。就相貌价值观来说，相貌出众重要程度与可实现性并不总是同步的，个体可能认为相貌出众很重要但却无法实现，个体亦可能认为相貌出众非常不重要但却可以轻松实现，这就出现了相貌价值观失调。本书将相貌价值观两个层面的差距作为相貌价值观失调的程度探究相貌价值观失调会对婚姻质量产生何种影响。当相貌出众重要程度高（或低），而实现可能性低（或高）时，个体会产生较高的相貌价值观失调；当相貌出众重要程度高（或低），而实现可能性高（或低）时，个体会产生较低的相貌价值观失调。相貌价值观失调程度越高，在维系婚姻关系和提升婚姻质量过程中的消极情绪越高，进而会对婚姻质量产生负面影响。

（二）关系流动性与婚姻质量

相貌价值观最大效用是通过影响个体人际关系网络建立的难易与维持的长短这一途径实现的。相貌不仅可以反映个人健康状况，而且能够体现个体的认知能力差异，影响了交际信心、机会与能力，相貌出众的青少年社会应酬能力、交流沟通能力更强，相貌出众者通常更受他人欢迎，从而更容易建立人际关系网络，并积累更多的社会资本，导致社会网络构建与社会资本积累中存在美貌溢价。个体在观察和感知周围的人际关系网络建立、维持与摆脱时，通过观察和对比周遭环境中相貌出众者与相貌平平者之间社会网络的建构情况便可粗略了解其所处环境对出众相貌的兑现程度，这种感知不仅是相貌价值观的一种投射，而且是个体知觉到的关系流动性程度。

当个体感知到相貌出众的重要性程度较高，而自身较不可能实现时，相貌价值观失调程度较高，势必影响个体的人际交往信心和人际交往机会，从而体验到较低的关系流动性。反之当个体感知到相貌出众的重要性程度较低，而自身实现这一目标的可能性较高时，相貌价值观失调程度较低，将提高其人际交往信心和人际交往机会，从而体验到较高的关系流动性。

婚姻作为一种特殊的人际关系，也受关系流动性影响，这种影响体现在维持现有婚姻关系与摆脱旧有婚姻关系两方面。从维持现有婚姻关系来看，关系流动性影响了配偶双方在维持婚姻关系中的投入，进而影响婚姻双方的感情程度。处于高关系流动性社会的美国人对伴侣的感情比处于低关系流动性社会的日本人更为激昂，激情的程度与想要获得更亲密关系，给予自己的伴侣更大优先权和切断其他潜在伴侣接触机会等做出承诺行为有关，充满激情的爱在高关系流动性社会中更具效用。究其原因，在高关系流动性社会中，人际关系更容易失去，个人面临伴侣被偷猎的风险。与日本相比美国夫妻更喜欢给对方购买礼物，即使在日本内部那些有更多机会扩展人际关系的被试

（如倾向与各种社会群体互动）与较少者相比更可能给伴侣赠送礼物。上述研究结果表明，更高水平的关系流动性鼓励了那些有助于维持自己伴侣的行为。在高关系流动性的社会中，人际关系更为脆弱，因此个人发现更难以建立长期关系，需要做出更多承诺维护已有的婚姻关系进而提高了婚姻质量。

从摆脱现有婚姻关系来看，关系流动性影响了配偶双方知觉到的婚姻流动性程度。高关系流动性意味着个体基于自身偏好缔结新关系的机会提高了。在高关系流动性的社会中，个体相对更乐意冒险去寻找更好的关系，人们更愿意向朋友自我表露，更愿意运用冒险的而非保守的问题解决策略，更愿意拓展已有的社交圈规模，有更强烈的自我提升倾向（Oishi et al.，2013）等。这些都意味着当婚姻中的个体不满意现有关系时，在高关系流动性的环境中，他们更有可能去寻找新的关系，缔结新关系的机会随之提高，似乎高关系流动性会降低婚姻质量。中国被调查者在面对高关系流动性带来的益处和弊处，即扩展关系网络机会增大和现有关系稳定性降低时，特别是婚姻领域内，如何看待和抉择是一个很有意思的问题。以中国为样本的研究指出，妻子的相貌会对丈夫婚姻满意度产生积极作用（毕文芬、潘孝富，2017）。如果将客观相貌放置在关系流动性的视角下，美貌就像一把"双刃剑"，在增强个体维持旧关系的稳定性同时，也增加了个体构建新关系的可能性，通过提高关系流动性相貌成为一种社会资本。

（三）主观社会阶层与婚姻质量

不同社会阶层的相貌价值观失调程度对关系流动性的影响可能存在差异。在相貌出众重要性这一维度，高、低社会阶层的认识可能比较接近。毕竟从客观上来说，相貌每提升一个等级，工资收入会增加 13.3%（邓卫广、高庭苇，2019；郭继强等，2017），而美貌为个体带来经济方面的提升影响了个体的精神状态，最终提高幸福感（黄玫立、田媛，2019），相貌对收入的正向效应可能会延伸到婚姻关系中最终影响婚姻质量。在相貌出众可实现性程度这一维度，高、低社会阶层之间的认识可能存在较大差异。对高社会阶层而言，相貌出众可实现性可能是高社会阶层用于维持地位、有别于低社会阶层的方式之一。首先，凡勃伦（Veblen）在《有闲阶级论》中指出，精英阶层会通过塑造理想的精英生活方式将自己与等级低的社会人群分开。韦伯指出处于不同社会地位的群体不仅经济情况不同，而且拥有不同的生活方式，这种生活方式使得群内成员与群外成员相互区别开来。相貌出众的可实现性成为社会排斥的一种方式，代表着个体所处阶层所拥有的潜在资源、地位特征，表现了身体用来诠释社会原则和文化内容以获得物质资本和文化资本的能力。其次，个体对自身相貌的管理也成为不同社会阶层区分的标准之一，社会整体的结构变迁在身体规范与社会区分之间建立起紧密的关联，越想实现区分，就越需要对身体施加一种自觉的控制（唐军、谢子龙，2019），对相貌的自我监控和自我管理是中产阶层强大自我管理能力在身体领域的一种实践，相貌出众的象征性符号给中产阶层带来了勤奋且节制的自我管理形象，并且成为自我印象管理的一种重要手段，以此有别于其他社会阶层，成为维持地位的一种方式，而实现相貌出众的可能性与愿意为此付出的努力可能成为不同社会阶层向外传达社会价值的一种方式。高社会阶层对于相貌出众可实现性的看法使其认为周边人际关系建立的难易是个人可努力的部分，倾向于做出内归因，这种内归因有助于人际关系的建立。对于低社会阶层而言，受制于自身的生存状态，相貌出众的可实现性与高社会阶层相比较弱，这使其认为周围人际关系建立的难易是个人无法掌控的部分，倾向于做出外归因，这种外归因不利于人际关系的建立。综上，高、低社会阶层在相貌出众可实现性上的认识差异可能导致不同社会阶层的相貌价值观失调程度存在差异，并最终可能影响不同社会阶层感知到的关系流动性程度。

不同阶层之间的关系流动性对婚姻质量的影响可能有所差异。高关系流动性与较高的主观幸福感、生活满意度和生活质量相关联，这一结果与以新生代农民工为样本的研究并不一致，高关系流动性导致新生代农民工的幸福感更低（胡晓艳，2015）。从阶层流动角度来看，低关系流动性意味着较强的阶层固化，预示低社会阶层难以突破瓶颈实现阶层流动，高社会阶层不易被超越并维持阶层地位。以新生代农民工为代表的低社会阶层，虽然处于高关系流动性的社会，却因自身较低的社会经济地位并未从环境中获益结识到更多朋友，反而损失了已有的伙伴关系，总体上使人际关系处于损耗状态，导致关系流动性并不能提高其幸福感。从社会支持角度来看，关系流动性越高则社会支持越高，作为社会阶层划分标准的学历和收入均与较强的社会支持相关。低学历人群较之于高学历人群更容易缺少知心朋友和亲密关系伴侣，低收入群体较之于高收入群体面临着更高的知心朋友和亲密关系伴侣缺失的风险，在公共机构中进行社会参与的比例更低，因此低学历、低收入群体更难从现有社会网络中得到较高程度的工具性支持和情绪性支持（Weyers et al.，2008）。在高关系流动性的社会，以高学历、高收入为代表的高社会阶层，因拥有较高的社会支持而能抵御高关系流动性对婚姻质量的不利影响，以低学历、低收入为代表的低社会阶层，因其拥有较少的社会支持而难以对抗高关系流动性对婚姻质量的不利影响。

基于上述论述，提出研究框架如图 6-7 所示。

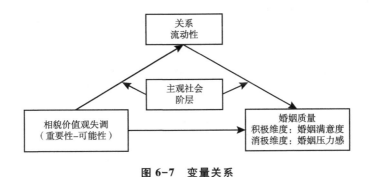

图 6-7　变量关系

二　研究结果

（一）相貌价值观、关系流动性对婚姻满意度、婚姻压力感的影响

以婚姻满意度和婚姻压力感为因变量，以关系流动性、相貌出众重要性、相貌出众可实现性为自变量进行回归分析，同时回归方程中纳入性别、年龄、个人月收入、受教育程度和户口等人口学变量，剔除其对研究结果的影响。自变量采用层次进入的方式，考察每层中增加的变量对回归方程解释力度的影响，从而判定增加的变量是否与因变量独立关联。第一层纳入人口学变量，第二层纳入关系流动性、相貌出众重要性、相貌出众可实现性，每

层变量采用全部进入方式，结果见表6-7。在控制了人口学变量之后，关系流动性、相貌出众重要性、相貌出众可实现性均显著地预测婚姻满意度和婚姻压力感。关系流动性越高，婚姻满意度越高，婚姻压力感越低。个体觉得相貌出众的重要性越高，婚姻满意度越低，婚姻压力感越高。个体觉得相貌出众实现的可能性越高，婚姻满意度越高，婚姻压力感越低。

表6-7 关系流动性、相貌价值观对婚姻质量的回归模型

变量	婚姻满意度		婚姻压力感	
	模型1	模型2	模型1	模型2
常数项	4.995	2.728	3.846	3.352
本地城市户口	0.015 (0.040)	-0.013 (0.039)	-0.181 *** (0.056)	-0.169 *** (0.055)
本地农村户口	-0.011 (0.040)	-0.051 (0.039)	-0.021 (0.055)	0.002 (0.054)
外地城市户口	-0.404 *** (0.053)	-0.378 *** (0.051)	0.174 * (0.073)	0.140 (0.072)
年龄	-0.002 (0.002)	0.000 (0.002)	-0.006 ** (0.002)	-0.006 ** (0.002)
受教育程度	0.070 *** (0.012)	0.066 *** (0.012)	-0.087 *** (0.017)	-0.092 *** (0.017)
个人月收入	0.031 *** (0.008)	-0.016 ** (0.008)	-0.008 (0.012)	-0.003 (0.012)
性别	-0.147 *** (0.026)	-0.183 *** (0.026)	0.017 (0.037)	0.027 (0.036)
关系流动性		0.410 *** (0.023)		-0.478 *** (0.033)
相貌出众重要性		-0.097 *** (0.016)		0.183 *** (0.023)
相貌出众可实现性		0.228 *** (0.016)		-0.074 *** (0.022)
R^2	0.023	0.079	0.011	0.041
$\triangle R^2$	0.023	0.056	0.011	0.030
F	30.638 ***	78.453 ***	14.841 ***	39.373 ***

注：表中报告的是非标准化回归系数，括号中的数字是标准误，下同。

（二）关系流动性的中介作用

由上述分析可知，关系流动性、相貌出众重要性和相貌出众可实现性是婚姻质量的有效预测因素。根据研究假设，为进一步探讨相貌出众重要性与相貌出众可实现性的不一致如何透过关系流动性对婚姻质量产生影响，以相貌价值观失调为自变量，关系流动性为中介变量，婚姻满意度和婚姻压力感为因变量，采用海斯于 2016 年开发的 PROCESS for SPSS v3.0 版本进行中介效应分析。该版本采用偏差校正的非参数百分位 Bootstrap 法进行中介效应检验。以相貌价值观失调为自变量，关系流动性为中介变量，婚姻满意度为因变量，选择模型 4，设定"Bootstrap samples"样本量为 10000，选择 95% 的置信区间，进行 Bootstrap 中介变量检验。将被调查者的户口、年龄、受教育程度、个人月收入、性别作为控制变量以排除人口学因素产生的影响。

中介检验结果表明，关系流动性的中介检验没有包含 0（LLCI = 0.369，ULCI = 0.461），表明关系流动性的中介效应显著。控制中介变量关系流动性之后，相貌价值观失调对婚姻满意度的影响依然显著，t = −11.19，p < 0.001，置信区间（LLCI = −0.220，ULCI = −0.154）不包含 0，表明相貌价值观失调对婚姻满意度存在直接效应，直接效应值为 −0.187。由此可见，关系流动性在相貌价值观失调与婚姻满意度中起着部分中介的作用，部分中介效应值为 −0.016，相貌价值观失调和关系流动性在婚姻满意度中的总效应值为 −0.203，中介效应占总效应的比例为 7.9%。具体的中介模型和未标准化路径系数见图 6-8。

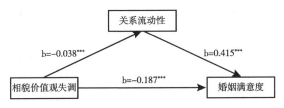

图 6-8 关系流动性在相貌价值观失调和婚姻满意度中的中介作用

以相貌价值观失调为自变量，关系流动性为中介变量，婚姻压力感为因变量，选择相同模型进行 Bootstrap 中介变量检验，分析发现关系流动性的中介检验没有包含 0（LLCI = -0.541，ULCI = -0.412），表明关系流动性的中介效应显著。控制中介变量关系流动性之后，相貌价值观失调对婚姻压力感的影响依然显著，t = 6.833，p<0.001，置信区间（LLCI = 0.114，ULCI = 0.206）不包含 0，表明相貌价值观失调对婚姻压力感存在直接效应，直接效应值为 0.160。由此可见，关系流动性在相貌价值观失调与婚姻压力感中起着部分中介的作用，部分中介效应值为 0.018，相貌价值观失调和关系流动性在婚姻压力感中的总效应值为 0.179，中介效应占总效应的比例为 10.1%。具体的中介模型和未标准化路径系数见图 6-9。

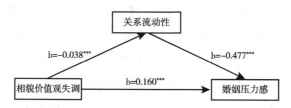

图 6-9 关系流动性在相貌价值观失调和婚姻压力感中的中介作用

（三）主观社会阶层的调节作用

为了解关系流动性在相貌价值观失调与婚姻满意度、婚姻压力感中发挥中介作用的过程中，主观社会阶层如何对这种中介作用产生调节效应，研究以相貌价值观失调为自变量，关系流动性为中介变量，婚姻满意度为因变量，主观社会阶层为调节变量，户口、年龄、受教育程度、个人月收入、性别为控制变量。

采用模型 58 用于分析调节变量模型，设定"Bootstrap samples"样本量为 10000，选择 95% 的置信区间，分析发现主观社会阶层与相貌价值观失调的交互作用显著影响了关系流动性，B = -0.012，t = -3.090，p<0.05，置信区间为（LLCI = -0.002，ULCI = -0.004），不包含 0。通过均值、均值加减一个标准差区分低、中、高三种主观社会阶层，发现对于主观社会阶层低、中和高的个体，相貌价值观失调均显著影响了关系流动性，相貌价值观失调越高关系流动性越低，且这种效应随着主观社会阶层的提高而降低，其调节效应值分别为 -0.021、-0.041 和 -0.062，Bootstrap 检验的置信区间分别为

（LLCI = -0.038，ULCI = -0.003；LLCI = -0.056，ULCI = -0.026；LLCI = -0.084，ULCI = -0.040），均不包含 0。

关系流动性与主观社会阶层的交互作用显著影响了婚姻满意度，B = 0.066，t = 4.974，p<0.05，置信区间为（LLCI = 0.040，ULCI = 0.093），不包含 0。分析发现，对于主观社会阶层低、中和高的个体，关系流动性显著影响了婚姻满意度，关系流动性越高婚姻满意度越高，其调节效应值分别为 0.289、0.405、0.521，Bootstrap 检验的置信区间分别为（LLCI = 0.223，ULCI = 0.355；LLCI = 0.359，ULCI = 0.451；LLCI = 0.458，ULCI = 0.584），均不包含 0。

关系流动性与主观社会阶层的交互作用显著影响了婚姻压力感，B = -0.060，t = -3.202，p<0.05，置信区间为（LLCI = -0.097，ULCI = -0.023），不包含 0。分析发现，对于主观社会阶层低、中和高的个体，关系流动性显著影响了婚姻压力感，关系流动性越高婚姻压力感越低，其调节效应值分别为 -0.365、-0.470、-0.575，Bootstrap 检验的置信区间分别为（LLCI = -0.458，ULCI = -0.272；LLCI = -0.534，ULCI = -0.405；LLCI = -0.664，ULCI = -0.485），均不包含 0。主观社会阶层的具体调节效应如图 6-10 所示。

三 讨论与结论

（一）相貌价值观是相貌影响婚姻质量的认知基础

相貌价值观的两个维度对婚姻质量产生了不同的影响。个体在认知上越是强调相貌出众的重要性，婚姻满意度越低，婚姻压力感越高。个体在认知上越是强调相貌出众的可实现性，婚姻满意度越高，婚姻压力感越低。个体在相貌出众的重要性与可实现性之间的认知差距越大，相貌价值观失调程度越高，婚姻满意度越低，婚姻压力感越高。这一结果与现有相貌客观指标，如身高、体重对婚姻满意度、幸福感产生影响的研究结论较为不一致，这种不一致说明了几个问题。一是以前关于相貌的研究结果虽然探讨了客观相貌对婚姻质量的影响，但其中相貌多数来自他评，这种他评的相貌易受评价人的影响。如采用中国家庭追踪调查（CFPS）的诸多研究探讨的相貌均是由

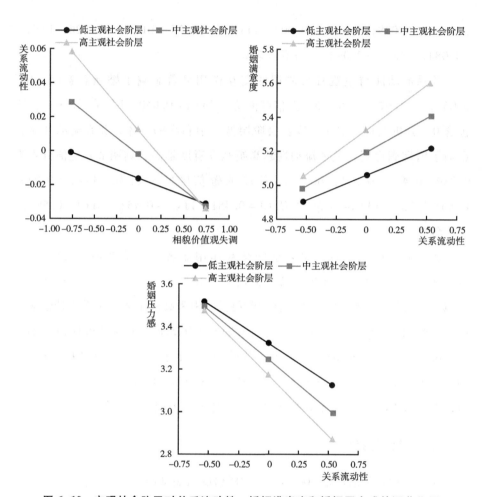

图6-10 主观社会阶层对关系流动性、婚姻满意度和婚姻压力感的调节作用

访问员进行评定，这种评定易受访问员对相貌偏好的影响，由此得出的相貌对婚姻质量的影响与实际相貌对婚姻质量的影响有一定的差距。二是本节的相貌价值观是个体对追求相貌在其生命中重要性的评价，以及个体对自身实现相貌出众可实现性的评价，这种认知性评价不能等同于客观相貌。美是客观与主观的统一，相貌的效用不应只讨论客观因素，更应重视相貌效用是通过"人"这一主体起作用，"人"这一主体赋予相貌多大的重要性，认为实现相貌出众具有多大的可能性，可能比相貌本身有更强的解释力度。将来研

究可探讨相貌价值观与客观相貌在解释婚姻满意度、幸福感等方面何者更具预测性和解释力度，就如同客观指标对阶层自我定位的净效应日渐弱化，而主观流动感知与阶层自我定位的关联日益增强（陈云松、范晓光，2016）一样。三是本书讨论的是婚姻中个体对相貌的价值观念和个体对自己婚姻的满意程度，并非婚姻中个体对自己或配偶相貌的具体评价，因此婚姻中夫妻对自身相貌的具体评价之间的落差、匹配程度对婚姻满意度产生何种影响，既可能是影响本节结果的一个因素，也是未来研究可讨论的一个问题。

相貌出众重要性与相貌出众可实现性对婚姻质量的影响效应是分离的，这种分离也反映在相貌价值观失调程度对于婚姻质量的影响上。如若把重要性看成是人们对相貌天生美的认知，那么可实现性代表着人们在修饰美上乐意付出的努力程度。研究发现，从社交情况来看，通过个体的"修饰效果"体现出的修饰美对社会资本形成的影响程度大于天生美（邓卫广、高庭苇，2019）。相貌出众的可实现性对婚姻质量的影响程度高于相貌出众的重要性，进一步佐证了修饰美所具有的作用。因此，将来研究除了从相貌价值观角度深挖其对婚姻质量的影响外，还应进一步探讨天生美与修饰美在个体婚姻质量中的作用。

（二）关系流动性是相貌价值观对婚姻质量产生影响的途径

相貌价值观可通过关系流动性的中介作用对婚姻质量产生影响，其中介路径为相貌价值观失调程度通过影响个人知觉到的关系流动性程度，进而影响婚姻满意度和婚姻压力感，即关系流动性在相貌价值观失调与婚姻质量中起部分中介作用，其中相貌价值观失调程度越高，个体感知到的关系流动性越低；个体感知到的关系流动性越低，婚姻满意度越低，婚姻压力感越高。

相貌价值观失调程度负向影响个体知觉到的关系流动性程度，当相貌越重要而个体越不可能实现时，个体会由此体验到周边更低的关系流动性程度，当相貌越不重要而个体越可能实现时，个体会由此体验到周边更高的关系流动性程度。这一研究结果具有如下几个方面的意义。一是个体在知觉周边的关系流动性程度时会将相貌视为一个考虑因素，相貌价值观成为个体知觉周边关系流动性程度的一个重要影响因素。二是个体知觉到的关系流动性差异不仅是周边生态的体现，也是个体从自身出发推测周边、由己推人的过程，在这个推演过程中体现了个人价值观或能力，同时又受限于个人价值观或能力。由此，关系流动性不仅是周边生态的反映，也是个体在社会中建构良好人际关系能力或者策略的一种体现。

（三）主观社会阶层调节了相貌价值观对婚姻质量影响的强弱程度

主观社会阶层的调节作用存在两条路径。第一条是主观社会阶层调节相貌价值观失调对关系流动性的影响，不管是高、中还是低社会阶层，相貌价值观失调程度越高，关系流动性越低。从斜率来看，高社会阶层个体的相貌价值观失调对关系流动性的影响程度高于低社会阶层。这意味着高社会阶层更重视相貌在关系流动性中所起的作用，赋予相貌在关系建构中更大的权重，低社会阶层虽然也重视相貌在关系流动性中的作用，但相貌在关系建构中的权重较小。

第二条是主观社会阶层调节了关系流动性对婚姻质量的影响。从斜率来看，高社会阶层的关系流动性对婚姻满意度、婚姻压力感的影响程度高于低社会阶层。研究发现，关系流动性会影响个体持有的等级观念，那些认为自我具有高关系流动性、周边环境处于高关系流动性的个体更不认可等级观念，更倾向于平等主义，认为自我具有低关系流动性、周边环境处于低流动性的个体更倾向于维持稳定阶层的信念（Ong & Leung，2014）。这暗示着处于高社会阶层的个体，当知觉到周边具有较高关系流动性时，他们虽然建构新关系的可能性增大，但是稳定旧社会关系的可能性变小，由此更为珍视稳定婚姻关系的作用。处于低社会阶层的个体，他们倾向于维持稳定阶层的想法，因此高关系流动性对其建立新关系和稳定旧关系的影响程度较小，对其婚姻质量的冲击亦较浅。

上述结论具有几个方面意义。一是研究发现过于追求外在相貌并不利于提升婚姻质量。《上海蓝皮书：上海社会发展报告（2021）》调查显示，单身青年在择偶过程中，最为关注的是对方的"颜值"，有28.0%的人认为"长相"是其择偶的第一因素，单身青年的择偶观与婚姻质量的提升之间尚待磨合。二是相貌出众可实现性程度提升了婚姻质量，个体愿意为提升相貌付出的努力反映出个体对自身身体的责任感、对婚姻的经营和投入，这种修饰美可能通过配偶的认可提高了婚姻质量。这也暗示着婚姻双方付出努力是维持、提升婚姻质量的不二法宝。三是即使高关系流动性社会意味着离开旧婚姻关系从而缔结新婚姻关系的可能性增加，但是在中国文化背景下个体更为看重的是如何稳定原有的婚姻关系，换句话说个体倾向于在无法维护原有婚姻关系的基础上才开始另一段婚姻关系。四是在关系建构中，高社会阶层赋予相貌更大的权重，相貌与社会阶层间的关联可能在将来也会呈现固化趋势，相貌会决定社会阶层。外表不重要的观念在现代社会将遇到越来越多的挑战。

（四）相貌价值观在关系建构中的意义

本书以私人领域、稳定关系、深入交往的婚姻质量为代表，说明在高流动性社会，相貌价值观对个体感知人际关系建立难易程度的影响，研究所获得的结果可外化至公共领域，表明相貌这一外在因素经高流动性社会发酵，具备启发式的快速锚定他人的功能。在躺平和内卷严重的时代，在人人或失去动力，或疲于奔命的状态下，个人的财务成功、相貌出众等传统的外在价值观可能已经开始异化并具有内在价值观的属性。这种改变或源于吉登斯所指的自反性。自反性是指社会实践随着新知识、新信息的出现而对自我的不断审视和改革（吉登斯，1990，2011）。个体通过在社会实践中所产生的自反性，以社会实践所取得的新信息为指引，不断地自我改变，进而不断地改变传统。"我们如何生活"成为吉登斯关于现代化与全球化的中心问题，相貌价值观具有内在价值属性可能就是个体在社会实践中反思在现代化中呈现一个怎样的我，在这种反思中实现了内在价值与外在价值的有机统一。

第三节 关系流动性与居住流动意愿的联动

一 文献综述

与人口迁移和流动相伴随的便是流动和迁移人口的居住流动意愿。现有研究相对集中于结构性特点对居住流动的影响，鲜少关注个体对流动的看法及由这一看法衍生的影响，本节试图分析结构性特点和个体持有的流动性看法对居住流动意愿的影响，对比分析两者对居住流动意愿的影响程度，以期获得影响居住流动意愿的关键因素。

（一）居住流动意愿的结构性特点

流动人口的长期居留意愿是反映流动人口心理融入的关键指标，是影响流动人口个人与家庭迁移决策的重要因素（宋全成、王昕，2019）。居住流动意愿是个体在综合衡量自身与流入地关系后，针对"是否愿意搬迁到其他地方居住"做出的一种主观判断和决策，体现了个体与流入地的联结。现有研究主要从经济、社会、制度和个人层面探讨上述因素如何影响居住流动意愿，缺乏对居住流动意愿的系统性、多水平考量。若以居住地空间为中心点，由大到小将个人还原回宏观、中观、微观和个体的系统中，把制约居住流动意愿的经济、社会、制度和个体因素等整合划入不同分析水平，将更具有统摄性并有益于了解个体如何做出居住流动意愿的决策。

在宏观层面，所在省份的经济发展水平和所在地的城市规模可能是制约居住流动意愿的重要因素。城镇化水平的状态决定了人口跨区域城镇化迁移对城乡居民收入差距的影响，城城流动人口在流动过程中考虑地区间经济发展水平，倾向于向发达地区和大城市流动，省际流动和省内流动可以有效降低相同群体的收入差距，等级高、规模大的城市流动人口的户籍迁移意愿高，流入城市的经济对城市流动人口户籍迁移意愿的提升具有正向的促进作用（林李月、朱宇，2016）。如上，不管是何种方向的流动均可见经济发展水平的影响。

在中观层面，居住特征显著影响长期居住流动意愿，其中居住地区类型与社区类型可能是影响居住流动意愿的重要因素。研究发现，居住在商品房社区对流动人口城市融入的影响最为明显，居住区位对流动人口社会融入的影响受到社区类型的调节，居住在城镇社区、商品房社区、别墅区、以本地人为主的社区或者拥有自购或自建住房的流动人口长期居住流动意愿较强，居住在农村社区、单位社区、免费住房和不清楚邻里状况的流动人口的长期居住流动意愿较弱（刘芳，2015）。

在微观层面，家庭总收入和家庭总规模对流动产生影响。同住人数、家属随迁对流动人口的影响较为显著。流动人口的家庭结构以核心家庭为主，2/3 的子女与流动父母同住，家庭规模为 2.46 人，71.1% 的家庭是一次性流动，约有 1/5 的流动人口及家庭成员分两批流动，9% 左右的流动人口及家庭成员分三批及以上进入流入地（杨菊华、陈传波，2013），在未来的流动中，更多的核心家庭成员将选择一次性流动，家庭化流动趋势已经并将继续构成人口流动的主流模式特征（杨菊华，2010）。

在个体层面，户口、性别、年龄、受教育程度、户口所在地、月收入、流动范围、流入时长、住房属性等因素在不同程度上对我国流动人口的居住流动意愿产生影响（宋全成、王昕，2019）。作为中国的一项基本社会管理体制，户籍制度与资源配置和利益分配密切相连。受户籍制度影响，流动人口的收入差距明显，户籍歧视对收入差异的影响比重高达 36.8%（于潇、孙悦，2017）。陆益龙（2008）通过对综合社会调查数据的分析，发现户口转变和迁移的开放性程度与个人社会流动机会获得呈正相关关系，户口等级差别以及户口对体制内流动的结构性影响依然存在。由此，户籍制度改变了劳动力流动的通常规律（李强，2003），对流动人口居住流动意愿有一定的影响（孟兆敏、吴瑞君，2011），户籍制度成为影响人们居住流动意愿的最重要因素。

（二）关系流动性对居住流动意愿的影响

不管是宏观、中观、微观还是个体水平，对居住流动意愿的影响都是外在层面的"结构性"因素，忽视了"人"这一主体性因素在其中的作用。在居住流动意愿中，社会心理因素所起的作用越来越被重视。心理因素对城市居留意愿产生了显著影响，城城流动过程中流动人口会综合考虑由于空间摩擦而产生的心理压力，心理融入已成为新生代流动人口社会融入的高级阶段，也是其市民化的必由之路（梁土坤，2020）。社会融入、社会支持可能是最为重要的社会心理因素。中国的正式社会支持网络较为薄弱，在文化心理上基本都是接受以血缘、亲缘和业缘为主导的非正式社会支持。人际交往是流动人口在流入地社会融入的指标之一（杨菊华，

2020），衡量融入最为重要的特征是流动人口在当地是否有社会支持网络。在流入地是否建构起新的人际关系和社会支持网络等非正式支持将影响流动人口的居住流动意愿。

关系流动性产生的心理效应也会影响居住流动意愿。感知到自身处在高关系流动性的环境时，个体具有更高自尊、主观幸福感和更强的自尊与主观幸福感关联（Yuki et al.，2013；Sato & Yuki，2014），更强的自我提升倾向。感知到自身处在高关系流动性的环境时，个体表现出寻求和想要等级地位以控制外在资源的动机，试图寻找获得自身对外在环境的控制感（Ong，2015）。为了摆脱低关系流动性可能产生的消极影响，个体有可能倾向于在未来搬到其他地方，以寻找适宜的居住环境。居住流动体现了人们想要脱离现有社会纽带，寻找充满活力的环境的意愿（Gillath & Keefer，2016），生活在高居住流动性环境下的个体报告了更强烈的加强社会关系和扩展社会网络的动机（Schug et al.，2010；Oishi et al.，2013），而低居住流动性环境下的个体这种动机较弱。因此，居住流动可能是个体摆脱现有社会关系、拓展社会关系的心理过程在行动上的体现。

综上，本节拟从结构性特点和关系流动性角度考察居住流动意愿的影响因素，结构性特点分为宏观、中观、微观和个体层面，在控制宏观、中观、微观和个体因素基础上考察关系流动性对居住流动意愿的影响。受数据库所限，宏观层面选取城市规模、人均 GDP 作为指标，中观层面选取居住类型、社区类型作为指标，微观层面选取家庭总收入、家庭规模作为指标，个体层面选择性别、户口、就业性质、住房、年龄、受教育程度、应对策略、搬迁频率等作为指标。

二 研究结果

（一）居住流动意愿的特点分析

在宏观层面，城市规模显著影响了居住流动意愿（F = 2.815，p < 0.05），多重比较分析发现，居住在一线城市的个体居住流动意愿（M = 3.57，SD = 1.30）显著低于二线城市（M = 3.62，SD = 1.32）和五线城市

（M=3.66，SD=1.37）。居住地所在省份的人均 GDP 对居住流动意愿无显著影响。

在中观层面，居住类型对居住流动意愿有显著影响（F=3.697，p<0.01），多重比较分析发现，居住在市/县城的城乡结合部的个体居住流动意愿显著高于农村，市/县城以外的镇的个体居住流动意愿显著高于市/县城的中心城区、市/县城的边缘城区和农村。社区类型对居住流动意愿有显著影响（F=6.043，p<0.001），多重比较分析发现，居住在别墅区或高级住宅区的个体居住流动意愿显著高于其他社区，居住在老城区的个体居住流动意愿显著低于单位社区和普通商品房小区，居住在农村的个体居住流动意愿显著低于普通商品房小区。

宏观与中观层面交互作用分析显示，城市规模×居住类型存在显著的交互作用（F=3.007，p<0.05），简单效应检验发现一线城市（F=3.94，p<0.01）、二线城市（F=3.53，p<0.01）的个体居住流动意愿存在显著的居住类型差异，一线城市中居住在边缘地区的个体居住流动意愿显著高于中心城区，二线城市中居住在边缘地区或城乡结合部的个体居住流动意愿显著高于农村。城市规模×社区类型存在显著的交互作用（F=2.175，p<0.001），简单效应检验发现一线城市（F=6.60，p<0.001）、四线城市（F=3.28，p<0.05）、五线城市（F=7.25，p<0.001）的个体居住流动意愿存在显著的社区类型差异，一线城市中住在别墅区的个体居住流动意愿显著高于老城区和普通商品房小区，四线城市中住在别墅区的个体居住流动意愿显著高于老城区、普通商品房小区、城中村和农村，五线城市中住在别墅区的个体居住流动意愿显著高于老城区、单位社区、保障性住房社区、普通商品房小区和农村，单位社区的个体居住流动意愿显著低于普通商品房小区和城中村。

在微观层面，将家庭总收入 6000 元以下视为低家庭总收入，6000~45000 元为中家庭总收入，45000 元以上为高家庭总收入，分析发现家庭总收入对居住流动意愿产生显著影响（F=4.152，p<0.05），高家庭总收入的个体居住流动意愿（M=3.67，SD=1.392）显著高于低家庭总收入（M=

3.59，SD=1.341）和中家庭总收入（M=3.59，SD=1.307）。将家庭规模分为2人及以下、3~5人和5人以上，未发现家庭规模对居住流动意愿产生影响（F=2.718，p>0.05）。

在个体层面，性别对居住流动意愿无显著影响（F=1.570，p>0.05）。户口（F=17.807，p<0.001）、就业性质（F=6.657，p<0.001）、住房（F=7.821，p<0.01）、受教育程度（F=8.903，p<0.001）、应对策略（F=25.804，p<0.001）对居住流动意愿有显著影响，部分均值见表6-8和表6-9。多重比较分析发现，本地城市户口和本地农村户口的个体居住流动意愿显著低于外地城市户口和外地农村户口；学生的居住流动意愿显著高于无工作、在职、离退、返聘和非固定工作者，在职工作的个体居住流动意愿显著高于无工作、离退和非固定工作者，失业的个体居住流动意愿显著高于无工作者；租房个体的居住流动意愿（M=3.63，SD=1.31）显著高于自有住房个体（M=3.58，SD=1.35）；初中及以下学历的个体居住流动意愿显著低于大专、大学本科和研究生及以上学历者，大学本科、研究生及以上学历的个体居住流动意愿显著高于其他学历群体；居住时长不到半年（M=3.56，SD=1.318）和10年及以上（M=3.52，SD=1.369）的个体居住流动意愿显著低于其他居住时长的个体。

表6-8　不同居住类型、受教育程度、户口的居住流动意愿描述性统计

居住类型	均值	标准差	受教育程度	均值	标准差	户口	均值	标准差
市/县城的中心城区	3.59	1.374	初中及以下	3.38	1.512	本地城市户口	3.57	1.355
市/县城的边缘城区	3.60	1.292	高中(技校、职高、中专)	3.50	1.427	本地农村户口	3.56	1.351
市/县城的城乡结合部	3.63	1.237	大专	3.57	1.353	外地城市户口	3.67	1.288
市/县城以外的镇	3.67	1.306	大学本科	3.59	1.316	外地农村户口	3.74	1.256
农村	3.55	1.426	研究生及以上	3.65	1.285			

表 6-9 不同社区类型、就业性质的居住流动意愿描述性统计

社区类型	均值	标准差	就业性质	均值	标准差
未经改造的老城区（街坊型社区）	3.55	1.353	全日制学生	3.69	1.268
单一或混合的单位社区	3.63	1.326	一直无工作	3.47	1.445
保障性住房社区	3.56	1.290	在职工作	3.60	1.333
普通商品房小区	3.63	1.277	离退在家	3.47	1.394
别墅区或高级住宅区	3.87	1.524	离退后重新应聘	3.50	1.314
新近由农村社区转变过来的城市社区（村改居、村居合并或"城中村"）	3.61	1.373	辞职、内退或下岗	3.63	1.353
农村	3.56	1.384	非固定工作	3.53	1.327
			失业	3.61	1.500

将年龄分为 18~30 岁、31~49 岁和 50 岁及以上三个类别，分析发现年龄对居住流动意愿具有显著影响（F = 6.818，p < 0.001），多重比较分析发现随着年龄的增长，居住流动意愿越来越低。18~30 岁的个体居住流动意愿最强烈（M = 3.62，SD = 1.32），随后是 31~49 岁组（M = 3.58，SD = 1.36），最后是 50 岁及以上组（M = 3.42，SD = 1.374）。根据均值加减一个标准差区分出低、中和高搬迁频率，分析发现搬迁频率显著影响被调查者的居住流动意愿（F = 57.108，p < 0.001），低搬迁频率的个体居住流动意愿（M = 3.47，SD = 1.351）显著低于中搬迁频率（M = 3.68，SD = 1.312）和高搬迁频率（M = 3.66，SD = 1.329）。

微观与个体层面的交互作用分析显示，家庭总收入×搬迁频率有显著交互作用（F = 3.634，p < 0.01），简单效应检验表明在低搬迁频率条件下，家庭总收入对居住流动意愿无显著影响（F = 2.067，p > 0.05），在中搬迁频率（F = 4.837，p < 0.01）、高搬迁频率（F = 4.101，p < 0.05）条件下家庭总收入对居住流动意愿有显著影响。在中搬迁频率条件下，家庭总收入 45000 元以上的个体居住流动意愿显著高于其他家庭总收入的个体，在高搬迁频率条件下，家庭总收入 45000 元以上的个体居住流动意愿显著高于家庭总收入

6000 元以下的个体。

鉴于户口在个体居住流动意愿中的重要作用，对户口与个体其他特征做交互作用分析显示，户口仅与年龄有显著交互作用（F = 2.172，p < 0.05），简单效应检验发现，年龄对居住流动意愿的显著影响仅存在于本地城市户口（F = 4.923，p < 0.01）、本地农村户口（F = 4.656，p < 0.01）。本地城市户口中，18~30 岁的个体居住流动意愿显著高于 31~49 岁组，本地农村户口中，50 岁及以上的个体居住流动意愿显著低于 18~30 岁组和 31~49 岁组。

（二）关系流动性与居住流动意愿的关系

相关分析结果显示，关系流动性与个体的居住流动意愿之间呈显著的负相关（r = -0.08，p < 0.01），当个体知觉到周边的关系流动性程度越高，他们越不乐意搬离现居住地。研究将宏观、中观、微观和个体层面的变量逐步纳入回归方程中，以此考察不同层次水平对居住流动意愿的影响，最后将关系流动性纳入方程中，以明确关系流动性在居住流动意愿中的作用，具体结果见表 6-10。

模型 1 结果表明，宏观层面城市规模显著影响了居住流动意愿，城市规模越大，居住流动意愿越强，人均 GDP 并未对居住流动意愿产生影响。模型 2 结果表明，加入中观层面后，除了城市规模对居住流动意愿有显著影响外，居住在市/县城的城乡结合部、市/县城以外的镇的个体较中心城区的个体居住流动意愿更强，社区类型是别墅区或高级住宅区的个体较农村的个体居住流动意愿更强。模型 3 结果表明，加入微观层面后，除了城市规模、居住类型和社区类型具有显著影响外，家庭总收入显著影响了居住流动意愿，家庭总收入越高，居住流动意愿越强。

模型 4 结果表明，加入个体层面后，除了城市规模、居住类型、社区类型、家庭总收入具有显著影响外，户口、就业性质、受教育程度、应对策略、搬迁频率显著影响了居住流动意愿，本地城市户口、本地农村户口、外地城市户口较外地农村户口居住流动意愿更强；就业性质中无工作、离退、返聘者较之于失业者居住流动意愿更弱；受教育程度越高，居住流动意愿越强；应对策略越长，居住流动意愿越弱；搬迁频率越高，居住流动意愿越强。

表6-10 不同水平人口学特征、关系流动性对居住流动意愿的回归分析结果

类目	变量	模型1	模型2	模型3	模型4	模型5
宏观层面	城市规模	0.017*(0.008)	0.018*(0.008)	0.019*(0.008)	0.036*(0.008)	0.035*(0.008)
	人均GDP	-3.791E-007(0.000)	-5.147E-007(0.000)	-5.903E-007(0.000)	-3.951E-007(0.000)	-4.335E-007(0.000)
	居住类型 [a]					
	市/县城的边缘地区		0.028(0.027)	0.032(0.027)	0.014(0.027)	0.008(0.027)
	市/县城的城乡结合部		0.056*(0.028)	0.061*(0.028)	0.051(0.029)	0.030(0.029)
	市/县城以外的镇		0.088**(0.032)	0.092**(0.032)	0.081*(0.033)	0.060(0.033)
	农村		-0.011(0.037)	-0.004(0.038)	-0.004(0.039)	-0.025(0.039)
中观层面	社区类型 [b]					
	未经改造的老城区		-0.017(0.041)	-0.016(0.041)	-0.043(0.041)	-0.049(0.041)
	单一或混合的单位社区		0.059(0.043)	0.060(0.043)	-0.006(0.044)	-0.007(0.044)
	保障性住房社区		-0.016(0.042)	-0.018(0.042)	-0.059(0.043)	-0.072(0.043)
	普通商品房小区		0.063(0.033)	0.058(0.034)	0.027(0.035)	0.018(0.035)
	别墅区或高级住宅区		0.302***(0.063)	0.289*(0.064)	0.233*(0.065)	0.212*(0.065)
	城中村等		0.045(0.038)	0.041(0.038)	0.023(0.038)	0.022(0.038)
微观层面	家庭总收入			0.010*(0.004)	0.010*(0.004)	0.012*(0.004)
	家庭规模			0.004(0.008)	0.005(0.008)	0.007(0.008)
	性别				0.006(0.019)	0.022(0.019)
个体层面	户口 [c]					
	本地城市户口				-0.168***(0.033)	-0.180***(0.033)
	本地农村户口				-0.159***(0.031)	-0.164***(0.031)

续表

类目	变量	模型 1	模型 2	模型 3	模型 4	模型 5
个体层面	外地城市户口				-0.097*(0.038)	-0.113***(0.038)
	就业性质d					
	全日制学生				0.036(0.058)	0.048(0.058)
	一直无工作				-0.141*(0.070)	-0.144*(0.070)
	在职工作				-0.041(0.056)	-0.032(0.056)
	离退在家				-0.173*(0.074)	-0.172*(0.074)
	离退后重新应聘				-0.198*(0.091)	-0.192*(0.090)
	辞职、内退或下岗				-0.027(0.084)	-0.031(0.084)
	非固定工作				-0.093(0.061)	-0.088(0.061)
	住房				-0.006(0.021)	-0.005(0.021)
	年龄				-0.001(0.001)	-0.001(0.001)
	受教育程度				0.040***(0.009)	0.040***(0.009)
	应对策略				-0.017*(0.008)	-0.013(0.008)
	搬迁频率				0.021***(0.004)	0.019***(0.004)
关系流动性						-0.186***(0.018)
R^2		0.000	0.003	0.003	0.012	0.017
$\triangle R^2$		0.000	0.002	0.002	0.010	0.015
F		4.901*	4.855***	4.570***	8.109***	11.245***

注：①参照类别，a＝市/县城的中心城区，b＝农村，c＝外地农村户口，d＝失业；②括号中为标准误。

模型 5 加入关系流动性后，结果显示宏观层面的城市规模，中观层面的社区类型，微观层面的家庭总收入，个体层面的户口、就业性质、受教育程度、搬迁频率仍显著影响居住流动意愿，但应对策略影响不显著；关系流动性显著影响了居住流动意愿，个体知觉到的关系流动性越高，居住流动意愿越低。从 $\triangle R^2$ 的情况来看，关系流动性对居住流动意愿的解释力最大，增加了 1.5%，其次是个体层面对居住流动意愿的解释力，增加了 1%。

三　讨论与结论

（一）居住流动意愿反映了个体的动力性和情感性

从居住流动意愿的结构性特点分析发现，个体的居住流动意愿具有两个特点。一是居住流动意愿受个体能力的驱动，源于个体对自身能力的判断。能力既是人们在流动过程中考虑能否在流入地找到工作的重要条件，也是衡量能否融入流入地的一个重要因子。就业技能的匮乏是中国流动人口难以融入城市体系面临的关键性障碍，随着就业技能的提升流动人口的社会融合度呈"U"形变化趋势（孔艳芳、周凤，2020）。本节发现，无论是在一线城市、四线城市还是在五线城市，居住在别墅区的个体居住流动意愿最高。与之相对的是，居住在农村的个体居住流动意愿最低。家庭总收入高的个体，居住流动意愿最不强烈。无论是对于中流动频率的个体还是高流动频率的个体，其中高家庭总收入的个体居住流动意愿最强烈。年龄较低、受教育程度较高的个体，居住流动意愿最强烈，随着年龄的增长，居住流动意愿呈显著下降的趋势，而随着受教育程度的提高，居住流动意愿呈显著上升趋势。学生与在职群体居住流动意愿较强烈。上述结果与已有研究结果较为接近（宋全成、王昕，2018；林李月、朱宇，2016），如若以当地水平为参照，居住在别墅区、高家庭总收入的个体表现出最强烈的居住流动意愿，这可能是他们在衡量能力基础上进一步向上流动的一种体现，而年龄低、受教育程度高、学生与在职群体的居住流动意愿较强烈，同样佐证了基于能力的向上流动是居住流动意愿的一种反映。上海当前的积分落户制度偏好年轻、高学历、高技能的劳动力，从政策上支撑了流动人口内部在市民化能力上的两极分化（汪然、李挺，2020），年龄较大、受教育水平较低、没有稳定的婚姻状态等相似的人口学特征的个体具有较强的回流意愿。移民的自我选择性理论指出，如果输出地中选择迁移的人多是能力较高的人，迁移之后他们收入有望追上输入地的本土居民，实现正向的自我选择。谢桂华（2012）指出，无论是外来工人还是外来农民工都表现出正向自我选择的倾向，技能较高者更有可能选择流动，自愿选择流动的人具有高度的主动性和强烈的获利动机，迁移之后会主动学习新工作所需技能，尽快适应当地市场。可见，以能力为基础的居住流动意愿更多的是一种正向自我选择。

二是居住流动意愿受个体情感的驱动，源于个体对居住的满意度和幸福感。居住流动意愿可能反映了个体不满意现状，试图通过流动摆脱现状的一种方式，体现一种"人挪活，树挪死"的精神。本节发现，无论是一线城市还是二线城市，居住在边缘地区的个体居住流动意愿较强烈，而五线城市的个体居住流动意愿最不强烈。居住在市/县城以外的镇或城乡结合部的个体居住流动意愿强烈，居住在老城区的个体居住流动意愿显著低于单位社区和普通商品房小区。外地户口居住流动意愿高于本地户口，租房者居住流动意愿高于自有住房者，在本地居住半年或者10年以上者居住流动意愿较弱。居住流动意愿反映了人们乐意脱离现有社会纽带，愿意去寻找充满活力的环境的意愿，由此看来不管是基于能力还是情感驱动的居住流动意愿，本质上都表达了个体向上流动的渴望。随着社会的进一步发展，居住流动意愿或成为今后一种常态，不再只属于流动人口，常住人口也越来越多地产生居住流动意愿，因此看待流动不能再仅仅聚焦农民工这样特定的群体，而应将居住流动意愿视为将来的一种趋势。

（二）关系流动性对居住流动意愿具有最强的解释力

关系流动性对居住流动意愿的回归分析再次证实了居住流动意愿的两个特点，更为重要的是指出了关系流动性对居住流动意愿的解释力最大，对居住流动意愿影响作用最大，表明居住流动意愿除了受宏观、中观、微观和个体层面的影响外，更应考察关系因素对居住流动意愿的影响，尤其是个体知觉到周边人建立或摆脱社会关系越容易，居住流动意愿越弱。

在流入地适应当地生活，实际上是再社会化的过程，再社会化过程需具备三个基本条件：在城市找到相对稳定的职业；这种职业带来的经济收入及社会地位能够形成一种与当地人接近的生活方式，从而使其具备与当地人发生社会交往，并参与当地社会生活的条件；由于这种生活方式的影响和与当地社会的接触，新移民可能接受并形成新的与当地人相同的价值观，社会交往是再社会化过程中最为关键的一环，没有与当地人的社会交往就无法形成相同的价值观，无法实现再社会化。在"关系资源"极为丰富的华人社会，"关系"在再社会化过程中的意义更为突出。以华人移民为对象的研究发现，作为补充资源的社会关系能够促进或者加快移民在"异国"的适应进程（赵定东、许洪波，2004）。乡城流动人口社会网络中广泛存在小世界现象和无标度特性等非正式制度方式，实现再社会化是乡城流动人口融入城市生活的主要途径之一，返乡意愿强烈的通常是那些在流入地社会资本较少的老年农民工。华人移民和农民工进城是华人文化背景下居住流动意愿的两个最典型例子。这两个典型例子均一致地表明在流入地的社会支持程度，更通俗地说建立起人际关系圈，透过人际关系圈让个体嵌入流入地的人际关系网络中，形成一个牢固的留下个体的根基，才是在流入地再社会化的关键所在。

居住流动意愿中的宏观、中观、微观和个体特征都是偏向于"结构性"的因素，而这些结构性因素对居住流动意愿的影响小于关系流动性的影响，这意味着结构性因素对个体流动的影响或许未有现有研究强调的那样突出，实质上个体可以脱离原先的所处结构或环境，但之所以未有流动则是因为在现有结构中已建立了较为稳定且牢固的人际关系网络，以及对于流动后进入新的"结构"中的不适应。适应能力是个体流动过程中要考虑的三大能力之一，而关系网络的建构是适应能力的重要指标之一（汪然、李挺，2020），本地朋友圈以及和本地人接触的频率是影响外来人口文化适应的两个重要因素。

第四节　城市认同在关系流动性与居住流动间的桥梁作用

除了客观条件对居住流动意愿的影响，美国社会学家波特斯认为移民过程中的每个环节（如向何处迁移以及是否在流入地定居等）都与迁移人口拥有的社会资本或社会网络密不可分，因此个体的主观心理因素和社会生态因素也会对居住流动意愿的决策产生影响。随着户籍制度改革的深入以及城镇化的发展，在人口的流动和迁移中最核心的问题便是流迁人口如何看待自身的新身份，如何适应流入地，最终达到对流入地的心理融入。社会支持是实现心理融入的条件之一，而社会认同是心理融入的基础。关系流动性是与社会支持的获得和社会认同的建构密切相关的社会生态因素，本节旨在考察关系流动性如何透过心理因素对迁移人口在流入地的居住决策产生影响。

一　文献综述

（一）城市认同与居住流动意愿

从人口流动的角度看，社会认同具有重要的功能。社会认同有利于帮助个体融入流入地，增强社会适应性和提高生活满意度（杨健等，2012）。社会认同具有不同的层次，与自我密切相关且不易改变的认同类型相对近端，与自我相关度低且易发生改变的认同类型相对远端，前者如身份认同，后者如地域认同和城市认同。近端社会认同不易被环境或外界改变，远端社会认同较易被环境或外界改变。身份认同既是社会认同最底层的部分，也是最难改变的部分，城市认同既是社会认同较外在的部分，也是较易改变的部分。现有社会认同研究过多集中于身份认同，寄希望个体通过认同自身的身份实现对流入地的心理融入，而这恰恰是社会认同最难实现的部分。因此，针对迁移人口的心理融入有必要从远端的城市认同入手，探讨城市认同如何帮助迁移人口实现心理融入。

现有城市认同与居住流动的研究主要集中于某一特定类别的流动对象，如流动儿童、农民工、失地农民，探讨影响该特定群体城市认同感缺失或城市认同困境的社会心理因素，如社会支持、依恋、歧视知觉，试图寻找影响城市认同的结构性因素，如制度性障碍、公共政策、居住空间，进一步分析城市认同对生活满意度、主观幸福感的影响。总的来说，这些研究具有几个方面的不足：首先，聚焦如何建构城市认同以更好地融入流入地，而非关注已形成的城市认同对流迁人口居住流动意愿的影响；其次，研究对象集中于弱势群体，对正常群体的流动迁移过程关注较少；最后，虽然强调社会支持在城市认同中有着重要作用，但对如何形成良好的社会支持缺乏深层次的探讨。本节尝试从关系视角对城市认同做新的解读，探讨正常人群在流动迁移过程中建立社会支持网络的难易程度如何影响其城市认同，这种影响又如何作用于个体居住流动意愿。

（二）本地居住时长的调节作用

居住流动意愿并非完全取决于关系流动性和城市认同。已有研究表明，本地居住时长是居住流动意愿的重要影响因素之一。外来人口在城市居留时间越长继续长期居留的概率越高，其预期继续居留的时间也越长（任远，2006）。居住时间长短对新生代农民工留京有显著影响，对迁移人口留城定居意愿也有显著正向的影响，居住时间越长的个体其市民化意愿越强（赵蕊，2017）。除了影响个体的居住流动意愿，本地居住时长也影响个体的城市认同。既往研究发现，居住时长可能影响认同的形成，居住时间对城市新移民的地域认同具有正向影响，居住时间长的城市新移民其认同中性本地人身份的可能性更高（雷开春，2008）。因此，本节推测本地居住时长可能在关系流动性对居住流动意愿、城市认同的影响中起调节作用。

首先，本地居住时长可能调节关系流动性对城市认同的影响。已有研究发现，本地居住时长较长的个体，获得的社会支持较多，拥有的社会资本较高。居住时间5年及以下的流动人口其社会支持显著低于11～20年和20年以上组，6～10年组显著低于11～20年组，并且随着居住时间的延长流动人口的社会支持逐步得到提升（付玉娟等，2012）。在本地居住时间越长，居民的社会信任水平越高，从本地居民处获得的社会支持更多（雷开春，2008），并会对社区社会资本的水平产生积极影响。因此可推测，对于本地居住时长较长的个体，关系流动性对城市认同的影响可能较强，对于本地居住时长较短的个体，获得的社会支持较少，并且尚未形成较高的社会资本，关系流动性对城市认同的影响可能较弱。

其次，本地居住时长还可能调节城市认同对居住流动意愿的影响。个体的社会认同与本地居住时长有着复杂的关系。刘妍洁（2013）发现，在城市居住时间为 0~1 年的流动儿童的农村人认同最高；在城市居住时间为 3~5 年的流动儿童的城市人认同最低；而居住时间为 10 年以上的流动儿童的城市人认同最高，农村人认同最低。苏文（2011）也发现，流动儿童的城市认同与居住时间呈 U 形发展趋势，居住时间在半年至两年为 U 形低谷。另有研究指出，以在本地居住时间达 3~5 年为界，城市人认同与农村人认同呈现相反的变化趋势，模糊性认同随着居住时间的增加而逐渐降低（单丹丹，2011）。由此可见，社会认同随着本地居住时长的变化发生演变。本地居住时长较短的个体，对流入地的城市认同尚未形成，正处于从对迁出地的城市认同转向对流入地的城市认同的波动过程中，导致城市认同对居住流动意愿的影响较弱。而在本地居住较长时间的个体已完成从对迁出地的城市认同转向对流入地的城市认同，因此城市认同对于居住流动意愿的影响较强。

综上所述，关系流动性、城市认同与居住流动意愿三者间存在密切的关联。本节认为关系流动性可能是促使个体做出改变居住环境决策的原因，这一决策的过程中城市认同起了中介作用。此外，研究还进一步探讨了本地居住时长如何调节关系流动性对城市认同的影响，以及城市认同对居住流动意愿的影响，意图从社会生态视角解读城市认同，建构关系流动性与居住流动意愿的联结关系，假设模型如图 6-11 所示。考虑到户口对个体的居住流动存在影响，本节将户口作为协变量给予控制。

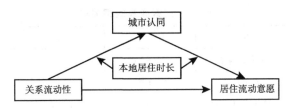

图 6-11 城市认同、本地居住时长在关系流动性
与居住流动意愿关系中的作用的假设模型

二 研究结果

（一）关系流动性、城市认同与居住流动意愿的初步统计分析

从表 6-11 可知，关系流动性程度高于中间值 4，均值为 4.28，表明被调查者知觉到周边的关系流动性程度为中等偏上。城市认同高于中间值 4，均值为 4.83，表明被调查者对所居住城市的认同感较高，处于中等偏上水平。居住流动意愿均值为 3.61，略低于中间值 4，可见被调查者的居住流动意愿处于中等偏下水平。本地居住时长接近 "5 年以上不到 10 年"，总体较长。

表 6-11 关键变量的描述性统计分析

研究变量	均值	标准差
关系流动性	4.28	0.52
城市认同	4.83	0.98
居住流动意愿	3.61	1.34
本地居住时长	4.93	1.50

表 6-12 呈现了各变量的相关关系。结果显示，关系流动性与城市认同、本地居住时长呈显著正相关，与居住流动意愿呈显著负相关；城市认同与本地居住时长呈显著正相关，与居住流动意愿呈显著负相关；居住流动意愿与本地居住时长呈显著负相关。

表 6-12　关键变量的相关关系

序号	研究变量	1	2	3
1	关系流动性	—		
2	城市认同	0.28**		
3	居住流动意愿	-0.07**	-0.10**	—
4	本地居住时长	0.08**	0.28**	-0.04**

（二）城市认同在关系流动性与居住流动意愿间的中介作用

以关系流动性为自变量，城市认同为中介变量，居住流动意愿为因变量，采用海斯 2016 年开发的 PROCESS for SPSS v3.0 版本进行中介效应检验，选择模型 4，即"model number"为 4，设定"Bootstrap samples"样本量为 10000，选择 95%的置信区间，进行 Bootstrap 中介变量检验。将被调查者的户口作为控制变量以排除户口因素产生的影响。

中介检验结果表明，城市认同的中介检验没有包含 0（LLCI = -0.13，ULCI = -0.09），表明城市认同的中介效应显著。控制中介变量城市认同之后，关系流动性对居住流动意愿的影响依然显著，t = -7.00，p < 0.001，置信区间（LLCI = -0.16，ULCI = -0.09）不包含 0，表明关系流动性对居住流动意愿存在直接效应，直接效应值为 -0.13。由此可见，城市认同在关系流动与居住流动意愿中起着部分中介的作用，城市认同的部分中介效应值为 -0.06，城市认同和关系流动性在居住流动意愿中的总效应值为 -0.19。具体的中介模型和未标准化路径系数见图 6-12。

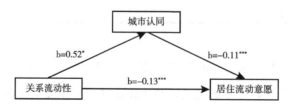

图 6-12　城市认同在关系流动性和居住流动意愿中的中介作用

（三）本地居住时长的调节作用

为了解城市认同在关系流动性与居住流动意愿间发挥中介作用过程中，本地居住时长如何对这种中介作用产生调节效应，研究以关系流动性为自变量，城市认同为中介变量，居住流动意愿为因变量，本地居住时长为调节变量，户口为控制变量，选择模型58，即"model number"为58，设定"Bootstrap samples"样本量为10000，选择95%的置信区间，进行调节效应检验。

分析发现，关系流动性与本地居住时长的交互作用显著影响了城市认同，置信区间为（LLCI = 0.03，ULCI = 0.07），不包含0。通过均值、均值加减一个标准差区分较短、中等、较长三种本地居住时长，分析在不同本地居住时长的个体中，关系流动性对城市认同的影响是否存在差异。结果发现，对于本地居住时长较短、中等和较长的个体，关系流动性均显著影响了城市认同，关系流动性越高则城市认同越高，且这种效应随着本地居住时长的增加而增强，其调节效应值分别为0.42、0.49和0.54，Bootstrap检验的置信区间分别为（LLCI = 0.38，ULCI = 0.45；LLCI = 0.47，ULCI = 0.51；LLCI = 0.51，ULCI = 0.57），均不包含0。

城市认同与本地居住时长的交互作用显著影响了居住流动意愿，置信区间为（LLCI = -0.08，ULCI = -0.05），不包含0。通过均值、均值加减一个标准差区分较短、中等、较长三种本地居住时长，分析在不同本地居住时长的个体中，城市认同对居住流动意愿的影响是否存在差异。结果发现，对于本地居住时长中等和较长的个体，城市认同显著影响了居住流动意愿，城市认同越高则居住流动意愿越低，其调节效应值分别为-0.11和-0.18，Bootstrap检验的置信区间分别为（LLCI = -0.13，ULCI = -0.09；LLCI = -0.20，ULCI = -0.15），均不包含0；而对于本地居住时长较短的个体，城市认同不能显著影响居住流动意愿，置信区间为（LLCI = -0.03，ULCI = 0.02），该区间包含0。本地居住时长的具体调节效应如图6-13所示。

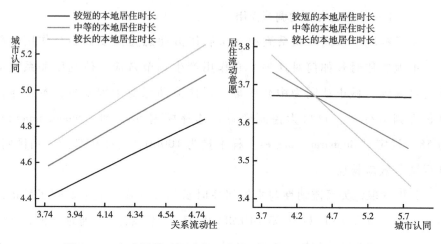

图 6-13　本地居住时长对关系流动性和城市认同的调节作用

三　讨论与结论

（一）关系流动性直接影响居住流动意愿

本节发现，关系流动性直接影响了居住流动意愿，关系流动性与个体的居住流动意愿负相关，其原因可能有三。

首先，不同关系流动性的心理影响不同。较之于低关系流动性，高关系流动性的环境给予个体较多积极的心理影响。有研究发现，处于高关系流动性环境的个体，其情绪表达信念与忧郁症状存在负相关关系，但这种相关性在低关系流动性的个体身上会减弱，且进一步研究发现，在低关系流动性的实验条件下，个体表达愤怒情绪会导致正向情感与自我调控能力的下降，而在高关系流动性的实验条件下，个体则无此现象（赖洵慧，2013）。还有研究发现，处于高关系流动性环境的个体，其自尊更强、主观幸福感更高、自尊与主观幸福感的关联也更强（Yuki et al., 2013；Sato & Yuki, 2014）。此外，当个体感知到自身处在高关系流动性的环境时，有更强的自我提升倾向，为了摆脱低关系流动性可能产生的消极影响，个体有可能倾向于在未来搬到其他地方，以寻找适宜的居住环境。

其次，作为外在的社会生态指标，关系流动性是个体无力改变的部分，它降低了个体的控制感，由此促发了个体试图寻求和获得控制感的外在动机。研究发现，处于低关系流动性环境的个体具有寻求和想要等级地位以控制外在资源的动机，试图寻找获得自身对外在环境的控制感（Ong，2015）。

最后，处于流动的社会中，个体具有加强其社会关系（Schug et al.，2010）和拓展社会关系的动机（Oishi et al.，2013）。研究发现，生活在较高居住流动性环境下的个体报告了更强烈的拓展社会网络的动机（Oishi et al.，2013），而生活在较低居住流动性环境下的个体，这种动机相对较弱。研究表明，居住流动反映了人们乐意脱离现有社会纽带、愿意寻找充满活力的环境的意愿（Gillath & Keefer，2016）。总而言之，个体的居住流动可能是他们摆脱现有社会关系、扩展社会关系的心理过程在行动上的体现。

（二）城市认同是关系流动性对居住流动意愿产生影响的途径

本节发现，关系流动性通过提高个体城市认同降低了居住流动意愿，即城市认同在关系流动性和居住流动意愿的关系中起中介作用。城市认同可在关系流动性与居住流动意愿中发挥中介作用的原因可能有三。

原因一是关系流动性是城市特性的反映，是城市的一种软实力。关系流动性不是个体水平而是生态水平的建构，反映了社会环境中关系选择的可获得性程度，它可体现为个体、群体、城市、国家和文化等不同层次的水平，在个体层次是个人对自身建立新人际关系难易程度的感知（Ong，2015），在城市层次是个体对所处区域或城市建立新人际关系难易程度的感知。城市的关系流动性归根结底来自其市民的开放性和接纳度，是城市市民整体素养的一种反映。由此可见，关系流动性体现了一个城市的文化，展示了城市的温度和柔性，成为流入地城市的特性之一。本节进一步发现，不管本地居住时长如何，关系流动性显著影响了城市认同，关系流动性越高则城市认同越高，这从侧面反映了关系流动性作为社会生态指标的特性。也就是说，关系流动性一旦形成便较为稳定，不易受其他因素的影响。

原因二是关系流动性提高了城市的社会资本。尽管对于如何定义社会资本存在不少争议，但是社会网络和一般信任已被普遍视为社会资本的核心成分。帕克斯顿指出，社会网络是社会资本的客观成分，是指人们实际的社会纽带；而一般信任是社会资本的主观成分，是指个体自然地知觉到社会纽带的可信和互惠（Paxton，1999）。关系流动性可能从两个途径提高城市的社会资本，其一是关系流动性提高了城市的一般信任水平。已有研究表明，高关系流动性的社会（如北美）的一般信任程度较高（Yuki et al.，2007），这种环境下的个体辨识可信性以及识别他人的不诚信行为的能力较强（Yamagishi et al.，1999）。其二是关系流动性提高了社会支持的可获得性。杨健等（2012）研究发现，社会支持与农民工城市认同存在显著的正相关，可解释农民工城市认同总变异的 25.3%。既往研究发现，本地支持对地域认同具有正向影响（雷开春，2008），个体的社区交往是社会资本增加的重要体现。迁移人口与邻居的交往程度每上升一个层次，其实现本地认同的机会将上升 5.6%（史毅，2016）。因关系流动性意味着更高的一般信任水平、更宽广的社会网络和更易获得的社会支持，它可能成为一个地区或城市的社会资本，从而实现处于流动状态个体的认同感，提高了城市认同。

原因三是城市认同与居住流动意愿密切相关。任远和邬民乐（2006）研究发现，在上海的迁移人口中，那些对上海持有更负向城市认同的个体更倾向于离开上海返回家乡，而非继续留在上海。迁移人口在"本地化"过程中经历经济融入、制度融入、社会融入后，更重要的是实现心理层面的融入（崔岩，2012）。迁移人口通过关系流动性的知觉对自身在本地构建关系网的难易程度做出判断，从而对于自己形成地缘关系做出基本的判断，由此建构该地区的城市认同感。如若城市认同感高，则个体在心理层面实现了社会融入，降低了居住流动意愿。如若城市认同感低，则个体无法在心理层面实现社会融入，增加了居住流动意愿。

城市认同在关系流动性和居住流动意愿的关系中起到中介作用意味着迁移人口可透过城市认同，摆脱较难改变的近端身份认同，转向较易改变的远端地域认同，使他们更容易实现心理层面的社会融入，提高了他们的社会适应性，降低居住流动意愿。

（三）本地居住时长调节了关系流动性对居住流动意愿影响的强弱程度

本节发现，城市认同的中介模型受到本地居住时长的调节，其调节作用主要表现在两条路径上：其一是调节了关系流动性对城市认同的影响，对于本地居住时长较短、中等和较长的个体，关系流动性对城市认同的影响程度不同。本地居住时长较短的个体，关系流动性对城市认同的影响最弱；本地居住时长较长的个体，关系流动性对城市认同的影响最强。这意味着时间因素调节了关系流动性对城市认同的影响强度，长时间居住使关系流动性对城市认同的影响变强。长时间居住提供了时间、机会和可能性让个体逐步建立起社会支持网络，通过建构社会支持网络，与所居住城市建立联结，从而慢慢融入城市生活。长时间居住让个体更能清晰地知觉流入地的关系流动性程度，对自身在流入地建立所需社会支持网络的可能性判断更准确，影响他们对自身与流入地城市建立联结的可能性判断，从而最终影响个体对流入地的城市认同。

其二是调节了城市认同对居住流动意愿的影响。对于本地居住时长较短的个体，城市认同对居住流动意愿没有影响，对于本地居住时长中等和较长的个体，城市认同越高则居住流动意愿越低。长时间居住导致个体与原迁出地的联系变弱，减少了个体在迁出地与流入地之间的对比，帮助个体逐步淡忘对迁出地的情感依恋，有利于个体形成对流入地的城市认同感。迁移人口在流入地的居留时间每增加一年，实现本地认同的机会可上升 2.5%（史毅，2016），长时间居住会让个体形成持久而稳定的地方依恋。迁移人口在城市的居留是渐进式的（任远，2006），在不同居住时长中他们的心理状态和心理需求发生相应的变化。人口流动迁移政策应根据迁移人口在城市居住时间的长短，有针对性地根据其心理需求实施相应的政策，渐进式引导迁移人口从心理层面融入流入地。

针对分析结果，本书认为促进人口城市化可从三个方面入手。首先，协助个体在流入地建立社会支持网络。从分析结果看，人们持有的关系流动性程度并不高，居住流动意愿亦不强，且居住流动次数较少、本地居住时长较长。可见，人们居住流动的主观能动性并不强，如若提高个体的关系流动性感知程度，势必能够有效减少个体未来的居住流动。因此，应在不同场合开展各种人际交流活动，增加个体选择新伙伴的机会，帮助个体摆脱不想维持的人际关系，协助个体逐步建立当地的社会支持网络以逐步融入流入地。此外，还应提升市民的整体素养，鼓励市民更为开放地接纳不同群体。其次，削弱个体的近端社会认同（如身份认同），突出强调个体的远端社会认同（如城市认同）。城市认同比身份认同更具包容性，城市认同将迁移人口的社会认同提升至与流入地的居民相同的层次，引导迁移人口以城市市民身份而非迁移人口身份融入当地，从而更易实现社会心理融入。为此，应该弘扬平等、包容的城市精神，以城市发展的整体观看待迁移人口对本地城市发展的贡献，接纳迁移人口帮助他们实现"本地化"，从而逐渐在心理上融合新市民。最后，城市应该在吸引迁移人口流入后，将本地居住时长作为城市公共福利分配的重要依据（唐杰、张斐，2011），这样有助于降低迁移人口的居住流动意愿，促进迁移人口的市民化。城市也应根据不同居住时长的迁移人口的心理需求，开展相应的社会心理服务，引导迁移人口渐进式融入流入地。

第五节　基于关系流动性的应对策略

一　文献综述

（一）关系流动性与社会支持影响人际交往

在关系流动的社会中，建立新关系的收获多于失去，因为建立新关系和结束不受欢迎的现有关系成本都较低，这就鼓励人们在他们的社会关系中变得更加亲近。关系流动影响人际交往中的自我表露。一般来说，美国人比日本人更愿意向陌生人透露自己的信息。Schug 等（2010）在研究中要求美国和日本的被试报告其愿意向朋友和家人透露个人敏感信息的程度。研究一表明，美国人在当地环境中感知到的关系流动性要大于日本人。与日本人相比，美国人对朋友的自我表露程度更高。更重要的是，这种对朋友的自我表露差异在统计学上是由感知的关系流动性调节的。也就是说，无论是美国人还是日本人，认为他们所处环境关系流动的人比关系稳定的人更愿意向朋友自我表露。研究二表明，更强关系流动性感知和更高自我表露的关系是由更强烈的积极加强关系的动机所调节的。那些认为他们的社会在关系流动性方面更高的人更愿意向他们的朋友透露更多信息，以加强彼此的关系。因自我表露可作为人际关系承诺的信号，其在关系流动的社会中更为普遍。上述结果表明在关系流动的环境中，维持关系需要个体不断地表明自己对关系的投资，自我披露潜在破坏性信息是表明真正决心继续维持这一关系的方式。

与日本人相比，美国人认为建立新关系的机会更多，并且更容易退出不良关系。被试在环境中感知到的关系流动性越强，自我披露就越多。这种关系是由加强人际关系的愿望所调节的。在关系流动的社会中，人们用较低成本就可退出关系，因此更有动力表达个体维持或加强关系的愿望，并通过自我表露来体现。一项大型跨国研究发现，生活在关系流动社会的个体比生活在关系稳定社会的个体更愿意自我披露和寻求社会支持（Thomson et al.，2018）。一般来说，可通过向伴侣发出承诺来维持关系，自我表露变成一种策略以增加亲密关系中的好感和亲密感。从这个意义上说，亲密的自我披露被定义为向他人透露敏感的个人信息，这种愿意让自己变得脆弱是关系中信任和承诺的标志。因此，在关系流动的社会，向朋友发出承诺而进行自我表露具有很强的适应性，毕竟关系流动社会的人际关系是脆弱的。

与之相反的是，在关系稳定的环境中，个体采取回避型策略维持关系。研究发现，亚洲人和亚裔美国人在困难时不从朋友那里寻求社会支持的原因是害怕破坏现有的人际关系，日本人默认使用社会安全策略，美国人默认采取具有社会风险的策略（Yamagishi et al.，2008），与来自大城市相比，来自小城镇的日本人默认使用更安全的策略（Yamagishi et al.，2012），这提供有力证据表明个体基于周围社会生态差异，采取不同的社会交往策略。

关系流动性影响人际交往的交友原则。在关系流动环境中，个体倾向于与具有相似兴趣和价值观的人交朋友，而在关系稳定环境中，个体几乎不采用相似性——吸引原则。Bahns 等（2012）在小型、大型大学中随机选择了自然形成的一对朋友，要求他们填写一份简短的调查表以评估两人的相似性。研究发现，小型大学两个个体的相似性低于大型，如果考虑到大型大学整体多样性更强的事实，结果将更加显著。这种交友原则的差异由关系流动性所调节。Ishiguro（2011）发现，日本一对朋友间价值观的相似性程度与两人在过去一年结识的新朋友、总熟人数量呈正相关。即美国人感受到更多的建立新关系的机会因而倾向寻找拥有相同价值观和兴趣的个体，日本人感受到建立新关系的机会不多因而与偶然认识的人也尽量保持朋友关系。上述研究共同支持了这样一种观点，即关系中的更多选择可以导致人格和价值观更高水平的相似性，比如在日本朋友往往取决于亲近度和其他偶发机会因素（如碰巧选修同一课程），日本人认为他们最亲密的朋友与自己之间的相似性低于美国人。

关系流动性影响社交网络的规模。生活在关系流动和关系稳定社会中的人们友谊和社交网络特征有所不同。由于建立新关系或退出先前关系的成本较低，关系流动的环境鼓励人们扩展其社交网络，因此在关系流动的美国个体比关系稳定的德国或加纳等个体有更大的社交网络。此外，关系流动性也会影响人们对他人的谨慎程度。在关系流动地区，人们对建立新关系和退出不良关系有更大自由，容易退出也让个体不害怕扩展社交网络，因此对友谊持有积极看法，将友谊与信任、尊重等积极词语联系在一起。相较而言在关系稳定地区，结束不受欢迎的友谊非常困难，因此对友谊非常谨慎，将友谊与矛盾、谨慎等消极词语联系在一起。

（二）支持感与行为倾向的关系

个体感知到的社会支持程度引发了一系列行为倾向的差异。当个体获得的社会支持越多，其工作绩效较好，来自同事或者上司的社会支持产生了较好的工作绩效，在中国组织情境下，这种绩效更为突出，上司支持对工作绩效存在着直接效应，影响了员工对组织的承诺和离职意向，导致更多的主动缺勤行为，上司支持会引发下属更多的建言行为，员工只有感到上司支持建言行为时才会采用建言行为，否则下属会避免建言所带来的风险。社区支持感是居民对社区重视他们对社区建设做出的努力和回应他们价值诉求的总体感知，良好的社区支持感显著推升了个体感知到的社区融入，推动了个体参与社区旅游发展的热情。

人际交往的本质在于从社会中获得可靠、可信又可用的支持，关系流动性对人际交往中的交往策略、交往原则或者交往网络规模的影响，其心理机制是个体的支持感，支持感对个体的行为意向产生一系列影响。本节试图以应对策略为例，阐述关系流动性如何通过支持感影响个体的应对策略，并以此说明关系流动性与社会心态层次结构之间的关系。

二 研究结果

（一）关系流动性、支持感对应对策略的影响

以应对策略为因变量，以结识新人、选择朋友、支持感为自变量进行回归分析，同时回归方程中纳入性别、年龄、受教育程度、个人月收入、婚姻状况、家庭规模和住房等人口学变量，剔除其对研究结果的影响。自变量采用层次进入的方式，考察每层中增加的变量对回归方程解释力度的影响，从而判定增加的变量是否与因变量独立关联。第一层纳入人口学变量，第二层纳入结识新人、选择朋友、支持感，每层变量采用全部进入方式，结果见表6-14。在控制了人口学变量之后，结识新人、选择朋友、支持感均显著地预测应对策略。结识新人的可能性越高，应对策略越积极。选择朋友的机会越多，应对策略越积极。个体的支持感越强，应对策略越积极。

表 6-13 关系流动性、支持感对应对策略的回归模型

变量	模型 1	模型 2
常数项	2.585	2.818
性别	-0.03^{***} （0.004）	-0.029^{***} （0.004）
年龄	-0.001^{**} （0.000）	-0.001^{***} （0.000）
受教育程度	0.016^{***} （0.002）	-0.011^{***} （0.002）

续表

变量	模型 1	模型 2
个人月收入	−0.003 * (0.001)	−0.004 ** (0.001)
婚姻状况	−0.041 *** (0.006)	−0.037 *** (0.012)
家庭规模	0.003 (0.002)	0.001 (0.002)
住房	0.008 (0.005)	0.003 (0.005)
结识新人		0.022 *** (0.003)
选择朋友		0.020 *** (0.004)
支持感		0.069 *** (0.003)
R^2	0.011	0.065
$\triangle R^2$	0.011	0.054
F	25.217 ***	307.433 ***

（二）支持感是关系流动性对应对策略产生影响的途径

为了了解支持感在关系流动性与应对策略中所起的作用，将认识新人、选择朋友分别作为自变量，以支持感为中介变量，以应对策略为因变量，采用海斯于 2016 年开发的 PROCESS for SPSS v3.0 版本进行中介效应分析。该版本采用偏差校正的非参数百分位 Bootstrap 法进行中介效应检验。选择模型 4，设定"Bootstrap samples"样本量为 5000，选择 95%的置信区间，进行 Bootstrap 中介变量检验。将被调查者的性别、年龄、婚姻状况、受教育程度、个人月收入、家庭规模和住房作为控制变量以排除人口学因素产生的影响。

中介检验结果显示，支持感的中介检验没有包含 0（LLCI = 0.045，ULCI = 0.057），表明支持感的中介效应显著。控制中介变量支持感之后，结识新人对应对策略的影响依然显著，t = 8.882，p < 0.001，置信区间（LLCI = 0.022，ULCI = 0.035）不包含 0，表明结识新人对应对策略存在直接效应，直接效应值为 0.028。由此可见，支持感在结识新人与应对策略中起着部分中介的作用，部分中介效应值为 0.022，支持感和结识新人在应对策略中的总效应值为 0.051，中介效应占总效应的比例为 43.14%。具体的中介模型和未标准化路径系数见图 6-14。这一结果表明，个体感知到周边结识新人的容易程度正面预测了个体的支持感和在应对策略中更多地采用积极应对方式，并且个体感知到周边结识新人的容易程度部分通过支持感的中介作用对应对策略的积极性产生影响。

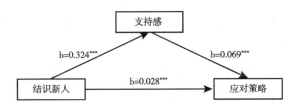

图6-14 支持感在结识新人与应对策略中的中介作用

中介检验结果表明，支持感的中介检验没有包含 0（LLCI = 0.036，ULCI = 0.051），表明支持感的中介效应显著。控制中介变量支持感之后，选择朋友对应对策略的影响依然显著，t = 7.935，p < 0.001，置信区间（LLCI = 0.023，ULCI = 0.038）不包含 0，表明选择朋友对应对策略存在直接效应，直接效应值为 0.030。由此可见，支持感在选择朋友与应对策略中起着部分中介的作用，部分中介效应值为 0.013，支持感和选择朋友在应对策略中的总效应值为 0.043，中介效应占总效应的比例为 30.23%。具体的中介模型和未标准化路径系数见图 6-15。这一结果表明，个体感知到周边选择或摆脱朋友的容易程度正面预测了个体的支持感和在应对策略中更多地采用积极应对方式，并且个体感知到周边选择或摆脱朋友的容易程度部分通过支持感的中介作用对应对策略的积极性产生影响。

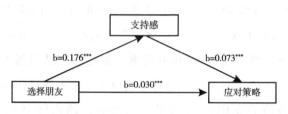

图 6-15　支持感在选择朋友与应对策略中的中介作用

三　讨论与结论

（一）关系流动性强化了个体的积极应对策略

本节分析发现，个体感知到周边环境中越容易结识新人和选择朋友，其在应对策略中更容易倾向积极应对方式。这或许与以下因素有关。

首先，关系流动性作为一种心理的流动性思维，给个体提供了一定的自主性和灵活性，这种自主性与灵活性给予个体一定的动力和动能，让其拥有能量积极应对周遭的事件，因此展现出在应对事件过程中的积极方式。

其次，关系流动性提高了个体的自我披露程度，应对周遭的事件可视为个体面对事件时的一种自我披露方式，个体因此不惧怕自我披露引发的其他后果，乐意展现最真实的自我。个体在关系流动的环境下处于较为放松、自然且较自由的状态，可以相对随心所欲地表达自我，也就敢于为改变自己困境而采取积极策略。

最后，关系流动性导致个体乐意通过展现最真实的自我，积极应对周遭的事件以此向外界传达个人希望展现出来的形象，这可能是一种重要的自我印象管理策略。通过积极应对方式个体向周边的个体表达其愿意为改变自己的处境而不懈努力，以此吸引认可自己这一形象的个体，认可自己相同价值观念的个体，在此基础上发展出志趣相投的人际关系。关系流动地区的个体在对待他人时更为积极主动，而关系稳定地区的个体在对待他人时更为谨慎（Li et al.，2015），这种在人际关系上的积极主动会衍生至关系流动性感知程度较高的个体在面对困境时更倾向于采用积极的应对策略。

（二）支持感成为关系流动性提升积极应对策略的作用途径

在关系流动性的背景下，个体采用积极应对策略可能源于其知觉到周边的社会支持，个体对周围生态环境的意识提升了他们感受到的社会支持程度，推动他们在面对社会问题时更倾向于采用积极的应对策略。个体对周边生态环境的感知影响了其社会心态次级层次中的支持感，体现了社会生态环境对社会心态起着举足轻重的作用。当社会生态环境给个体创造了一个适宜的背景（既容易结识新朋友，也容易摆脱不好的旧关系），个体由此获得了良好的社会心态（较高的支持感），适宜的社会生态环境一方面让个体在面对社会矛盾或社会问题时，愿意付出积极的努力尝试解释问题（积极应对策略），另一方面让个体通过获得良好的社会心态（较高的支持感），提升了面临矛盾或问题时采用积极应对策略的心理资源或心理能量。已有研究表明，关系流动性程度较高的个体更乐意向他人寻求社会支持，也不担心因为寻求社会支持破坏现有的人际关系（Yamagishi et al，2008），更不担心向他人寻求社会支持是个体无能力或低效能的表现，以此失去现有的人际关系网络。

第六节　关系流动性的社会心态蕴含

一　关系流动性的社会心理效应

限于篇幅，本书并未一一梳理关系流动性对行为倾向的一系列影响，而是以亲密关系、居留意愿和社会参与为例阐释关系流动性的社会心理效应。通过本章节的分析，关系流动性的社会心理效应有如下几个方面表现。

在亲密关系中，关系流动性提升了婚姻满意度，降低了婚姻压力感，整体提升了婚姻质量，这种提升一方面受人力资本、主观社会阶层的调节，另一方面受相貌价值观的影响。这一效应具有如下几个方面的意义。首先，将关系流动性这一概念引入婚姻满意度领域，从而将男女两性所具有的人力资本与其所带来的机会成本建立起有机的联结。研究选取关系流动性作为社会生态环境的指标，透过关系流动性阐明了个体所拥有的客观因素如何与社会环境产生互动从而影响婚姻满意度，提供了婚姻满意度个人因素与宏观因素如何产生互动的研究新视角。从社会生态视角来看，婚姻满意度作为个体对婚姻关系的主观看法和感受，不仅受到近端的自身客观因素、主观心理因素影响，还受到远端的人际关系环境影响。远端人际关系环境对婚姻满意度的影响，还会在近端的性别、人力资本因素调节下发挥作用。这意味着有必要将婚姻满意度置于个体所处的社会生态系统中加以考量。

关系流动性对婚姻质量的正向影响表明东亚文化在面对高关系流动性带来的建构新关系可能性变大，同时维持旧关系的稳定性变低的两面性时，焦点更多集中在维持旧关系的稳定性，符合中国"宁拆十座庙，不破一门婚"的婚姻观。究其原因，可能有二。一是婚姻关系不同于一般的人际关系，本身具有特殊的属性。婚姻本身受到法律的保护和约束，摆脱旧婚姻关系或建立新婚姻关系不同于普通的人际关系，也不同于亲密关系或同居关系，双方在遇到关系不融洽时，特别是在东亚文化背景下，最初动机可能是试图修复或弥补，这就一定程度上抵消了关系流动性对婚姻的影响。因此，关系流动性中的"关系"泛化到婚姻关系时，需要区别对待。二是高关系流动性意味着建构新关系的可能性变大，同时维持旧关系的稳定性变低。高关系流动性的不确定性意味着个体获得新关系的可能性增加，而失去现有关系的可能性也增加。关系流动性程度不同，使得个体要适应这一现状所需完成的任务也有所不同。当个体处在高关系流动性社会时，不仅要在建构新关系的过程中筛选有价值的关系，也要通过努力挽留住伴侣以维护旧关系。如若不付出努力留住伴侣，那么伴侣就有机会选择更好的关系，这种努力的付出最终形成婚姻的良性循环，从而体验到较低的婚姻压力感和较高的婚姻满意度。相较之下低关系流动性社会，伴侣离开或被竞争对手抢走的风险更低（Yuki & Schug，2020）。取而代之的是，个体需小心不要破坏自己当前的婚姻关系，否则最终可能陷入"低劣"或不愉快的关系中，因此婚姻压力感随之增加，婚姻满意度随之降低。

从居留意愿来看，关系流动性越高，居住流动意愿越弱，城市认同在关系流动性与居住流动意愿中起中介作用，在城市认同的中介过程中，本地居住时长在中介过程的两个阶段都起到调节作用。关系流动性也反映了个体对自身适应能力的一种判断，个体知觉到的关系流动性差异不仅是周边生态的体现，也是个体从自身出发推测周边、由己推人的过程，在这个推演过程中体现了个人的能力，同时又受限于个人的能力。由此，关系流动性不仅是周边生态的反映，也是个体在社会中建构良好人际关系能力或者策略的一种体现。

从社会参与来看，关系流动性通过支持感影响了个体的应对策略。在这一过程中可以有多种方式影响个体的社会参与。个体可以通过感知到周边的高关系流动性，认定有机会建立起密切的社交网络，由此提供了社会支持的基础并积极参与社会活动。个体还可以通过感知到周边的高关系流动性，更有信心也更有动力参与社会活动，以此在社会活动中建立起潜在的人际关系网络，从而提升了社会参与的积极性。

二　关系流动性的社会心理效应与社会心态的层次结构

关系流动性作为流动性思维的人际解释水平，是流动性思维在人际水平层面的表达，这种表达体现在如下几个方面。

首先，关系流动性体现了社会关系的流动性。社会关系的流动性思维引发个体在知觉周边社会生态环境中的社会关系时倾向于非静态或非固定，而是处于不断变化与调整过程中，意味着周边的个体在不同的社会环境中能够灵活地建立、调整和终止关系，反映了一种动态的社交过程。它突出了社会网络具有的可塑性，周边的个体可以根据特定的社会需求和情境的变化改变社会关系，以此适应不同的社会环境，形成适应性更强的社会网络结构。

其次，关系流动性因流动性的属性凸显了个体的选择权。关系流动性突出了个体通过感知周边个体在社交关系中的自主性和选择权，反观自身可以根据个人目标、需求和价值观主动选择关系，而不是被动地受限于传统或固定的社交结构。它展现了社交动力的灵活性，个体在建立和维护社交联系时具有更大的灵活性，这种灵活性使得个体更容易适应社会变革和个人发展的

需求。它助力理解社会网络的演化。关系流动性的程度可视为社会结构的演变和调整，反映了社会关系在不同历史和文化条件下的动态发展过程。

关系流动性的上述特性事实上都在不同层次、不同形式中强调个体通过感知周边的环境投射自己在当前社会中建构人际关系网络的可能性、程度、主动性和灵活性，这在另一层次成为关系流动性的蕴含所在。本章分析发现，关系流动性的社会心理效应主要与社会心态层次结构中的次级层次有关，可能因为关系流动性是社会生态因素的一种体现，因此这一概念与社会心态层次结构中基本层次和高级层次之间的联结有所减弱。社会心态次级层次与关系性成分密切相关，如果社会心态基本层次偏向于社会心态的认知性成分，社会心态高级层次偏向于情感性成分，那么社会心态次级层次就偏向于关系性成分。居住流动与社会心态层次结构的关系中，主观居住流动感知主要与社会心态次级层次有关，而关系流动性也主要与社会心态次级层次有关，由此推测关系性成分在中国人社会心态中占据着重要的位置，也就是说社会心态次级层次在社会心态层次结构中有着重要位置，可能是中国人社会心态最为典型的层次，这可能源于中国人自我结构中一直潜存的关系自我。杨宜音（2008）指出，中国人的"我们"概念是在社会情境的启动和价值取向等因素影响之下，经由相互交织的"关系化"与"类别化"双重过程而形成的，关系流动性可能是这种关系化的一种外在表现。

第七章

阶层流动的基本社会心态

本章讨论流动性思维的社会位置水平——阶层流动，这是流动性思维在社会结构中的实践，探讨阶层流动对社会心态的影响。第一节概览了阶层流动的相关概念界定，第二节描述了阶层流动在国内的基本概况，在不同人口学变量下的分布特点，第三节探讨阶层流动对社会心态各层次的影响，综合讨论部分试图说明阶层流动如何阐释社会心态的层次结构。

第一节　社会心态视角下的阶层流动

一　阶层流动的概念

（一）概念界定

社会心理学研究中身份认同涉及最多的是基于自然属性的身份认同，如种族、性别，基于社会属性的身份认同最多的当属阶层认同，阶层认同是当下被广泛讨论的话题，包括客观社会阶层和主观社会阶层两种分类方式。客观社会阶层关注人们实际拥有的政治、经济和文化等社会资源的多少（陆学艺，2003），主观社会阶层关注个体对自己所处阶层位置的主观评价（Kraus et al.，2012）。与客观社会阶层相比，主观社会阶层与生理、心理和社会联结更为紧密、稳定（Adler et al.，2000；Kraus et al.，2013；Kraus et al.，2011）。

阶层流动是基于主观社会阶层变化而产生的感知，即主观阶层流动感知（perception of class mobility），指的是人们对社会整体或自身阶层流动的感知和判断（Kraus & Tan, 2015），它反映了个体对自身在社会分层体系中处于何种位置的主观推定。阶层流动感知既可以通过询问被试而直接测量，也可以采用过去、现在与将来的主观阶层流动状况而间接获得。

（二）阶层流动与居住流动的联系

阶层流动会带来身份变化，身份变化与更广阔的社会环境发生内在联系（Oyserman & Destin, 2010），导致个体的实际生活结构发生重大变化，譬如长距离的居住流动（Oishi, 2010）甚至是移民。阶层流动程度高的个体更有机会在不同区域拥有不同房产，更有可能主动改变个人的居住形态，导致较高的主动居住流动频次。阶层流动程度低的个体更少有机会拥有个人房产，没有能力稳定居住在某一地区，常常被迫改变居住形态，导致较高的被动居住流动频次。可见，居住流动与阶层流动实则无法建立一一对应的关系，但是随着时间而变化的居住流动帮助记录了个体阶层流动如何随时间而变化，个体社会关系网络如何随时间而变化。Li（2017）分析中国超过16000名被试发现，居住流动地区的人们拥有更大的社交网络、获得更多的收入、经历更多的向上社会流动，居住稳定地区的人们没有产生上述影响，可见居住流动、关系流动和阶层流动三者密切关联。

（三）阶层流动与关系流动的联系

阶层的流动既可能削弱个体与原有家人或者朋友的联系，也可能导致他们难再与当前阶层建立联系，降低了个体对当前阶层的认同感或归属感。阶层流动存在失宠假说和解离假说。失宠假说指出，阶层流动意味着个体在流动过程中"失宠"（Newman, 1999），向下流动通常伴随无法控制的生活事件（如失业或离婚），带来的后果可能不限于经济损失、地位降低、权力或奖励减少，个人通常难以适应恶化的生活状况。此外，向下流动也面临失去与同事、邻居、配偶和姻亲等原有社交网络的联系，以及建立新社会关系的问题，带着在原阶层体验到的愤怒、悲伤和不公正感进入当前阶层。失宠假说强调向下流动面临失去进入高地位网络和对自己命运的控制、愤怒和不公正感等一系列负面后果。解离假说认为向上和向下流动都会导致分离、心理困扰和心理健康问题（Sorokin，1927），涂尔干（2005）指出个体所受的道德教育没有为他们准备好应对向上和向下流动的情境，这可能导致心理痛苦和自杀。解离假说指出向上流动也存在负面后果，如脱离原有低阶层的旧网络，在新的高阶层中感到疏远，需要适应阶层向上流动带来的压力。

不管是失宠假说还是解离假说，都强调阶层流动带来的个体社交网络变化。阶层流动使得人们进入不同的社交圈子，向上流动的人可能会接触到拥有更多资源的人，这使他们能够形成一个更加同质的社会网络，并从精英的角度看待他们的成功，向下流动改变了个人，留下了未实现的期望和潜存于内心的伤疤。阶层流动及与之伴随的社交网络变化会导致个体对周边的社会生态感知发生相应的变化，向上流动的个体可能体验到来自两个方面的关系流动性：其一是摆脱原有阶层关系的不易，向上流动的个体试图将原所属阶层中的关系网络逐渐淡化，以将更多时间投入目标阶层社会关系网络的建立；其二是拓展目标阶层社会关系网络的阻力，向上流动的个体如欲在目标阶层站稳脚跟，需要尽快融入目标阶层，建立起目标阶层的关系网络。向上流动个体所体验到的摆脱原阶层关系和融入现阶层关系的难易都可能导致其对周边关系流动性的感知发生变化。向下流动的个体也可能体验来自两个方面的关系流动性：其一是维持原有阶层关系的不易，向下流动的个体试图保持与原有阶层关系的联系，以便从原属阶层中获得更多的资源；其二是拓展目标阶层社会关系网络的抵触，向下流动的个体容易带着愤怒、失望等情绪进入目标阶层，因此不愿意与目标阶层建立更多联结。向下流动个体所体验到的维持原阶层关系与抵触现阶层关系的难易都可能导致其对周边关系流动性的感知发生变化。

在阶层流动、关系流动与居住流动三者的关系中，居住流动在关系流动和阶层流动中起着桥梁作用，将个体对周围人际关系网络的感知和个体对自身社会地位流动的感知建立联结，它成为一个重要的结构和框架。首先，居住流动提供了个体社会交往或社会交往网络的空间或环境，居住流动由此与关系流动联动起来。在一个居住流动的社会中，个体知觉到的关系流动性可能高于居住稳定的社会，个体可能知觉到周边人很容易成为朋友，但朋友之间的关系并不能持续很长时间。其次，居住流动可能成为阶层流动的结果之一，个体的居住形态是阶层地位的一个重要指标，当阶层流动时，不管是向上还是向下，都可能带来居住形态的改变，导致居住流动。

二 主观社会阶层对社会心态的影响

个人生活的社会环境通常取决于其对社会等级的看法，认为自己在社会中地位较高的个体往往有一种强烈的感觉，即能够不受约束地预测、控制和影响他们的社会环境。相比之下，认为自己在社会中地位较低的个体通常会经历社会约束、无助和不确定性。因此，后者既认为自己不如他人有价值，也不太能够影响他们的社会环境，个体所处的社会阶层可能会影响他们的社会心态和行为倾向。

（一）主观社会阶层对身心健康的影响

主观社会经济地位比客观社会经济地位对健康的预测强度更高。横向研究发现主观社会经济地位对与健康、死亡率相关的生理指标有着独特影响，如身体质量指数（BMI）、心率和皮质醇反应，甚至超出对自评健康的影响（Adler et al.，2000）。Demakakos 等（2008）使用英国老龄化纵向研究第二波（2004~2005 年）横截面数据，考察年龄 52 岁及以上的男性、女性健康状况发现，男性的主观社会经济地位与自评健康、抑郁和长期患病显著相关，而其与纤维蛋白原的相关性不显著，女性的主观社会经济地位与自评健康、抑郁、长期患病、糖尿病和高密度脂蛋白胆固醇显著相关，但与向心性肥胖和 C 反应蛋白的相关性不显著。进一步分析表明，主观社会经济地位完全或部分地调节了教育、职业等级与自我报告和临床健康措施的关联，调节了财富与自我报告的健康措施的关联，但没有调节财富与临床健康措施的关联。为了排除暂时负面情绪对于主观社会经济地位与自评健康之间关系的混淆，Kraus 等（2013）在被试评估主观社会经济地位和自评健康前随机分配体验悲伤、羞耻或中性情绪状态，发现主观社会经济地位和自评健康在不同情绪状态间无显著差异，表明暂时情绪波动不会影响主观社会经济地位和自评健康的关系。纵向研究指出主观社会经济地位可预测 3 年后的自评健康状况，即便在控制负面情绪后，这种影响依然存在。Thompson 等（2013）调查了美国医护人员主观社会经济地位和自评健康的关联，结果表明两者存在梯度关系，主观社会经济地位每一步下降都与被试每周平均自评健康显著降低有关，那些将自己评定为阶梯下半部分的被试经历自评健康下降的可能性是别人的 4 倍，自评健康提高到良好的可能性却只有别人的一半。

除了躯体健康，主观社会经济地位与精神障碍、心理病理症状和心理困扰也有关，神经质、抑郁症状和消极情绪等心理脆弱性中介了主观社会经济地位和自评健康的联系（Kan et al. , 2014）。如研究发现，主观社会经济地位低于原籍国的拉丁裔移民表现出更高的重度抑郁发作概率和更低的自评健康，与抑郁症的关联也受到拉丁裔亚种族的调节，因此感知到的向下社会流动与抑郁症有关（Alcántara et al. , 2014）。

（二）主观社会阶层对道德和亲社会行为的影响

研究发现，低社会阶层的个人更倾向于用外部因素解释事件，对外部事件塑造他人情绪的方式更敏感，因此更善于判断他人的情绪。较低社会阶层的个人倾向于更多地参与社会，并具有更相互依赖的社会关系，这导致其对他人所经历的情绪的更强意识，因此总体来说较低阶层的个人在移情指标上得分更高。一系列研究对此提供了验证，Kraus 等（2010）的研究指出，受过高中教育的被试比受过大学教育的被试在情绪智力测验的情绪识别子量表中获得了更高的分数，当要求在采访中对自己和伴侣的情绪进行评级时，社会阶层较低的被试移情准确性高于社会阶层较高的被试，在该研究的第三子研究中，研究者操纵了主观社会阶层，被暂时诱导经历较低社会阶层的被试更善于从脸部眼睛区域的细微线索识别情绪。Stellar 等（2012）研究发现，相对于高社会阶层的同龄人，低社会阶层的个体在同情诱导视频和社交互动期报告了更高的同情心，同时伴随心率降低，这种生理反应同适应社会环境和与他人交往密切相关，可见较之于高社会阶层，低社会阶层的个体更能适应他人的痛苦。

与较低社会阶层更具同理心相对应的是，较低社会阶层在面对那些更需要同理心的助人行为方面，其助人行为多于高社会阶层。Piff 等（2010）的研究发现，主观社会阶层较低的被试在玩独裁者游戏时会分配更多的资源给对方，当要求被试将自己与处于地位等级阶梯最顶端或最底端的人进行比较时，与被诱导体验较高主观社会阶层的被试相比，被诱导体验较低主观社会阶层的被试表示愿意将年薪中的更大比例用于慈善捐赠，较低阶层的被试比较高阶层的被试更信任他们的匿名伴侣，这种关系受到平等主义价值观的影响，通过让处于同情条件下的被试观看关于儿童贫困的视频来操纵同情心，设置条件让高阶层和低阶层的被试均有机会帮助需要帮助的人，结果帮助他人只受到较高阶层被试的同情调节，却并不会调节较低阶层被试，因为较低阶层的被试已经倾向于提供帮助。因此，总体上相对于高社会阶层，低社会阶层更慷慨、更支持慈善事业、更信任陌生人、更可能帮助处于困境的人。研究进一步指出，社会阶层和亲社会行为之间的关系受许多因素的调节，如亲社会行为的环境是公共的还是私人的，Kraus 和 Callaghan（2016）研究在独裁者游戏中向匿名他人捐款是在私人还是公共背景下进行的。在私人场合，捐赠者保持匿名。在公开场合，捐赠人的姓名和居住城市与捐赠一起公布。研究发现，低社会阶层的被试私下比公开场合更慷慨，而高社会阶层的被试则相反。Piff 等（2012）研究发现，高社会阶层较低社会阶层的个体更可能表现出不道德的决策倾向，从他人那里拿走有价值的物品，在谈判中撒谎，通过欺骗来增加获奖的机会，并认可工作中的不道德行为。这可能源于高社会阶层对贪婪的态度更加积极，以及高社会阶层更为看重自己所做行为的受益者是社会、自己或者他人。Dubois 等（2015）对不道德行为的受益者进行了分类，研究发现，高社会阶层做出更不道德决定的趋势仅在结果对自己有利时才观察到。这些发现与这种观点一致，即较高阶层的个人享有的资源越多，对自我的关注就越多，对他人福祉的关注就越少。进一步分析发现，高社会阶层的个体持有更强的互惠信念时，其慈善意愿更强，而低社会阶层的个体心存感恩时其捐款更为慷慨（Liu & Hao, 2017）。一项实地实验（N = 4536）研究了社会阶层的标志如何影响对需要帮助的人的同情反应。在美国两个主要城市的行人面前，有一个戴着社会等级高低标志的同盟者，他正在向无家可归的人要钱。通过测量经过目标地行人的捐赠量来评估同情心反应。行人给佩戴高级标志的同盟者的钱是佩戴低级标志的同盟者的2.55倍。一项后续研究（N=504）让被试看戴着同样的上层阶级或下层阶级标志的图像，并检查同情心反应的前因。与理论一致，与低级符号相比，高级符号引起了更高的能力、可信度、自我相似性和人性的感知。这些结果表明，社会阶层的明显标志既会影响人们对他人特征和属性的判断，也会影响人们对那些正在受苦的人的需求做出富有同情心反应的决定（Callaghan et al.，2022）。

（三）主观社会经济地位对主观幸福感的影响

Tan 等（2018）一篇元分析文章综合了 357 项研究，共 2352095 名被试，以此考察客观社会经济地位（即收入和受教育程度）、主观社会经济地位（两个测量方式：阶梯主观社会经济地位测量方式；知觉到的主观社会经济地位测量方式）和主观幸福感之间的关联。研究发现，主、客观社会经济地位适度相关（r=0.32），主观社会经济地位与主观幸福感相关性（r=0.22）大于客观社会经济地位与主观幸福感相关性（r=0.16）。收入与主观幸福感相关性（r=0.23）相当于阶梯主观社会经济地位与主观幸福感的相关性（r=0.22），但大于知觉到的主观社会经济地位与主观幸福感的相关性（r=0.196）。教育与主观幸福感的相关性（r=0.12）小于与主观社会经济地位两种测量方式与主观幸福感的相关性。主观社会经济地位与主观幸福感的相关性，尤其是阶梯主观社会经济地位，调节了客观社会经济地位与主观幸福感的相关性。随着样本财富和人口密度的增加，客观社会经济地位与主观幸福感的相关性得到了加强。随着样本人口密度的增加、收入不平等的减少以及相对社会流动性的降低，主观社会经济地位与主观幸福感的相关性得到了加强。在主观社会阶层对主观幸福感的解释中，相对收入而非绝对收入起着重要的作用，即社会比较在主观幸福感中起着重要作用，个体拥有的和想要的之间的差异是影响主观幸福感最强有力的决定因素。

（四）主观社会阶层影响个体对结构性因素的看法

这里所指的结构性因素包含不平等、制度正当性等方面。Brown 等

（2015）通过实验操纵主观社会地位的改变考察个体对再分配政策支持的变化，研究发现即使实际资源和自身利益保持不变，较低主观地位的个体具有更为强烈的支持再分配的意愿。被社会制度置于不利地位的人特别有可能支持这一制度的概念被称为"制度正当性假说"，研究发现，"在某一特定情况下遭受最大痛苦的人恰恰是最不可能质疑、挑战、拒绝或改变它的人"（Jost et al.，2003）。减少由此产生的不和谐的一个方法是更强有力地支持这个体系，就像那些为了加入一个团体或组织而不得不经历一个不愉快的入会仪式的人变得更坚定地致力于这个体系一样，但是大规模调查数据研究（Brandt，2013）对这一假设的有效性提出了相当大的质疑，表明处于社会体系底层的人比处于优势地位的人更有可能支持该体系的结论并非强而有力。因此，主观社会阶层如何影响个体对制度正当性的看法仍未有定论。

三　阶层流动研究的意义

如前所述，阶层流动被表达为垂直距离，体现了地位差别带来的优越和自卑。鲍曼认为在资源稀缺以及分配不平等的社区中，持续流动的自由成为最主要的社会分层因素，成为建构现代生活的元素，"流动性程度"决定了个体在现代生活层次体系中的位置（鲍曼，2002），高流动能力在社会中处于有利地位，流动能力高低是个体能否获得社会地位的关键因素，流动能力成为一种权力，是个体社会权力的表现（卡斯特，2006）。"在'流动的'阶段首要关注就变成了确保未来不被抵押，并且防范别人对机会进行任何先下手为强的利用，而这些机会是未来希望要带来并注定要带来的机会，是依然没有公开、既不为人所知也不可知晓的机会"（鲍曼，2002）。

阶层流动在流动的现代生活中成为标志性概念，不仅衡量着个体的社会地位，而且展现了个体所拥有的权力。阶层流动所包含的意义代表着不同阶层地位可能会带来的基本社会心态差异，以及不同阶层社会心态差异可能带来的系列社会心理效应。当前阶层研究虽然是热点，但是对于不同阶层的社会心态有何差异，尚未进行深入而广泛的探讨。阶层流动是流动性思维中一个重要的方面，涉及个体在社会层级中的位置变动以及个人或群体在不同社会阶层之间移动的可能性。作为一种社会流动思维，阶层流动触及了个体认知的转变。这些认知转变包含个体对社会层级和地位的认知、自身社会阶层和地位的认知，还包含个体对努力改变自己社会地位机会的认知，这些认知构成了社会流动思维的主体，而这些思维如何影响个体的社会心态，如何对个体的行为倾向产生影响是需要进一步探讨的方向。

第二节 阶层流动与社会心态

一 阶层流动的基本概况

频次分析显示，民众当前主观社会阶层主要集中在 4.0~5.5，两者占比为 51.1%，其中认为当前主观社会阶层为 5.0 的民众所占比例最高，为 18.3%，其次是 4.0，比例为 13.5%，再次是 4.5，比例为 10.6%。4.0 以下的占比为 28.9%，6.0 以上的占比为 20.1%，大致呈现两端分布少、中间分布多的椭圆形态，但是整体分布仍然相对偏向低端的态势，统计分析发现当前主观社会阶层的均值为 4.50，标准差为 1.53。

民众过去主观社会阶层主要集中在 4.0 以下，占比为 62.9%，其中认为过去主观社会阶层为 1.0 的民众所占比例最高，为 13.9%，其次是 3.0，比例为 11.3%，再次是 2.0，比例为 10.6%。4.0~5.5 的占比为 30.0%，6.0 以上的占比为 7.1%，大致呈现偏向低端的偏态分布，民众过去主观社会阶层的均值为 3.25，标准差为 1.66。

民众未来主观社会阶层主要集中在 4.0~7.0，占比为 70.6%，其中认为未来主观社会阶层为 6.0 的民众所占比例最高，为 21.6%，其次是 5.0，比例为 19.6%，再次是 7.0，比例为 19.4%。4.0 以下的占比为 11.2%，7.0 以上的占比为 18.2%，大致呈现偏向高端的偏态分布，民众未来主观社会阶层的均值为 5.86，标准差为 1.92。

从频次与均值发现，民众的当前主观社会阶层整体处于中等偏下的位置，过去主观社会阶层处于较为底层的位置，未来主观社会阶层处于中等偏上的位置。进一步对民众过去、当前和未来主观社会阶层进行分析发现，民众阶层流动感知的均值为 1.25，标准差为 1.44，表明与过去相比，民众当前的主观社会阶层跃升了 1.25 个阶层；民众阶层流动预期的均值为 1.36，标准差为 1.59，表明与当前相比，民众预期未来的主观社会阶层可跃升1.36 个阶层。这些结果表明民众感知到自身主观社会阶层的跃升，这是对个人或国家过去成就的肯定，而民众预期未来主观社会阶层会有进一步的跃升，这是对个体或国家未来的信心，正是这种信心催使个体努力奋发向上。具体分布见图 7-1。

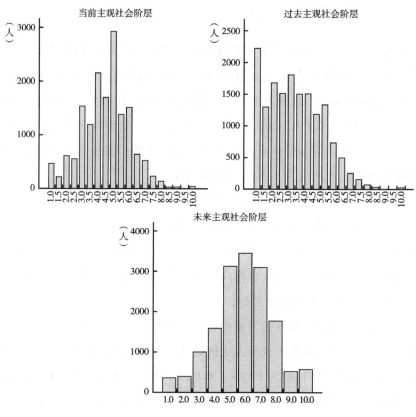

图 7-1　不同时段主观社会阶层的分布

二 阶层流动的人口学基本特点

（一）女性对未来主观社会阶层的流动较男性更悲观

统计分析显示，女性的当前主观社会阶层（$M=4.54$，$SD=1.48$）显著高于男性（$M=4.46$，$SD=1.57$），$t=3.279$，$p<0.001$。女性的未来主观社会阶层（$M=5.82$，$SD=1.84$）显著低于男性（$M=5.90$，$SD=1.98$），$t=-2.702$，$p<0.01$。女性的主观社会阶层流动预期（$M=1.27$，$SD=1.46$）显著低于男性（$M=1.44$，$SD=1.68$），$t=-6.479$，$p<0.001$。性别在过去主观社会阶层和阶层流动感知方面无显著差异。

（二）阶层流动与生命历程密切相关且潜存保护自我的动机

以年龄为自变量，主观社会阶层各指标为因变量进行 ANOVA 分析，考察年龄对主观社会阶层的影响，结果见表 7-1。数据结果分析发现，年龄对当前主观社会阶层、过去主观社会阶层和未来主观社会阶层、阶层流动感知、阶层流动预期均有显著的影响，事后检验发现年龄 60 岁及以上的个体当前主观社会阶层显著高于年龄 29 岁及以下的个体，年龄 30~39 岁的个体当前主观社会阶层显著高于年龄 29 岁及以下和 40~49 岁的个体，年龄 20~29 岁的个体当前主观社会阶层显著高于年龄 18~19 岁的个体。

表 7-1 不同年龄的主观社会阶层流动 ANOVA 检验结果

变量名称	年龄分类	平均数	标准差	F	事后检验
当前主观社会阶层	（1）18~19 岁	4.23	1.52	21.176***	（3）>（2），（4）>（1）；（5）>（1）；（6）>（2）>（1）
	（2）20~29 岁	4.46	1.51		
	（3）30~39 岁	4.68	1.57		
	（4）40~49 岁	4.56	1.58		
	（5）50~59 岁	4.55	1.59		
	（6）60 岁及以上	4.84	1.51		

续表

变量名称	年龄分类	平均数	标准差	F	事后检验
过去主观 社会阶层	(1)18~19岁	2.85	1.64	55.974***	(4),(5),(6)> (3)>(2)>(1)
	(2)20~29岁	3.15	1.66		
	(3)30~39岁	3.47	1.63		
	(4)40~49岁	3.63	1.52		
	(5)50~59岁	3.85	1.85		
	(6)60岁及以上	3.86	1.34		
未来主观 社会阶层	(1)18~19岁	6.03	2.05	36.480***	(4),(5),(6)< (3)<(2),(1)
	(2)20~29岁	5.97	1.86		
	(3)30~39岁	5.72	1.94		
	(4)40~49岁	5.35	2.00		
	(5)50~59岁	5.16	2.01		
	(6)60岁及以上	5.17	1.86		
阶层流动 感知	(1)18~19岁	1.38	1.54	23.917**	(1),(2)>(3)> (4)>(5); (1),(2)>(6)
	(2)20~29岁	1.30	1.46		
	(3)30~39岁	1.21	1.36		
	(4)40~49岁	0.93	1.41		
	(5)50~59岁	0.70	1.40		
	(6)60岁及以上	0.98	1.45		
阶层流动 预期	(1)18~19岁	1.81	1.94	117.662***	(6)<(4)<(3)< (2)<(1); (5)<(3)<(2)<(1)
	(2)20~29岁	1.51	1.58		
	(3)30~39岁	1.04	1.41		
	(4)40~49岁	0.80	1.39		
	(5)50~59岁	0.60	1.38		
	(6)60岁及以上	0.33	1.27		

在过去主观社会阶层上，40岁及以上的过去主观社会阶层显著高于30~39岁，30~39岁的过去主观社会阶层显著高于20~29岁，20~29岁的过去主观社会阶层显著高于18~19岁。而未来主观社会阶层则呈现相反的趋势，40岁及以上的未来主观社会阶层显著低于30~39岁，而30~39岁的未来主观社会阶层显著低于29岁及以下。

在阶层流动感知上，29岁及以下的阶层流动感知显著高于30~39岁和 60 岁及以上，其中 30~39 岁的阶层流动感知显著高于 40~49 岁，40~49 岁的阶层流动感知显著高于 50~59 岁。在阶层流动预期上，60 岁及以上的个体阶层流动预期显著低于 40~59 岁，40~59 岁的阶层流动预期显著低于 30~39 岁，30~39 岁的阶层流动预期显著低于 20~29 岁，20~29 岁的阶层流动预期显著低于 18~19 岁，50~59 岁与 60 岁及以上之间无显著差异。

从年龄对主观社会阶层不同维度的影响来看，从 18 岁开始到 30~39 岁个体的当前主观社会阶层逐步攀升，30~39 岁是一个台阶，60 岁及以上的当前主观社会阶层是另一个台阶。与之相对应的是，过去主观社会阶层的平台期是 40 岁及以上，在此之前的年龄过去主观社会阶层呈递减态势。阶层流动感知进一步对此提供了佐证，30~39 岁是一个区分线，年龄 29 岁及以下的个体阶层流动感知较高，50~59 岁的阶层流动感知较低。40 岁及以上的未来主观社会阶层处于较低水平，从 18~19 岁年龄段开始呈递减的趋势，阶层流动预期的分析提示除了 50~59 岁与 60 岁及以上、40~49 岁无显著差异，整体上阶层流动预期随着年龄增长而下降。

不同年龄个体处于人生不同阶段，生命的不同历程确实影响着个体对自己当前、过去和未来主观社会阶层的判断，总体来说 18~29 岁的个体当前、过去主观社会阶层均处于最低状态，但未来主观社会阶层、阶层流动感知和阶层流动预期处于较佳状态。30~39 岁个体在主观社会阶层各维度均处于各年龄段的中间分界线，处于主观社会阶层可上或可下的位置。40~59 岁处于当前和未来主观社会阶层、阶层流动感知和阶层流动预期的下降阶段，过去主观社会阶层的上升阶段。而 60 岁及以上的大多数个体或者刚要退休或者已退休几年，其主观社会阶层处于当前和过去主观社会阶层的最高阶段，未来主观社会阶层、阶层流动感知和阶层流动预期的最低阶段。

年龄对主观社会阶层的影响基本与个体的生命历程息息相关，处于生命历程早期的个体对其过去主观社会阶层的评定均较低，而未来主观社会阶层和阶层流动预期均较高；处于生命历程晚期的个体对其过去、当前主观社会阶层的评定均较高，而未来主观社会阶层和阶层流动预期均较低，这两者不同的走势可能共享同一个心理机制，那就是出于保护自我的动机，在生命历程早期对未来的良好预期是激发个体自我持续努力投入奋斗的动力，在生命历程晚期对过去和当前主观社会阶层的良好评定是个体对过去自我的一种肯定，这种肯定成为个体面对退休生活的有力缓冲。

（三）收入7001~10000元在主观社会阶层中是一个特殊的门槛

以个人月收入为自变量，主观社会阶层各指标为因变量进行 ANOVA 分析，考察收入对主观社会阶层的影响，结果见表 7-2。数据结果分析发现，个人月收入对当前主观社会阶层、过去主观社会阶层和未来主观社会阶层、阶层流动感知、阶层流动预期均有显著的影响，事后检验发现收入 7001 元及以上的个体当前、过去主观社会阶层显著高于收入 7000 元及以下的个体，收入 3001~7000 元的个体当前、过去主观社会阶层显著高于收入 3000 元及以下的个体。在未来主观社会阶层上，收入 1 万元以上、7001~10000 元、3001~7000 元和 3000 元及以下的个体呈现逐步递减的趋势。在阶层流动感知上，收入 1 万元以上的个体阶层流动感知显著高于 3001~7000 元的个体，3001~7000 元的个体又显著高于 3000 元及以下的个体，而 7001~10000 元的个体仅显著高于 3000 元及以下的个体。在阶层流动预期上，7001~10000 元的个体预期最低，显著低于 7000 元及以下和 1 万元以上的个体，而 3000 元及以下的个体的预期显著高于 3001~7000 元、1 万元以上的个体。

从个人月收入来看，主观社会阶层与个人月收入之间是非线性关系，两者在主观社会阶层的不同指标上表现不同，相比较而言，当前主观社会阶层、过去主观社会阶层和未来主观社会阶层受个人月收入的影响较为同质，呈现相同的趋势，收入 7001~10000 元是一个最特殊的门槛，跨越个人月收入的这个门槛后，个人月收入的增加对其当前、过去和未来主观社会阶层的影响减弱，而未跨越这个门槛个人月收入对其当前、过去和未来主观社会阶层的影响增强。但是也应该看到，这个收入门槛对阶层流动的预期最为悲观，而最低个人月收入的个体对未来预期最为乐观。

表 7-2 不同个人月收入的主观社会阶层流动 ANOVA 检验结果

变量名称	个人月收入分类	平均数	标准差	F	事后检验
当前主观 社会阶层	(1) 3000 元及以下	4.06	1.47	355.612***	(3)、(4)、(5) > (2) > (1)
	(2) 3001~7000 元	4.77	1.43		
	(3) 7001~10000 元	5.23	1.52		
	(4) 1 万~1.5 万元	5.31	1.55		
	(5) 1.5 万元以上	5.21	1.71		
过去主观 社会阶层	(1) 3000 元及以下	2.89	1.57	190.123**	(3)、(4)、(5) > (2) > (1)
	(2) 3001~7000 元	3.47	1.64		
	(3) 7001~10000 元	3.87	1.67		
	(4) 1 万~1.5 万元	3.86	1.72		
	(5) 1.5 万元以上	3.72	1.79		
未来主观 社会阶层	(1) 3000 元及以下	5.59	1.94	91.420***	(4)、(5) > (3) > (2) > (1)
	(2) 3001~7000 元	6.01	1.83		
	(3) 7001~10000 元	6.23	1.88		
	(4) 1 万~1.5 万元	6.60	1.88		
	(5) 1.5 万元以上	6.51	2.02		
阶层流动 感知	(1) 3000 元及以下	1.17	1.43	15.338***	(4)、(5) > (2) > (1); (3) > (1)
	(2) 3001~7000 元	1.29	1.42		
	(3) 7001~10000 元	1.36	1.54		
	(4) 1 万~1.5 万元	1.45	1.40		
	(5) 1.5 万元以上	1.49	1.60		
阶层流动 预期	(1) 3000 元及以下	1.53	1.66	46.482***	(1) > (2)、(4)、 (5) > (3)
	(2) 3001~7000 元	1.24	1.47		
	(3) 7001~10000 元	1.00	1.59		
	(4) 1 万~1.5 万元	1.29	1.56		
	(5) 1.5 万元以上	1.30	1.65		

（四）有房者主观社会阶层高于租房者，但阶层流动预期弱于租房者

统计分析显示，有房者的当前主观社会阶层（M＝4.81，SD＝1.52）显著高于租房者（M＝4.20，SD＝1.49），t＝25.512，p<0.001。有房者的过去主观社会阶层（M＝3.52，SD＝1.67）显著高于租房者（M＝2.98，SD＝1.61），t＝20.838，p<0.001。有房者的未来主观社会阶层（M＝5.98，SD＝1.93）显著高于租房者（M＝5.75，SD＝1.90），t＝7.526，p<0.001。有房者的阶层流动感知（M＝1.29，SD＝1.47）显著高于租房者（M＝1.22，SD＝1.42），t＝2.951，p<0.01。有房者的阶层流动预期（M＝1.17，SD＝1.52）显著低于租房者（M＝1.55，SD＝1.63），t＝-15.224，p<0.001。

（五）在职者主观社会阶层高于就业困难群体，但阶层流动预期弱于就业困难群体

剔除学生、退休人员和其他人员，将就业群体分为就业困难群体（一直无工作；离退后重新应聘；辞职、内退或下岗；非固定工作；失业）和在职者进行对比，分析发现在职者的当前主观社会阶层（M＝4.74，SD＝1.48）显著高于就业困难群体（M＝4.10，SD＝1.65），t＝19.075，p<0.001；在职者的过去主观社会阶层（M＝3.42，SD＝1.65）显著高于就业困难群体（M＝3.07，SD＝1.67），t＝10.082，p<0.001；在职者的未来主观社会阶层（M＝5.97，SD＝1.85）显著高于就业困难群体（M＝5.41，SD＝2.10），t＝12.928，p<0.001；在职者的阶层流动感知（M＝1.32，SD＝1.41）显著高于就业困难群体（M＝1.03，SD＝1.49），t＝9.402，p<0.001；在职者的阶层流动预期（M＝1.22，SD＝1.43）显著低于就业困难群体（M＝1.31，SD＝1.74），t＝2.556，p<0.05。

（六）客观社会阶层与主观社会阶层有各种反应模式

以职业阶层为自变量，主观社会阶层各指标为因变量进行 ANOVA 分析，考察职业阶层对主观社会阶层的影响，结果见表7-3。数据结果分析发现，职业阶层对当前主观社会阶层、过去主观社会阶层和未来主观社会阶层、阶层流动感知、阶层流动预期均有显著的影响。

表 7-3 不同职业阶层的主观社会阶层流动 ANOVA 检验结果

变量名称	职业阶层分类	均值	标准差	F	事后检验
当前主观社会阶层	（1）国家与社会管理者	5.81	1.68	83.809***	（3）<（1）；（4）<（1），（2），（3），（5）；（5）<（2）；（4~10）<（1~3）
	（2）经理人员	5.61	1.68		
	（3）私营企业主	5.35	1.30		
	（4）专业技术人员	4.79	1.52		
	（5）办事人员	4.99	1.42		
	（6）个体工商户	5.17	1.33		
	（7）商业服务人员	4.53	1.44		
	（8）产业工人	4.22	1.49		
	（9）农业劳动者	4.22	1.66		
	（10）城乡无业、失业、半失业人员	4.27	1.53		
过去主观社会阶层	（1）国家与社会管理者	4.64	2.06	59.983***	（1）>（2~10）；（10）<（1~9）；（4）<（1），（3），（5）；（7~10）<（1~5）；（6）<（3），（1）
	（2）经理人员	3.81	1.69		
	（3）私营企业主	4.00	1.98		
	（4）专业技术人员	3.51	1.66		
	（5）办事人员	3.69	1.63		
	（6）个体工商户	3.13	1.38		
	（7）商业服务人员	3.21	1.59		
	（8）产业工人	3.11	1.59		
	（9）农业劳动者	3.23	1.66		
	（10）城乡无业、失业、半失业人员	3.04	1.61		
未来主观社会阶层	（1）国家与社会管理者	6.54	2.12	25.895***	（8），（9）<（10）<（1~7）；（4），（5），（7）<（1~3）
	（2）经理人员	6.94	2.11		
	（3）私营企业主	6.76	1.58		
	（4）专业技术人员	6.00	1.89		
	（5）办事人员	5.97	1.79		
	（6）个体工商户	6.54	1.88		
	（7）商业服务人员	5.92	1.83		
	（8）产业工人	5.45	1.97		
	（9）农业劳动者	5.31	2.15		
	（10）城乡无业、失业、半失业人员	5.79	1.98		

续表

变量名称	职业阶层分类	均值	标准差	F	事后检验
阶层流动感知	(1)国家与社会管理者	1.17	1.69	6.944***	(8)，(9)＜(4)，(5)＜(2)；(8~10)＜(7)；(1)，(7)，(10)＜(2)
	(2)经理人员	1.79	1.71		
	(3)私营企业主	1.35	1.71		
	(4)专业技术人员	1.27	1.45		
	(5)办事人员	1.30	1.36		
	(6)个体工商户	2.04	1.64		
	(7)商业服务人员	1.32	1.41		
	(8)产业工人	1.11	1.39		
	(9)农业劳动者	0.99	1.42		
	(10)城乡无业、失业、半失业人员	1.23	1.45		
阶层流动预期	(1)国家与社会管理者	0.73	1.65	23.891***	(1)＜(2~10)；(5)＜(3)，(8)；(5)＜(4)＜(7)；(8)，(9)＜(7)；(1)，(4)，(5)，(7~9)＜(10)
	(2)经理人员	1.33	1.47		
	(3)私营企业主	1.40	1.44		
	(4)专业技术人员	1.21	1.51		
	(5)办事人员	0.98	1.49		
	(6)个体工商户	1.37	1.58		
	(7)商业服务人员	1.39	1.53		
	(8)产业工人	1.23	1.44		
	(9)农业劳动者	1.09	1.62		
	(10)城乡无业、失业、半失业人员	1.52	1.67		

事后检验发现，国家与社会管理者、经理人员、私营企业主的当前主观社会阶层显著高于专业技术人员、办事人员、个体工商户、商业服务人员、产业工人、农业劳动者，以及城乡无业、失业、半失业人员。专业技术人员的当前主观社会阶层显著低于国家与社会管理者、经理人员、私营企业主、办事人员。办事人员当前主观社会阶层显著低于经理人员。

国家与社会管理者的过去主观社会阶层显著高于其他所有职业。城乡无业、失业、半失业人员的过去主观社会阶层显著低于其他所有职业。专业技术人员的过去主观社会阶层显著低于国家与社会管理者、私营企业主、办事人员。商业服务人员、产业工人、农业劳动者以及城乡无业、失业、半失业人员的过去主观社会阶层显著低于国家与社会管理者、经理人员、私营企业主、专业技术人员、办事人员。个体工商户的过去主观社会阶层显著低于国家与社会管理者、私营企业主。

从未来主观社会阶层来看，产业工人、农业劳动者的未来主观社会阶层显著低于城乡无业、失业、半失业人员，城乡无业、失业、半失业人员的未来主观社会阶层显著低于国家与社会管理者、经理人员、私营企业主、专业技术人员、办事人员、个体工商户和商业服务人员。专业技术人员、办事人员和商业服务人员的未来主观社会阶层显著低于国家与社会管理者、经理人员、私营企业主。

产业工人、农业劳动者的阶层流动感知显著低于专业技术人员和办事人员，专业技术人员和办事人员的阶层流动感知显著低于经理人员。产业工人、农业劳动者以及城乡无业、失业、半失业人员的阶层流动感知显著低于商业服务人员。城乡无业、失业、半失业人员的阶层流动感知显著低于经理人员。

从阶层流动预期来看，国家与社会管理者的阶层流动预期显著低于其他职业，办事人员的阶层流动预期显著低于私营企业主、产业工人。办事人员的阶层流动预期显著低于专业技术人员，专业技术人员的阶层流动预期又显著低于商业服务人员。产业工人、农业劳动者的阶层流动预期显著低于商业服务人员。城乡无业、失业、半失业人员的阶层流动预期显著高于除经理人员、私营企业主、个体工商户外的其他职业。

从上述分析可以发现，客观社会阶层与主观社会阶层并非完全一致，客观社会阶层在主观社会阶层的不同维度均有不同的表现。这些表现中最为突出的有如下几点。一是国家与社会管理者当前和过去主观社会阶层最高，未来主观社会阶层也维持在较高水平，因此阶层流动感知较低，阶层流动预期较低。二是经理人员、私营企业主当前和未来主观社会阶层处于较高水平，过去主观社会阶层处于较低水平，因此阶层流动感知较高，阶层流动预期较高。三是专业技术人员当前、过去主观社会阶层较低，未来主观社会阶层也不容乐观，因此阶层流动感知较低，阶层流动预期不强。四是个体工商户当前、过去的主观社会阶层较低，未来主观社会阶层稍高，因此阶层流动感知较低，阶层流动预期较高。五是商业服务人员、产业工人、农业劳动者以及城乡无业、失业、半失业人员四个职业在主观社会阶层上具有较为相似的特征，这四个职业阶层的当前、过去和未来主观社会阶层均较低，因此阶层流动感知较低而且流动预期整体偏弱。

这其中的原因可能在于客观社会阶层的预期未能兑现，社会结构失衡以及投入与产出比有差距等，可以视为一种主观上的不满意看法，可成为衡量社会流动满意度的一个指标，随后的研究可以此为指标探讨民众阶层流动的满意度或者实现度或者匹配度。此外，专业技术人员的阶层尚处于较低水平，这可能是职业技术教育的前景方向，未来可以探讨专业技术人员如何提升获得感。

（七）不同受教育程度的主观社会阶层呈现一定的线性关系

以受教育程度为自变量，主观社会阶层各指标为因变量进行 ANOVA 分析，考察受教育程度对主观社会阶层的影响，结果见表 7-4。数据结果分析发现，受教育程度对当前主观社会阶层、过去主观社会阶层和未来主观社会阶层、阶层流动感知、阶层流动预期均有显著的影响，事后检验发现小学及以下的个体在阶层流动的各维度均处于最低值，而研究生及以上的个体当前、过去和未来主观社会阶层处于最高值，在阶层流动感知上与高中至大学本科的个体无显著差异，阶层流动预期低于高中至大学本科者。除了在过去主观社会阶层和阶层流动感知上与小学及以下无显著差异外，初中学历的个体主观社会阶层表现优于小学及以下的个体。高中与大专学历者当前、过去和未来主观社会阶层以及阶层流动感知和阶层流动预期显著高于初中及以下学历者，大学本科学历者当前、过去和未来主观社会阶层显著低于研究生及以上学历者，阶层流动预期显著低于高中学历者，显著高于研究生及以上学历者。

表 7-4 不同受教育程度的主观社会阶层流动 ANOVA 检验结果

变量名称	受教育程度分类	平均数	标准差	F	事后检验
当前主观社会阶层	(1)小学及以下	3.88	1.88	131.273***	(1)<(2)<(3~4)<(5)<(6)
	(2)初中	3.98	1.62		
	(3)高中(技校、职高、中专)	4.33	1.54		
	(4)大专	4.38	1.47		
	(5)大学本科	4.72	1.44		
	(6)研究生及以上	5.42	1.67		
过去主观社会阶层	(1)小学及以下	2.94	1.82	75.511***	(1)<(5~6);(2)<(3~4)<(5)<(6)
	(2)初中	2.96	1.63		
	(3)高中(技校、职高、中专)	3.09	1.68		
	(4)大专	3.10	1.59		
	(5)大学本科	3.43	1.62		
	(6)研究生及以上	4.08	1.83		
未来主观社会阶层	(1)小学及以下	4.63	2.39	81.861***	(1)<(2)<(3~4)<(5)<(6)
	(2)初中	5.27	2.13		
	(3)高中(技校、职高、中专)	5.75	2.04		
	(4)大专	5.78	1.88		
	(5)大学本科	6.07	1.72		
	(6)研究生及以上	6.60	1.89		
阶层流动感知	(1)小学及以下	0.94	1.41	9.924***	(1~2)<(3~6)
	(2)初中	1.02	1.41		
	(3)高中(技校、职高、中专)	1.24	1.48		
	(4)大专	1.28	1.47		
	(5)大学本科	1.29	1.38		
	(6)研究生及以上	1.34	1.60		
阶层流动预期	(1)小学及以下	0.75	1.81	10.408***	(1)<(2)<(3~6);(6)<(3~5);(5)<(3)
	(2)初中	1.29	1.73		
	(3)高中(技校、职高、中专)	1.42	1.73		
	(4)大专	1.41	1.59		
	(5)大学本科	1.35	1.45		
	(6)研究生及以上	1.18	1.43		

从受教育程度来看，主观社会阶层各维度与个体受教育程度之间表现出较强的线性关系趋势，初中及以下、高中与大专、大学本科与研究生及以上是受教育程度的三个分段，受教育程度越高，当前、过去和未来主观社会阶

层越高，阶层流动感知和阶层流动预期方面初中及以下的体验最差，但是处于受教育程度高位的大学本科与研究生及以上其阶层流动预期反而有所下降。

三　阶层流动与社会心态各层次的关系

从表7-5可知，当前、过去和未来主观社会阶层与社会心态基本层次的安全感、公平感、公正感、稳定感呈显著正相关，与压力感呈显著负相关，这意味着当前、过去和未来主观社会阶层较高的个体，其拥有较强的安全感、公平感、公正感和稳定感，较低的压力感。阶层流动感知与社会心态基本层次的安全感、公平感和稳定感呈显著正相关，与压力感呈显著负相关，这意味着阶层流动感知较高的个体，其拥有较强的安全感、公平感和稳定感，较低的压力感，但与公正感无显著相关性。阶层流动预期与社会心态基本层次的安全感、稳定感、公平感呈显著负相关，与压力感和公正感呈显著正相关，这意味着阶层流动预期越高的个体，其体验到的安全感、稳定感和公平感越低，而体验到的压力感和公正感越高。

如果把当前、过去和未来主观社会阶层视为阶层流动的静态层面，那么阶层流动感知和阶层流动预期则反映了阶层流动的动态层面。静态、动态层面的阶层流动更加全面地揭示了阶层流动对社会心态基本层次的影响。从静态层面的主观社会阶层来看，当前、过去和未来主观社会阶层对社会心态基本层次的影响基本一致。从动态层面的主观社会阶层来看，阶层流动感知代表着过去维度的动态阶层流动，阶层流动预期代表着未来维度的动态阶层流动，两者对社会心态基本层次的影响具有相反效应。

相关分析发现（见表7-6），当前与未来的主观社会阶层与信任感、国家认同、城市认同和支持感呈显著正相关。过去主观社会阶层与信任感、城市认同和支持感呈显著正相关，与国家认同呈显著负相关。阶层流动感知与信任感、国家认同、城市认同和支持感呈显著正相关，阶层流动预期与国家认同、城市认同和支持感呈显著正相关。阶层流动的静态层面与动态层面在社会心态次级层次上保持较为一致的结果，过去维度与未来维度的动态阶层流动在社会心态次级层次上保持较为一致的结果。

表 7-5 阶层流动与社会心态基本层次的相关关系

序号	变量	1	2	3	4	5	6	7	8	9
1	当前主观社会阶层									
2	过去主观社会阶层	0.593**								
3	未来主观社会阶层	0.596**	0.375**							
4	阶层流动感知	0.381**	-0.518**	0.202**						
5	阶层流动预期	-0.246**	-0.120**	0.631**	-0.124**					
6	安全感	0.215**	0.135**	0.157**	0.073**	-0.018*				
7	稳定感	0.200**	0.143**	0.100**	0.048**	-0.072**	0.273**			
8	压力感	-0.243**	-0.111**	-0.150**	-0.130**	0.054**	-0.218**	0.288**		
9	公平感	0.261**	0.138**	0.189**	0.119**	-0.025**	0.520**	-0.285**	-0.265**	
10	公正感	0.094**	0.099**	0.103**	-0.014	0.034**	0.135**	0.073**	0.051**	0.042**

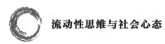

表 7-6 阶层流动与社会心态次级层次的相关关系

序号	变量	1	2	3	4	5	6	7	8
1	当前主观社会阶层								
2	过去主观社会阶层	0.593**							
3	未来主观社会阶层	0.596**	0.375**						
4	阶层流动感知	0.381**	-0.518**	0.202**					
5	阶层流动预期	-0.246**	-0.120**	0.631**	-0.124**				
6	信任感	0.132**	0.060**	0.106**	0.072**	0.000			
7	国家认同	0.047**	-0.098**	0.144**	0.163**	0.128**	0.191**		
8	城市认同	0.170**	0.035**	0.170**	0.140**	0.041**	0.176**	0.501**	
9	支持感	0.197**	0.063**	0.185**	0.137**	0.034**	0.250**	0.416**	0.460**

相关分析发现（见表7-7），当前、过去、未来的主观社会阶层以及阶层流动感知与生活满意度、幸福感呈显著正相关，阶层流动预期与生活满意度呈显著负相关，与幸福感呈显著正相关。静态层面的主观社会阶层与过去维度动态层面的主观社会阶层在社会心态高级层次的关系较为一致，而未来维度动态层面的主观社会阶层在社会心态高级层次上不同于过去维度，表现为阶层流动预期越高，生活满意度越低，但幸福感越高。这可能源于对当前状态的不满意是促使个体向上流动的动力，也是因为这个不满意，预期未来社会阶层将更高，而这种未来预期让个体的幸福感得以提升，也就是说幸福感这个变量并非针对当前，而是整合了个体对过去、现在和将来的心理状态。

表 7-7　阶层流动与社会心态高级层次的相关关系

序号	变量	1	2	3	4	5	6
1	当前主观社会阶层						
2	过去主观社会阶层	0.593**					
3	未来主观社会阶层	0.596**	0.375**				
4	阶层流动感知	0.381**	-0.518**	0.202**			
5	阶层流动预期	-0.246**	-0.120**	0.631**	-0.124**		
6	生活满意度	0.327**	0.201**	0.198**	0.116**	-0.076**	
7	幸福感	0.143**	0.018*	0.215**	0.131**	0.122**	0.414**

为控制性别、年龄、受教育程度、个人月收入和住房等变量的影响，对比分析主客观社会阶层、阶层流动对社会心态基本层次、次级层次和高级层次的影响，以职业阶层、阶层流动五维度为自变量，以社会心态基本层次、次级层次和高级层次为因变量，进行多重线性回归分析。自变量采用层次进入的方式，考察每层中增加的变量对回归方程解释力度的影响，从而判定增加的变量是否和因变量独立关联。

鉴于十大职业阶层中经理人员、私营企业主、工体工商户样本较少，对十大职业阶层进行整合，将国家与社会管理者、经理人员、私营企业主三者进行合并，将个体工商户与办事人员进行合并，从而将十大职业阶层合并为七大职业阶层。具体而言，第一层进入性别、年龄、受教育程度、个人月收入和住房等人口学变量，其中女性、无房为参照组；第二层进入七大职业阶层，其中城乡无业、失业、半失业人员为参照组；第三层进入阶层流动五维度。每层变量采用全部进入方式，结果如表7-8所示。

从表中可知，模型二的客观社会阶层对于社会心态三个层次的决定系数均小于模型三的主观社会阶层，在控制了客观社会阶层后，主观社会阶层显著预期了社会心态三个层次。相较于客观社会阶层，主观社会阶层对于社会心态三个层次的解释力度更强。客观社会阶层中，国家与社会管理者、经理人员、私营企业主显著正向地预测了社会心态的基本层次和高级层次，国家与社会管理者、经理人员、私营企业主和专业技术人员显著负向地预测了社会心态的次级层次。也就是说，较之于城乡无业、失业、半失业人员，国家与社会管理者、经理人员、私营企业主的社会心态基本层次和高级层次体验感更佳而社会心态次级层次的体验感更差，专业技术人员的社会心态次级层次体验感更差。在主观社会阶层中，当前主观社会阶层、阶层流动感知和阶层流动预期对于社会心态次级层次和高级层次有显著正向的预测作用，而当前主观社会阶层和阶层流动预期对于社会心态基本层次有显著正向的预测作用。

标准回归系数表明当前主观社会阶层与社会心态三个层次的相关性更强，也意味着当前主观社会阶层在阶层流动中起着最为重要的作用，当前主观社会阶层越高，个体的社会心态三个层次体验感越佳。阶层流动感知并不能显著预测社会心态的基本层次，阶层流动感知越高，社会心态次级层次和高级层次的体验感越佳。阶层流动预期越高，社会心态三个层次的体验感越佳。

为了探讨当前主观社会阶层、阶层流动感知和阶层流动预期对于社会心态哪个层次的影响更大，对当前主观社会阶层、阶层流动感知和阶层流动预期在社会心态三个层次的回归系数进行差异检验。分析发现，当前主

表7-8 阶层流动对社会心态基本层次、次级层次和高级层次的回归分析结果

因变量	预测变量	B	95% CI for B LL	95% CI for B UL	SE	β	R²	ΔR²	ΔF
社会心态基本层次	模型一								
	常数	-6.886***	-9.378	-4.393	1.272		0.032	0.032	105.167***
	性别	0.022*	-0.004	0.041	0.010	0.018			
	年龄	0.004***	0.002	0.005	0.001	0.049			
	受教育程度	0.045***	0.036	0.054	0.004	0.082			
	个人月收入	0.033***	0.027	0.039	0.003	0.091			
	住房	0.136***	0.116	0.156	0.010	0.112			
	模型二								
	常数	-7.004***	-9.567	-4.441	1.308		0.033	0.002	5.997*
	性别	0.026**	0.007	0.045	0.010	0.021			
	年龄	0.004***	0.002	0.005	0.001	0.050			
	受教育程度	0.041***	0.032	0.050	0.005	0.074			
	个人月收入	0.031***	0.025	0.037	0.003	0.087			
	住房	0.132***	0.112	0.152	0.010	0.109			
	国家与社会管理者,经理人员、私营企业主	0.127***	0.072	0.182	0.028	0.037			
	专业技术人员	-0.001	-0.028	0.026	0.014	-0.001			
	办事人员、个体工商户	0.047*	0.008	0.086	0.020	0.020			
	商业服务人员	0.004	-0.026	0.033	0.015	0.002			
	产业工人	-0.043*	-0.079	-0.007	0.018	-0.020			

291

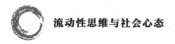

续表

因变量	预测变量	B	95%CI for B		SE	β	R²	ΔR²	ΔF
			LL	UL					
	农业劳动者	0.018	-0.033	0.068	0.026	0.006			
	模型三						0.124	0.091	553.038***
	常数	-5.310***	-7.793	-2.827	1.267				
	性别	0.039***	0.020	0.057	0.009	0.032			
	年龄	0.003***	0.001	0.004	0.001	0.036			
	受教育程度	0.018***	0.010	0.027	0.004	0.033			
	个人月收入	0.008*	0.002	0.014	0.003	0.022			
	住房	0.074***	0.055	0.093	0.010	0.061			
社会心态基本层次	国家与社会管理者、经理人员、私营企业主	0.018**	-0.035	0.070	0.027	0.005			
	专业技术人员	-0.017	-0.043	0.008	0.013	-0.012			
	办事人员、个体工商户	0.007	-0.030	0.044	0.019	0.003			
	商业服务人员	-0.007	-0.035	0.021	0.014	-0.004			
	产业工人	-0.023	-0.058	0.011	0.018	-0.011			
	农业劳动者	0.034	-0.014	0.082	0.024	0.011			
	当前主观社会阶层	0.132***	0.125	0.139	0.003	0.333			
	阶层流动感知	-0.003	-0.010	0.004	0.003	-0.007			
	阶层流动预期	0.015***	0.009	0.021	0.003	0.039			

续表

因变量	预测变量	B	95%CI for B		SE	β	R²	ΔR²	ΔF
			LL	UL					
	模型一						0.008	0.008	27.181***
	常数	-2.430	-5.429	0.569	1.530				
	性别	-0.041***	-0.064	-0.019	0.011	-0.028			
	年龄	0.004***	0.002	0.005	0.001	0.040			
	受教育程度	0.028***	0.018	0.039	0.005	0.043			
	个人月收入	0.000	-0.007	0.007	0.004	0.000			
	住房	0.112***	0.088	0.136	0.012	0.078			
社会心态次级层次	模型二						0.01	0.002	4.919*
	常数	-2.166	-5.250	0.918	1.573				
	性别	-0.037**	-0.060	-0.014	0.012	-0.026			
	年龄	0.003***	0.002	0.005	0.001	0.038			
	受教育程度	0.035***	0.024	0.046	0.006	0.053			
	个人月收入	0.002	-0.005	0.010	0.004	0.006			
	住房	0.115***	0.091	0.139	0.012	0.080			
	国家与社会管理者、经理人员,私营企业主	-0.050	-0.116	0.017	0.034	-0.012			
	专业技术人员	-0.060***	-0.092	-0.027	0.017	-0.034			
	办事人员、个体工商户	-0.012	-0.059	0.035	0.024	-0.004			
	商业服务人员	0.027	-0.008	0.062	0.018	0.013			
	产业工人	0.038	-0.006	0.081	0.022	0.015			

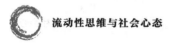

续表

因变量	预测变量	B	95%CI for B LL	95%CI for B UL	SE	β	R²	△R²	△F
	农业劳动者	-0.032	-0.093	0.029	0.031	-0.009			
	模型三								
	常数	4.859	1.819	7.899	1.551		0.071	0.061	352.728***
	性别	-0.034**	-0.057	-0.012	0.011	-0.024			
	年龄	0.000	-0.002	0.001	0.001	-0.003			
	受教育程度	0.020***	0.009	0.030	0.005	0.030			
	个人月收入	-0.016***	-0.023	-0.009	0.004	-0.038			
	住房	0.081***	0.057	0.104	0.012	0.056			
社会心态次级层次	国家与社会管理者、经理人员,私营企业主	-0.089**	-0.154	-0.024	0.033	-0.022			
	专业技术人员	-0.058***	-0.090	-0.027	0.016	-0.033			
	办事人员、个体工商户	-0.022	-0.067	0.024	0.023	-0.008			
	商业服务人员	0.015	-0.019	0.050	0.017	0.008			
	产业工人	0.064**	0.022	0.106	0.021	0.025			
	农业劳动者	0.001	-0.058	0.060	0.030	0.000			
	当前主观社会阶层	0.079***	0.071	0.087	0.004	0.168			
	阶层流动感知	0.067***	0.059	0.075	0.004	0.134			
	阶层流动预期	0.062***	0.055	0.069	0.004	0.136			

续表

因变量	预测变量	B	95%CI for B		SE	β	R²	△R²	△F
			LL	UL					
	模型一						0.026	0.027	88.063***
	常数	−5.344**	−8.796	−1.892	1.761				
	性别	−0.076***	−0.102	−0.050	0.013	−0.045			
	年龄	0.005***	0.003	0.006	0.001	0.046			
	受教育程度	0.028***	0.016	0.040	0.006	0.037			
	个人月收入	0.042***	0.034	0.051	0.004	0.086			
	住房	0.201***	0.173	0.228	0.014	0.120			
社会心态高级层次	模型二						0.029	0.003	7.742*
	常数	−5.628**	−9.176	−2.081	1.810				
	性别	−0.074***	−0.100	−0.048	0.013	−0.044			
	年龄	0.005***	0.003	0.007	0.001	0.047			
	受教育程度	0.024***	0.012	0.037	0.006	0.032			
	个人月收入	0.040***	0.031	0.049	0.004	0.081			
	住房	0.196***	0.168	0.223	0.014	0.117			
	国家与社会管理者、经理人员、私营企业主	0.240***	0.164	0.317	0.039	0.051			
	专业技术人员	−0.012	−0.050	0.025	0.019	−0.006			
	办事人员、个体工商户	0.050	−0.004	0.104	0.028	0.015			
	商业服务人员	−0.004	−0.045	0.036	0.021	−0.002			
	产业工人	−0.003	−0.053	0.047	0.025	−0.001			

续表

因变量	预测变量	B	95% CI for B LL	95% CI for B UL	SE	β	R²	ΔR²	ΔF
	农业劳动者	-0.004	-0.074	0.066	0.036	-0.001			
	模型三						0.105	0.076	451.112***
	常数	-0.695	-4.163	2.772	1.769				
	性别	-0.063***	-0.088	-0.037	0.013	-0.037			
	年龄	0.002*	0.000	0.004	0.001	0.021			
	受教育程度	-0.003	-0.015	0.009	0.006	-0.004			
	个人月收入	0.011*	0.002	0.019	0.004	0.022			
	住房	0.130***	0.103	0.156	0.014	0.077			
社会心态高级层次	国家与社会管理者、经理人员、私营企业主	0.126**	0.052	0.200	0.038	0.027			
	专业技术人员	-0.025	-0.061	0.011	0.018	-0.012			
	办事人员、个体工商户	0.011	-0.040	0.063	0.026	0.004			
	商业服务人员	-0.019	-0.058	0.020	0.020	-0.008			
	产业工人	0.026	-0.022	0.074	0.024	0.009			
	农业劳动者	0.026	-0.041	0.093	0.034	0.006			
	当前主观社会阶层	0.154***	0.145	0.164	0.005	0.282			
	阶层流动感知	0.025***	0.015	0.034	0.005	0.043			
	阶层流动预期	0.047***	0.038	0.055	0.004	0.088			

观社会阶层对社会心态基本层次的影响程度显著大于社会心态次级层次（Z=10.60，p<0.001），显著小于社会心态高级层次（Z=-3.773，p<0.001），当前主观社会阶层对社会心态次级层次的影响程度显著小于社会心态高级层次（Z=-11.713，p<0.001），当前主观社会阶层对社会心态三个层次的影响程度从高到低依次为社会心态高级层次、社会心态基本层次和社会心态次级层次。阶层流动感知对社会心态次级层次的影响程度显著大于社会心态高级层次（Z=6.5593，p<0.001）。阶层流动预期对社会心态基本层次的影响程度显著小于社会心态次级层次（Z=-9.40，p<0.001），显著小于社会心态高级层次（Z=-6.40，p<0.001），阶层流动预期对社会心态次级层次的影响程度显著大于社会心态高级层次（Z=2.6517，p<0.001），阶层流动预期对社会心态三个层次的影响程度从高到低依次为社会心态次级层次、社会心态高级层次和社会心态基本层次。

第三节　阶层流动的自我保护功能

一　民众的阶层流动感知和预期具有自我保护功能，支撑着个体持续奋斗实现阶层向上流动

如若将阶层视为身份之一，那么过去的社会阶层是个体的过去自我，现在的社会阶层是个体的现在自我，将来的社会阶层是个体的将来自我。个体过去、现在与将来主观社会阶层体现出来的一级一级朝上的态势，对应着未来自我好于现在自我，而现在自我又好于过去自我，这一结果具有如下几个方面的意义。首先，这表明阶层对个体而言具有举足轻重的地位。阶层通常是个体建构个人身份认同的重要维度，阶层间的区隔形成了不同的社会圈子，由此带来不同的社会资源和机会。其次，主观社会阶层的一路向好趋势蕴含着个体对未来生活的期许。基于阶层对于个体的重要性，主观社会阶层越来越向好的态度实质上可能表达了个体希冀未来自身在社会结构上能够占据有利地位，是个体对自己的一种美好期待，支撑着个体持续向上奋斗以实

现阶层跃升。最后，这表明主观社会阶层地位变化可能是个体自我调节的结果。基于社会阶层的重要性，个体可能主观调节了过去、现在和未来社会阶层的不同位置，使其既能够合理化当前的主观社会阶层，也能够合理化未来的主观社会阶层，这种合理化既对个体生活有益又具有适应性，起着一种重要的自我保护功能。Kraus 和 Tan（2015）研究发现，主观社会阶层被高估在美国被试身上也普遍存在，这是因为个体在寻求一种自我保护。在其研究中，如果让被调查者考虑与自己类似的个体，主观社会阶层的高估作用会更大，这表明高估是保护自我动机驱使的，那些主观社会阶层越高的个体，在估计阶层流动时其高估程度大于主观社会阶层较低的个体，毕竟对于主观社会阶层越高的个体，只能阶层向上流动得多，才有可能与主观社会阶层较低的个体拉开差距。

本章分析发现，民众主观社会阶层的高估是通过以下几个途径实现的，一是低估过去主观社会阶层，二是低程度高估当前主观社会阶层，三是高程度高估未来主观社会阶层。通过这三种途径，个体实现了三个方面的动机。首先，低估过去主观社会阶层是为了与当前主观社会阶层对比实现过去与当前阶层流动的较大提升，以此体现了积极看待自我的动机。其次，高程度高估未来主观社会阶层是为了与当前主观社会阶层对比实现当前与未来社会阶层的较大提升，以此满足个体确信自己与他人的社会地位是公平公正的确定性需要，增加个体更加努力工作以获得社会阶层进一步提升的愿望，以此淡化社会加诸个体身上的压力。研究指出，感知社会流动性越高，对收入不平等的接受程度越高（Kraus & Tan，2015），操纵被试感知到的收入流动性考察其对不平等容忍度的影响发现，被试对子女将向上流动的预期、人们对收入不平等的态度（如一个人的经济地位在多大程度上是努力的结果而不是运气）影响了人们对不平等容忍度的看法。最后，主观社会阶层的高估对个体而言可以实现一种自我确信的过程，坚定个体为实现向上流动而努力的信念，同时通过自我确信的方式实现了印象管理，影响他人对个体的评价，以此反过来强化个体的自我评价。

综上分析可见，过去、现在和未来主观阶层流动感知的变动，表达着个体自我的过去、现在和未来，这些纵向维度的变动真切展示了流动性思维已成为个体内化的思维方式，成为流动性思维在社会结构实践领域的最直观表达，个体甚至采用流动性思维保护其动机不削弱、动力不受挫。

二　阶层位置展现了个体在社会中的自我价值，是社会结构在社会心态高级层次的映射

阶层作为一个标志性概念让个体快速瞄定自身在社会中的相对位置。在纷繁复杂的社会生活中存在许多的盲点，个体没有更多资源投入各种事务，因此需要一种快速瞄定个人在社会结构中位置的方法，阶层成为快速启发式的工具箱，它浓缩了个体在社会中的自我价值，反映了个体在社会中拥有资源的多寡，表明了个体在社会中流动能力的高低，代表着个体在社会中流动权力的强弱，这些都是社会心态高级层次中幸福感和生活满意度的重要来源。高主观社会阶层意味着个体在社会中拥有较多的资源、较高的流动能力、较强的流动权力，个体的自我价值由此得到实现，随之体验到社会心态高级层次中更高的幸福感和生活满意度。低主观社会阶层意味着在社会中拥有较少的资源、较低的流动能力、较弱的流动权力，个体的自我价值尚未完全实现，随之体验到社会心态高级层次中更低的幸福感和生活满意度。

阶层流动与社会心态高级层次建立起来的密切关联意味着在中国人的文化体系中幸福感和生活满意度更多的是通过个体在社会结构中的相对比较而决定的，向上或者向下的社会比较是社会心态高级层次的发生机制，阶层流动契合了个体的相对比较过程，既是对个体之前努力人生的总结，也是展望个体未来人生的新方向。

阶层流动是个体在社会结构中个人位置的流动性情况，它与社会心态高级层次的关联度，表明了社会心态层次结构设想具有一定的合理性，也说明了只有社会结构中的个人相对位置变化才能成为社会心态高级层次的反应对象。从宏观水平上说，社会心态的基本层次反映了个体对社会的整体认知，社会心态的次级层次反映了个体与社会的联系，社会心态的高级层次反映了

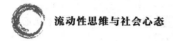

个体在社会中的位置。个体对社会的整体认知、个体与社会的联系可能都来自个体在社会中的位置，社会心态的高级层次可能决定着社会心态的基本层次和次级层次，是个体整体社会心态的底色和背板，具有强烈的向下辐射性和兼容性。

第八章

阶层流动的社会心理效应

根据第七章分析可知，当前主观社会阶层起着定锚器的作用，对社会心态的影响权重高于阶层流动的其他指标，也意味着个体的一系列思想与行为其实质是基于当前主观社会阶层而做出的判断与决策。以往大量研究表明，不同社会阶层有着不同的思想与行为，当前主观社会阶层的差异可能导致个体在阶层流动感知、社会认知和行为意向上存在差异。因此，我们把当前主观社会阶层当成调节变量，考察阶层流动感知和阶层流动预期如何对个体的行为意向产生影响。

第一节　阶层流动的心理效应

主观社会流动性是指人们相信自己在未来会进入更高社会阶层的程度（Huang et al.，2017；Kelley，2009；Kraus et al.，2015）。与实际的社会流动性不同，主观社会流动性关注的是人们对不平等的态度和对提高社会地位的期望，是个体对他们在社会中上升或下降的主观信念（Kelley et al.，2009）。具有较高主观社会流动性的人通常认为他们有更好的机会获得良好的教育、赚钱和获得有声望的工作，因此高社会流动性提高了生活满意度，缓冲了收入不平等对主观幸福感的负面影响，减轻了主观社会阶层对主观幸福感的负面影响（Huang et al.，2017），提高社会流动性成为减少经济不平等的重要方法。

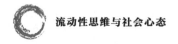

一 阶层流动的心理结果

（一）阶层流动对身体健康的影响

社会阶层流动对身体健康产生了负向影响。从一个社会阶层到另一个社会阶层的转变必然会产生基于身份的不确定性（Destin et al.，2017；Destin & Debrosse，2017）。高水平的向上社会流动性是可取的，但社会流动性引发的基于身份的不确定性会增加心理负荷从而降低主观幸福感。Destin 等（2017）提出基于状态的身份不确定性预测了较低的自尊和生活满意度，提醒人们注意当人生中的关键时期（上大学、大学毕业、进入劳动力市场、结婚、离婚、退休等）社会阶层可能发生转变时尤要重视心理健康。向下的社会流动性预示着身体健康的一系列负面结果，向上的社会流动性也不能预测身体健康的改善（Destin，2019）。系统地评估那些经历过社会经济流动的人是否真的在身体健康方面得到回报，研究发现社会经济流动的经历可能不会带来健康益处，反而会导致身体健康状况变差，来自弱势背景并取得教育和经济成功的成年人发现自己的健康状况比没有经历向上社会经济轨迹的同龄人更差，社会经济地位的流动性是以健康为成本代价的。从社会向上流动中受益的那些具有较为弱势背景的个体，实际上特别容易遭受社会孤立对健康造成的负面影响，当他们进入更高的社会阶层时，一方面他们与原社会阶层的互动往往会减少，余下的是一些被嫉妒等负面情绪所掩盖的不良互动（Van de Ven，2017）；另一方面他们还须努力适应新的社会阶层希冀被接受，这个过程是包含着社会排斥、歧视和威胁的艰难过程（Southgate et al.，2017），成功驾驭新的社会和经济环境不仅需要非凡的心理资源，而且要敢于挑战个人的自我意识，这些个体的叙事身份和社会身份需要彻底改写，这种改写助长了不确定性，增加了长期压力。

（二）主观社会阶层对社会认知的影响

Kraus 等（2012）将个体对自己所处社会阶层的这种主观自我意识差异如何塑造社会认知综合成理论模型。其将低社会阶层的个体思考社会环境的方式描述为"情境主义"，它是一种由处理外部约束和威胁的需要所驱动的心理取向；高社会阶层的人认为社会环境是"唯我主义"，它是一种由情感和个人目标等内部状态驱动的取向。两种不同取向有着本质的区别，这些区别表现在两个方面。一是对威胁的不同反应。客观上低社会阶层面临着更大的现实威胁，如个人就业、住房、安全和健康方面所获得的保障较少，这些长期的威胁促进了"威胁检测系统"的发展，因此在这种环境中长大的人对威胁有更高的警惕性。二是知觉到的控制感。控制感与一些主要的心理结构密切相关，如归因。主观社会阶层较低的个体控制感较低，这种控制感的降低与对一系列社会现象的情境归因偏好（而非性格归因）有关。其潜在的逻辑是，那些在中产阶层或高阶层环境中长大的人拥有更多物质和心理资源，因此他们持有更强的信念认为自己能够塑造或影响加诸其上的社会结果。相比之下，那些在低阶层社会环境中长大的人拥有更少的资源，因此认为自己有能力控制结果的信念更低。这一理论获得了一系列研究的支持，如 Kraus 等（2009）发现，与主观社会阶层较高的人相比，主观社会阶层较低的个体报告了较低的控制感，更倾向于从外部因素而非个体内在因素解释各种现象，如收入不平等、感染艾滋病毒或肥胖，主观社会阶层通过感知控制对将某一现象归结为外部因素引发的倾向有着显著的间接影响。

主观社会阶层影响了个体持有的偏见。偏见由两个方面构成，一是对与自己处于不同阶层的人的偏见，如对穷人或者失业者。二是对其他社会群体与自身社会阶层关联程度的偏见。对贫困的态度在过去 30 年中发生了巨大的变化，人们越来越倾向于认为那些生活在贫困中的人是因为缺乏意志力或懒惰，认为生活在贫困中是因社会不公的观点也相应减少。与对贫困的态度不断变化相匹配的是，公众对福利支出和税收再分配的态度也发生了变化，对穷人的同情减少了。例如，1997 年大多数美国受访者认为福利太低，然而到了 2008 年绝大多数美国受访者认为福利太高，短短约十年人们对失业者福利的态度发生了急剧的变化（Taylor-Gooby，2013），越来越多民众认为失业是个人而不是结构性的失败，贫困是个人选择的结果，是一种"生活方式的选择"，而不是结构性劣势和不平等导致的，受访者将失业归咎于失业者导致不同社会地位者都对福利供给持消极态度。这种偏见可能来源于不同社会阶层受到的威胁，如经济威胁，研究发现通过提醒注意负面的经济前景或者巧妙地暗示被试资历不足以应对当前的就业市场，以此诱导被试意识到工作受威胁时，受过高等教育的被试对同样受过高等教育的移民表达了负面态度。以欧洲国家学生为样本的研究亦发现，受过大学教育的移民对其他移民的态度最消极，这些研究结果证实了经济威胁假说。将美国人口普查数据与全国选举调查数据结合分析发现，在黑人平均受教育程度较低的地区，数量较高的黑人与受教育程度较低的白人呈现更强的种族主义倾向，而在黑人平均受教育程度较高的地区，数量较高的黑人与受教育程度较低的白人呈现更弱的种族主义倾向（Kuppens et al.，2018）。Jetten 等（2017）发现当将经济不稳定性描述成高不稳定性时，高社会阶层更倾向于反对移民，毕竟在经济危机时期，高社会经济地位的个体较之于低社会经济地位的个体会失去更多，"对跌倒的恐惧"可能是导致高社会阶层反对移民的原因。

（三）阶层流动对幸福感的影响

向上社会流动提升了个体的幸福感和生活满意度。Präg 和 Gugushvili（2021）发现，无论客观社会流动性如何，感知到的社会流动性影响了个体的生活满意度和孤独感，个体向上的社会流动感知提升了个体的生活满意度，向下的社会流动感知增加了个体的孤独感，当主观社会流动感知与客观流动性不一致时，尤其是当实际处于向上流动但个体却知觉到向下流动时，将体验到更高的心理疼痛感和更差的自评健康。Zelinska 等（2021）对此提供了佐证，其研究发现与社会不流动的个体相比，那些具有一步或者两步向上或向下流动性经历的个体，流动性与其自评健康和心理幸福感无显著联系，但是两步的向上社会流动却对心理幸福感有一致性效应。

Li 等（2023）指出，主观社会流动性缓和了从自我阶层差异到主观幸福感和心理健康的路径，高主观社会流动性削弱了自我阶层差异与主观幸福感和心理健康之间的关联，可以提升主观幸福感和促进心理健康。可见，当个体持有正在提高自身社会阶层的信念时减少了自我阶层差异对主观幸福感和心理健康的负面影响，该研究进一步指出具有较高的主观社会流动性有助于个人相信他们的社会地位和其他人的社会地位是公平和公正的。这种信念会降低人们的相对剥夺感，并增加个人控制感，在随后增强更加努力工作和争取更高社会地位的动力（Kraus et al.，2015）。尽管低社会阶层个体当前存在较大的自我阶层差异，但相信自己可以通过努力弥合当前生活状况与理想生活状况之间的差距，实现较高的主观社会流动性，削弱自我阶层差异对主观幸福感和心理健康的影响。

（四）阶层流动对于政治态度和政治行为的影响

针对社会流动对政治行为的影响有三种相互竞争的观点：社会流动性对政治后果的影响是不对称的；社会流动性的个体在政治取向上位于起点和目的地之间；向上流动的人倾向于更多地适应他们的目的地，而向下流动的人倾向于更多地坚持他们的目的地的观念。

第一种观点是社会流动性的不对称效应，假设"向下流动的人……保留其出身阶层的价值观和行为模式，而向上流动的人被同化……融入其目的地阶层的社会网络和文化"（Clifford & Heath，1993）。其潜在的假设是，人们通常更愿意采用更有声望的身份，从而最大化他们的地位（Clifford & Heath，1993）。这种地位最大化假说强调社会流动性在政治结果中的作用，声称人们旨在通过政治参与来最大化自己的利益，然而研究发现，在一个更具活力和流动性的社会结构中，暂时的向下流动往往会加剧对同化到下层阶级的抵制（Clifford & Heath，1993；Paterson，2008）。

第二种观点是起点效应，它是人们价值体系和行为模式的更强指标。政治行为不仅代表人们的政治身份，还反映其参照群体的价值观。从本质上讲，出身阶层的社会化影响个体政治行为和态度的形成。向上和向下流动的个体在目的地阶层的社会化经历不同于非流动者，流动个体保持着被其出身阶层深深铭刻的政治习惯和态度。由于文化适应的困难，流动个体似乎与他们目前的阶级地位明显不同。Andersen 和 Yaish（2012）发现，那些具有社会流动性的人，早期所处的阶层会影响他们以后的生活态度。与那些没有社会流动性的人相比，向上流动的人更左倾，对收入不平等的容忍度更低。经历向上流动的人往往较少投票支持再分配政策，可能原因是流动性体验导致更高的阶级意识。

第三种观点是目的地效应，它是政治态度和行为模式的主要决定因素。例如，Paterson（2008）探讨了社会流动性是否对英国中年公民的社会态度和政治参与产生影响。他的研究表明目的地比起点更有影响力，政治态度的影响更多是目的地阶级同化的结果，而不是早期所处阶层社会化的结果。其他研究亦证实社会流动的个体不仅保留了与非流动者相同的起源特征，而且还发展出与非流动者相似的政治偏好（Breen & Whelan，1994）。

二 阶层流动、自我和行为倾向

实质上，如若将个体认为自己所属的主观意义和价值理解为一种身份的话（Destin et al.，2017），主观社会阶层可视为个体身份认同的一种类型。在这个意义上，与主观阶层流动相伴随的是身份认同的变化。个体身份包含了三种类别：叙事性身份（narrative identity），它是一个人通过故事和叙述来构建自我认同和理解自我（McAdams & McLean，2013）；社会性身份（social identity），它是个体所感知到的自己作为一个社会群体成员的感觉（Ellemers et al.，2002）；未来身份（future identity），它是个体对自己未来的期望、愿景和自我形象的认知和构建（Oyserman & Destin，2010），是个体预期通过教育、职业、老龄化和一般生活经历自我转变为不同身份。

社会经济地位包含着这三个方面身份转换，个体讲述他们从哪里来以及为何走至如今的过程，这是个体的叙事性身份。个体认为自己在与自身相关的群体中的身份地位，这是社会身份。个体根据他们想达到的目标和家庭未来的样子想象自我，这是未来身份。社会经济流动性综合性地将个体的叙述性、社会和未来身份组合成一种普遍的困惑和不确定感，并对流动过程产生影响。

不同的社会阶层有着不同的生活，这种生活赋予处于不同社会阶层的个体不同的自我，不同阶层的人经常思考"像我这样的人应该怎么做"，这种思考越多越有可能促使社会阶层塑造个人的可能自我类型，并由此规定或者规范了他们定义的规范性行为。与阶层对社会认知的影响配套的是，不同社会认知与自我相关联，与低社会阶层个体的情境主义认知一致的是，其形成了情境化自我（contextualized selves），即将自我与社会环境和其他个体更为交织在一起的自我。与高社会阶层的唯我倾向一致的是，其形成了唯我自我（solipsistic selves），即自我独立于环境，自我更多与内在的目标、愿望和动机相结合的一种自我。这种自我的形成实质上在儿童社会化的早期就得到了发展与强化，低社会阶层的父母强调孩子应融入学校环境，而高社会阶层的父母更强调孩子与他人之间的独立性（Weininger & Lareau，2009），这种独特的基于阶层的环境处理方式还具有阶层教养的传递性。在研究中让不同阶层的被调查者在两种不同颜色（其中一支笔颜色与其他四支不同）的五支笔中选择，高社会阶层背景的学生（父母中至少有一位拥有四年制大学学位）更倾向于选择独特的笔，低社会阶层背景的学生（父母中没有人拥有四年制大学学位）更倾向于选择非独特的笔（Stephens et al.，2007）。

主观社会阶层除了对个体的自我形成产生影响外，还影响了个体的自我评价。那些认为自己处于社会经济等级制度底层的人报告的自我价值较低，而那些认为自己处于社会经济等级制度顶端的人报告了更高的自我价值。相较于高社会阶层，低社会阶层的个体在自我和社会层面都被低估（Kraus & Park，2014）。在主观社会阶层较高的人群中，社会自尊（social self-esteem）与炫耀性消费、社会消费动机之间存在负相关性，高社会阶层个体有策略地采用炫耀性消费作为自我展示的手段来维护他们的社会形象（Oh，2021）。自尊调节了主观社会经济地位和自评健康之间的关系，这种调节受到文化因素的影响。在美国样本中自尊调节了主观社会经济地位和自评健康的关系，但是在日本样本中这种调节作用小很多（Kan et al.，2014）。

三 阶层流动社会心理效应的研究路径

Kraus 提出了不同社会阶层对社会的认知有差异，低社会阶层更倾向于情景性自我，而高社会阶层更倾向于唯我性自我。低社会阶层的情景性自我与其对威胁来源的敏感有着密切关系，而高社会阶层的唯我性自我更倾向于关注自我，这两个差异可能导致不同社会阶层对社会的关注渠道不同，而使

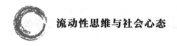

其行为意向体现出不一样的地方。

在社会心态指标中，对威胁来源的感知主要体现为安全感。而对自我关注程度体现在动机系统中的自我接纳系统，如成为一个掌控自己生活的人，有效处理生活中出现的问题，认识并接受真实的自我。当前不同主观社会阶层对于自我接纳的重要性认知可能不同，由此社会心态产生了差异。不同阶层个体对社会情景的认知是有差异的，低社会阶层对威胁来源有着更强的感知，是一种情景性社会认知，而高社会阶层对控制感更强烈，是一种唯我性社会认知。

基于此，本章试图将安全感作为情景性社会认知的指标，将自我接纳作为唯我性社会认知的指标，探索不同层次主观社会阶层的阶层流动感知和阶层流动预期如何透过社会心态基本层次中的社会认知对行为倾向产生影响，并以此为例探讨作为流动性思维最直接表现形式的阶层流动与社会心态层次结构之间的关系。

第二节　阶层流动与社会认知

一　安全感、自我接纳在阶层流动与健康感知中的作用

为探索安全感、自我接纳在阶层流动与行为意向中的中介作用和当前主观社会阶层的调节作用，采用海斯于 2022 年开发的 PROCESS for SPSS v4.2 版本进行分析，选择模型 15 进行有调节的中介效应分析，即"model number"为 15，设定"Bootstrap samples"样本量为 5000，选择 95% 的置信区间，检验安全感、自我接纳在阶层流动感知、阶层流动预期对健康感知、婚姻满意度、婚姻压力感、应对策略和社会参与的影响中是否起中介作用，同时检验当前主观社会阶层在其中所起的调节作用。将性别、年龄、受教育程度、个人月收入、住房、客观社会阶层作为控制变量。

结果表明，阶层流动感知显著正向预测了安全感，B = 0.046，SE = 0.006，p<0.001，R^2 = 0.022。阶层流动预期显著负向预测了安全感，B =

-0.015，$SE=0.005$，$p<0.01$，$R^2=0.018$。阶层流动感知显著正向预测了自我接纳，$B=0.088$，$SE=0.006$，$p<0.001$，$R^2=0.047$。阶层流动预期显著正向预测了自我接纳，$B=0.078$，$SE=0.005$，$p<0.001$，$R^2=0.043$。因阶层流动感知、预期对安全感和自我接纳的影响在后续分析中均相同，故不再赘述。

安全感、自我接纳在阶层流动感知和健康感知中起中介作用（见表8-1），当前主观社会阶层可以调节安全感在阶层流动感知与健康感知中的中介效应，调节效应量为-0.0003，$LLCI=-0.0006$，$ULCI=-0.000$。当前主观社会阶层可以调节自我接纳在阶层流动感知与健康感知中的中介效应，调节效应量为0.0025，$LLCI=0.0019$，$ULCI=0.0032$，不包含0。通过均值、均值加减一个标准差区分低、中、高三种当前主观社会阶层（本节分析过程均采用此方法区分三种当前主观社会阶层，故在随后表述中从略），当前主观社会阶层在不同值时安全感、自我接纳的中介效应不同（见表8-2）。

表8-1 健康感知有调节的中介模型的回归分析

变量	健康感知		变量	健康感知	
	B	SE		B	SE
阶层流动感知	0.072 ***	0.010	阶层流动预期	−0.001	0.007
安全感	0.117 ***	0.013	安全感	0.119 ***	0.013
主观社会阶层	0.072 *	0.012	主观社会阶层	0.077 ***	0.012
阶层流动感知×主观社会阶层	−0.008 ***	0.002	阶层流动预期×主观社会阶层	0.012 **	0.002
安全感×主观社会阶层	−0.006 *	0.003	安全感×主观社会阶层	−0.007 *	0.003
R^2	0.062 ***		R^2	0.72 ***	
阶层流动感知	0.067 ***	0.010	阶层流动预期	0.003	0.007
自我接纳	−0.029 *	0.013	自我接纳	−0.021	0.013
主观社会阶层	−0.085 *	0.015	主观社会阶层	−0.071 ***	0.012
阶层流动感知×主观社会阶层	−0.010 ***	0.002	阶层流动预期×主观社会阶层	0.008 **	0.002
自我接纳×主观社会阶层	0.029 *	0.003	自我接纳×主观社会阶层	0.026 *	0.003
R^2	0.075 ***		R^2	0.72 ***	

表 8-2　不同条件下安全感和自我接纳在阶层流动感知和健康感知间中介作用的间接效应量

类目	安全感			自我接纳		
	低 SSC (<-1SD)	中 SSC (1SD)	高 SSC (>1SD)	低 SSC (<-1SD)	中 SSC (1SD)	高 SSC (>1SD)
间接效应量	0.0045	0.0041	0.0037	0.0050	0.0089	0.0128
SE	00007	0.0006	0.0006	0.0007	0.0008	0.0011
上限 BootLLCI	0.0033	0.0030	0.0026	0.0036	0.0074	0.0107
下限 BootUICI	0.0059	0.0053	0.0049	0.0065	0.0104	0.0150
中介模型是否成立	是	是	是	是	是	是

效应量检验分析发现，在阶层流动感知上，低主观社会阶层的安全感间接效应量高于中主观社会阶层，LLCI = 0.0014，ULCI = 0.0004，不包含 0，低主观社会阶层的安全感间接效应量高于高主观社会阶层，LLCI = 0.0029，ULCI = 0.0008，不包含 0，中主观社会阶层的安全感间接效应量高于高主观社会阶层，LLCI = 0.0014，ULCI = 0.0004，不包含 0。可见，安全感在低主观社会阶层的间接效应量最高，其次是中主观社会阶层，再次是高主观社会阶层。

在阶层流动感知上，低主观社会阶层的自我接纳间接效应量低于中主观社会阶层，LLCI = -0.0026，ULCI = -0.0045，不包含 0，低主观社会阶层的自我接纳间接效应量低于高主观社会阶层，LLCI = -0.0026，ULCI = -0.0045，不包含 0，中主观社会阶层的自我接纳间接效应量低于高主观社会阶层，LLCI = -0.0052，ULCI = -0.0091，不包含 0。可见，自我接纳在低主观社会阶层的间接效应量最低，其次是中主观社会阶层，再次是高主观社会阶层。

阶层流动感知与当前主观社会阶层的交互作用显著影响了安全感和自我接纳在健康感知中的中介作用。就安全感的中介作用而言，对于当前主观社会阶层低、中和高的个体，阶层流动感知越高，健康感知程度越高，其调节效应量分别为 0.047、0.021、0.021，Bootstrap 检验的置信区间分别为（LLCI = 0.037，ULCI = 0.057；LLCI = 0.027，ULCI = 0.041；LLCI = 0.013，

ULCI=0.029），均不包含 0。就自我接纳的中介作用而言，对于当前主观社会阶层低和中的个体，阶层流动感知越高，健康感知程度越高，其调节效应量分别为 0.037、0.021，Bootstrap 检验的置信区间分别为（LLCI=0.027，ULCI=0.047；LLCI=0.014，ULCI=0.029），均不包含 0，但是对于主观社会阶层高的个体，阶层流动感知不能显著影响个体的健康感知。

在阶层流动感知上，安全感与当前主观社会阶层的交互作用显著影响了健康感知，对于当前主观社会阶层低、中和高的个体，安全感越高，个体的健康感知程度越高，其调节效应量分别为 0.099、0.090、0.080，Bootstrap 检验的置信区间分别为（LLCI=0.087，ULCI=0.112；LLCI=0.081，ULCI=0.099；LLCI=0.068，ULCI=0.093），均不包含 0。

在阶层流动感知上，自我接纳与当前主观社会阶层的交互作用显著影响了健康感知，对于当前主观社会阶层低、中和高的个体，自我接纳越高，个体的健康感知程度越高，其调节效应量分别为 0.057、0.101、0.146，Bootstrap 检验的置信区间分别为（LLCI=0.045，ULCI=0.069；LLCI=0.092，ULCI=0.110；LLCI=0.133，ULCI=0.158），均不包含 0。

安全感在阶层流动预期和健康感知中起中介作用，当前主观社会阶层可以调节安全感的中介效应，调节效应量为 0.0002，LLCI=0.0000，ULCI=0.0005，不包含 0。当前主观社会阶层在不同值时安全感的中介效应不同（见表 8-3）。

表 8-3 不同条件下安全感在阶层流动预期和健康感知间中介作用的间接效应量

类目	安全感		
	低 SSC(<−1SD)	中 SSC(1SD)	高 SSC(>1SD)
间接效应量	−0.003	−0.0027	−0.0023
SE	0.0006	0.0005	0.0005
上限 BootLLCI	−0.0042	−0.0037	−0.0033
下限 BootUICI	−0.0018	−0.0017	−0.0015
中介模型是否成立	是	是	是

效应量检验分析发现，在阶层流动预期上，低主观社会阶层的安全感间接效应量高于中主观社会阶层，LLCI = −0.0001，ULCI = −0.0007，不包含 0，低主观社会阶层的安全感间接效应量高于高主观社会阶层（不考虑效应量的方向，下同），LLCI = −0.0002，ULCI = −0.0013，不包含 0，中主观社会阶层的安全感间接效应量高于高主观社会阶层，LLCI = −0.0001，ULCI = −0.0007，不包含 0。可见，安全感在低主观社会阶层的间接效应量最高，其次是中主观社会阶层，再次是高主观社会阶层。

阶层流动预期与当前主观社会阶层的交互作用显著影响了安全感在健康感知中的中介作用。对于当前主观社会阶层低、中和高的个体，阶层流动预期越高，健康感知程度越高，其调节效应量分别为 0.033、0.051、0.069，Bootstrap 检验的置信区间分别为（LLCI = 0.026，ULCI = 0.040；LLCI = 0.045，ULCI = 0.057；LLCI = 0.060，ULCI = 0.078），均不包含 0。

在阶层流动预期上，安全感与当前主观社会阶层的交互作用显著影响了健康感知，对于当前主观社会阶层低、中和高的个体，安全感越高，个体的健康感知程度越高，其调节效应量分别为 0.098、0.087、0.076，Bootstrap 检验的置信区间分别为（LLCI = 0.086，ULCI = 0.110；LLCI = 0.078，ULCI = 0.096；LLCI = 0.064，ULCI = 0.089），均不包含 0。

二 安全感、自我接纳在阶层流动与应对策略中的作用

采用同样的分析方法结果表明，安全感在阶层流动感知和应对策略中起中介作用（见表 8-4），当前主观社会阶层可以调节安全感的中介效应，调节效应量为 −0.0003，LLCI = −0.0004，ULCI = −0.0001，不包含 0。当前主观社会阶层在不同值时安全感的中介效应不同（见表 8-5）。

表 8-4 应对策略有调节的中介模型的回归分析

变量	应对策略		变量	应对策略	
	B	SE		B	SE
阶层流动感知	0.037***	0.005	阶层流动预期	−0.003	0.003
安全感	0.060***	0.006	安全感	0.063***	0.006
主观社会阶层	0.047***	0.005	主观社会阶层	0.048***	0.005
阶层流动感知×主观社会阶层	−0.006***	0.009	阶层流动预期×主观社会阶层	0.005**	0.001
安全感×主观社会阶层	−0.006***	0.001	安全感×主观社会阶层	−0.007*	0.001
R^2	0.053***		R^2	0.60***	
阶层流动感知	0.037***	0.005	阶层流动预期	−0.001	0.003
自我接纳	0.007	0.006	自我接纳	0.012	0.006
主观社会阶层	−0.008	0.015	主观社会阶层	0.004	0.007
阶层流动感知×主观社会阶层	−0.006***	0.002	阶层流动预期×主观社会阶层	0.004***	0.001
自我接纳×主观社会阶层	0.006*	0.003	自我接纳×主观社会阶层	0.005**	0.001
R^2	0.053***		R^2	0.057***	

表 8-5 不同条件下安全感在阶层流动感知、阶层流动预期
和应对策略间中介作用的间接效应量

类目	阶层流动感知			阶层流动预期		
	低 SSC (<−1SD)	中 SSC (1SD)	高 SSC (>1SD)	低 SSC (<−1SD)	中 SSC (1SD)	高 SSC (>1SD)
间接效应量	0.002	0.0016	0.0012	−0.0013	−0.001	−0.0007
SE	0.0003	0.0002	0.0002	0.0003	0.0002	0.0002
上限 BootLLCI	0.0014	0.011	0.0008	−0.0019	−0.0014	−0.001
下限 BootUICI	0.0026	0.0020	0.0016	−0.0008	−0.0006	−0.0004
中介模型是否成立	是	是	是	是	是	是

效应量检验分析发现，在阶层流动感知上，低主观社会阶层的安全感间接效应量高于中主观社会阶层，LLCI = 0.0008，ULCI = 0.0003，不包含 0，低主观社会阶层的安全感间接效应量高于高主观社会阶层，LLCI = 0.0008，ULCI = 0.0003，不包含 0，中主观社会阶层的安全感间接效应量高于高主观社会阶

层，LLCI = 0.0008，ULCI = 0.0003，不包含 0。可见，安全感在低主观社会阶层的间接效应量最高，其次是中主观社会阶层，再次是高主观社会阶层。

阶层流动感知与当前主观社会阶层的交互作用显著影响了安全感在应对策略中的中介作用，对于当前主观社会阶层低、中和高的个体，阶层流动感知越高，应对策略程度越高，其调节效应量分别为 0.021、0.012、0.004，Bootstrap 检验的置信区间分别为（LLCI = 0.016，ULCI = 0.026；LLCI = 0.009，ULCI = 0.016；LLCI = 0.0001，ULCI = 0.008），均不包含 0。

在阶层流动感知上，安全感与当前主观社会阶层的交互作用显著影响了应对策略，对于当前主观社会阶层低、中和高的个体，安全感越高，个体的应对策略程度越高，其调节效应量分别为 0.043、0.034、0.025，Bootstrap 检验的置信区间分别为（LLCI = 0.038，ULCI = 0.049；LLCI = 0.030，ULCI = 0.039；LLCI = 0.020，ULCI = 0.031），均不包含 0。

安全感在阶层流动预期和应对策略中起中介作用，当前主观社会阶层可以调节安全感的中介效应，调节效应量为 0.0002，LLCI = 0.0001，ULCI = 0.0003。当前主观社会阶层在不同值时安全感的中介效应不同。

效应量检验分析发现，在阶层流动预期上，低主观社会阶层的安全感间接效应量高于中主观社会阶层，LLCI = -0.0001，ULCI = -0.0007，不包含 0，低主观社会阶层的安全感间接效应量高于高主观社会阶层，LLCI = -0.0002，ULCI = -0.0013，不包含 0，中主观社会阶层的安全感间接效应量高于高主观社会阶层，LLCI = -0.0001，ULCI = 0.0007，不包含 0。可见，安全感在低主观社会阶层的间接效应量最高，其次是中主观社会阶层，再次是高主观社会阶层。

阶层流动预期与当前主观社会阶层的交互作用显著影响了安全感在应对策略中的中介作用，对于当前主观社会阶层低、中和高的个体，阶层流动预期越高，应对策略程度越高，其调节效应量分别为 0.013、0.020、0.027，Bootstrap 检验的置信区间分别为（LLCI = 0.010，ULCI = 0.016；LLCI = 0.017，ULCI = 0.023；LLCI = 0.023，ULCI = 0.031），均不包含 0。

在阶层流动预期上，安全感与当前主观社会阶层的交互作用显著影响了应对策略，对于当前主观社会阶层低、中和高的个体，安全感越高，个体的应对策略程度越高，其调节效应量分别为 0.043、0.033、0.023，Bootstrap 检验的置信区间分别为（LLCI = 0.039，ULCI = 0.049；LLCI = 0.029，ULCI = 0.038；LLCI = 0.018，ULCI = 0.029），均不包含 0。

三 安全感、自我接纳在阶层流动与社会参与中的作用

采用同样的分析方法结果表明，安全感、自我接纳在阶层流动感知和社会参与中起中介作用（见表 8-6），当前主观社会阶层可以调节安全感在阶层流动感知与社会参与中的中介效应，调节效应量为 0.0015，LLCI = 0.001，ULCI = 0.0020，不包含 0。当前主观社会阶层可以调节自我接纳在阶层流动感知与社会参与中的中介效应，调节效应量为 0.0022，LLCI = 0.0014，ULCI = 0.0030，不包含 0。当前主观社会阶层在不同值时安全感、自我接纳的中介效应不同（见表 8-7）。

表 8-6　社会参与有调节的中介模型的回归分析

变量	社会参与		变量	社会参与	
	B	SE		B	SE
阶层流动感知	−0.009	0.012	阶层流动预期	0.064***	0.008
安全感	0.042**	0.016	安全感	0.036*	0.016
主观社会阶层	−0.115***	0.014	主观社会阶层	−0.076***	0.014
阶层流动感知×主观社会阶层	0.008**	0.002	阶层流动预期×主观社会阶层	−0.001	0.002
安全感×主观社会阶层	0.032***	0.003	安全感×主观社会阶层	0.033***	0.003
R^2	0.104***		R^2	0.115***	
阶层流动感知	0.042**	0.012	阶层流动预期	0.073***	0.009
自我接纳	0.063**	0.016	自我接纳	0.041**	0.016
主观社会阶层	−0.086***	0.018	主观社会阶层	−0.063**	0.018
阶层流动感知×主观社会阶层	−0.010***	0.002	阶层流动预期×主观社会阶层	−0.007**	0.002
自我接纳×主观社会阶层	0.025***	0.003	自我接纳×主观社会阶层	0.028***	0.003
R^2	0.095***		R^2	0.102***	

表 8-7　不同条件下安全感和自我接纳在阶层流动感知
和社会参与间中介作用的间接效应量

类目	安全感			自我接纳		
	低 SSC （<-1SD）	中 SSC （1SD）	高 SSC （>1SD）	低 SSC （<-1SD）	中 SSC （1SD）	高 SSC （>1SD）
间接效应量	0.0063	0.0086	0.0109	0.0121	0.0156	0.019
SE	0.0009	0.0011	0.0015	0.0011	0.0012	0.0016
上限 BootLLCI	0.0046	0.0064	0.0080	0.01	0.0132	0.0159
下限 BootUICI	0.0081	0.0109	0.0138	0.0145	0.0180	0.0221
中介模型是否成立	是	是	是	是	是	是

　　效应量检验分析发现，在阶层流动感知上，低主观社会阶层的安全感间接效应量低于中主观社会阶层，LLCI = -0.0013，ULCI = -0.0031，不包含 0，低主观社会阶层的安全感间接效应量低于高主观社会阶层，LLCI = -0.0027，ULCI = -0.0061，不包含 0，中主观社会阶层的安全感间接效应量低于高主观社会阶层，LLCI = -0.0013，ULCI = -0.0031，不包含 0。可见，安全感在低主观社会阶层的间接效应量最低，其次是中主观社会阶层，再次是高主观社会阶层。

　　在阶层流动感知上，低主观社会阶层的自我接纳间接效应量低于中主观社会阶层，LLCI = -0.0002，ULCI = -0.0027，不包含 0，低主观社会阶层的自我接纳间接效应量低于高主观社会阶层，LLCI = -0.0003，ULCI = -0.0053，不包含 0，中主观社会阶层的自我接纳间接效应量低于高主观社会阶层，LLCI = -0.0002，ULCI = -0.0027，不包含 0。可见，自我接纳在低主观社会阶层的间接效应量最低，其次是中主观社会阶层，再次是高主观社会阶层。

　　阶层流动感知与当前主观社会阶层的交互作用显著影响了安全感在社会参与中的中介作用，对于当前主观社会阶层低、中和高的个体，阶层流动感知越高，社会参与程度越高，其调节效应量分别为 0.015、0.027、0.040，Bootstrap 检验的置信区间分别为（LLCI = 0.003，ULCI = 0.027；LLCI = 0.019，ULCI = 0.036；LLCI = 0.030，ULCI = 0.04），均不包含 0。

　　阶层流动感知与当前主观社会阶层的交互作用显著影响了自我接纳在社会参与中的中介作用，对于当前主观社会阶层低和高的个体，阶层流动感知越高，社会参与程度越高，其调节效应量分别为 -0.013、0.018，Bootstrap 检验的置信区间分别为（LLCI $= -0.025$，ULCI $= -0.0004$；LLCI $= 0.009$，ULCI $= 0.028$），均不包含 0，但对中主观社会阶层的个体无影响。

在阶层流动感知上，安全感与当前主观社会阶层的交互作用显著影响了社会参与，对于当前主观社会阶层低、中和高的个体，安全感越高，个体的社会参与程度越高，其调节效应量分别为 0.138、0.188、0.238，Bootstrap 检验的置信区间分别为（LLCI $= 0.124$，ULCI $= 0.153$；LLCI $= 0.177$，ULCI $= 0.199$；LLCI $= 0.223$，ULCI $= 0.252$），均不包含 0。

在阶层流动感知上，自我接纳与当前主观社会阶层的交互作用显著影响了社会参与，对于当前主观社会阶层低、中和高的个体，自我接纳程度越高，个体的社会参与程度越高，其调节效应量分别为 0.138、0.177、0.216，Bootstrap 检验的置信区间分别为（LLCI $= 0.124$，ULCI $= 0.153$；LLCI $= 0.166$，ULCI $= 0.188$；LLCI $= 0.201$，ULCI $= 0.230$），均不包含 0。

安全感、自我接纳在阶层流动预期和社会参与中起中介作用，当前主观社会阶层可以调节安全感在阶层流动预期与社会参与中的中介效应，调节效应量为 -0.001，LLCI $= -0.0015$，ULCI $= -0.0006$，不包含 0。当前主观社会阶层可以调节自我接纳在阶层流动预期与社会参与中的中介效应，调节效应量为 0.003，LLCI $= 0.0020$，ULCI $= 0.0038$，不包含 0。当前主观社会阶层在不同值时安全感、自我接纳的中介效应不同（见表 8-8）。

表 8-8　不同条件下安全感和自我接纳在阶层流动预期
和社会参与间中介作用的间接效应量

类目	安全感			自我接纳		
	低 SSC（<-1SD）	中 SSC（1SD）	高 SSC（>1SD）	低 SSC（<-1SD）	中 SSC（1SD）	高 SSC（>1SD）
间接效应量	-0.0041	-0.0057	-0.0072	0.0129	0.0173	0.0218
SE	0.0008	0.0011	0.0014	0.0012	0.0012	0.0016
上限 BootLLCI	-0.0057	-0.0078	-0.0099	0.107	0.151	0.187
下限 BootUICI	-0.0026	-0.0036	-0.0046	0.153	0.197	0.249
中介模型是否成立	是	是	是	是	是	是

效应量检验分析发现，在阶层流动预期上，低主观社会阶层的安全感间接效应量低于中主观社会阶层，LLCI = -0.0013，ULCI = -0.0031，不包含0，低主观社会阶层的安全感间接效应量低于高主观社会阶层，LLCI = -0.0027，ULCI = -0.0061，不包含0，中主观社会阶层的安全感间接效应量低于高主观社会阶层，LLCI = -0.0013，ULCI = -0.0031，不包含0。可见，安全感在低主观社会阶层的间接效应量最低，其次是中主观社会阶层，再次是高主观社会阶层。

在阶层流动预期上，低主观社会阶层的自我接纳间接效应量低于中主观社会阶层，LLCI = -0.0002，ULCI = -0.0027，不包含0，低主观社会阶层的自我接纳间接效应量低于高主观社会阶层，LLCI = -0.0003，ULCI = -0.0053，不包含0，中主观社会阶层的自我接纳间接效应量低于高主观社会阶层，LLCI = -0.0002，ULCI = -0.0027，不包含0。可见，自我接纳在低主观社会阶层的间接效应量最低，其次是中主观社会阶层，再次是高主观社会阶层。

阶层流动预期与当前主观社会阶层的交互作用显著影响了自我接纳在社会参与中的中介作用，对于当前主观社会阶层低、中和高的个体，阶层流动预期越高，社会参与程度越高，其调节效应量分别为0.053、0.042、0.032，Bootstrap检验的置信区间分别为（LLCI = 0.044，ULCI = 0.061；LLCI = 0.035，ULCI = 0.050；LLCI = 0.021，ULCI = 0.043），均不包含0。

在阶层流动预期上，安全感与当前主观社会阶层的交互作用显著影响了社会参与，对于当前主观社会阶层低、中和高的个体，安全感越高，个体的社会参与程度越高，其调节效应量分别为0.135、0.185、0.236，Bootstrap检验的置信区间分别为（LLCI = 0.120，ULCI = 0.149；LLCI = 0.175，ULCI = 0.196；LLCI = 0.222，ULCI = 0.251），均不包含0。

在阶层流动预期上，自我接纳与当前主观社会阶层的交互作用显著影响了社会参与，对于当前主观社会阶层低、中和高的个体，自我接纳程度越高，个体的社会参与程度越高，其调节效应量分别为0.125、0.168、0.212，Bootstrap检验的置信区间分别为（LLCI = 0.110，ULCI = 0.140；LLCI = 0.157，ULCI = 0.179；LLCI = 0.197，ULCI = 0.226），均不包含0。

第三节 阶层流动提升心态层次

从上述分析结果发现，不管行为意向的指标是生理、社会应对还是社会参与，均获得了较为一致的结果。安全感在阶层流动感知和健康感知、应对策略和社会参与中起中介作用，安全感在阶层流动预期和健康感知、应对策略和社会参与中起中介作用。自我接纳在阶层流动感知和健康感知、社会参与中起中介作用，自我接纳在阶层流动预期和社会参与中起中介作用。

一 阶层流动的社会心理效应

首先，阶层流动感知与阶层流动预期有着不同的作用。阶层流动感知越高，安全感越强、自我接纳越强。阶层流动感知是个体对经个人努力所获得阶层流动结果的总结，正向的阶层流动感知带来了一系列积极、正向的反馈，个体由此体验到较高的安全感，正向的阶层流动感知同时肯定了个体过往的努力和业绩，成功地实现了人生的阶段性小目标，由此坦然接受自我，收获较强的自我接纳。阶层流动预期却是个体对经个体努力未来可获得阶层流动的期待，这种期待带着动力的性质，激励着个体蓬勃向上，以期由当前阶层流动预期转变为未来的阶层流动感知。阶层流动预期浓缩性地体现了个体在当下社会或者将来社会是否具有竞争力，那些预估自己具有竞争力的个体显然有着更高的阶层流动预期，与高竞争力相匹配的是较佳的自我接纳。此外，预期阶层向上流动的个体还可能因当前阶层不能提供足够的安全感，试图通过个人努力摆脱当前阶层，站在更高阶层以保障收获满满的安全感，只有站在更高的阶层才可能消除现阶层的低安全感，由此阶层流动预期越高，安全感越低。

阶层流动感知和阶层流动预期在较低、中等和较高不同阶层的表达形式基本雷同，不管是哪个阶层的个体，阶层流动感知越高，健康感知越好、应对策略越积极、社会参与越多，阶层流动预期越高，健康感知越好、应对策略越积极、社会参与越多。可见，阶层流动是一个越来越显性的指标，对不同类型的行为倾向具有普遍一致的作用，这种一致性的作用又反过来证明了阶层流动在当前社会的重要性。

其次，安全感和自我接纳在不同层次的当前主观社会阶层发挥作用的效应不同。对于安全感在阶层流动感知、阶层流动预期与健康感知、应对策略、社会参与中起着中介作用，结果一致表明低、中与高主观社会阶层的个体其安全感的效应量呈逐步下降的趋势，意味着安全感对于较低社会阶层个体的影响程度远高于中等社会阶层和较高社会阶层。相反，对于自我接纳在阶层流动感知与健康感知、社会参与中起着中介作用，结果一致表明低、中与高主观社会阶层的个体其自我接纳的效应量呈逐步上升的趋势，意味着自我接纳对于较高社会阶层个体的影响程度远高于较低社会阶层和中等社会阶层。安全感与自我接纳在不同水平的主观社会阶层发挥效用不同验证了低社会阶层更依赖于情景性社会认知，而高社会阶层更倾向于唯我性社会认知。

再次，当前主观社会阶层调节了阶层流动与行为意向的关系。从调节效应来看，当前主观社会阶层与阶层流动感知的交互作用负向影响了安全感、自我接纳在健康感知中的中介作用，负向影响了安全感在应对策略中的中介作用，负向影响了自我接纳在社会参与中的中介作用。当前主观社会阶层与阶层流动感知的交互作用正向影响了安全感在社会参与中的中介作用。从调节效应来看，当前主观社会阶层与阶层流动预期的交互作用正向影响了安全感、自我接纳在健康感知中的中介作用，正向影响了安全感在应对策略中的中介作用，负向影响了自我接纳在社会参与中的中介作用。虽然主观社会阶层对于阶层流动与行为意向的调节并不完全一致，但是总体趋势来看仍然是低社会阶层的阶层流动感知越好、阶层流动预期越强，其行为意向越好。这种较强一致性突出了当前主观社会阶层的重要性，透过当前主观社会阶层可大体把脉个体会采取何种行为意向。

最后，不同行为意向与阶层流动的关联度不同，社会参与是较为特殊的行为意向。当个体具有阶层流动向上预期时，在较高的社会阶层，安全感对社会参与的影响程度高于较低社会阶层，也就是说，高社会阶层的个体当其希望向上流动时，他们体验到更强的安全感会引导其更多地参与社会公共事务，而低社会阶层的个体体验到更强的安全感会引导其更少地参与社会公共事务。这可能与不同社会阶层的安全感不同效应有联系。对于高社会阶层的个体来说，当其拥有更强的安全感时可能产生安全感的外溢效应，具有更大的动能回馈社会，因而提升了社会参与程度。对于低社会阶层的个体来说，当其拥有更强的安全感时，意味着不需要从社会额外获得安全感的补贴，产生安全感的自满效应，因此选择较少的社会参与。

二 阶层流动社会心理效应发生机制在于社会心态基本层次，沉淀于社会心态高级层次

不同层级的主观社会阶层所展现出来的行为倾向所依托的发生机制存在显著的差异。低社会阶层主要通过社会心态基本层次社会认知中的情景性认知即安全感，引发其行为倾向的系统性偏差，而高社会阶层主要通过社会心态基本层次社会认知中的唯我性认知即自我接纳，引发其行为倾向的系统性偏差。可见阶层流动的社会心理效应发生机制依托于社会心态基本层次。

在第七章阶层流动的基本社会心态中发现阶层流动与社会心态的高级层次联结度更高，而本章展现了阶层流动的社会心态效应作用机制在于社会心态的基本层次。两者主要结论相结合发现，阶层流动发生社会心理效应主要依托于社会心态基本层次，但是阶层流动的结果依托于社会心态高级层次，可见阶层流动的不同面向与社会心态层次结构的不同水平有关联。由此发现，社会心态层次结构之间具有可跨越性，同一现象在社会心态各层次可能都有关，其发生机制与结果机制在社会心态各层次存在差异。社会心态层次结构之间存在密切关联，社会心态基本层次可能是发生机制，社会心态次级层次可能是作用途径，而社会心态高级层次可能是结果机制，三者之间结构紧密而相互验证。

本章阶层流动与社会心态层次结构的结果是流动性思维的社会位置解释，是流动性思维在社会结构领域的实践，这些结果对于以流动性思维为例阐释社会心态层次结构有如下几个方面的推进。一是凸显了社会心态基本层次，即社会心态认知性成分在阶层流动的社会心理效应中的作用，意味着流

动性思维在社会结构中的感知是通过社会心态基本层次影响个体的行为倾向或者决策。二是深化对社会心态层次结构的认识。阶层流动社会心理效应的作用机制与结果机制存在于社会心态不同层次结构中，这一发现有助于深化对社会心态层次结构的理解。社会心态不是一个单一的概念，而是包含基本、次级和高级层次的多维结构。这对于研究者更全面地把握社会心态的本质至关重要。三是揭示社会心态在不同层次上的作用路径，将社会心态分为基本、次级和高级层次有助于揭示在阶层流动中不同层次的作用路径。例如，基本层次的社会心态可能通过影响个体的社会认知来影响阶层流动的过程，而高级层次的社会心态通过影响个体的情感性因素反映阶层流动的结果。

下　编

讨论与结语

第九章

社会心态层次结构：
基于流动性思维的理论建构

第一节　社会心态层次结构的理论构想

社会心态指标体系虽然已经较为完善，但是对于社会心态指标体系的分析远未结束。社会心态指标体系的构建为社会心态研究朝着纵深方向发展奠定了坚实的基础，为社会心态学科体系建设提供了一种可能性。然而，关于社会心态指标体系的构建研究发现，指标体系之间有着更为深层的联系。正如本书第一章所言，目前关于社会心态指标体系的建构存在一些问题，一是社会心态指标体系之间可以提炼共同的部分；二是社会心态指标体系之间可以建构起相互之间的联结；三是社会心态指标体系之间可以建立层次关系。正是基于上述考虑，从指标体系出发搭建社会心态的层次结构，这些层次结构便是社会心态基本层次、社会心态次级层次和社会心态高级层次，每一层次均有一个主导性成分，社会心态基本层次以认知性成分为主，社会心态次级层次以关系性成分为主，社会心态高级层次以情感性成分为主。本节在第一章基础上做进一步阐述。

一　社会心态层次结构的文化背景

在心理学的学科体系中，知情意行是一个被广泛接受和普遍适用的核心体系。知是指认知，情是指情感，意是指意志，而行是指行为。当前社会心态的构成是知情意行的组合，知情意行作为通用的核心体系可能掩盖了社会心态所具有的文化属性和变迁属性。

从文化属性来看，同一现象在不同文化背景下产生的社会心态不同。以流动性思维为例，在以流动为主流的文化中，居住流动或者关系流动性成为一种常态，那么居住流动或者关系流动性在该文化中所引发的社会心态类型与程度显然不同于以稳定为主流的文化。从变迁属性来看，社会心态不同要素的变迁速度是不同的，社会认知通常对社会变迁最为敏锐，社会情绪与情感通常较为滞后，社会行为倾向则是社会变迁敏锐性的末端。

从社会心态的文化属性和变迁属性来看，本书一方面关注社会心态知情意行之外的文化因素以此回应社会心态的文化属性，另一方面关注社会心态的层次结构以此回应社会心态的变迁属性。在东亚文化背景下，其自我结构中存在关系自我的成分，杨宜音（2008）指出，中国人的"我们"概念具有情景式特征，个体会根据"关系化"还是"类别化"的双重途径启动"我们"概念，这意味着关系化一直潜存于个体的概念框架中。自我包含着三种层次：个体自我、关系自我和集体自我（Triandis, 1989; Brewer & Gardner, 1996）。文化社会心理学认为个体对自我的表征受到文化的影响，自我建构的文化差异声称东亚文化强调与他人和社会的基本联系，鼓励相互依赖的自我观，形成了互依型自我（interdependent self）。在中国，我们对关系自我（母亲姓名）的记忆通常优于与关系自我无关的材料，我们判断与母亲相关信息的加工过程其大脑激活强于与母亲无关信息的加工，表明存在关系自我参加效应（Zhu et al., 2007）。基于关系自我在中国文化中的特殊地位，在社会心态层次结构中凸显与关系性有关的成分，构成社会心态的关系性成分，并成为社会心态的次级层次，以此表达个体与社会之间的关系或联结。

二 社会心态层次结构的具体构成

社会心态的基本层次是社会心态的认知性成分，体现了个体对社会的总体认知，涉及人们对来自社会的各个领域和各个层次的认知，这些认知包含安全感、稳定感、压力感、公平感和公正感等，每个社会认知性成分背后都存在某类社会现象。

社会心态基本层次的机制可能有分类与比较。社会心态的基本层次包含几种知觉方式：个人知觉、群体知觉、社会知觉。个体在社会中的自我有着不同社会身份，这些社会身份成为个体分类的依据。个体的比较有着不同的面向，基于个体在社会不同群体中的身份而有不同的比较方向。从个体作为人的属性出发，以单独个体的身份与不同个体之间的比较，这种比较机制的视角关注的是个体作为人的属性。从人的属性来看，最为突出的是其他个体对该个体产生何种影响，其中最为底层的风险是个体是否感受到安全感和压力感，这是社会心态基本层次的个人知觉。个体以群体内成员身份与内群其他成员的比较或与外群其他成员的比较，形成了公平感与公正感，这是社会心态基本层次的群体知觉。个体还可以社会中个体的身份或内群的身份与社会中其他个体的身份或内群的身份进行比较，形成对社会状况的总体感觉或者印象，产生稳定感，这是社会心态基本层次的社会知觉。

社会心态次级层次是社会心态的关系性成分，体现了个体与社会的关系联结度。从社会交往的角度，由近及远、由亲密至疏离可包含如下几个方面的关系。第一层次是人与家人、朋友之间的关系，落实到社会心态中是支持感（社会支持）。第二层次是人与陌生人之间的关系，落实到社会心态中是信任感（一般信任）。第三层次是人与居住地之间的关系，落实到社会心态中是城市认同。第四层次是人与国家、社会之间的关系，落实到社会心态中是国家认同。四个关系性成分基本涵盖了社会中的人存在的各种形态关系，如图9-1所示。

图9-1 社会心态次级层次

社会心态高级层次是社会心态的情感性成分，体现了个体与社会之间的情感联结度，根据情感的强烈程度，包含生活满意度和幸福感。生活满意度是个体对社会生活方面的感受和评价，更侧重于对生活各领域的满意度评价。幸福感是个体对整体生活的情绪体验和内在感受，更侧重于抽象而广泛的心理感受，容易受到价值观的影响。生活满意度是幸福感的基础，有了生活满意度才可能形成幸福感，但有了生活满意度也不一定形成幸福感。生活满意度是对个体与社会低一层次的情感联结，较不容易受价值观的影响，而幸福感是个体与社会高一层次的情感联结，较容易受价值观的影响。

第二节　社会心态层次结构的实证支持

上述社会心态层次结构的理论构想虽在前面几章均有一定程度的涉及，然并非系统全面的考察，也未获得实证数据的支撑。本书尝试以实证数据对上述理论构想进行初步验证。

（一）社会心态层次结构的实证支持

为了探讨社会心态三层次与行为倾向之间的关系，使用结构方程建模技术，利用 Amos 28 评估社会心态三层次与行为倾向的模型。需要特别注意的是，在行为倾向中鉴于婚姻满意度和婚姻压力感使用的是已婚样本的数据，而非全样本的数据，因此在结构方程模型的验证中不纳入婚姻满意度和婚姻压力感，具体模型如图 9-2 所示。分析发现该模型对数据的拟合结果具有可接受度，RMR = 0.055，GFI = 0.932，IFI = 0.89，CFI = 0.847，RMSEA = 0.082。χ^2 也可以进行评估，但由于其对样本量的高度敏感性，所以未用于评估模型的拟合度（Davey & Savla，2015）。

从模型结果来看，社会心态基本层次对社会心态次级层次和高级层次有显著的预测作用，对行为倾向有显著的预测作用，社会心态次级层次对社会心态高级层次有显著的预测作用，但对行为倾向无显著的预测作用，社会心态高级层次对社会心态行为意向性成分有显著的预测作用。可见，社会心态的不同成分在不同层次之间彼此关联，社会心态的基本

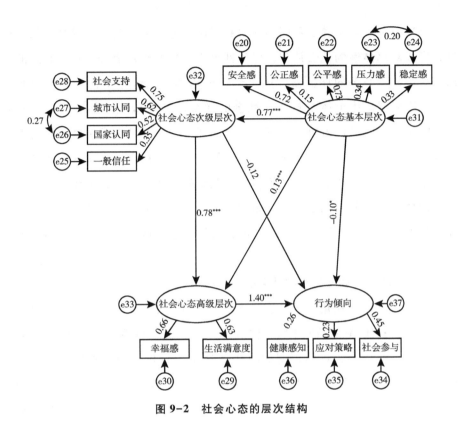

图 9-2　社会心态的层次结构

层次是最为底层的层次，它是社会心态次级层次和高级层次的基石，与社会心态行为意向性成分之间还存在跨层次的关系，因此两者之间的联结度相对较低。社会心态的次级层次是较具东亚文化特色的社会心态关系性成分，它成为社会心态基本层次与社会心态高级层次之间的关联，成为社会心态成分之间的关键要素。社会心态的高级层次是决定行为倾向最重要的社会心态成分，因此社会心态高级层次具有预测个体意向性的因素。

　　综合来看，社会心态四成分在社会心态的层次结构中有着各自的地位，发挥着各种独特作用。社会心态的基本层次是社会心态的认知发生器，在个体针对社会的认识形成社会心态的机制中起着信息收集器的作用，个体以自身为载体对社会加诸其上的宏观层面刺激来源做出反应，个体做出何种反应、形成何种心态杂糅着不同的视角和场域，通过分类与比较等社会认知机制，形成对总体性的社会认知，成为社会心态的基础性成分。社会心态的次级层次是社会心态的评价器，从社会心态基本层次传导至社会心态次级层次，在次级层次中个体对自我与社会的联系进行评价或评估，从个人与家庭、陌生人、所居城市以及国家层面全面评价个体与社会的关联程度与密切程度。社会心态的高级层次是社会心态的体验器，社会心态次级层次基础上形成个体对社会总体状况、个体与社会关系的总体体验，这种体验既是社会心态的情感性成分，也是社会心态的高级层次。行为倾向是社会心态的展示器，他人可通过个体所展示出来的健康感知、应对策略以及社会参与了解个体的总体社会心态。

（二）基于流动性思维的社会心态层次结构

为了探讨流动视角下的社会心态四个成分之间的关系，使用结构方程建模技术，利用 Amos 28 评估居住流动、关系流动性和阶层流动与社会心态四个成分的模型，具体模型如图 9-3 所示。分析发现该模型对数据的拟合结果具有可接受度，RMR = 0.064，GFI = 0.967，IFI = 0.884，CFI = 0.884，RMSEA = 0.080。流动性思维的三个水平基本印证了与前面几章的分析结果，流动性思维的三个解释水平，个体内水平——居住流动、人际水平——关系流动性、社会位置水平——阶层流动，均与社会心态的三个层次和行为倾向关联密切，但是不同解释水平与社会心态的紧密度有所区分，个体内水平与人际水平和社会心态次级层次关系更为紧密，而社会位置水平与社会心态高级层次关系更为紧密，表明不同解释水平对社会心态不同层次的影响程度有差异。

第三节　社会心态层次结构的理论优势

首先，社会心态层次结构可以反映社会心态不同层次在社会层面出现良好状态的可能性。社会心态基本层次作为社会心态的发生器，它广泛存在于社会生活的方方面面，分布范围最为广泛，在社会层面发生的可能性最强，

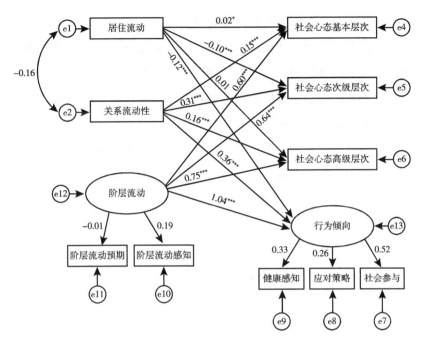

图 9-3 基于流动性思维的社会心态层次结构

安全感、压力感、公平感、公正感和稳定感是全社会层面人人可能出现的社会心态，民众在这些基本层次的体验感相对容易呈现良好状态。社会心态次级层次作为社会心态的评价器，涉及个体与社会之间的关系和联结，在社会生活中出现良好状态的可能性较小，不同群体在支持感、信任感、城市认同和国家认同方面的良好程度可能就会出现分化。社会心态高级层次作为社会心态的体验器，涉及个体的整体生活满意度和幸福感，在社会生活中出现的可能性更少。作为一种综合性的高级情感体验，良好的社会心态高级层次的发生概率有所降低，能够体验到强烈的生活满意度和幸福感的个体在人群中的分布最少。

其次，社会心态层次结构与东亚文化高度契合。社会心态次级层次所展现的关系性成分具有较为典型的东亚文化特色，它契合了个体与社会之间的关系，有助于解释东亚文化在某一现象中与其他文化的社会心态差异，有助于统摄认同感、信任感在社会心态各要素中所发挥的独特作用，也有助于解

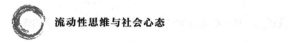

释东亚文化背景下社会心态与其他文化的迥异。

最后，社会心态层次结构可以衡量社会整体所处的心态级别。某一社会如若民众体验最为强烈的社会心态主要集中于社会心态基本层次，而社会心态次级层次或者社会心态高级层次体验最弱，那么该社会可能尚处于良好的社会心态基本层次，未发展出较好的社会心态次级层次体验和社会心态高级层次体验。通过考验不同社会在社会心态层次结构中体验程度的分布可推演该社会所展现的社会心态层次。

第十章

流动与价值观的变化

此前章节关注流动性思维在个体内、人际和社会位置水平的三个水平解释，将居住流动、关系流动性和阶层流动作为具体领域的实践，关注每个实践领域流动性思维的基本社会心态，流动性思维如何通过社会心态层次结构产生社会心理效应，讨论焦点是流动性思维的心理结果，未深究流动性思维产生这些心理结果的原因，即流动性思维发挥作用的成因，本章试图对此做一些初步的分析与尝试。

个体的流动是诸多因素共同作用的结果，这些因素既可能来自个人的社会经济条件（如收入和受教育水平）、重大生活事件（如工作机会和离婚），也可能与个体的性格特征、公共政策等有关，如居住流动与性格特征密切相关，社交能力强的人比社交能力差的人更有可能从农村迁移到城市地区并且搬迁得更远，工作能力强更可能实现阶层跃升等。无论是何种因素其背后潜存的流动动机是什么，个体希冀通过流动实现何种人生目标，在流动的过程中个体实现了何种价值观的蜕变，由此对社会心态层次结构产生了何种影响。

价值观是一个很宽泛的概念，总体来看价值观包含着个体、社会和文化三种研究取向（金盛华、辛志勇，2003），分别对应个体层面的价值观、社会层面的价值观和文化层面的价值观（杨学功，2013）。价值观的个体层面将价值观视为个体的一种心理现象，是个体内部关于何为有意义、何为重要的建构系统，是"一种影响选择的建构"（杨宜音，1998）。个体追求怎样的目标是个体取向价值观的指向之一，追求何种目标是个体取向价值观的外显表现。卡塞尔的目标追求理论是较为完备的个体层面价值观，本章将以其为衡量个人层面价值观的主要理论，着重探讨个体层面的目标追求如何影响个体的流动性思维，进而对社会心态的层次结构产生影响。

价值观的社会层面与价值观的文化层面往往具有重合之处，价值观的文化层面指向的是某一文化中的成员在社会化过程中被教导出来的一套价值，并且这套价值共存于文化成员之中（杨中芳，1994）。在价值观的文化层面重要理论之一的是霍夫斯泰德（Hofstede）的文化五维度理论。他在著作《文化与组织：心理软件的力量》中阐述了文化的五个分析维度，它们是权力距离（power distance）、不确定性规避（uncertainty avoidance）、个人主义与集体主义（individualism or collectivism）、长期导向与短期导向（long-term oriented or short-term oriented）以及男性化与女性化（masculinity or femininity）（李原、孙健敏译，2010）。本研究基于流动与文化五维度理论的相关性，选取了与流动具有高相关度的权力距离、长期导向与短期导向（也称未来取向）作为文化层面价值观的代表，以此考察流动与文化层面价值观有何联系。

本章试图探讨个体层面的价值观如何激发个体的流动动机，从而与流动性思维建立联结，透过流动这一行为对个体的文化层面价值观产生何种影响，以及个体层面价值观、流动性思维和文化层面价值观三者如何最终影响社会心态层次结构。受数据库所限，选取与居住流动、关系流动性较为密切的权力距离作为文化价值观的代表，探讨个体层面价值观如何影响居住流动和关系流动性，进而对权力距离产生影响，个体层面价值观、居住流动或关系流动性、权力距离如何共同对社会心态的三成分产生影响。选取与阶层流动密切相关的长期导向与短期导向作为文化价值观的代表，探讨个体层面价值观如何影响阶层流动感知，进而对长期导向与短期导向产生影响，个体层面价值观、长期导向与短期导向如何共同对社会心态的三成分产生影响。

第一节 目标追求与流动

自我决定理论提出个体具有三种基本心理需求：自主性（autonomy）、能力感（competence）和关联感（relatedness）。当三种基本心理需求得到满足时，个体朝着积极健康方向发展。当需求受阻时，朝着消极方向发展。在此基础上，研究者逐步发展出自我决定理论的分支理论，其中一支是目标内容理论（goal content theory）。根据目标内容理论，研究者把目标划分为两类：内在目标（intrinsic goals）和外在目标（extrinsic goals）。内在目标指的是个人追求那些与自我发展和成长相关的目标，包含自我接纳、亲和乐群和社区公益。外在目标指的是个体把获得外部奖赏或社会认同、获得荣誉，追求功成名就作为奋斗目标，通过获得外部的价值给别人留下良好和深刻的印象（Kasser & Ryan, 1996），包含财富成功、社会认可和形象出众。卡塞尔研究显示，追求内在目标与更高的幸福感、自我价值感、心理健康和长期的生活满意度相关联。这是因为内在目标更符合人们的内心需求和价值观，并提供了内在的满足感。相较于内在目标，过度追求外在目标可能与较低的幸福感、心理健康问题和更短暂的生活满足感相关。这是因为外在目标可能暂时带来快感，但它们无法满足个人内在的需求，且容易受到外界环境变化的影响。

一 居住流动与目标追求

人口流动的研究有多种理论视角，如人力资本理论、供给需要理论（supply-demand theory）等，最有影响力的当属"推拉理论"，该理论指出流动是由推动与吸引两方面因素构成的。推动因素是指驱使人们离开原居地的负面因素，使他们感到不满、不安或不适应，从而促使他们寻找更好的生活条件。这些因素包含高失业率、低工资水平、缺乏经济机会等经济因素，战争、暴力、种族歧视、社会不安定等社会因素，自然灾害、气候变化、资源匮乏等环境因素，政治不稳定、政治压力等政治因素。吸引因素是指吸引人们移居到目标地的积极因素，使他们认为那里有更好的机会和生活条件。这些因素包含更高的工资、更好的就业机会、良好的经济环境等经济因素，稳定的社会环境、较低的犯罪率、较高的教育水平等社会因素，宜人的气候、自然美景、丰富的资源等环境因素，政治稳定等政治因素。

推拉理论认为，这些推动和吸引因素通常会相互作用，共同影响人口流动的趋势。人们可能会因为推动因素离开原居地，同时也因为吸引因素选择迁徙到其他地区。实质上，原居地和目标地均有各自的推与拉的因素，各自有着推动人口流入的吸引力，也有着拒绝人口流入的排斥力，因此同一因素在不同个体看来其推与拉的界定产生差异，这就必须考虑到个体流动的目标追求。如若个体在目标追求中倾向于外部追求，如追求财富成功，那么更高工资水平成为其流动的推动因素，如若个体在目标追求中倾向于内部追求，如自我接纳，那么更高工资水平并非其流动的推动因素，反而可能由于更高工资水平所需投入更大努力而成为其拒绝前往目标地的排斥力。何为推动力，何为排斥力，不同个体因其目标追求不同或许将给出不同的判定结果。

影响流动的推拉因素总结起来可分为内部目标因素和外部目标因素。以李强（2003）的研究为例，该研究中列出了2002年307位外出的15个影响因素，这15个影响因素中内部目标因素有：外出见世面；农村缺乏更好的发展机会；对在家乡从事的职业不满意；待在家里没事干；家乡学习条件差，受教育机会少；不愿意干农业；家乡封闭保守，思想不解放；想外出多生孩子等。外部目标因素有城市收入高；农村收入水平低，没有挣钱机会；农村太穷，生活太苦；别人都出来了，受别人影响；城市生活条件好；农村税费过重；村干部作风恶劣等。对比2002年与2000年的调查结果，该研究指出农村推的因素与城市拉的因素均较为一致，属于农村推的因素有三个（农村收入水平太低、农村缺乏发展机会、农村太穷），属于城市拉的因素有两个（城市收入高、外出见世面），这些推与拉的不同因素代表着不同的目标追求，这些目标追求包含外在目标中的财富追求，如农村收入水平低、农村太穷、城市收入高，以及内在目标中的自我接纳，如农村缺乏发展机会、外出见世面。该研究进一步指出，定居目标的差异形成了农民工两种生存策略，不准备定居的对于城市社区完全没有认同感，完全脱离城市主体社会，准备定居的则积极与社区沟通，为定居打下基础。这进一步表明了目标追求在流动中起着重要作用。而在居住流动过程中，内部目标主要集中于自我接纳，外部目标主要集中于财富追求，基于此，本章在探讨个体层面价值观时，主要探讨自我接纳和财富追求这两种目标。

流动会影响个体的个性发展，这点在年轻人身上表现尤其明显（Zimmerman & Neyer，2013），年轻人在流动过程中常常反思自己是谁、想要的是什么。伴随流动，个体的自我概念会愈加清晰，高清晰自我概念的个体更容易面对威胁。个体自我概念最终体现在人格方面，毕竟人格是最为稳定的自我概念。现有研究一致指出，流动性与大五人格密切相关。Peterson（2010）研究发现，美国各城市的居民存在系统性人格差异，旧金山、洛杉矶和奥克兰的居民在好奇心和创造力方面最高，而埃尔帕索和迈阿密的居民在宽容和诚实方面最高。在农村地区，性格外向的年轻人较之于内向的年轻人更有可能搬到更大的城市，已经居住在城市的外向年轻人则不太可能搬家，这样的选择偏差长此以往会导致外向者集中在城市，内向者集中在农村，气质"活跃"（精力充沛和精力充沛的倾向）和"情绪化"（体验负面情绪的倾向）预测了芬兰居民搬迁的概率，对体验的高度开放性和低宜人性与州之间、州内更频繁的居住流动有关（Rentfrow & Jokela，2019），开放经验和缺乏责任心甚至可以预测终身搬家的次数。可见，居住流动社会所展现出来的精神部分正是因这种社会中许多居民所具有的特殊人格特征而产生的。

McCann（2022）使用美国 48 个相邻州的数据验证如下假设：离开起始州迁往目的州的移民人数占总移民人数的比例，与起始州和目的州居民之间大五人格的相似度密切相关。在控制了经济变量和教育变量，如社会经济地位、失业率、白人人口比例、城市人口比例、保守主义以及 48 个州首府之间的道路距离等因素后，研究发现在某一大五人格维度较高水平居民所在州的搬家者确实更有可能迁往该维度较高水平居民所在州，并且在某一大五人格维度较低水平居民所在州的搬家者更有可能迁往该维度较低水平居民所在州。

是什么导致了人格的区域聚集？经济学家理查德·佛罗里达（Richard，2002）认为，有创造力的人会搬到有创造力的城市，城市的命运部分取决于它能否吸引有创造力的人加入，他指出20世纪90年代，吸引更多创意人的城市（如奥斯汀和西雅图）其经济出现了大幅增长，而无法吸引创意人的城市（如匹兹堡和克利夫兰）则出现了经济衰退。

二 关系流动性与目标追求

个体在评估周边关系流动性时会发现，相貌出众在关系建构中起着重要作用，相貌出众在关系建构中存在着溢价效应，具有更大社会吸引力的个人应该具有更大的个人流动性，但这与环境中的关系流动程度不同（Yuki et al.，2013）。

首先，相貌出众的个体往往拥有着更大的社交网络。相貌对于个体在社交情境中被注意和记忆具有影响，相貌出众更容易引起他人的注意，这可能增加了他们在社交场景中建立关系的机会，相貌出众可能会在初次接触中发挥社交优势，导致相貌出众的个体具有更强的关系流动性。其次，社会对于相貌的标准和认知可能影响人们对关系的选择。在某些社会文化中，相貌出众可能被视为一种社会地位的象征，这可能使得关系更加流动，因为个体更容易被纳入社交网络。再次，相貌出众的个体在建构关系中占据着更为主动的地位。相貌出众的个体可能更有自信，这可能有助于他们更主动地参与社交互动。自信和积极的社交行为可能使关系更加流动，因为个体更容易建立联系。最后，人们可能对相貌出众的个体产生积极的刻板印象，认为他们更友好、更有吸引力。这可能导致其他人更愿意与他们建立关系，从而增加了关系的流动性。

由于相貌出众在关系建构中有着溢价作用，因此从关系流动性的角度，个体倾向于在目标追求中侧重个人的外在相貌。基于此，本章选取相貌出众作为个体层面价值观的代表，考察其在关系流动性中的作用。

三 阶层流动与财富成功

财富在社会中常常被视为决定一个人或家庭所处阶层的重要因素之一。拥有更多财富的个体往往能够享受更好的教育、健康保健、住房和其他资源，从而增加他们在社会中向上流动的机会。相反，缺乏财富的个体可能面临教育和职业机会的局限，导致他们在社会中难以改变自己的经济地位。不管是主观还是客观社会阶层，阶层流动最大权重的决定要素本质上是财富，阶层流动的焦虑本质在于财富焦虑，以中产阶层为例，他们是最容易产生财富焦虑症的阶层，张网成（2017）认为，中产阶层财富焦虑是指中产阶层对自身财富流失与贬值的无力感，以及对财富获取能力的担忧，中产阶层财富焦虑的原因是财富的流动与贬值、获取财富的能力有限以及中产阶层的权力缺失。中产的财富焦虑折射了财富在阶层稳固过程中起着稳定器的作用。

阶层流动与财富成功之间的密切关联与以下几个方面有关。一是财富成功是实现阶层跃升的途径和方式。许多个体试图通过财富成功实现阶层跃升。财富在社会中常常与个体的社会地位密切相关。财富的积累可以提高个体的社会地位，这种社会地位的提升可以进一步促进个体的阶层流动。二是财富可以为个体提供更好的教育机会。良好的教育通常被认为是提高个体社会流动性的关键因素之一。拥有财富的家庭可以选择更好的学校、私人导师和培训机会，从而为他们的子女提供更好的教育资源。这些教育机会可以增强个体在职业市场中的竞争力，促进阶层流动。三是财富可以被用作投资和资本积累，从而进一步促进阶层流动。拥有财富的个体可以通过投资房地产、企业或其他资产来增加其财富。这种资本积累可以为个体提供更多的机会和资源，进而促进其在社会中的阶层流动。基于此，本章选取财富成功作为个体层面价值观的代表，考察其在阶层流动中的作用。

综上所述，居住流动使得个体在目标追求中更重视自我接纳和追求财富，而关系流动性使得个体在目标追求中更重视形象出众，阶层流动使得个体在目标追求中更重视财富成功。基于此，本节在个体层面价值观中将自我接纳作为内部目标追求的主要维度，将形象出众、财富追求作为外部

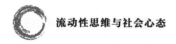

目标的主要维度，考察自我接纳、形象出众、财富追求在流动性思维过程中的作用。

第二节 流动对价值观的塑造

高速流动社会的个体与陌生人之间无法进行反复的互动，也无法深入了解当地的社会历史背景，因此高速流动社会的个体可能与个人主义、乐观或者宽容等密切相关，而在一个相对稳定的社会，人际关系方面彼此熟识，流动程度的降低使得社会和个体均处于相对稳定的状态，这一方面提供了个体安全感，另一方面提供了个体区别对待内、外群的机会。可见，高速流动与非高速流动可能会形塑个体不同的价值观念，甚至改变当地的文化氛围或文化环境。

一 居住流动与价值观的关系

首先，居住流动加速了个体主义的倾向。与高速流动相比，当流动减缓时个体的社会心态将发生相应的变化，表现为更少个人主义、更少冒险。De 等（2015）在进化游戏模拟中操纵住宅流动性，测试个人主义者（依赖个人层面的过去信息）与集体主义者（依赖群体层面的身份）的成功可能性。在低流动率情况下，只与内部成员合作的"集体主义者"在人群中占主导地位，随着流动率提高，忽视内群体地位并与外群体成员合作的"个人主义者"开始在人群中占据主导地位。流动这一行为本身加剧了个体主义的倾向。流动方式助推了个体主义。流动意味着打破原有的生活，并非人人都喜欢流动，主动流动者因其愿意打破目前的社会联系在其他地方自行重建关系，因此可能比被动流动者或者无流动者更具个人主义色彩（Knudsen，2019）。

流动形塑了流入地或流出地的个体主义生态。如上所述，主动流动者通常更具个体主义，当他们迁移至某一地方时势必会对流入地的人们和社区产生影响，主动流动者之所以选择流入该地也与该地具有接纳流动者的特性有关，两方面综合作用创造了一个自我维持的循环，甚至塑造了当前居民的个性，此外流动者也会试图在流入地的新环境中寻找熟悉感，或者在所居住的新社区进行适当改变以适应其需求，由此创造一种社区文化甚至是地方文化。个人主义者离开导致流出地留下来的人可能不那么个人主义，因此个人主义者的流出也会加速流入地远离个人主义（Knudsen，2019）。

其次，居住流动与文化松紧度有关。Harrington 和 Gelfand（2014）采用反映惩罚力度、严格执行规则和对偏离行为容忍程度的九个州级指标衡量州级的紧密度—宽松度，这九个指标包括无宗教信仰人口比例、违法行为处罚严重程度、1976~2011 年的死刑执行率、外地出生人口比例、学校体罚是否合法化、学生受到体罚或惩罚的比例以及同性婚姻合法化等。研究发现，州级紧密程度与居住流动呈负相关，紧密程度越低，流动性就越高，其原因在于紧密度较低的州中存在较弱社会联系和更大自由度。

McCann（2016）在 2004~2005 年分析居民神经质与文化松紧度之间的关联以此预测居住迁移水平的影响因素。在控制了州级社会经济地位、白人人口比例、城市人口比例、住房所有权比例以及支付 30% 或更多家庭收入用于住房的业主或租户比例，研究发现不搬迁与更高的神经质有关，但与紧密度—宽松度无关。同县搬迁、异县搬迁和州内搬迁与较低的神经质相关，但紧密度—宽松度与这三个指标都无关。较低的紧密度与跨州搬迁相关联，而较高的紧密度则意味着更倾向于在一个州内进行搬迁而不是搬到另一个州。神经质与跨州、同一州之间的搬迁比例无关。结果表明，流动距离可能决定了何时神经质或紧密度—宽松度成为居住流动预测因素。

最后，居住流动强化了奋斗价值观。处在一个相对稳定的低居住流动社会可能与个体无法或者无能力进行搬家有关，个体只能困在原地无法迁移。居住流动表明个体具有能力承担流动的结果，美国和日本多代家庭数量有所减少，部分原因在于年轻人有能力离开父母而独立生活。2008 年美国经济衰退期间，出于无法承受分居的成本不少离婚夫妇被迫居住一起。随着人们在同一个地方停留的时间更长，居住流动的减少对犬儒主义的影响会变得更强。想搬家但又无能力搬家会让人们怀疑自己生活中的努力能否得到回报。

与 20 世纪 70 年相比，2020 年美国居住流动减少了一半，那些想搬家但又不敢搬家的数量翻了一番，也就是说美国只有一半的潜在搬家者能够真正成功地改变住所，那些无法搬家的个体产生的挫败感加剧了对未来的担忧，更不相信努力能够得到回报，而实现搬家意味着个人的生活是向上蓬勃发展的，他们报告了更高的生活目标、更多的支持性社会关系，更多参与到日常活动中，给他人提供更大的幸福，在参与活动中感到更有能力、觉得自己是一个过着美好生活的好人，对未来持乐观态度，并感觉受到尊重（Foster，2017）。

流动性增加意味着国家在某种程度上兑现了其承诺。正如我们在第三章所提及的，居住流动实则是个人能力的体现，因此流动越多意味着个体在这个国家通过努力取得成功的可能性越大。美国的数据表明，20 世纪 50 年代，87% 的美国人同意民众有很多机会在生活中取得成功，任何努力工作的人都可以实现自己的目标。而到了 2013 年，这个比例下降到了 52%（Dugan & Newport，2013）。来自美国大型的动态面板调查跟踪 16000 名受访者发现，在控制城乡、社会经济地位、健康、宗教信仰、年龄、性别、婚姻状况和种族等因素后发现，想搬家但仍住在同一地址的人更倾向于不相信明年的努力工作可以帮助其取得成功。来自盖洛普世界民意调查和世界价值观调查的大约 200000 名参与者的回答发现，在流动性高于平均水平的年份（即使控制移民和人均 GDP），个体更有可能认同努力工作会带来成功（Buttrick et al.，2021）。

二　关系流动性与价值观的关系

关系流动性重塑人们相互理解的方式。Triandis（1989）认为不仅居住流动是个人主义的前身之一，关系流动性也是如此，关系流动性高的国家在霍夫斯泰德的个人主义得分方面也更高（Thomson et al.，2018）。如果一个人一生大部分时间都住在同一个地方，一个重大失误可能会影响他们多年甚至几代人的声誉，而当流动变成常态时，这一观点就自然而然被打破，名声好坏就显得不重要了。如果一个人只能从很窄范围的小部分群体中选择伙伴，并且无论如何都只能继续与该部分伙伴保持互动，保持集体好感显得至关重要，集体主义就显得特别具有适应性。与关系流动相比，关系稳定与集体主义关联更强。例如面对某品牌陷入丑闻，关系稳定的个体更倾向于在内部控制源而不是情境因素中寻找事件的原因，如个性和动机，因此他们更可能将行为归因于内部表现，关系流动的消费者可能会较少考虑外部情况和环境，而在更大程度上把丑闻归咎于公司（Monga & John，2008）。

关系流动性与松文化密切相关。一个更具流动性的社会在理论上不那么扎根于某一特定地方，人们可以自由地表达自己、相互拓展双方的利益，对抽象的行为规则比对特定内群体和外群体的利益更感兴趣，对肤浅的外表比深入的人际交流更感兴趣（Oishi et al.，2012）。流动性使得社会凝聚力更低（Oishi et al.，2007），导致社会规范更为松散。这种松散也反映在社会关系的建构上，文化规范的松紧度与关系流动性紧密相关，松文化导致较少严格执行规范、对道德越轨和偏离规范更大的容忍度，变相鼓励高关系流动者对负面事件持更加宽容、开放的态度。Thomson 等（2018）研究发现，关系流动性与松散的文化规范、对多种宗教观点持开放态度、独立自我构念、较少等级、重视竞争和个人进步有关。关系流动性还与社会政治变量相关，如与民主、政治权利和公民自由密切相关。可见，关系流动性较高的地方往往有强调个人在个人关系和群体成员关系上自主的文化。

关系流动性影响个体的关系信念。人们对一段关系成功与否会有不同的信念，有些人认为成功的关系是"命中注定的"（即命运信念），而另一些人则认为成功的关系需要不断的努力（即成长信念）（Knee et al.，2003）。当这些信念应用到人际关系领域时，那些坚信命运信念的人会设定短期目标，因此在发展关系上投入较少精力，与那些强烈持有成长信念的人相比，他们对自己的关系不太满意，更可能主动地结束现有关系（如 Franiuk et al.，2004）。

人们对关系的信念是通过他们在特定社会中的社会经历而体验到的，因此不同关系适应程度的文化背景可能会促进不同类型的关系信念。在关系稳定社会中（如东亚），人们可能会认为由于社会关系的内在相互依赖性，关系是固定的。在关系流动社会中（如北美），人们可能会认为由于社会关系的自愿性质，关系是可以延展的。Lou 和 Li（2017）研究发现，与关系流动社会（如加拿大）的人相比，关系稳定社会（如香港）的人更强烈地认可命运信念，对社会排斥也更加敏感。

三 阶层流动与价值观的关系

首先，阶层流动影响系统合理化信念。不同社会阶层持有的系统合理化信念不同。低阶层者更倾向于维护当前的政府和制度，认为现存的系统是公正且合理的（杨沈龙等，2013），究其原因可能在于低阶层者依靠自身很难与高阶层者抗争，希冀通过国家干预或者再分配的方式获得保障，而这种保障只有国家层面才可能实现，因此通过维护现有的政府和制度，获得后续的保障。研究亦证实低社会阶层更倾向于信任政府（Brandt，2013），并有可能转化为高权威主义倾向，即对权威有更高水平的服从（Brandt & Henry，2012）。高阶层者更不赞同再分配，如 Andersen 和 Curtis（2015）分析世界价值观调查中 24 个国家再分配的阶层差异发现，专业技术人员、职业经理等高社会经济地位者更不认可政府对收入不平等负有责任，并对此进行政策干预。来自中国综合社会调查的分析也证实，主观社会阶层、高家庭社会经济地位与再分配呈负相关（白洁等，2021），曾昭携等（2022）从动机、认知和情感三个方面构建了高社会阶层者不支持再分配的心理作用机制。依据该模型，动机方面的经济自利与高的系统合理信念，认知方面的低估经济不平等感知、贫富差距归因的内归因倾向与对低社会阶层不上进、低能力的刻板印象，情感方面的低同情心与高地位焦虑是影响高阶层者再分配偏向的中介因素。那些持有阶层可流动的个体，更加支持当前即使可能不平等的社会系统，反对再分配等社会变革或者社会福利政策，反对政府在降低不平等性中承担更大的责任，支持精英主义与自由竞争（Jaime-Castillo & Marqués-Perales，2014）。

其次，阶层影响个体持有的公正世界信念。公正世界信念是指人们相信所处的世界是公正的，人们得其所得，所得即应得（Lerner，1966），持有公正信念的个体更愿意遵从公正的原则行事，不但为自己的长远目标投入时间和精力，并且相信最终自己会得其所应得，其对于低社会阶层具有重要的自我调节功能，鼓励低社会阶层者为长远的目标投入时间和精力，在面对逆境时更具坚持性（Laurin et al.，2010）。Lerner 认为个体对长远目标的追求是公正世界信念存在的重要原因，只有那些相信世界是公正的个体，才会对未来进行投资，并认为自己的付出终将获得回报，并为自己的长远目标投入时间和精力（Lerner，1977）。

在看到公正世界信念对低社会阶层者的积极作用的同时，也需要意识到公正世界信念实质上是一个更利于高社会阶层的意识形态，使高社会阶层者认为自身的有利地位也是应得的，从而对处境不利人群持有消极的态度，使其成为"冷血"的价值观（郭永玉、周春燕，2014），持有越高公正世界信念的个体，越认同"阶层＝能力"的刻板印象，即倾向于认为低社会阶层者因应自身的低能力从而为自己的处境负主要责任，如若低社会阶层者亦认可或接受这一刻板印象，高、低社会阶层便达成了"共识性歧视"（李琼、刘力，2011）。

四　探讨流动对价值观塑造的切入点

霍夫斯泰德把权力距离定义为一个社会或组织所能承受的权力分配不均的程度，或是一个国家的社会群体（如家庭、学校）或组织机构内低权力成员对权力分配不均的可接受程度和期望（Hofstede，2001）。权力距离的大小可以反映不同文化对不平等问题的态度，社会越公平，其权力距离越小。霍夫斯泰德使用权力距离指数（Power Distance Index，PDI）衡量各国或地区在这一维度的高低，其研究发现在 53 个被测国家或地区中 PDI 的平均值为 57，标准差为 22。中国的 PDI 为 80，是典型的高权力距离国家。对权力不平等的接受程度会塑造个体对于不同权力水平的个体的互动方式，高权力距离的社会认为权威人物应该受到尊重并对权威表现出顺从，而低权力距离的社会则可能没有意识到社会阶层的存在，也没有意识到权力或等级地位之间存在差异。

流动是打破权力距离最为有效的方式之一。无论是流动对个体主义的助推还是流动与松文化之间的关系，抑或是流动强化了个体的奋斗价值观，其潜藏的底层逻辑都在于个体想要打破其所处社会中潜存的权力距离，冲破文化层面价值观中权力距离的樊篱关键在于通过奋斗价值观提升个人的能力，通过流动的方式前往更加宽松的文化环境或更加接受个体主义的区域，从而可能实现更多的平等机会，获得更多平等的地位。

（一）权力距离在流动社会的凸显

首先，权力距离与流动性密切相关。较高的权力距离往往与较低的流动性、较紧的文化相关联。在一个权力距离较高的社会中，权力集中在少数人手中，普通人的影响力和资源获取能力较低。这种情况下，流动性往往受到限制，资源和机会更加集中在少数特权人士手中，而其他人的流动性和社会流动性相对较低。在一个权力集中、层级分明的组织或社会中，较低层级的个体在资源和机会获取方面面临较大的挑战。他们的意见和建议往往被忽视，决策往往由少数高层人士独断，流动性由此受到限制，个体之间的信息交流和资源共享受到阻碍。在一个权力距离较高的社会中，社会规范通常较为严格，边界较为清晰，个体对偏差行为的宽容程度较低，因此权力距离较高的社会通常也是紧文化的社会。

较低的权力距离通常与较高的流动性、较松的文化相关。在一个权力距离较低的社会中，权力分布更加均衡，人们具有更多的机会参与和影响决策过程。在这样的环境下，资源和机会更加公平地分配，人们更容易获取和分享资源、机会和信息，个体之间更容易展示自己的才能和贡献，进而促进社会的发展和个体的成长，流动性相对较高。权力距离较低的社会中，社会规范强度较弱，边界较为流动，个体对偏差行为的容忍度较高，因此权力距离低的社会通常也是松文化的社会。

其次，不同权力距离对个体奋斗看法有差异。在低权力距离文化中，权力是分散和民主的，人们更加注重能力和表现，个体可以从中获得机会，这种权力结构往往更加流动，因为权力的传递和继承更加依赖于能力和表现，而不是基于血缘、家族等因素，因此低权力距离文化的观念认为，个体可以通过个人的努力实现社会流动，如改变住所，寻找不同的伙伴，或者是实现阶层的跃升。

在高权力距离的文化中，权力结构是相对固定且难以撼动的，机会只给予少数人群，权力往往集中在少数人手中，而大多数人只能接受和服从这种权力结构。这种权力结构往往是不流动的，因为权力的传递和继承往往是基于血缘、家族等因素，而不是基于流动性的机制，因此高权力距离文化的观念认为，个体难以通过个人的努力实现社会流动，因此也就可能无从改变住所，无法寻找不同的伙伴，或者是无法实现阶层的提升。

（二）权力距离与居住流动的关系

从上述分析可以发现，流动对文化价值观的塑造可以消解于权力距离这一概念之下，而权力距离与居住流动有着密切的关系。

首先，权力距离影响了个体居住流动的选择权。高权力距离的社会中，个体的选择权与自身在高权力距离社会中的地位息息相关，高权力的个体其拥有的选择权远大于低权力的个体，其中就包含着个体居住流动的选择，涉及诸如可往哪里进行居住流动、可采用什么样的居住流动方式、可实现多少距离的居住流动，等等。在低权力距离的社会中，个体的选择权主要由个人把控，个体的选择权也不容易受高权力个体的钳制，可以自由地根据个体的情况做出相应的选择，其中就涉及居住流动的选择，个体在决定居住流动的地点、居住流动的方式、居住流动的距离以及居住流动的时点上都具有较大的主动性和自主性。

其次，权力距离还可能激发个体的居住流动决策。在一个高权力距离的环境中，除非个体处于高权力的地位，否则其不仅将处处受制于他人，而且还需时时维护当前的高权力距离环境，如若做出越界行为可能随时受到高权力个体的谴责，如若不遵从或者维护当前的高权力距离环境，也会受到来自组织的施压。相反，在一个低权力距离的环境中，个体无须受制于人，也不需要处处小心刻意维护当前的权力结构，更不存在来自组织或者个体的施压，可以较为放松随意地根据个人意愿进行活动。正是由于高、低权力距离环境中社会规范的严格程度不同、违反社会规范的惩罚不同和个体自由度的不同，生活在不同权力距离环境中的个体由此可能生发出居住流动的可能性。拥有低权力的个体可能更倾向于选择离开高权力距离的环境，前往低权力距离的环境，以此获得较大的自由度，而那些已拥有高权力的个体，则可能选择从低权力距离环境往高权力距离环境搬迁，从而维持已拥有的高权力。

（三）权力距离与关系流动性的关系

首先，权力距离影响了个体的自我表露，从而影响了关系流动性的程度。一个社会的权力距离越高，人们越不敢自我表露，关系流动性越低，而一个社会的权力距离越低，人们越敢于自我表露，关系流动性越高。研究发现，高自我表露文化的国家或者地区其关系流动性高于低自我表露文化的国家或者地区（Milfont et al., 2020）。同样，在一个高权力距离的社会中，人们选择朋友或者伙伴的范围没有那么广，可选择面较为狭窄，人们也没有多少自由可选择朋友或者伙伴，因此关系较为稳定。这种稳定的关系也成为高权力距离的一种表现形式。在一个低权力距离的社会中，人们选择朋友或者伙伴的范围相对较广，可选择面相对较广，人们有着较多自由选择朋友或者伙伴，因此关系较为流动。这种流动的关系也成为低权力距离的一种表现形式。

其次，权力距离影响了个体的自我提升动机，从而影响了关系流动性的程度。在高权力距离的社会中，权力结构的相对稳定导致个体自我提升动机弱，因为自我提升动机无法冲破高的权力距离，这或者是导致东亚人较少自我提升动机的主要原因。再者，在高权力距离的社会中，对权力的追求可能导致人们更倾向于维护现有的社会关系和等级制度，由此更愿意维持现有关系的稳定和平衡，这又进一步降低了个体自我提升动机。Heine 和 Hamamura（2007）的一篇元分析文章指出，西方人与东方人在自我提升动机上存在显著的差异，西方人自我提升动机最大效应值 d = 0.86，而东亚人自我提升的动机基本不存在，d = -0.02，亚裔美国人自我提升动机的效应值也较小，d = 0.33，很显然东亚人基本没有自动提升的动机（Heine et al., 1999）。这种较弱的自我提升动机迎合了东亚关系稳定的环境。毕竟在关系流动的地区，人际关系像一个"开放市场"，人们需要努力寻找才可能找到理想的可用于建立关系的伙伴，或者才能加入理想的群体，实现这个目标并非易事，其他竞争者也在追求相同的理想伙伴或群体，在这种关系竞争的环境中，自我提升具有典型的适应性。而在关系稳定的地区，人们能够获得理想的人际关系并不会受个体自身素质的影响，因为在高权力距离的社会中关系通常已预先设定好，提升个人的能力、水平并不会给关系市场带来更多的机会。同时，个体如若总是凸显自己有着较高的能力与水平，往往还可能破坏与当前伙伴的关系，带来与当前伙伴关系的不满与紧张。Falk 等（2009）证实，西方人比东亚人更注重自我提升的原因在于高关系流动性，因为西方人有更多的机会建立新的关系，自我提升有助于获得更为理想的关系伙伴和群体身份。

综上所述，在中国文化背景下，在流动背景下，权力距离在文化价值观中占据着极为重要的位置，甚至是中国文化区别于他国文化的一个重要特点，因此本章将将权力距离作为文化层面的典型价值观，探讨个体层面价值观如何影响以权力距离为代表的文化层面价值观，从而对居住流动、关系流动性产生影响，三者又是如何作用于社会心态不同层次结构的。

（四）阶层流动与未来取向的关系

客观社会阶层的经典分类依据是个体的受教育水平、收入水平和职业状况，这些标准是典型的外在评价标准。与客观社会阶层外在的评价标准相匹配的是，当个体的阶层流动感知较好时，意味着个体的外在目标追求在一定程度上得到实现，表现为个体的财富可能达到其预期水平，在社会上的地位达到其可接受的水平，个人的形象出众达到其满意的水平。由此可推测，外在目标的失调可能会导致个体的阶层流动感知偏弱。鉴于低社会阶层更注重当前的成就，当前阶层流动感知偏弱可能会打击其阶层流动的信心，再者低主观社会阶层的个体控制感较低，不确定感较强，短期目标未兑现会打击其追求长远目标，由此导致阶层流动预期也偏弱。

不同社会阶层在长期导向与短期导向的取向上存有差异。霍夫斯泰德认为，长期与短期导向可以反映人们的时间偏好观念，长期导向是指一种重视未来收益的倾向，如将节俭和毅力视为美德；短期导向则注重过去和现在，如及时行乐和消费（Hofstede, 2001），因此长期与短期导向有时被统称为未来取向。不同的社会阶层所拥有的物质资源和社会资本不同导致其在思想、情感和行为上也表现出差异（Kraus et al., 2011）。低社会阶层拥有较少的社会资源，限制了他们的行为和追求目标的机会，增强了他们对外部世界的依赖，使得他们追求目标的机会变得更少，而高社会阶层拥有较多的社会资源，能自由地设立目标较不受外在资源的限制。Reimers 等（2009）以收入和受教育水平为社会阶层的衡量指标，研究发现面对"3天后获得 45 英镑，或者 3 个月内获得 70 英镑"的跨期选项，较高的延迟贴现（即更倾向于选择较小但更快得到的奖励）与较低的收入呈正相关关系，即收入较低的人更可能倾向于选择较小但更快得到的奖励。受教育水平较低的人更倾向于选择较小但更快获得的奖励，即更高的延迟贴现。受教育水平与延迟贴现之间存在负相关关系。在职业目标选择上，主观社会阶层较低的个体，不愿意投入时间和资源追求长远的职业目标，而主观社会阶层较高的个体，更愿意投入时间和资源追求长远的职业目标（Laurin et al., 2011）。

当启动社会公平信念时，低主观社会阶层愿意为了自己设定的长远目标而努力工作，并因此投入更多的时间和精力（Laurin et al., 2011）。胡小勇等（2016）也发现社会公平感显著正向影响低阶层者的目标达成，对高阶层者的目标达成影响不显著；社会公平感通过影响低阶层者的目标承诺，进而影响其目标达成；社会公平感对高阶层者的目标承诺影响不显著，进而对其目标达成的影响也不显著，即社会公平感与目标达成之间存在一个中介的调节效应。

由此可见，社会阶层对长远目标追求有显著的正向预测作用，高主观社会阶层的个体因其相对不用考虑物质成本，拥有较多资源应对暂时的不确定性和不可预测性，其在设定目标时较不受公平感等外在因素的影响，因此更具有长远取向，追求长远目标的意愿也更强。低主观社会阶层的个体受其资源限制，难以应对暂时的不确定性和不可预测性，其在设定目标时较易受公平感等外在因素的影响，因此更倾向于短期取向，追求长远目标的意愿也更弱。

第三节　流动、价值观与社会心态成分的实证支持

一　自我接纳失调、权力距离失调在主观居住流动感知和社会心态中的作用

各变量之间相关关系见表 10-1。性别、年龄、受教育程度、个人月收入和住房与自我接纳失调、权力距离失调、主观居住流动感知以及社会心态基本层次、次级层次和高级层次等不同变量存在显著相关性，后续回归分析将上述人口学变量作为控制变量。自我接纳失调与权力距离失调、主观居住流动感知以及社会心态基本层次、次级层次和高级层次均呈显著的负相关，权力距离失调与主观居住流动感知以及社会心态基本层次、次级层次和高级层次均呈显著的正相关。

采用同样方法，以自我接纳失调为自变量，主观居住流动感知和权力距离失调为中介变量，社会心态基本层次为因变量进行链式中介作用检验。整个回归方程显著，$R^2 = 0.06$，$F_{(6, 15992)} = 164.59$，$p < 0.001$。自我接纳失调对主观居住流动感知有显著负向影响，$\beta = -0.09$，$t_{(15992)} = -7.34$，$p < 0.001$；自我接纳失调对权力距离失调有显著的负向影响，$\beta = -0.38$，$t_{(15992)} = -28.61$，$p < 0.001$；主观居住流动感知对权力距离失调有显著的正向影响，$\beta = 0.14$，$t_{(15992)} = 16.17$，$p < 0.001$；自我接纳失调对社会心态基本层次有显著的负向影响，$\beta = -0.08$，$t_{(15992)} = -14.93$，$p < 0.001$；主观居住流动感知对社会心态基本层次有显著的负向影响，$\beta = -0.02$，$t_{(15992)} = -7.58$，$p < 0.001$；权力距离失调对社会心态基本层次有显著的正向影响，$\beta = 0.09$，$t_{(15992)} = 29.13$，$p < 0.001$。所有的中介效应检验结果如图 10-1 所示。

表 10-1 居住流动等变量相关分析结果 (N=15999)

序号	变量	1	2	3	4	5	6	7	8	9	10
1	性别	—									
2	年龄	0.04***	—								
3	受教育程度	-0.01	0.09***	—							
4	个人月收入	0.08***	-0.28***	0.17***	—						
5	住房	-0.01	-0.31***	-0.04***	0.23***	—					
6	自我接纳失调	-0.05***	0.01	0.01	-0.07***	-0.08***	—				
7	权力距离失调	0.08***	0.09	-0.04***	0.01	0.03***	-0.23***	—			
8	主观居住流动感知	0.03***	-0.03***	0.03***	0.09***	-0.01	-0.06***	0.13***	—		
9	社会心态基本层次	0.03***	0.00	0.10***	0.12***	0.11***	-0.18***	0.25***	-0.01	—	
10	社会心态次级层次	-0.03***	0.02*	0.04***	0.01	0.06***	-0.06***	0.06***	-0.16***	0.45***	—
11	社会心态高级层次	-0.04***	-0.01	0.05***	0.10***	0.12***	-0.19***	0.15***	-0.02**	0.50***	0.51***

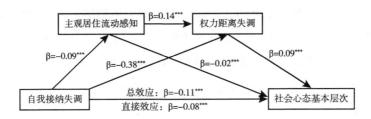

图 10-1 主观居住流动感知和权力距离失调影响社会心态基本层次的链式中介路径

具体而言，主观居住流动感知和权力距离失调的链式中介效应由以下三条路径产生的间接效应组成：①自我接纳失调—主观居住流动感知—社会心态基本层次的间接效应（0.002），LLCI=0.001，ULCI=0.003；②自我接纳失调—权力距离失调—社会心态基本层次的间接效应（-0.033），LLCI=-0.037，ULCI=-0.030；③自我接纳失调—主观居住流动感知—权力距离失调—社会心态基本层次的间接效应（-0.001），LLCI=-0.002，ULCI=-0.001。

采用同样方式，以自我接纳失调为自变量，主观居住流动感知和权力距离失调为中介变量，社会心态次级层次为因变量进行链式中介作用检验。整个回归方程显著，$R^2=0.01$，$F_{(6, 15992)}=30.43$，$p<0.001$。自我接纳失调对社会心态次级层次有显著的负向影响，$\beta=-0.039$，$t_{(15992)}=-6.10$，$p<0.001$；主观居住流动感知对社会心态次级层次有显著的负向影响，$\beta=-0.09$，$t_{(15992)}=-21.80$，$p<0.001$；权力距离失调对社会心态次级层次有显著的正向影响，$\beta=0.03$，$t_{(15992)}=8.23$，$p<0.001$。所有的中介效应检验结果如图 10-2 所示。

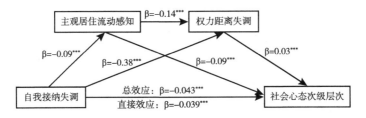

图 10-2 主观居住流动感知和权力距离失调影响社会心态次级层次的链式中介路径

具体而言，主观居住流动感知和权力距离失调的链式中介效应由以下三条路径产生的间接效应组成：①自我接纳失调—主观居住流动感知—社会心态次级层次的间接效应（0.008），LLCI＝0.006，ULCI＝0.010；②自我接纳失调—权力距离失调—社会心态次级层次的间接效应（-0.012），LLCI＝-0.015，ULCI＝-0.009；③自我接纳失调—主观居住流动感知—权力距离失调—社会心态次级层次的间接效应（-0.0004），LLCI＝-0.0005，ULCI＝-0.0002。

采用同样方法，以自我接纳失调为自变量，主观居住流动感知和权力距离失调为中介变量，社会心态高级层次为因变量进行链式中介作用检验。整个回归方程显著，$R^2＝0.06$，$F（6，15992）＝161.99$，$p<0.001$。自我接纳失调对社会心态高级层次有显著的负向影响，$\beta＝-0.141$，$t（15992）＝-19.26$，$p<0.001$；主观居住流动感知对社会心态高级层次有显著的负向影响，$\beta＝-0.03$，$t（15992）＝-6.72$，$p<0.001$；权力距离失调对社会心态高级层次有显著的正向影响，$\beta＝0.06$，$t（15992）＝15.11$，$p<0.001$。所有的中介效应检验结果如图10-3所示。

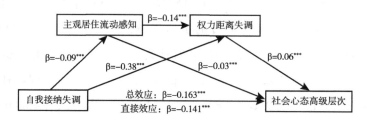

图10-3　主观居住流动感知和权力距离失调影响社会心态高级层次的链式中介路径

具体而言，主观居住流动感知和权力距离失调的链式中介效应由以下三条路径产生的间接效应组成：①自我接纳失调—主观居住流动感知—社会心态高级层次的间接效应（0.003），LLCI＝0.002，ULCI＝0.004；②自我接纳失调—权力距离失调—社会心态高级层次的间接效应（-0.026），LLCI＝-0.03，ULCI＝-0.022；③自我接纳失调—主观居住流动感知—权力距离失调—社会心态高级层次的间接效应（-0.0009），LLCI = -0.0012，ULCI = -0.0006。

从上述结果可知，主观居住流动感知、权力距离失调在社会心态基本层次、次级层次和高级层次的链式中介路径是存在的。从直接效应与总效应的占比来看，自我接纳失调对社会心态基本层次的直接效应占比为72.7%，自我接纳失调对社会心态次级层次的直接效应占比为90.7%，自我接纳失调对社会心态高级层次的直接效应占比为86.5%，可见主观流动感知、权力距离失调的链式中介效应在社会心态基本层次中的间接效应更强，与社会心态基本层次、高级层次相比，自我接纳失调对社会心态次级层次的影响最大。

二 形象出众失调、权力距离失调在关系流动性和社会心态的作用

各变量之间相关关系见表10-2。性别、年龄、受教育程度、个人月收入和住房与形象出众失调、权力距离失调、关系流动性以及社会心态基本层次、次级层次和高级层次等不同变量存在显著相关性，后续回归分析将其作为控制变量。形象出众失调与权力距离失调、关系流动性以及社会心态基本层次、次级层次和高级层次均呈显著的负相关，权力距离失调与关系流动性呈显著的负相关，与社会心态基本层次、次级层次和高级层次均呈显著的正相关。

采用同样的方法以形象出众失调为自变量，关系流动性和权力距离失调为中介变量，社会心态基本层次为因变量进行链式中介作用检验。整个回归方程显著，$R^2 = 0.06$，$F_{(6, 15992)} = 160.76$，$p < 0.001$。形象出众失调对关系流动性有显著负向影响，$\beta = -0.04$，$t_{(15992)} = -8.53$，$p < 0.001$；形象出众失调对权力距离失调有显著的负向影响，$\beta = -0.20$，$t_{(15992)} = -14.05$，$p < 0.001$；关系流动性对权力距离失调有显著的负向影响，$\beta = -0.27$，$t_{(15992)} = -11.57$，$p < 0.001$；形象出众失调对社会心态基本层次有显著的负向影响，$\beta = -0.08$，$t_{(15992)} = -16.34$，$p < 0.001$；关系流动性对社会心态基本层次有显著的正向影响，$\beta = 0.20$，$t_{(15992)} = 23.73$，

表10-2 关系流动性等变量相关分析结果 (N=15999)

序号	变量	1	2	3	4	5	6	7	8	9	10
1	性别	—									
2	年龄	0.04***	—								
3	受教育程度	-0.01	0.09***	—							
4	个人月收入	0.08***	-0.28***	0.17***	—						
5	住房	-0.01	-0.31***	-0.04***	0.23***	—					
6	形象出众失调	-0.05***	-0.04***	-0.07***	-0.05***	-0.28***	—				
7	权力距离失调	0.08***	0.09	-0.04***	0.01	0.03***	-0.11***	—			
8	关系流动性	-0.08***	0.14	0.01	-0.02	0.001	-0.06***	-0.09***	—		
9	社会心态基本层次	0.03***	0.00	0.10***	0.12***	0.11***	-0.17***	0.25***	0.16**	—	
10	社会心态次级层次	-0.03***	0.02*	0.04***	0.01	0.06***	-0.13***	0.06***	0.34***	0.45***	—
11	社会心态高级层次	-0.04***	-0.01	0.05***	0.10***	0.12***	-0.17***	0.15***	0.17**	0.50***	0.51***

p<0.001；权力距离失调对社会心态基本层次有显著的正向影响，β=0.10，t（15992）=33.14，p<0.001。所有的中介效应检验结果如图10-4所示。

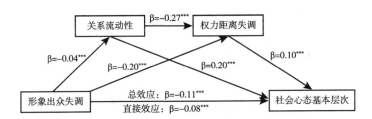

图10-4　关系流动性和权力距离失调影响社会心态基本层次的链式中介路径

具体而言，关系流动性和权力距离失调的链式中介效应由以下三条路径产生的间接效应组成：①形象出众失调—关系流动性—社会心态基本层次的间接效应（-0.008），LLCI=-0.011，ULCI=-0.006；②形象出众失调—权力距离失调—社会心态基本层次的间接效应（-0.019），LLCI=-0.022，ULCI=-0.016；③形象出众失调—关系流动性—权力距离失调—社会心态基本层次的间接效应（0.001），LLCI=0.001，ULCI=0.001。

采用同样方法，以形象出众失调为自变量，关系流动性和权力距离失调为中介变量，社会心态次级层次为因变量进行链式中介作用检验。整个回归方程显著，$R^2=0.02$，F（6，15992）=65.08，p<0.001。形象出众失调对社会心态次级层次有显著的负向影响，β=-0.08，t（15992）=-12.69，p<0.001；关系流动性对社会心态次级层次有显著的正向影响，β=0.46，t（15992）=45.48，p<0.001；权力距离失调对社会心态次级层次有显著的正向影响，β=0.03，t（15992）=9.70，p<0.001。所有的中介效应检验结果如图10-5所示。

具体而言，关系流动性和权力距离失调的链式中介效应由以下三条路径产生的间接效应组成：①形象出众失调—关系流动性—社会心态次级层次的间接效应（-0.023），LLCI=-0.029，ULCI=-0.017；②形象出众失调—权力距离失调—社会心态次级层次的间接效应（-0.008），LLCI=-0.010，

ULCI=-0.006；③形象出众失调—关系流动性—权力距离失调—社会心态次级层次的间接效应（0.0004），LLCI=0.0003，ULCI=0.0006。

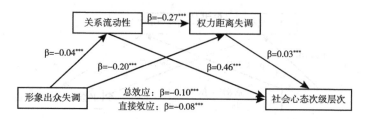

图10-5　关系流动性和权力距离失调影响社会心态次级层次的链式中介路径

采用同样的方法，以形象出众失调为自变量，关系流动性和权力距离失调为中介变量，社会心态高级层次为因变量进行链式中介作用检验。整个回归方程显著，$R^2=0.05$，$F(6, 15992)=148.14$，$p<0.001$。形象出众失调对社会心态高级层次有显著的负向影响，$\beta=-0.13$，$t(15992)=-17.73$，$p<0.001$；关系流动性对社会心态高级层次有显著的正向影响，$\beta=0.27$，$t(15992)=22.17$，$p<0.001$；权力距离失调对社会心态高级层次有显著的正向影响，$\beta=0.08$，$t(15992)=19.26$，$p<0.001$。所有的中介效应检验结果如图10-6所示。

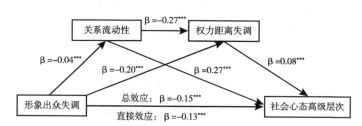

图10-6　关系流动性和权力距离失调影响社会心态高级层次的链式中介路径

具体而言，关系流动性和权力距离失调的链式中介效应由以下三条路径产生的间接效应组成：①形象出众失调—关系流动性—社会心态高级层次的间接效应（-0.011），LLCI=-0.014，ULCI=-0.008；②形象出众失调—权力距离失调—社会心态高级层次的间接效应（-0.015），LLCI=-0.018，

ULCI=-0.013；③形象出众失调—关系流动性—权力距离失调—社会心态高级层次的间接效应（0.0009），LLCI=0.0006，ULCI=0.001。

从上述结果可知，关系流动性、权力距离失调在社会心态基本层次、次级层次和高级层次的链式中介路径是存在的。从直接效应与总效应的占比来看，形象出众失调对社会心态基本层次的直接效应占比为72.7%，形象出众失调对社会心态次级层次的直接效应占比为80.0%，形象出众失调对社会心态高级层次的直接效应占比为86.7%，可见关系流动性、权力距离失调的链式中介效应在社会心态基本层次中的间接效应更强，与社会心态基本层次、次级层次相比，形象出众失调对社会心态高级层次的影响最大。

三　财富成功失调、未来取向失调在阶层流动和社会心态的作用

各变量之间相关关系见表10-3。性别、年龄、受教育程度、个人月收入和住房与财富成功失调、未来取向失调、阶层流动感知以及社会心态基本层次、次级层次和高级层次等不同变量存在显著相关性，后续回归分析将其作为控制变量。财富成功失调与未来取向失调、阶层流动感知以及社会心态基本层次、次级层次和高级层次均有显著的相关性，未来取向失调与阶层流动感知和社会心态次级层次均呈显著的正相关，与社会心态基本层次和高级层次均呈显著的负相关。

采用相同的方法以财富成功失调为自变量，阶层流动感知和未来取向失调为中介变量，社会心态基本层次为因变量进行链式中介作用检验。整个回归方程显著，$R^2=0.09$，$F_{(6, 15992)}=265.35$，$p<0.001$。财富成功失调对阶层流动感知有显著负向影响，$\beta=-0.09$，$t_{(15992)}=-9.15$，$p<0.001$；财富成功失调对未来取向失调有显著的正向影响，$\beta=0.15$，$t_{(15992)}=16.41$，$p<0.001$；阶层流动感知对未来取向失调有显著的正向影响，$\beta=0.04$，$t_{(15992)}=6.28$，$p<0.001$；财富成功失调对社会心态基本层次有显著的负向影响，$\beta=-0.12$，$t_{(15992)}=-29.91$，$p<0.001$；阶层流动感知对社会心态基本层次有显著的正向影响，$\beta=0.04$，$t_{(15992)}=12.42$，$p<0.001$；未来取向失调对社会心态基本层次有显著的负向影响，

表 10-3 阶层流动等变量相关分析结果 (N=15999)

序号	变量	1	2	3	4	5	6	7	8	9	10
1	性别	—									
2	年龄	0.04***	—								
3	受教育程度	-0.01	0.09***	—							
4	个人月收入	0.08***	-0.28***	0.17***	—						
5	住房	-0.01	-0.31***	-0.04***	0.23***	—					
6	财富成功失调	-0.07***	-0.09***	-0.12***	-0.08***	-0.03***	—				
7	未来取向失调	0.01	0.03***	-0.01	0.01	-0.01	0.13***	—			
8	阶层流动感知	-0.01	0.08***	0.05***	0.06***	0.02**	-0.09***	0.04***	—		
9	社会心态基本层次	0.03***	0.00	0.10***	0.12***	0.11***	-0.26***	-0.10***	0.12**	—	
10	社会心态次级层次	-0.03***	0.02*	0.04***	0.01	0.06***	-0.13***	0.04***	0.18***	0.45***	—
11	社会心态高级层次	-0.04***	-0.01	0.05***	0.10***	0.12***	-0.22***	-0.03***	0.14**	0.50***	0.51***

β=-0.03，t（15992）=-9.67，p<0.001。所有的中介效应检验结果如图
10-7 所示。

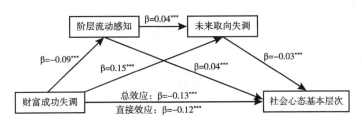

图 10-7 阶层流动感知和未来取向失调影响社会心态基本层次的链式中介路径

具体而言，阶层流动感知和未来取向失调的链式中介效应由以下三条路
径产生的间接效应组成：①财富成功失调—阶层流动感知—社会心态基本层
次的间接效应（-0.004），LLCI=-0.005，ULCI=-0.003；②财富成功失调—
未来取向失调—社会心态基本层次的间接效应（-0.005），LLCI=-0.007，
ULCI=-0.004；③财富成功失调—阶层流动感知—未来取向失调—社会心态
基本层次的间接效应（0.0001），LLCI=0.0001，ULCI=0.0002。

采用同样的方法以财富成功失调为自变量，阶层流动感知和未来取向失调
为中介变量，社会心态次级层次为因变量进行链式中介作用检验。整个回归方
程显著，R^2=0.02，F（6，15992）=65.05，p<0.001。财富成功失调对社会心态
次级层次有显著的负向影响，β=-0.08，t（15992）=-15.26，p<0.001；阶层流
动感知对社会心态次级层次有显著的正向影响，β=0.08，t（15992）=21.27，
p<0.001；未来取向失调对社会心态次级层次有显著的正向影响，β=0.03，t
（15992）=6.61，p<0.001。所有的中介效应检验结果如图 10-8 所示。

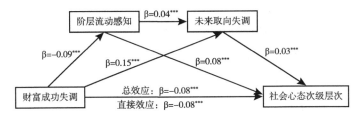

图 10-8 阶层流动感知和未来取向失调影响社会心态次级层次的链式中介路径

具体而言，阶层流动感知和未来取向失调的链式中介效应由以下三条路径产生的间接效应组成：①财富成功失调—阶层流动感知—社会心态次级层次的间接效应（-0.008），LLCI=-0.010，ULCI=-0.006；②财富成功失调—未来取向失调—社会心态次级层次的间接效应（0.004），LLCI=0.003，ULCI=-0.006；③财富成功失调—阶层流动感知—未来取向失调—社会心态次级层次的间接效应（-0.0001），LLCI=-0.0002，ULCI=-0.0001。

采用同样的方法以财富成功失调为自变量，阶层流动感知和未来取向失调为中介变量，社会心态高级层次为因变量进行链式中介作用检验。整个回归方程显著，$R^2=0.09$，$F_{(6, 15992)}=186.80$，$p<0.001$。财富成功失调对社会心态高级层次有显著的负向影响，$\beta=-0.15$，$t_{(15992)}=-26.58$，$p<0.001$；阶层流动感知对社会心态高级层次有显著的正向影响，$\beta=0.07$，$t_{(15992)}=15.37$，$p<0.001$；未来取向失调对社会心态高级层次无显著影响，$\beta=-0.005$，$t_{(15992)}=-0.94$，$p>0.05$。阶层流动感知和未来取向失调的链式中介效应并不成立，路径只存在于财富成功失调—阶层流动感知—社会心态高级层次。

从上述结果可知，阶层流动感知、未来取向失调在社会心态基本层次、次级层次的链式中介路径是存在的，而在社会心态高级层次的链式中介路径是不存在的。从直接效应与总效应的占比来看，财富成功失调对社会心态基本层次、次级层次的直接效应较强，间接效应值较低，可见阶层流动感知、未来取向失调的链式中介效应在社会心态基本层次和次级层次虽存在，但效应量很低。

第四节　流动性与现代性

通过上述分析大致得到如下几个方面的结果。

首先，自我接纳失调对社会心态基本层次、次级层次和高级层次有显著的负向预测作用，从直接效应与总效应的占比来看，自我接纳失调对社会心态的次级层次作用最大，其次是社会心态高级层次，最后是社会心态基本层次；自我接纳失调负向预测了主观居住流动感知，进而对社会心态的基本层次、次级层次和高级层次起负向的预测作用；自我接纳失调负向预测了权力距离失调，进而对社会心态的基本层次、次级层次和高级层次起正向的预测作用；主观居住流动感知、权力距离失调在自我接纳失调与社会心态基本层次、次级层次和高级层次中起链式中介作用，但是链接中介的效应量较小，间接效应量在社会心态基本层次最大，其次是社会心态高级层次，最后是社会心态次级层次。

其次，形象出众失调对社会心态基本层次、次级层次和高级层次有显著的负向预测作用，从直接效应与总效应的占比来看，形象出众失调对社会心态的高级层次作用最大，其次是社会心态次级层次，最后是社会心态基本层次；形象出众失调负向预测了关系流动性，进而对社会心态基本层次、次级层次和高级层次起正向的预测作用；形象出众失调负向预测了权力距离失调，进而对社会心态基本层次、次级层次和高级层次起正向的预测作用；关系流动性、权力距离失调在形象出众失调与社会心态基本层次、次级层次和高级层次中起链式中介作用，但是链接中介的效应量较小，间接效应最大的是社会心态基本层次，其次是社会心态次级层次，最后是社会心态高级层次。

最后，财富成功失调对社会心态基本层次、次级层次和高级层次有显著的负向预测作用，从直接效应与总效应的占比来看，财富成功失调对社会心态基本层次和次级层次有着较强的直接效应，虽然在社会心态基本层次与次级层次中存在间接效应，但是效应量低；财富成功失调负向预测了阶层流动感知，进而对社会心态基本层次、次级层次起正向的预测作用；财富成功失调正向预测了未来取向失调，对社会心态基本层次起负向的预测作用，对社会心态次级层次起正向的预测作用。阶层流动感知、权力距离失调在财富成功失调与社会心态基本层次和次级层次中起链式中介作用，但是链接中介的效应量较小。

一　目标追求在流动性思维、社会心态层次结构中的动力作用

目标追求在流动性思维与社会心态层次结构中具有动力作用，这种动力作用的发生有如下几个方面路径。

（一）目标追求的失调是个体寻求改变的动力机制

每个个体在其人生目标的制定或者追求过程中都存在差异，个体会依据自己的需求、社会环境的要求、目标实现对自己的重要性、目标可实现的程度等方式制定个人的目标追求。当个体认为某一目标非常重要时（目标重要性高），个体希望能够通过自身努力实现目标，但努力过后个体如若发现其所设定的目标难以实现（目标可实现性低），此时个体面临着目标追求的失调程度较高，此为目标追求失调的表现之一，可称为高目标重要性失调。当个体认为某一目标非常不重要时（目标重要性低），个体对于是否能够实现这一目标虽然不太看重，但个体达到设定的目标追求较容易（目标可实现性高），此时个体面临着目标追求的失调程度较高，此为目标追求失调的表现之二，可称为高目标实现性失调。不管是高目标重要性失调，还是高目标实现性失调，这都是个体寻求改变的动力之一，正是这种失调引发个体内在改变的动力，以此平抑目标追求失调引发的不适感，达到内心的平衡。

（二）推动建立起流动性思维的是个体目标追求失调的个体路径，以此作用于社会心态层次结构

个体在寻求改变以平抑目标失调引发的不适感时，可实现的途径很多。这些途径总结起来，不外乎有两种：改变个体或者改变环境。如若改变个体，那么其相对应的途径是个体路径，如果是改变对环境的认知，那么其对应的途径是社会路径。不管是目标追求失调的个体路径选择，还是目标追求失调的社会路径选择，最终都会对个体的社会心态层次结构产生影响。

在个体路径上，当个体的自我接纳存在失调时，也就是个体认为自我接纳非常重要，但是他们无法实现个体的自我接纳时，其自我接纳的失调程度就较高，属于高目标重要性失调，此时无法达到自恰的个体，可能采用的方式是寻求或主动或被动的居住流动，就是搬到一个地方重新开始，在这种搬家过程中找回自我，重新建立个体的自我概念。居住流动成为个体解决自我接纳失调问题的途径之一。或者正是因为个体试图通过居住流动解决存在于自身的自我接纳失调问题，因此我们在分析中发现自我接纳失调与主观居住流动感知呈现的是显著的负相关关系，也就是说个体的自我接纳失调越高，

其主观的居住流动感知越弱。那些高目标重要性失调的个体既然希望通过居住流动改变自我接纳失调的现状，那么其在主观上自然不会认为自己的居住流动是频繁的，甚至可能会觉得自己的居住流动是不够的。

又或者个体认为自我接纳程度非常不重要，但是他们在当前居住地能轻松地实现对自我接纳的满足，此时目标追求的失调属于高目标实现性失调，这种失调实际上是个体希望看到或者个体希望达到的失调，毕竟这种失调意味着个体能够较好地处理或者应对当前的处境，为此他们可能采用的方式是继续停留在此地，无须进行搬迁或者流动，通过继续留在本地，个体也更加清晰地了解自我，更加接受外在环境给予他们的自我概念，也更加内化外在环境给其的定义，由此展现出自我接纳失调与主观居住流动感知的负相关，也就是说高目标实现性失调让个体坦然处之地继续在某地停留，从而降低了主观居住流动感知的程度。

在个体路径上，当个体的形象出众存在失调时，也就是个体认为形象出众非常重要，但是他们无法实现形象出众时，其形象出众失调程度就较高，属于高目标重要性失调，此时个体在知觉周边环境中关系的建构时，会将个体无法实现形象出众的心理投射至对环境的知觉中，以此佐证或自证个体形象出众失调所产生的不良结果。因此我们在分析中发现形象出众失调与关系流动性呈显著的负相关，也就是说个体的形象出众失调程度越高，其知觉到周边环境的关系流动性程度越低。

又或者个体认为形象出众非常不重要，但是个体轻而易举地实现形象出众，此时形象出众失调属于高目标实现性失调，这种失调的个体同样在当前的环境中处于较为有利的地位，他们不需要对环境进行改变，就能轻松发现周边人际关系建立的难易程度。然而，个体形象出众失调也给其感知周边的关系流动性带来了弊端，轻松实现的形象出众可能并未给个体带来更多建立新关系的机会，或者摆脱旧关系的机会，反而可能让个体在知觉周边的关系流动性时以自身认可的形象出众不重要而认为形象出众对关系流动性无法起作用，从而使得形象出众失调与关系流动性呈现显著的负相关。

在个体路径上，当个体的财富成功存在失调时，如若个体认为财富成功非常重要，但是他们又无法实现时，其财富成功失调程度就较高，属于高目标重要性失调，此时个体在感知阶层流动时，会将无法实现的财富成功与阶层流动感知建立起联结，财富无法成功成为阻碍其阶层流动的最大绊脚石，因此我们在分析中发现财富成功失调与阶层流动感知呈显著的负相关，也就是说个体的财富成功失调程度越高，其阶层流动感知的程度越低。

又或者个体认为财富成功不重要，而他们又已轻松地实现了财富成功，此时财富成功失调程度也较高，属于高目标实现性失调，这种失调对于个体来说压力减轻很多，而持有这种理念的个体通常也不通过财富成功来衡量阶层流动，有可能他们转向认为文化资本在阶层流动中起重要的作用，因此这部分个体同样不会感知到较高的阶层流动，从而展现出财富成功失调与阶层流动感知的显著负相关。

综上所述，不管是自我接纳失调、形象出众失调，还是财富成功失调，它们作为个体主要的目标追求之一，其个体路径的选择都依赖于个体调整因目标追求失调而引发的流动性降低，接受由目标追求失调而导致的流动性受阻。但是，也必须注意到不同的目标追求失调推动个体建构起不同的流动性思维途径，数据分析中发现不同类别的目标追求与不同类型的流动性思维联系程度不同。

居住流动主要与自我接纳失调有关，关系流动性主要与形象出众失调有关，而阶层流动感知主要与财富成功失调有关，应该说每种流动性思维都与该思维最为密切的目标追求建立起联系。居住流动中何为推因素，何为拉因素实则是个体构建起何种自我的一种表征，不同的自我构建或自我概念建构起各不相同的推因素或者拉因素，通过居住流动个体会展现出最终其将成为何种个体的形象。关系流动性中基于相貌出众在关系建构中存在溢价性，以及在人际关系建构中相貌出众占据着较大的优势，容易建立起更广泛且亲密的人际关系网络，因此形象出众失调主要透过关系流动性展现其影响，将关系流动性演化为形象出众失调的实践领域。个体的财富成功是衡量个体在社会中相对位置的标准之一，财富成功失调势必影响个体在社会中相对位置的感知，即阶层感知，也影响个体对于未来在社会中相对位置上或下的可能性感知，即阶层流动感知，因此阶层流动感知演化为个体财富成功失调的实践领域。

自我接纳失调引发个体以居住流动方式进行个体路径的选择，形象出众失调引发个体以关系流动性进行个体路径的选择，财富成功失调引发个体以阶层流动感知方式进行个体路径的选择，这些路径最终都会通过社会心态的层次结构加以展现，成为个体以居住流动方式、关系流动性和阶层流动感知进行个体路径选择的最终呈现结果，数据分析发现主观居住流动感知与社会心态的基本层次、次级层次与高级层次呈现显著的负相关，关系流动性与社会心态的基本层次、次级层次与高级层次呈现显著的正相关，阶层流动感知与社会心态的基本层次、次级层次与高级层次呈现显著的正相关，这些关系也与前面章节中讨论的居住流动与社会心态的关系、关系流动性与社会心态的关系、阶层流动与社会心态的关系是一致且吻合的，此处不再赘述。

（三）改变文化层面的价值导向是个体目标追求失调的社会路径，以此作用于社会心态层次结构

正如上述分析中所提及的，面对目标追求失调，个体要么改变自己，要么改变对环境的认知。改变自己成为个体平抑目标追求失调的个体路径，而改变对环境的认知成为个体平抑目标追求失调的社会路径。个体的目标追求失调会激发个体重新审视或者反思所处环境的价值观念或者价值取向，由此体现个人的目标追求与社会的价值取向之间的互构、互嵌关系。

当个体存在自我接纳失调、形象出众失调时，除了个体路径改变方式，他们还可能跳出现有的评价体系，对社会主流的价值体系提出质疑或者反思。中国作为一个高权力距离国家的典型代表，实际上自我接纳失调也意味着个体在当前的社会权力距离结构中处于不稳定或者不利的状态，形象出众失调更是表明如若将美貌视为权力距离的一种载体的话，那么个体在当前的社会权力距离结构中也处于不稳定或者不利的状态。个体可能因个人目标追求失调而改变对现有文化价值观的知觉或者评价，从而消除目标追求产生的不平衡感。个体对权力距离这一文化价值观的调整可能有两种途径。首先是改变社会中权力距离应该是什么的看法，即改变权力距离的应然看法，认为

社会不应该是一个高权力距离的社会，而应该是人人平等的社会，由此个体因自我而造成的在高权力距离社会中的低等级问题就迎刃而解，个体因形象出众失调造成的在高权力距离社会中的窄人际关系问题也不复存在。其次是改变社会中权力距离实际是什么的看法，即改变权力距离的实然看法，认为社会实际上并不存在高权力距离，如此个体不必因自我接纳失调而焦虑自身在低权力距离社会中的位置，也不用因形象出众失调而担忧自身在低权力距离社会中没有更多的人际支持。正是基于个体目标追求失调的社会路径，研究发现自我接纳失调与权力距离失调呈显著的负相关，形象出众失调与权力距离失调呈显著的负相关。

当个体存在财富成功失调时，个体有可能改变对社会长期导向与短期导向的实然看法，更加强调社会的长期导向，因为长期导向存在更强的不确定性和更强的不可预测性，个体当前存在财富成功失调，而将社会导向朝着长期方向改变时，将有助于个体缓解当前财富成功失调导致的矛盾、冲突或者不平衡感。个体还有可能改变社会长期导向与短期导向的应然看法，个体的财富成功失调由此可能改变个体对社会到底应该是长期导向还是短期导向的看法，从个人自身出发希望社会朝着长期导向的方向变化，因此数据分析中发现财富成功失调与未来取向失调呈显著的正相关。

个体改变文化层面的价值导向成为个体目标追求失调的社会路径，这一社会路径的选择以宏观层面的调整作用于社会心态基本层次、次级层次和高级层次，权力距离失调的调整与社会心态基本层次、次级层次和高级层次之间存在显著的正相关关系，意味着文化层面的价值观构成了个体社会心态基本层次、次级层次与高级层次体验的文化底色或者背景底色，这种更为宏观层面的价值观取向虽然影响作用不大，但是依然在宏观层面发挥着重要的作用，由此打造了个体社会心态基本层次、次级层次和高级层次的基底。

（四）目标追求失调是社会心态层次结构中最为有效的预测因素

目标追求失调对社会心态不同层次的影响可通过以下路径起作用，路径一是目标追求失调通过流动性思维（主观居住流动感知、关系流动性和阶层流动感知）对社会心态层次结构起作用。路径二是目标追求失调通过文化价值观调整对社会心态层次结构起作用，这两条路径已通过个体路径和社会路径展开了相关的讨论。路径三是通过流动性思维与文化层面价值观的链式中介，这条路径将在下一部分中进行讨论。

须着重强调的是，目标追求失调直接对社会心态的层次结构起作用，通过总效应与直接效应的对比发现，实际上目标追求的直接效应在总效应中的占比普遍较高，也就是目标追求失调实质上对社会心态层次结构的影响最为强烈，这种强烈影响源于目标追求与个体社会心态层次结构之间的联结最为直接、最为紧密。目标追求实质上是个体与社会进行沟通的一种渠道或方式，如个体财富成功是个体希望通过财富成功实现其在社会中相对位置的跃升，因此个体的目标追求从来都不只局限在个体内部，而是通过目标追求达成实现目标后的工具性价值。当个体目标追求失调或者无法达成时，意味着个体与社会之间的沟通方式不起作用，或者个体与社会之间的联结出现断裂，那自然对个体的社会心态产生影响。不同目标追求失调对社会心态不同层次结构的影响不同。从回归系数的值来看，自我接纳失调和形象出众失调主要影响社会心态的高级层次，可见内在目标追求更多影响的是社会心态较为高级的情感部分，而外在目标追求失调如财富成功失调主要影响社会心态的基本层次，这也与内在目标和外在目标的追求对个体情绪或情感的影响较为相似，表明内在目标追求、外在目标追求与社会心态的不同层次之间建立了一定的映射关系。

二 权力距离、未来取向的链式中介作用

从数据分析结果来看，权力距离、未来取向的链式中介作用的路径虽然是存在的，但是其效应量非常小。这与之前讨论文化价值观的底色或背景作用密切相关，文化价值观作为更为上位且宏观的价值观，其与个体的密切程度自然没有目标追求失调来得紧，其对社会心态的影响程度自然也没有目标追求失调来得强烈。但是这种链式中介作用的存在，从长远来看有着重要的意义，即近期个人的目标追求失调可能对社会层面甚至文化层面价值观演变的推动或者倒逼，导致社会层面甚至文化层面长期的价值观导向发生变化，

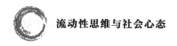

在这种推动过程中实现文化价值观的变迁，这或者是流动性思维产生影响的深远表现之一。

在霍夫斯泰德的理论中，广泛被讨论的就是集体主义与个体主义，从中我们也发现集体主义与个体主义存在文化价值观变迁的影子，即从集体主义向个体主义的转变。刘琳琳等（2020）以《人民日报》语料库的个体主义/集体主义词汇词频以及客观数据指标（人均 GDP、城市化率及学校入学率）为分析资源，结果发现个体主义词汇总词频、第一人称代词单数以及与礼俗社会相适应的个体主义价值观词汇词频存在代际差异，呈先下降后上升趋势；集体主义词汇总词频、第一人称代词复数以及与法理社会相适应的部分集体主义价值观词汇词频存在代际差异，呈先上升后下降趋势；1975 年以后，随着现代性水平提升，大多数个体主义词汇词频呈上升趋势，大多数集体主义词汇词频呈下降趋势，现代性分别可以解释个体主义/集体主义词汇总词频 17% 和 19% 的变异量。研究由此认为，与个体主义文化一样，在集体主义文化中，个体主义正日益增强，而传统的集体主义则变弱或者不变；现代性也可以促进个体主义/集体主义文化的变迁。黄梓航等（2018）指出过去几十年来的基本趋势是个体主义的文化症候在日渐增强，而集体主义的文化症候在日益式微，但是这种文化变迁过程也并非简单线性的，传统文化的集体主义价值观在一定程度上具有延续性。正如集体主义与个体主义的演变一样，流动性思维建立的终极目标在于改变文化层面的价值观，体现在流动性思维对价值观变迁的细细、深入而又绵长的作用过程中，这或者也是流动性思维在宏观层面可能会带来的长远影响。

三　流动性思维：源于实践的现代性思维方式

流动性思维是中国当前真实情况写照浓缩的意识反映。在基础设施建设方面，中国当前四通八达的高铁网络扩大了流动距离、拓宽了流动幅度、提升了流动速度、降低了流动成本、缩短了流动时间，在此基础上物流速度之快令全球咋舌。在经济发展领域，企业内部的更新换代速度空前加快，中小企业的注册与退出时限大大缩短，各式各样的共享单车是经济快速发展的体现，曾经风靡一时的摩拜单车早已被淡忘，取而代之的会是美团？青桔？还是……无人可知。在文化发展领域，直播的出现打破了时空的界限，随时随地的文化传播已成为一种时尚。在服务行业，短距离流动服务支撑起庞大的外卖行业，成为许多暂无固定工作人员的栖身之所。各行各业都在试图将快速流动转化为红利，成为促进消费的增长点，甚至成为 GDP 的一种增长方式。个体所处的这些社会现实正在围绕着流动性发生深刻变化，它们成为构建流动性思维的来源，从这个角度来看流动性思维是中国的。

流动性思维反映的来源是中国的，但是以流动性应对当前中国社会现实则是现代的。以居住流动为例，中国社会的居住流动方向正在发生分化，一部分民众往城市聚集，一部分民众往乡村回流，个体正在用自身的流动应对个体的生活，这种应对方式具有现代性。将流动性作为武器应对社会现实，这一应对方式是现代的，从这个角度来看流动性思维是现代的。

参考文献

〔美〕加里·斯坦利·贝克尔:《家庭论》,王献生、王宇译,商务印书馆,2005。

〔法〕埃米尔·涂尔干:《社会分工论》,渠敬东译,生活·读书·新知三联书店,2017。

〔英〕安东尼·吉登斯:《现代性的后果》,田禾译,译林出版社,2000。

毕文芬、潘孝富:《男性客观择偶偏好与婚姻满意度的路径分析》,《深圳大学学报》(人文社会科学版)2017年第4期。

白洁、杨沈龙、徐步霄、郭永玉:《达者何以兼济天下:高阶层再分配偏向的心理机制及谦卑的作用》,《心理学报》2021年第10期。

蔡禾、曹志刚:《农民工的城市认同及其影响因素——来自珠三角的实证分析》,《中山大学学报》(社会科学版)2009年第1期。

曾昭携、白洁、郭永玉、张跃、顾玉婷:《越富有越不支持再分配?——社会阶层与再分配偏向的关系及其心理机制》,《心理科学进展》2022年第6期。

陈讯:《抛夫弃子:理解农村年轻妇女追求美好生活的一个视角——基于黔南S乡的调查与分析》,《贵州社会科学》2014年第9期。

陈咏媛、康萤仪:《文化变迁与文化混搭的动态:社会生态心理学的视角》,《中国社会心理学评论》2015年第1期。

陈云松、范晓光：《阶层自我定位、收入不平等和主观流动感知（2003—2013）》，《中国社会科学》2016 年第 12 期。

崔岩：《流动人口心理层面的社会融入和身份认同问题研究》，《社会学研究》2012 年第 5 期。

单丹丹：《城市流动儿童社会身份认同及其对心理健康的影响》，硕士学位论文，陕西师范大学，2011。

邓卫广、高庭苇：《外貌与社会资本形成：美貌溢价的再检验》，《劳动经济研究》2019 年第 6 期。

豆雪姣、谭旭运、杨昭宁：《居住流动性对青年社会参与意愿的影响》，《心理技术与应用》2019 年第 3 期。

段成荣、谢东虹、吕利丹：《中国人口的迁移转变》，《人口研究》2019 年第 2 期。

付翠莲：《社会转型期我国婚姻家庭价值观的嬗变透视》，《中共宁波市委党校学报》2010 年第 2 期。

付玉娟、郭菲、陈祉妍：《城－城移民社会支持的特征及性别差异》，《中国临床心理学杂志》2012 年第 1 期。

郭继强、费舒澜、林平：《越漂亮，收入越高吗？——兼论相貌与收入的"高跟鞋曲线"》，《经济学（季刊）》2017 年第 1 期。

郭星华：《漂泊与寻根：流动人口的社会认同研究》，中国人民大学出版社，2011。

郭永玉、周春燕：《公正世界信念对低社会阶层的双重作用》，《西南大学学报》（社会科学版）2014 年第 1 期。

郭云贵、彭艳容：《城市宜居性、城市认同对流动人口定居意愿的影响——基于 2017 年全国流动人口动态监测数据的分析》，《城市学刊》2022 年第 1 期。

和红、智欣：《新生代流动人口社会支持状况的社会人口学特征分析》，《人口研究》2012 年第 5 期。

贺伟婕、曹成刚：《新生代农民工的社会支持、应付方式与生存质量的相关研究》，《现代预防医学》2014 年第 13 期。

胡荣：《城市居民的社会资本与婚姻质量》，《山东社会科学》2013 年第 6 期。

胡文馨、曾湘泉：《美貌能提高婚姻满意度吗？——来自 CFPS 数据的经验证据》，《劳动经济研究》2019 年第 3 期。

胡小勇、郭永玉、李静、杨沈龙：《社会公平感对不同阶层目标达成的影响及其过程》，《心理学报》2016 年第 3 期。

胡晓艳：《关系流动性对新生代农民工幸福感的影响：人际信任的中介作用》，硕士学位论文，鲁东大学，2015。

胡映洁、安顿：《城市多样性增加了流动人口的居留意愿吗？——基于"大众点评网"的大数据分析》，《上海经济》2020 年第 6 期。

怀默霆：《中国民众如何看待当前的社会不平等》，《社会学研究》2009 年第 1 期。

黄敦平、王雨：《身份认同对小镇青年城市居留意愿的影响》，《河北农业大学学报》（社会科学版）2022 年第 5 期。

黄进主编《成都医疗美容产业发展报告（2019）》，社会科学文献出版社，2020。

黄玖立、田媛：《美貌能带来幸福感吗？》，《南方经济》2019 年第 1 期。

黄梓航、敬一鸣、喻丰、古若雷、周欣悦、张建新、蔡华俭：《个人主义上升，集体主义式微？——全球文化变迁与民众心理变化》，《心理科学进展》2018 年第 11 期。

〔荷〕吉尔特·霍夫斯泰德、格特·扬·霍夫斯泰德：《文化与组织：心理软件的力量（第二版）》，李原、孙健敏译，中国人民大学出版社，2010。

金盛华、辛志勇：《中国人价值观研究的现状及发展趋势》，《北京师范大学学报》（社会科学版）2003 年第 3 期。

孔艳芳、周凤：《中国流动人口的就业技能与社会融合研究——基于多层非线性模型的经验论证》，《劳动经济评论》2020 年第 1 期。

赖洵慧：《关系流动性调节情绪表达与心理功能间之相关》，硕士学位论文，台湾大学，2013。

雷开春：《白领新移民与本地居民的社会支持关系及影响因素》，《青年研究》2008 年第 9 期。

李朝婷：《灵活就业流动人口就业质量与居留意愿研究》，《中国劳动关系学院学报》2023 年第 3 期。

李建民、王婷、孙智帅：《从健康优势到健康劣势：乡城流动人口中的"流行病学悖论"》，《人口研究》2018 年第 6 期。

李琼、刘力：《低地位群体的外群体偏好》，《心理科学进展》2011 年第 7 期。

李升：《主客观阶层位置与社会政治态度研究——兼论中国中产阶层的"稳定器"功能》，《社会发展研究》2017 年第 2 期。

李原：《个人目标追求与婚姻满意度研究》，《青年研究》2020 年第 5 期。

梁土坤：《居住证制度、生命历程与新生代流动人口心理融入——基于 2017 年珠三角地区流动人口监测数据的实证分析》，《公共管理学报》2020 年第 1 期。

刘芳：《桥接型社会资本与新移民社会融入——兼论社会组织与基层社区对新移民融入的推动作用》，《学习论坛》2015 年第 11 期。

刘琳琳、朱廷劭、任孝鹏：《个体主义/集体主义的代际变迁 1949-2010：来自〈人民日报〉的证据》，《中国临床心理学杂志》2020 年第 3 期。

刘妍洁：《流动儿童少年身份认同现状及其与身份凸显性的关系》，硕士学位论文，西南大学，2013。

陆学艺：《当代中国社会阶层的分化与流动》，《江苏社会科学》2003 年第 4 期。

陆益龙：《户口还起作用吗——户籍制度与社会分层和流动》，《中国社

会科学》2008 年第 1 期。

路自愿、龙文进、庞晓鹏、李睿：《童年迁移经历对农村流动人口成年时期收入的影响》，《中国农村观察》2022 年第 1 期。

马超、程令国、闫雪凌：《收入冲击、婚姻满意度和夫妻议价》，《劳动经济研究》2019 年第 3 期。

马广海：《论社会心态：概念辨析及其操作化》，《社会科学》2008 年第 10 期。

〔美〕曼纽尔·卡斯特：《网络社会的崛起》，夏铸九等译，社会科学文献出版社，2006。

孟宪范：《家庭：百年来的三次冲击及我们的选择》，《清华大学学报》（哲学社会科学版）2008 年第 3 期。

孟兆敏、吴瑞君：《城市流动人口居留意愿研究——基于上海、苏州等地的调查分析》，《人口与发展》2011 年第 3 期。

彭姣、毕忠鹏、翟振武：《中国流动人口的婚姻状态稳定性研究》，《西北人口》2022 年第 3 期。

〔英〕齐格蒙特·鲍曼：《流动的现代性》，欧阳景根译，上海三联书店，2002。

任国强、胡梦雪：《跨省流动人口健康自评状况及其影响因素分析——基于 2014 年全国流动人口动态监测调查数据》，《中国卫生事业管理》2021 年第 8 期。

任远、邬民乐：《城市流动人口的社会融合：文献述评》，《人口研究》2006 年第 3 期。

任远：《"逐步沉淀"与"居留决定居留"——上海市外来人口居留模式分析》，《中国人口科学》2006 年第 3 期。

申顺芬、林明鲜：《婚姻满意度研究：以山东省为例》，《人口研究》2013 年第 4 期。

石郑：《"乡—城"流动老人自评健康影响因素与对策研究》，《兰州学刊》2020 年第 4 期。

史毅：《户籍制度与家庭团聚——流动人口流入地的身份认同》，《青年研究》2016 年第 6 期。

史毅：《城市迁移人口的群体分化与认同困境——基于 2011 年 CSS 数据的分析》，《中国名城》2016 年第 6 期。

宋全成、王昕：《论居住特征对我国流动人口长期居留意愿的影响——基于 2014 年全国流动人口动态监测数据的实证研究》，《山东大学学报》（哲学社会科学版）2019 年第 5 期。

宋全成、张露：《就业青年流动人口的身份认同及影响因素研究》，《海南大学学报》（人文社会科学版）2023 年第 1 期。

苏文：《流动儿童城市角色认同及其影响因素研究》，硕士学位论文，西南大学，2011。

谭旭运：《主客观社会地位对社会信任心态的影响》，《哈尔滨工业大学学报》（社会科学版）2016 年第 4 期。

唐杰、张斐：《流动人口居留时间的影响因素分析——以北京市为例》，《兰州学刊》2011 年第 2 期。

唐军、谢子龙：《移动互联时代的规训与区分——对健身实践的社会学考察》，《社会学研究》2019 年第 1 期。

田晓虹：《转型期择偶模式的实态与变化》，《浙江学刊》2001 年第 1 期。

汪然、李挺：《主观市民化能力会影响大城市流动人口的城市居留意愿吗？——以上海市为例》，《上海经济》2020 年第 6 期。

王春兰、丁金宏：《流动人口迁居行为分析——以上海市闵行区为例》，《南京人口管理干部学院学报》2007 年第 4 期。

王存同、余姣：《中国婚姻满意度水平及影响因素的实证分析》，《妇女研究论丛》2013 年第 1 期。

王桂新、丁俊菘：《城市规模与流动人口身份认同》，《复旦学报》（社会科学版）2022 年第 2 期。

王捷凯、叶玲、宋伟轩、涂振发：《中国城市流动人口住房负担与迁移的时空分异格局研究》，《华中师范大学学报》（自然科学版）2023 年第 4 期。

王俊秀：《社会心态：转型社会的社会心理研究》，《社会学研究》2014 年第 1 期。

王婷、李建民：《跨文化流动与健康——基于 CLDS 数据的实证研究》，《人口学刊》2019 年第 1 期。

李相承、杨棵瑞、陈臣、杨敏、王丽：《对社会支持与职业倦怠的实证研究》，《教育发展研究》2019 年第 1 期。

谢桂华：《中国流动人口的人力资本回报与社会融合》，《中国社会科学》2012 年第 4 期。

徐安琪、叶文振：《婚姻质量：度量指标及其影响因素》，《中国社会科学》1998 年第 1 期。

阎云翔：《私人生活的变革：一个中国村庄里的爱情、家庭与亲密关系（1949—1999）》，龚小夏译，上海人民出版社，2017。

杨华：《农村婚姻挤压的类型及其生成机制》，《华中农业大学学报》（社会科学版）2019 年第 4 期。

杨健、李辉、赫云鹏：《农民工生活满意度、社会支持与城市认同的相关研究——以深圳市和昆明市为例》，《长春理工大学学报》（社会科学版）2012 年第 4 期。

杨菊华、陈传波：《流动家庭的现状与特征分析》，《人口学刊》2013 年第 5 期。

杨菊华、孙超：《我国离婚率变动趋势及离婚态人群特征分析》，《北京行政学院学报》2021 年第 2 期。

杨菊华、吴敏、张娇娇：《流动人口身份认同的代际差异研究》，《青年研究》2016 年第 4 期。

杨菊华、张娇娇、吴敏：《此心安处是吾乡——流动人口身份认同的区域差异研究》，《人口与经济》2016 年第 4 期。

杨菊华：《流动人口在流入地社会融入的指标体系——基于社会融入理

论的进一步研究》,《人口与经济》2010 年第 2 期。

杨菊华:《社会排斥与青年乡-城流动人口经济融入的三重弱势》,《人口研究》2012 年第 5 期。

杨菊华:《以强大的正式社会支持形塑流动人口的归属感》,《人民论坛》2020 年第 2 期。

杨沈龙、郭永玉、李静:《低社会阶层者是否更相信系统公正》,《心理科学进展》2013 年第 12 期。

杨学功:《当前中国价值观冲突及其前景》,《天津社会科学》2013 年第 4 期。

杨宜音、王俊秀等:《当代中国社会心态研究》,社会科学文献出版社,2013。

杨宜音:《社会心理领域的价值观研究述要》,《中国社会科学》1998年第 2 期。

杨宜音:《个体与宏观社会的心理关系:社会心态概念的界定》,《社会学研究》2006 年第 4 期。

杨宜音:《关系化还是类别化:中国人"我们"概念形成的社会心理机制探讨》,《中国社会科学》2008 年第 4 期。

杨中芳:《中国人真是集体主义的吗?——试论中国文化的价值体系》,载杨国枢主编《中国人的价值观——社会科学观点》,桂冠图书公司,1994。

姚露、李洁:《改革开放以来流动人口的认同研究类型及展望》,《重庆文理学院学报》(社会科学版)2022 年第 6 期。

易龙飞、朱浩:《流动人口居住质量与其健康的关系——基于中国 15个大中城市的实证分析》,《城市问题》2015 年第 8 期。

尹振宇、刘冠军:《美貌能带来美满的婚姻吗——长相和身材对青年人群婚姻满意度的影响》,《中国青年研究》2019 年第 9 期。

应小萍:《居民生活压力感:城市比较研究》,载王俊秀主编《中国社会心态研究报告(2016)》,社会科学文献出版社,2016。

于若蓉、陈婉琪:《已婚女性相对收入与家庭满意度》,《人口学刊》

2020 年 6 月。

于潇、孙悦：《城镇与农村流动人口的收入差异——基于 2015 年全国流动人口动态监测数据的分位数回归分析》，《人口研究》2017 年第 1 期。

俞林伟、朱宇：《居住隔离对流动人口健康的影响——基于 2014 年流动人口动态监测数据的分析》，《山东社会科学》2018 年第 6 期。

袁莉敏、许燕、王斐、梁志祥、王治国：《婚姻质量的内涵及测量方法》，《中国特殊教育》2007 年第 12 期。

昝嘉悦：《建筑工地农民工城市认同、心理融入和主观幸福感的现状及关系研究》，硕士学位论文，云南师范大学，2018。

张丽：《公共服务均等化、心理认同与流动人口消费水平》，《商业经济研究》2021 年第 22 期。

张网成：《中产阶层患有财富焦虑症吗》，《人民论坛》2017 年第 27 期。

张雪凯、宁光杰、刘丽丽：《童年随迁经历对农村流动人口就业与收入的影响》，《农业技术经济》2023 年 9 月 27 日。

赵定东、许洪波：《"关系"的魅力与移民的"社会适应"：中哈移民的一个考察》，《市场与人口分析》2004 年第 4 期。

赵蕊：《农民工市民化意愿影响因素分析——基于天津滨海新区的调查》，硕士学位论文，天津商业大学，2017。

赵玉芳、张庆林：《西部民众对西部大开发中社会问题应对策略的研究》，《心理科学》2005 年第 3 期。

钟涛：《社群隔离、身份认同与流动青年城市定居意愿》，《当代青年研究》2019 年第 1 期。

周皓：《流动人口社会融合的测量及理论思考》，《人口研究》2012 年第 3 期。

周晓虹：《全球化与中产阶级的型塑：理论与现实》，《天津社会科学》2007 年第 4 期。

Abraidolanza, A. F., Dohrenwend, B. P., Ng-Mak, D. S., & Turner, J.

B. , "The Latino Mortality Paradox: A Test of the 'Salmon Bias' and Healthy Migrant Hypotheses," *American Journal of Public Health*, 1999, 89 (10) .

Adams, G. , "The Cultural Grounding of Personal Relationship: Enemyship in North American and West African Worlds," *Journal of Personality and Social Psychology*, 2005, 88 (6) .

Adler, N. E. , Epel, E. S. , Castellazzo, G. , & Ickovics, J. R. , "Relationship of Subjective and Objective Social Status with Psychological and Physiological Functioning: Preliminary Data in Healthy, White Women," *Health Psychology*, 2000, 19 (6) .

Anahita, T. , Sadat, I. , Fini, I. , Hamidreza, G. , & Neda, M. , "The Marital Satisfaction and its Relative Factors among Older Adults," *Nurse Care Open Acces J.* , 2016, 1 (4) .

Andersen, R. , & Curtis, J. , "Social Class, Economic Inequality, and the Convergence of Policy Preferences: Evidence from 24 Modern Democracies," *Canadian Review of Sociology/Revue canadienne de sociologie*, 2015, 52 (3) .

Andersen, R. , & Yaish, M. , "Public Opinion on Income Inequality in 20 Democracies: The Enduring Impact of Social Class and Economic Inequality," Amsterdam Institute for Advanced Labour Studies, GINI Discussion Paper, 2012.

Anderson, S. , & Leventhal, T. , "Residential Mobility and Adolescent Achievement and Behavior: Understanding Timing and Extent of Mmobility," *Journal of Research on Adolescence*, 2017, 27 (2) .

Anderson, S. , Leventhal, T. , & Dupéré, V. , "Residential Mobility and the Family Context: A Developmental Approach," *Journal of Applied Developmental Psychology*, 2014, 35 (2) .

Astone, N. M. , & McLanahan, S. S. , "Family Structure, Residential Mobility, and School Dropout: A Research Note," *Demography*, 1994, 31 (4) .

Bahns, A. J. , Pickett, K. M. , & Crandall, C. S. , "Social Ecology of

Similarity: Big Schools, Small Schools and Social Relationships," *Group Processes & Intergroup Relations*, 2012, 15 (1).

Baumard, N. , André, J. -B. , & Sperber, D. , "A Mutualistic Approach to Morality: The Evolution of Fairness by Partner Choice," *Behavioral and Brain Sciences*, 2013, 36 (1).

Beck, U. , "Mobility and the Cosmopolitan Perspective," In *Exploring Networked Urban Mobilities*. Routledge, 2017.

Booth, A. , & Edwards, J. N. , "Age at Marriage and Marital Instability," *Journal of Marriage and the Family*, 1985, 47 (1).

Boyle, P. J. , Gatrell, A. C. , & Duke-Williams, O. , "The Effect on Morbidity of Variability in Deprivation and Population Stability in England and Wales: An Investigation at Small-area Level," *Social Science & Medicine*, 1999, 49 (6).

Brandt, M. J. , "Do the Disadvantaged Legitimize the Social System? A Large-scale Test of the Status-legitimacy Hypothesis," *Journal of Personality and Social Psychology*, 2013, 104 (5).

Brandt, M. J. , & Henry, P. J. , "Gender Inequality and Gender Differences in Authoritarianism," *Personality and Social Psychology Bulletin*, 2012, 38 (10).

Breen, R. , & Whelan, C. T. , "Social Class, Class Origins and Political Partisanship in the Republic of Ireland," *European Journal of Political Research*, 1994, 26 (2).

Brewer, M. B. , and Gardner, W. , "Who is this 'We'? Levels of Collective Identity and Self Representations," *Journal of Personality and Social Psychology*, 1996 (71).

Brown, T. H. , O'Rand, A. M. , & Adkins, D. E. , "Race-ethnicity and Health Trajectories: Tests of Three Hypotheses across Multiple Groups and Health Outcomes," *Journal of Health and Social Behavior*, 2012, 53 (3).

Brown-Iannuzzi, J. L. , Lundberg, K. B. , Kay, A. C. , & Payne, B. K. , "Subjective Status Shapes Political Preferences," *Psychological Science*, 2015, 26 (1) .

Buttrick, N. , & Oishi, S. , "The Cultural Dynamics of Declining Residential Mobility," *American Psychologist*, 2021, 76 (6) .

Callaghan, B. , Delgadillo, Q. M. , & Kraus, M. W. , "The Influence of Signs of Social Class on Compassionate Responses to People in Need," *Frontiers in Psychology*, 2022 (13) .

Chiswick, B. R. , Lee, Y. L. , & Miller, P. W. , "Immigrant Selection Systems and Immigrant Health," *Contemporary Economic Policy*, 2008, 26 (4) .

Clery, E. , Lee, L. , & Kunz, S. , "Public Attitudes to Poverty and Welfare, 1983-2011", Natlen Social Research, 2013.

Clifford, P. , & Heath, A. F. , "The Political Consequences of Social Mobility," *Journal of the Royal Statistical Society Series A: Statistics in Society*, 1993, 156 (1) .

Coffman, D. L. , "Estimating Causal Effects in Mediation Analysis Using Propensity Scores," *Structural Equation Modeling: A Multidisciplinary Journal*, 2011, 18 (3) .

Cohen, S. , Alper, C. M. , Doyle, W. J. , Adler, N. , Treanor, J. J. , & Turner, R. B. , "Objective and Subjective Socioeconomic Status and Susceptibility to the Common Cold," *Health Psychology*, 2008, 27 (2) .

Coulter, R. , Ham, M. van, & Findlay, A. M. , "Re-thinking Residential Mobility: Linking Lives through Time and Space," *Progress in Human Geography*, 2016, 40 (3) .

Dakin, J. , & Wampler, R. , "Money doesn't Buy Happiness, but it Helps: Marital Satisfaction, Psychological Distress, and Demographic Differences between Low-and Middle-income Clinic Couples," *The American Journal of Family*

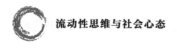

Therapy, 2008, 36 (4).

Davey, A., & Savla, J., *Statistical Power Analysis with Missing Data: A Structural Equation Modeling Approach*. Routledge Academic, 2015.

De, S., Gelfand, M. J., Nau, D., & Roos, P., "The Inevitability of Ethnocentrism Revisited: Ethnocentrism Diminishes as Mobility Increases," *Scientific Reports*, 2015, 5 (1).

Demakakos, P., Nazroo, J., Breeze, E., & Marmot, M., "Socioeconomic Status and Health: The Role of Subjective Social Status," *Social Science & Medicine (1982)*, 2008, 67 (2).

Destin, M., "Socioeconomic Mobility, Identity, and Health: Experiences that Influence Immunology and Implications for Intervention," *American Psychologist*, 2019, 74 (2).

Destin, M., & Debrosse, R., "Upward Social Mobility and Identity," *Current Opinion in Psychology*, 2017 (18).

Destin, M., Rheinschmidt-Same, M., & Richeson, J. A., "Status-based Identity: A Conceptual Approach Integrating the Social Psychological Study of Socioeconomic Status and Identity," *Perspectives on Psychological Science*, 2017, 12 (2).

Diener, Emmons, Larsen, & Griffin, "The Satisfaction with Life Scale," *Journal of Personality Assessment*, 1985 (49).

Dubois, D., Rucker, D. D., & Galinsky, A. D., "Social Class, Power, and Selfishness: When and Why Upper and Lower Class Individuals Behave Unethically," *Journal of Personality and Social Psychology*, 2015, 108 (3).

Dugan, A., & Newport, F., "In U.S., Fewer Believe 'Plenty of Opportunity' to Get Ahead," Gallup, October 23, 2013, https://news.gallup.com/poll/165584/fewer-believe-plenty-opportunity-ahead.aspx.

Durkheim, E., *Suicide: A Study in Sociology*. Routledge, 2005.

Dweck, C. S., & Yeager, D. S., "Mindsets: A View from Two Eras,"

384

Perspectives on Psychological Science, 2019, 14 (3).

Ellemers, N., Spears, R., & Doosje, B., "Self and Social Identity," *Annual Review of Psychology*, 2002, 53 (1).

Falk, C. F., Heine, S. J., Yuki, M., & Takemura, K., "Why do Westerners Self-enhance more than East Asians?" *European Journal of Personality: Published for the European Association of Personality Psychology*, 2009, 23 (3).

Florida, R., "The Economic Geography of Talent," *Annals of the Association of American Geographers*, 2002, 92 (4).

Fomby, P., & Sennott, C. A., "Family Structure Instability and Mobility: The Consequences for Adolescents' Problem Behavior," *Social Science Research*, 2013, 42 (1).

Foster, T. B., "Decomposing American Immobility: Compositional and Rate Components of Interstate, Intrastate, and Intracounty Migration and Mobility Decline," *Demographic Research*, 2017 (37).

Franiuk, R., Pomerantz, E. M., & Cohen, D., "The Causal Role of Theories of Relationships: Consequences for Satisfaction and Cognitive Strategies," *Personality and Social Psychology Bulletin*, 2004, 30 (11).

Frenkel, S. J., & Yu, C., "Chinese Migrants' Work Experience and City Identification: Challenging the Underclass Thesis," *Human Relations*, 2015, 68 (2).

García-Sánchez, E., Osborne, D., Willis, G. B., & Rodríguez-Bailón, R., "Attitudes towards Redistribution and the Interplay between Perceptions and Beliefs about Inequality," *British Journal of Social Psychology*, 2020, 59 (1).

Gasper J., DeLuca S. and Estacion A., "Coming and Going: Explaining the Effects of Residential and School Mobility on Adolescent Delinquency," *Social Science Research*, 2010, 39 (3).

Gelfand, M. J., Chiu, C., & Hong, Y., *Handbook of Advances in Culture and Psychology*, *Volume 5*. Oxford University Press, 2015.

Gillath, O., & Keefer, L. A., "Generalizing Disposability: Residential Mobility and the Willingness to Dissolve Social Ties," *Personal Relationships*, 2016, 23 (2).

Gilman, S. E., Kawachi, I., Fitzmaurice, G. M., & Buka, S. L., "Socio – economic Status, Family Disruption and Residential Stability in Childhood: Relation to Onset, Recurrence and Remission of Major Depression," *Psychological Medicine*, 2003, 33 (8).

Ginsburg, C., Norris, S. A., Richter, L. M., & Coplan, D. B., "Patterns of Residential Mobility amongst Children in Greater Johannesburg – Soweto, South Africa: Observations from the Birth to Twenty Cohort," *Urban Forum* , 2009 (20).

Gong, F., Xu, J., & Takeuchi, D. T. , "Beyond Conventional Socioeconomic Status: Examining Subjective and Objective Social Status with Self – reported Health among Asian Immigrants," *Journal of Behavioral Medicine*, 2012 (35).

Guan, J., & Xu, C., "Are Relocatees Different from Others? Relocatee's Travel Mode Choice and Travel Equity Analysis in Large – scale Residential Areas on the Periphery of Megacity Shanghai, China," *Transportation Research Part A: Policy and Practice*, 2018 (111).

Gustafsson, P. E., Bozorgmehr, K., Hammarström, A., & San Sebastian, M. , "What Role does Adolescent Neighborhood Play for Adult Health? A Cross- classified Multilevel Analysis of Life Course Models in Northern Sweden," *Health & Place*, 2017 (46).

Hamermesh, D., *Beauty Pays: Why Attarctive People are More Successful?* Princeton: Princeton University Press, 2011.

Harraka, M., "Bowling Alone: The Collapse and Revival of American Community, by Robert D. Putnam," *Journal of Catholic Education*, 2002, 6 (2).

Harrington, J. R., & Gelfand, M. J., "Tightness-looseness Across the 50 United States," *Proceedings of the National Academy of Sciences of the United States of America*, 2014, 111 (22).

Harvey, D., *Spaces of Neoliberalization: Towards a Theory of Uneven Geographical Development (Vol. 8)*. Franz Steiner Verlag, 2005.

Haynie, D. L., South, S. J., & Bose, S., "The Company You Keep: Adolescent Mobility and Peer Behavior," *Sociological Inquiry*, 2006, 76 (3).

Heine, S. J., Lehman, D. R., Markus, H. R., & Kitayama, S., "Is there a Universal Need for Positive Self-regard?" *Psychological Review*, 1999, 106 (4).

Helms, H. M., Walls, J. K., Crouter, A. C., & McHale, S. M., "Provider Role Attitudes, Marital Satisfaction, Role Overload, and Housework: A Dyadic Approach," *Journal of Family Psychology*, 2010, 24 (5).

Hofstede, G., *Culture's Consequences: Comparing Values, Behaviors, Institutions and Organizations across Nations*. Sage, 2001.

House, R. J., Hanges, P. J., Javidan, M., Dorfman, P. W., & Gupta, V. (eds.), *Culture, Leadership, and Organizations: The GLOBE Study of 62 Societies*. Sage Publications, 2004.

Huang, S., Hou, J., Sun, L., Dou, D., Liu, X., & Zhang, H., "The Effects of Objective and Subjective Socioeconomic Status on Subjective Well-being among Rural-to-urban Migrants in China: The Moderating Role of Subjective Social Mobility," *Frontiers in Psychology*, 2017 (8).

Jaime-Castillo, A. M., & Marqués-Perales, I., "Beliefs about Social Fluidity and Preferences for Social Policies," *Journal of Social Policy*, 2014, 43 (3).

Jetten, J., Haslam, S. A., Cruwys, T., Greenaway, K. H., Haslam, C., & Steffens, N. K., "Advancing the Social Identity Approach to Health and Well-being: Progressing the Social Cure Research Agenda," *European Journal of*

Social Psychology, 2017, 47 (7) .

Jokela, M. , "Personality Traits and Reasons for Residential Mobility: Longitudinal Data from United Kingdom, Germany, and Australia," *Personality and Individual Differences*, 2021 (180) .

Jordan, C. M. , "Measuring Social Ecology: Comparing Perceptions of Personal and Societal Relational Mobility in Japan and the United States," The College of William and Mary, 2020.

Jost, J. T. , Pelham, B. W. , Sheldon, O. , & Ni Sullivan, B. , "Social Inequality and the Reduction of Ideological Dissonance on Behalf of the System: Evidence of Enhanced System Justification among the Disadvantaged," *European Journal of Social Psychology*, 2003, 33 (1) .

Kan, C. , Kawakami, N. , Karasawa, M. , Love, G. D. , Coe, C. L. , Miyamoto, Y. , Ryff, C. D. , Kitayama, S. , Curhan, K. B. , & Markus, H. R. , "Psychological Resources as Mediators of the Association between Social Class and Health: Comparative Findings from Japan and the USA," *International Journal of Behavioral Medicine*, 2014 (21) .

Kang, N. , & Kwak, N. , "A Multilevel Approach to Civic Participation: Individual Length of Residence, Neighborhood Residential Stability, and Their Interactive Effects with Media Use," *Communication Research*, 2003, 30 (1) .

Kasser, T. , & Ryan, R. M. , "Further Examining the American Dream: Differential Correlates of Intrinsic and Extrinsic Goals," *Personality and Social Psychology Bulletin*, 1996, 22 (3) .

Kelley, S. , & Kelley, C. , "Subjective Social Mobility: Data from 30 Nations," Charting the Globe: The International Social Survey Programme 2009, 2009.

Kling, K. C. , Oishi, S. , & Ryff, C. , "How Personality and Well-being are Related to Number of Lifetime Moves," In Poster Session Presented at the Third Meeting of the Society of Personality and Social Psychology, Savannah,

GA, 2002.

Knee, C. R., Patrick, H., & Lonsbary, C., "Implicit Theories of Relationships: Orientations toward Evaluation and Cultivation," *Personality and Social Psychology Review*, 2003, 7 (1).

Knudsen, A. S. B. , "Those Who Stayed: Individualism, Self-selection and Cultural Change during the Age of Mass Migration," Discussion Papers 19-1, University of Copenthagen, 2019.

Kraus, M. W. , "Americans Still Overestimate Social Class Mobility: A Pre-registered Self-replication," *Frontiers in Psychology*, 2015 (6).

Kraus, M. W. , & Callaghan, B. , "Social Class and Prosocial Behavior: The Moderating Role of Public Versus Private Contexts," *Social Psychological and Personality Science*, 2016, 7 (8).

Kraus, M. W. , & Keltner, D. , "Signs of Socioeconomic Status: A Thin-slicing Approach," *Psychological Science*, 2009, 20 (1).

Kraus, M. W. , & Park, J. W, "The Undervalued Self: Social Class and Self-evaluation," *Frontiers in Psychology*, 2014 (5).

Kraus, M. W. , & Tan, J. J. , "Americans Overestimate Social Class Mobility," *Journal of Experimental Social Psychology*, 2015 (58).

Kraus, M. W. , Adler, N. , & Chen, T. -W. D. , "Is the Association of Subjective SES and Self-rated Health Confounded by Negative Mood? An Experimental Approach," *Health Psychology*, 2013, 32 (2).

Kraus, M. W. , Côté, S. , & Keltner, D. , "Social Class, Contextualism, and Empathic Accuracy," *Psychological Science*, 2010, 21 (11).

Kraus, M. W. , Piff, P. K. , & Keltner, D. , "Social Class, Sense of Control, and Social Explanation," *Journal of Personality and Social Psychology*, 2009, 97 (6).

Kraus, M. W. , Piff, P. K. , & Keltner, D. , "Social Class as Culture: The Convergence of Resources and Rank in the Social Realm," *Current Directions in Psychological Science*, 2011, 20 （4）.

Kraus, M. W., Piff, P. K., Mendoza－Denton, R., Rheinschmidt, M. L., & Keltner, D., "Social Class, Solipsism, and Contextualism: How the Rich are Different from the Poor," *Psychological Review*, 2012, 119 （3）.

Kraus, M., Anderson, C., & Callaghan, B., "The Inequality of Politics: Social Class Rank and Political Participation," SSRN Electric Journal, Janurary 2015.

Kuppens, T., Spears, R., Manstead, A. S., Spruyt, B., & Easterbrook, M. J., "Educationism and the Irony of Meritocracy: Negative Attitudes of Higher Educated People towards the Less Educated, " *Journal of Experimental Social Psychology*, 2018 （76）.

Laurin, K., Fitzsimons, G. M., & Kay, A. C., "Social Disadvantage and the Self－regulatory Function of Justice Beliefs," *Journal of Personality and Social Psychology*, 2011, 100 （1）.

Lerner, M. J., "The Justice Motive: Some Hypotheses as to its Origins and Forms 1," *Journal of Personality*, 1977, 45 （1）.

Lerner, M. J., & Simmons, C. H., "Observer's Reaction to the 'Innocent Victim': Compassion or Rejection?" *Journal of Personality and Social Psychology*, 1966, 4 （2）.

Lewin, K., "Field Theory and Experiment in Social Psychology: Concepts and Methods," *American Journal of Sociology*, 1939, 44 （6）.

Li, K., Yu, F., Zhang, Y., & Guo, Y., "The Effects of Subjective Social Class on Subjective Well－Being and Mental Health: A Moderated Mediation Model," *International Journal of Environmental Research and Public Health*, 2023, 20 （5）.

Li, L. M. W., "Social Class, Social Capital and Residential Mobility in China," *Social Indicators Research*, 2017 （132）.

Li, L. M. W., Masuda, T., & Lee, H., "Low Relational Mobility Leads to Greater Motivation to Understand Enemies but not Friends and Acquaintances," *British Journal of Social Psychology*, 2018, 57（1）.

Li, W. -Q., Li, L. M. W., & Li, M., "Residential Mobility Reduces in-group Favoritism in Prosocial Behavior," *Asian Journal of Social Psychology*, 2019, 22（1）.

Li, W. -Q., Li, L. M. W., & Lou, N. M., "Who Moved with You? The Companionship of Significant Others Reduces Movers' Motivation to Make New Friends," *Asian Journal of Social Psychology*, 2022, 25（2）.

Lin, K. C., JWR, T., & Huang, H. C., "Longitudinal Impact of Frequent Geographic Relocation from Adolescence to Adulthood on Psychosocial Stress and Vital Exhaustion at Ages 32 and 42 Years: the Amsterdam Growth and Health Longitudinal Study," *Journal of Epidemiology*, 2012, 22（5）.

Lipset, S. M., *Political Man: The Social Bases of Politics*. New York: Doubleday, 1960.

Lipset, S. M., & Bendix, R., "Social Status and Social Structure: A Re-Examination of Data and Interpretations: II," *The British Journal of Sociology*, 1951, 2（3）.

Lipset, S. M., & Bendix, R., *Social Mobility in Industrial Society*. Berkeley: Univ. Calif. Press, 1959.

Liu, C. -J., & Hao, F., "Reciprocity Belief and Gratitude as Moderators of the Association between Social Status and Charitable Giving," *Personality and Individual Differences*, 2017（111）.

Liu, P., Chan, D., Qiu, L., Tov, W., & Tong, V. J. C., "Effects of Cultural Tightness-looseness and Social Network Density on Expression of Positive and Negative Emotions: A Large-scale Study of Impression Management by Facebook Users," *Personality and Social Psychology Bulletin*, 2018, 44（11）.

Lou, N. M., & Li, L. M. W., "Interpersonal Relationship Mindsets and Rejection Sensitivity across Cultures: The Role of Relational Mobility,"

Personality and Individual Differences, 2017 (108).

Lun, J., Oishi, S., & Tenney, E. R., "Residential Mobility Moderates Preferences for Egalitarian Versus Loyal Helpers," *Journal of Experimental Social Psychology*, 2012, 48 (1).

Macy, M. W., & Sato, Y., "Trust, Cooperation, and Market Formation in the U. S. and Japan," Proceedings of the National Academy of Sciences of the United States of America, 2002, 99 (Suppl. 3).

Magdol, L., & Bessel, D. R., "Social Capital, Social Currency, and Portable Assets: The Impact of Residential Mobility on Exchanges of Social Support," *Personal Relationships*, 2003, 10 (2).

Manchi Chao, M., Zhang, Z. - X., & Chiu, C. - Y., "Personal and Collective Culpability Judgment: A Functional Analysis of East Asian—North American Differences," *Journal of Cross-Cultural Psychology*, 2008, 39 (6).

Manuel Castells, *The Urban Question: A Marxist Approach*. London: Edward Arnold Ltd, 1977.

McAdams, D., "Narrative Identity," In S. J. Schwartz, K. Luyckx, V. L. Vignoles (eds.), *Handbook of Identity Theory and Research*. Springer, 2011.

McCann, S. J., "Comparing American State Resident Neuroticism and State Tightness-Looseness as Predictors of Annual State Residential Mobility," *Psychological Reports*, 2016, 118 (3).

McCann, S. J., "Selective Migration in American Interstate Residential Flow: Similarity of Big Five Personality Factors among Origin and Destination State Residents," *Current Research in Ecological and Social Psychology*, 2022 (3).

Milfont, T. L., Thomson, R., & Yuki, M., "Does Relational Mobility Vary across National Regions? A Within-country Examination," *Plos One*, 2020, 15 (7).

Mincer, J., "Family Migration Decisions," *Journal of Political Economy*, 1978, 86 (5).

Monga, A. B. , & John, D. R. , "When does Negative Brand Publicity Hurt? The Moderating Influence of Analytic Versus Holistic Thinking," *Journal of Consumer Psychology*, 2008, 18 (4) .

Newman, K. S. , *Falling from Grace: Downward Mobility in the Age of Affluence*. University of California Press, 1999.

Obradovic, J. , Long, J. D. , Cutuli, J. J. , Chan, C. K. , Hinz, E. , Heistad, D. , & Masten, A. S. , "Academic Achievement of Homeless and Highly Mobile Children in an Urban School District: Longitudinal Evidence on Risk, Growth, and Resilience," *Development and Psychopathology*, 2009 (21) .

Oh, G. - E. G. , "Social Class, Social Self-esteem, and Conspicuous Consumption," *Heliyon*, 2021, 7 (2) .

Oishi, S. , "The Psychology of Residential Mobility: Implications for the Self, Social Relationships, and Well-Being," *Perspectives on Psychological Science*, 2010, 5 (1) .

Oishi, S. , "Socioecological Psychology," *Annual Review of Psychology*, 2014 (65) .

Oishi, S. , & Kesebir, S. , "Optimal Social-Networking Strategy is a Function of Socioeconomic Conditions," *Psychological Science*, 2012, 23 (12) .

Oishi, S. , & Talhelm, T. , "Residential Mobility: What Psychological Research Reveals," *Current Directions in Psychological Science*, 2012, 21 (6) .

Oishi, S. , & Tsang, S. , "The Socio-ecological Psychology of Residential Mobility," *Journal of Consumer Psychology*, 2022, 32 (3) .

Oishi, S. , Ishii, K. , & Lun, J. , "Residential Mobility and Conditionality of Group Identification," *Journal of Experimental Social Psychology*, 2009, 45 (4) .

Oishi, S. , Kesebir, S. , Miao, F. F. , Talhelm, T. , Endo, Y. , Uchida, Y. , Shibanai, Y. , & Norasakkunkit, V. , "Residential Mobility Increases

Motivation to Expand Social Network: But Why?" *Journal of Experimental Social Psychology*, 2013, 49 (2).

Oishi, S., Lun, J., & Sherman, G. D., "Residential Mobility, Self-concept, and Positive Affect in Social Interactions," *Journal of Personality and Social Psychology*, 2007, 93 (1).

Oishi, S., Miao, F. F., Koo, M., Kisling, J., & Ratliff, K. A., "Residential Mobility Breeds Familiarity-seeking," *Journal of Personality and Social Psychology*, 2012, 102 (1).

Oishi, S., Rothman, A. J., Snyder, M., Su, J., Zehm, K., Hertel, A. W., Gonzales, M. H., & Sherman, G. D., "The Socioecological Model of Procommunity Action: The Benefits of Residential Stability," *Journal of Personality and Social Psychology*, 2007, 93 (5).

Oishi, S., Saeki, M., & Axt, J., "Are People Living in Walkable Areas Healthier and more Satisfied with Life?" *Applied Psychology: Health and Well-Being*, 2015, 7 (3).

Oishi, S., Schug, J., Yuki, M., & Axt, J., "The Psychology of Residential and Relational Mobilities," *Handbook of Advances in Culture and Psychology*, 2015, 5 (5).

Ong, L. S., "I Need to be in Control: Motivations to Compensate Personal Control Threat through Hierarchy Endorsement among Individuals with Low vs. High Relational Mobility," Doctoral Dissertation, Singapore Management University, 2015.

Leung, A. K. Y., "Does Low Mobility Sustain Hierarchy? Investigating the Link between Relational Mobility and Hierarchy – related Beliefs," Conference Paper, 2012.

Oyserman, D., & Destin, M., "Identity-based Motivation: Implications for Intervention," *The Counseling Psychologist*, 2010, 38 (7).

Paterson, L., "Political Attitudes, Social Participation and Social Mobility:

A Longitudinal Analysis 1," *The British Journal of Sociology*, 2008, 59 (3).

Paxton, P., "Is Social Capital Declining in the United States? A Multiple Indicator Assessment," *American Journal of Sociology*, 1999, 105 (1).

Peterson, C., Park, N., & Seligman, M. E., "Orientations to Happiness and Life Satisfaction: The Full Life Versus the Empty Life," *Journal of Happiness Studies*, 2005 (6).

Piff, P. K., Kraus, M. W., Côté, S., Cheng, B. H., & Keltner, D., "Having less, Giving more: The Influence of Social Class on Prosocial Behavior," *Journal of Personality and Social Psychology*, 2010, 99 (5).

Piff, P. K., Stancato, D. M., Côté, S., Mendoza-Denton, R., & Keltner, D., "Higher Social Class Predicts Increased Unethical Behavior," *Proceedings of the National Academy of Sciences*, 2012, 109 (11).

Porter, L., & Vogel, M., "Residential Mobility and Delinquency Revisited: Causation or Selection?" *Journal of Quantitative Criminology*, 2014 (30).

Präg, P., & Gugushvili, A., "Subjective Social Mobility and Health in Germany," *European Societies*, 2021, 23 (4).

Pribesh, S., & Downey, D. B., "Why are Residential and School Moves Associated with Poor School Performance?" *Demography*, 1999 (36).

Rachele, J. N., Kavanagh, A. M., Brown, W. J., Healy, A. M., & Turrell, G., "Neighborhood Disadvantage and Body Mass Index: A Study of Residential Relocation," *American Journal of Epidemiology*, 2018, 187 (8).

Reimers, S., Maylor, E. A., Stewart, N., & Chater, N., "Associations between a One-shot Delay Discounting Measure and Age, Income, Education and Real-world Impulsive Behavior," *Personality and Individual Differences*, 2009, 47 (8).

Rentfrow, P. J., & Jokela, M., "Geographical Variation in the Big Five Personality Domains," In D. Cohen & S. Kitayama (eds.), *Handbook of*

Cultural Psychology. The Guilford Press, 2019.

Roos, P. , Gelfand, M. , Nau, D. , & Carr, R. , "High Strength-of-ties and Low Mobility Enable the Evolution of Third-party Punishment," Proceedings of the Royal Society-Biological Sciences, 2014, 281 (1776) .

Roy, A. L. , McCoy, D. C. , & Raver, C. C. , "Instability Versus Qquality: Residential Mobility, Neighborhood Poverty, and Children's Self-Regulation," *Developmental Psychology*, 2014, 50 (7) .

Rözer, J. J. , Hofstra, B. , Brashears, M. E. , & Volker, B. , "Does Unemployment Lead to Isolation? The Consequences of Unemployment for Social Networks," *Social Networks*, 2020 (63) .

San Martin, A. , Schug, J. , & Maddux, W. W. , "Relational Mobility and Cultural Differences in Analytic and Holistic Thinking," *Journal of Personality and Social Psychology*, 2019, 116 (4) .

Sato, K. , & Yuki, M. , "The Association between Self-esteem and Happiness Differs in Relationally Mobile vs. Stable Interpersonal Contexts, " *Frontiers in Psychology*, 2014 (5) .

Sato, K. , Yuki, M. , & Oishi, S. , "The Influence of Relational Mobility on Self-esteem," 7th Conference of Asian Association of Social Psychology, Kota Kinabalu, Malaysia, 2007.

Sato, Y. , & Imai, J. (eds.) . , *Japan's New Inequality: Intersection of Employment Reforms and Welfare Arrangements* (Vol. 10) . Apollo Books,2011.

Schmidt, N. M. , Krohn, M. D. , & Osypuk, T. L. , "Modification of Housing Mobility Experimental Effects on Delinquency and Educational Problems: Middle Adolescence as a Sensitive Period," *Journal of Youth and Adolescence*, 2018 (47) .

Schug, J. , Yuki, M. , & Maddux, W. , "Relational Mobility Explains between-and within-culture Differences in Self-disclosure to Close Friends," *Psychological Science*, 2010, 21 (10) .

Schug, J. , Yuki, M. , Horikawa, H. , & Takemura, K. , "Similarity Attraction and Actually Selecting Similar Others: How Cross-societal Differences in Relational Mobility Affect Interpersonal Similarity in Japan and the USA," *Asian Journal of Social Psychology*, 2009, 12 (2) .

Schwartz, S. J. , Montgomery, M. J. , & Briones, E. , "The Role of Identity in Acculturation among Immigrant People: Theoretical Propositions, Empirical Questions, and Applied Recommendations," *Human Development*, 2006, 49 (1) .

Sorokin, P. A. , *Social Mobility*. Harper, 1927.

Southgate, E. , Brosnan, C. , Lempp, H. , Kelly, B. , Wright, S. , Outram, S. , & Bennett, A. , "Travels in Extreme Social Mobility: How First-in-family Students Find their Way into and through Medical Education," *Critical Studies in Education*, 2017, 58 (2) .

Spencer, B. , & Castano, E. , "Social Class is Dead. Long Live Social Class! Stereotype Threat among Low Socioeconomic Status Individuals," *Social Justice Research*, 2007 (20) .

Stellar, J. E. , Manzo, V. M. , Kraus, M. W. , & Keltner, D. , "Class and Compassion: Socioeconomic Factors Predict Responses to Suffering," *Emotion*, 2012, 12 (3) .

Stephens, N. M. , Markus, H. R. , & Fryberg, S. A. , "Social Class Disparities in Health and Education: Reducing Inequality by Applying a Sociocultural Self Model of Behavior," *Psychological Review*, 2012, 119 (4) .

Stephens, N. M. , Markus, H. R. , & Townsend, S. S. , "Choice as an Act of Meaning: The Case of Social Class," *Journal of Personality and Social Psychology*, 2007, 93 (5) .

Su, J. C. , Chiu, C. Y. , Lin, W. F. , & Oishi, S. , "Social Monitoring Matters for Deterring Social Deviance in Stable but not Mobile Socio-ecological Contexts," *Plos One*, 2016, 11 (11) .

Tan, J. J. X. , Kraus, M. , Carpenter, N. , & Adler, N. , "The Association between Objective and Subjective Socioeconomic Standing and Subjective Well-being: A Meta-analytic Review," *Psychological Bulletin*, 2020, 146 (11) .

Taylor-Gooby, P. , & Taylor-Gooby, P. , *The Double Crisis of the Welfare State*. Springer, 2013.

Thompson, L. M. , Jarvis, S. , Sparacino, P. , Kuo, D. , & Genz, S. , "Perceptions of Health Equity and Subjective Social Status among Baccalaureate Nursing Students Engaged in Service – learning Activities in Hawaii," *Hawaii Journal of Medicine & Public Health*, 2013, 72 (10) .

Thomson, R. , Yuki, M. , Talhelm, T. , Schug, J. , Kito, M. , Ayanian, A. H. , Becker, J. C. , Becker, M. , Chiu, C. , Choi, H. -S. , & others, "Relational Mobility Predicts Social Behaviors in 39 Countries and is Tied to Historical Farming and Threat," *Proceedings of the National Academy of Sciences*, 2018, 115 (29) .

Todaro, M. P. , "A Model of Labor Migration and Urban Unemployment in Less Developed Countries," *The American Economic Review*, 1969, 59 (1) .

Tønnessen, M. , Telle, K. , & Syse, A. , "Childhood Residential Mobility and Long-term Outcomes," *Acta Sociologica*, 2016, 59 (2) .

Triandis, H. C. , "The Self and Social Behavior in Differing Cultural Contexts," *Psychological Review*, 1989, 96 (3) .

Triandis, H. C. , "Differing Cultural Contexts," *The Culture and Psychology Reader*, 1995 (98) .

Van de Ven, N. , "Envy and Admiration: Emotion and Motivation Following Upward Social Comparison," *Cognition and Emotion*, 2017, 31 (1) .

Vernberg, E. M. , Greenhoot, A. F. , & Biggs, B. K. , "Intercommunity Relocation and Adolescent Friendships: Who Struggles and Why?" *Journal of Consulting and Clinical Psychology*, 2006, 74 (3) .

Voight, A. , Giraldo – García, R. , & Shinn, M. , "The Effects of Residential Mobility on the Education Outcomes of Urban Middle School Students and the Moderating Potential of Civic Engagement," *Urban Education*, 2020, 55 (4) .

Waldorf, B. , "Determinants of International Return Migration Intentions," *The Professional Geographer*, 1995, 47 (2) .

Wang, C. S. , Galinsky, A. D. , & Murnighan, J. K. , "Bad Drives Psychological Reactions, but Good Propels Behavior: Responses to Honesty and Deception," *Psychological Science*, 2009, 20 (5) .

Wang, C. S. , Leung, A. K. , See, Y. H. M. , & Gao, X. Y. , "The Effects of Culture and Friendship on Rewarding Honesty and Punishing Deception," *Journal of Experimental Social Psychology*, 2011, 47 (6) .

Wang, Y. , & Li, L. M. W. , "Does Your Trust in Strangers or Close Acquaintances Promote better Health? Societal Residential Mobility Matters," *The Journal of Social Psychology*, 2000, 160 (4) .

Weininger, E. B. , & Lareau, A. , "Paradoxical Pathways: An Ethnographic Extension of Kohn's Findings on Class and Childrearing," *Journal of Marriage and Family*, 2009, 71 (3) .

Weyers, S. , Dragano, N. , Möbus, S. , Beck, E. – M. , Stang, A. , Möhlenkamp, S. , Jöckel, K. H. , Erbel, R. , & Siegrist, J. , "Low Socio-economic Position is Associated with Poor Social Networks and Social Support: Results from the Heinz Nixdorf Recall Study," *International Journal for Equity in Health*, 2008 (7) .

Williams, D. R. , Patterson, M. E. , Roggenbuck, J. W. , & Watson, A. E. , "Beyond the Commodity Metaphor: Examining Emotional and Symbolic Attachment to Place," *Leisure Sciences*, 1992, 14 (1) .

Xu, Y. , & Burleson, B. R. , "Effects of Sex, Culture, and Support Type on Perceptions of Spousal Social Support: An Assessment of the 'Support Gap'

399

Hypothesis in Early Marriage," *Human Communication Research*, 2001, 27 (4).

Xu, Y., Chen, S., Kong, Q., & Luo, S., "The Residential Stability Mindset Increases Racial In-group Bias in Empathy," *Biological Psychology*, 2021 (165).

Yamada, J., Kito, M., & Yuki, M., "Relational Mobility and Intimacy in Friendships and Romantic Relationships: A Cross-societal Study between Canada and Japan," *Japanese Journal of Experimental Social Psychology*, 2015, 55 (1).

Yamagishi, T., & Yamagishi, M., "Trust and Commitment in the United States and Japan," *Motivation and Emotion*, 1994 (18).

Yamagishi, T., Kikuchi, M., & Kosugi, M., "Trust, Gullibility, and Social Intelligence," *Asian Journal of Social Psychology*, 1999, 2 (1).

Yuki, M., "Intergroup Comparison Versus Intragroup Relationships: A Cross-cultural Examination of Social Identity Theory in North American and East Asian Cultural Contexts," *Social Psychology Quarterly*, 2003 (66).

Yuki, M., & Schug, J., "Relational Mobility: A Socioecological Approach to Personal Relationships," In O. Gillath, G. E. Adams, & A. D. Kunkel (eds.), *Relationship Science: Integrating Evolutionary, Neuroscience, and Sociocultural Approaches.* Washington DC: American Psychological Association, 2012.

Yuki, M., Maddux, W. W., & Masuda, T., "Are the Windows to the Soul the Same in the East and West? Cultural Differences in Using the Eyes and Mouth as Cues to Recognize Emotions in Japan and the United States," *Journal of Experimental Social Psychology*, 2007, 43 (2).

Yuki, M., Sato, K., Takemura, K., & Oishi, S., "Social Ecology Moderates the Association between Self-esteem and Happiness," *Journal of Experimental Social Psychology*, 2013, 49 (4).

Yuki, M. , Schug, J. , Horikawa, H. , Takemura, K. , Sato, K. , Yokota, K. , & Kamaya, K. , "Development of a Scale to Measure Perceptions of Relational Mobility in Society," Working Paper Series No. 75, Hokkaido University, Sapporo, Japan, 2007.

Zelinska, O. , Gugushvili, A. , & Bulczak, G. , "Social Mobility, Health and Wellbeing in Poland," *Frontiers in Sociology*, 2021 (6) .

Zemba, Y. , Young, M. J. , & Morris, M. W. , "Blaming Leaders for Organizational Accidents: Proxy Logic in Collective-versus Individual-agency Cultures," *Organizational Behavior and Human Decision Processes*, 2006, 101 (1) .

Zhang, H. , Tsang, S. K. , Chi, P. , Cheung, Y. T. , Zhang, X. , & Yip, P. S. , "Wives' Relative Income and Marital Satisfaction among the Urban Chinese Population: Exploring some Moderating Effects," *Journal of Comparative Family Studies*, 2012, 43 (2) .

Zhao, N. , Xu, K. , & Sun, , "Residential Mobility and Trust: The Moderating Role of Cognitive Need for Closure," *Journal of Pacific Rim Psychology*, 2021 (15) .

Zhu, Y. , Zhang, L. , Fan, J. , and Han, S. , "Neural Basis of Cultural Influence on Self-representation," *Neuroimage*, 2007 (34) .

Zimmermann, J. , & Neyer, F. J. , "Do We Become a Different Person When Hitting the Road? Personality Development of Sojourners," *Journal of Personality and Social Psychology*, 2013, 105 (3) .

后 记

还记得 2008 年第一次到中国社会科学院，投简历时的情景尚历历在目，彼时尚未想到从此便与中国社会科学院社会学研究所结缘。光阴荏苒，一晃十六载，直到今天第一本拙著才终于杀青付梓，实在有愧于师长们的关爱。经历漫长的迷茫和转型，在一路适应中国社会科学院的各种改革过程中，跌跌撞撞走到了今天。虽然有所成长，但终究还是慢了些……或许这也是研究流动性思维的起因。一路走来，最要感谢的无疑是杨宜音老师，她像导师一样引领我走进社会心理学。拙著付梓之际，杨宜音老师提供了许多宝贵的修改建议，严把了本书的学术关。

如何利用中国社会心态调查数据持续推进社会心态理论往纵深方向发展始终萦绕在我的心头，以实证数据支持理论建构一直是心中所想、所念，拙著的撰写是这两种念想的一次实践，过程极其艰辛。理论通常是美好的，而实证往往又令人不忍直视。既提出流动性思维的概念，又想探讨社会心态层次结构，如何将两者有机地嵌套在一起，令我备感艰辛。几经推演、易稿，最终在理论与实证之间、流动性思维与社会心态层次结构之间梳理出一条可以勉强连通的羊肠小道，这便是它此刻呈现于您眼前的样态。囿于个人的能力，流动性思维的提升，社会心态层次结构的理论探讨仍较为粗浅，有待未来深入挖掘。书中难免纰漏，敬请方家不吝赐教。

拙著撰写的数据来自中国社会科学院社会学研究所社会心理学研究中心持续开展的中国社会科学院重大经济社会调查项目"中国社会心态调查"

（项目编号：2024ZDDC004），CSMS 已完成了四轮全国抽样调查，即将迎来第五轮，非常感谢研究中心团队成员在调查中付出的辛勤劳动，团队成员在完成本职工作的同时，始终花费巨大的精力将中国社会心态调查持续推进。正是因为有了他们，才有了本书的基础数据。在拙著撰写过程中，特别要感谢社会学研究所何蓉研究员，她以其深厚扎实的理论功底、严谨的治学态度所提出的修改意见为本书增色不少。

在撰写专著过程中，我的先生、中国艺术研究院美术研究所练春海研究员给予全力的支持，感谢他在忙碌的学术活动中，仍然挤出时间陪伴孩子、照顾家庭。当然，我也不能忘记感谢我的女儿练简兮，她除了管好自己的学习还时常督促我，每过几日便来询问写作的进展情况。拙著的撰写过程中，中国社会科学院大学的本科生林欣然、张谦育、付庆翔帮忙检索文献，硕士生陈睿和张岚清协助整理参考文献，在此一并致谢。

最后要感谢中国社会科学院社会心理大数据与人工智能实验室（编号：2024SYZH009）在本书出版中给予的经费资助。

路漫漫其修远兮。

陈满琪

2024 年 1 月 16 日于北京

图书在版编目（CIP）数据

流动性思维与社会心态／陈满琪著 . -- 北京：社
会科学文献出版社，2024.4（2025.9 重印）
ISBN 978-7-5228-3451-1

Ⅰ.①流… Ⅱ.①陈… Ⅲ.①社会流动-研究-中国
Ⅳ.①C912.8

中国国家版本馆 CIP 数据核字（2024）第 066191 号

流动性思维与社会心态

著　　者／陈满琪

出　版　人／冀祥德
责任编辑／张　嫒
责任印制／岳　阳

出　　版／社会科学文献出版社·皮书分社（010）59367127
　　　　　　地址：北京市北三环中路甲 29 号院华龙大厦　邮编：100029
　　　　　　网址：www.ssap.com.cn
发　　行／社会科学文献出版社（010）59367028
印　　装／唐山玺诚印务有限公司

规　　格／开　本：787mm×1092mm　1/16
　　　　　　印　张：26.25　字　数：396 千字
版　　次／2024 年 4 月第 1 版　2025 年 9 月第 3 次印刷
书　　号／ISBN 978-7-5228-3451-1
定　　价／98.00 元

读者服务电话：4008918866